山西文華·史料編

山西獻徵

第一册
卷一至卷三

常贊春等◎編纂　董潤澤◎點校

《山西文華》編纂委員會　編

山西出版傳媒集團
三晉出版社

圖書在版編目(CIP)數據

山西獻徵 / 常贊春等編纂；董潤澤點校. —太原：三晋出版社，2017.11

ISBN 978-7-5457-1501-9

Ⅰ. ①山… Ⅱ. ①常… ②董… Ⅲ. ①歷史人物—生平事迹—山西—清代 Ⅳ. ①K820.825

中國版本圖書館 CIP 數據核字(2017)第 269889 號

山西獻徵

編 纂 者：常贊春等
點 校 者：董潤澤
責任編輯：張繼紅

封扉設計：山西天目·王明自
出 版 者：山西出版傳媒集團·三晋出版社（原山西古籍出版社）
地　　址：太原市建設南路 21 號
郵　　編：030012
電　　話：0351-4922268（發行中心）
0351-4956036（總編室）
0351-4922203（印製部）
網　　址：http://www.sjcbs.cn

經 銷 者：新華書店
承 印 者：山西人民印刷有限責任公司

開　　本：700mm×1000mm　1/16
印　　張：27.25
字　　數：350 千字
版　　次：2017 年 11 月　第 1 版
印　　次：2017 年 11 月　第 1 次印刷
書　　號：ISBN　978-7-5457-1501-9
定　　價：108.00 圓（全二册）

ISBN 978-7-5457-1501-9

《山西文華》學術顧問委員會

（按姓氏筆畫排序）

《山西文華》分編主編

出版説明

山西東屏太行，西瀕黄河，北通塞外，南控中原，是中華民族的主要發祥地之一。中華文明輝煌燦爛，三晋文化源遠流長。歷史文獻豐富、文化遺産厚重，形成了兼容並包、積澱深厚、韵味獨特的晋文化。山西省政府决定編纂大型歷史文獻叢書《山西文華》，以彙集三晋文獻、傳承三晋文化、弘揚三晋文明。

《山西文華》力求把握正確方向，尊重歷史原貌，突出山西特色，薈萃文化精華，按照搶救、保護、整理、傳承的原則整理出版圖書。叢書規模大，編纂時間長，參與人員多，特將有關編纂則例簡要説明如下。

一、《山西文華》是有關山西現今地域的大型歷史文獻叢書，分"著述編""史料編""圖録編"。每編之下項目平列；重大系列性項目，按其項目規模特徵，制定合理的編纂方式。

二、"著述編"以 1949 年 10 月 1 日前山西籍作者（含長期在晋之作者）的著述爲主，兼收今人有關山西歷史文化的研究性著述。

三、"史料編"收録 1949 年 10 月 1 日前有關山西的方志、金石、日記、年譜、族譜、檔案、報刊等史料，以影印爲主要整理方式。

四、“圖録編”主要收録 1949 年 10 月 1 日前有關山西的文化遺產精華，包括古代建築、壁畫、彩塑、書畫、民間藝術等，兼收古地圖等大型圖文資料。

五、今人著述采用簡體漢字横排，古代著述采用繁體漢字横排。

《山西文華》編纂委員會

出版前言

《山西獻徵》是有清一代山西地區的人物傳記集。"獻徵"用於書名,有明焦竑《國朝獻徵録》,記載了明初至嘉靖時期的名人事迹。辭書方面目前没有關於"獻徵"的專門詞條。"獻""徵"二字同時出現,見《論語・八佾》:"夏禮,吾能言之,杞不足徵也。殷禮,吾能言之,宋不足徵也。文獻不足故也,足,則吾能徵之。"這句話是説:夏、殷二代之禮我能言之,而二國不足取以爲證,以其文獻不足故也。文獻若足,則我能取之以證吾言也。朱熹《論語集注》:徵,證也。獻,賢也。《尚書・益稷》:"萬邦黎獻,共惟帝臣。"漢孔安國釋 :"獻,賢也。""獻"指有德行有才能的人。明黄汝亨爲《國朝獻徵録》所作的序中有"夫自虞夏書誥以來,龍門而下涑水而上,有一代之人必有一代之事,而勒一代之史,故史以徵事、以徵人","徵"亦是證成的意思,亦可釋爲記載或記録。綜上可見,"獻徵"一詞表示賢人事迹的證成,或賢人事迹的記載。

1916年,常贊春與文水王學曾等山西賢達設山西文獻徵存局於北平雲山别墅,開始編纂《山西獻徵》,1935年秋成稿,前後歷時廿年,1936年由山西文獻委員會印行。編纂期間,歷經人事變遷、直皖戰争以及文獻徵集困難,相關史料書稿輾轉多地,幸未散佚。書中文獻多從各縣徵集而來,又經民國時期山西的博學碩儒審定,是清代山西人物傳記的重要資料,可補正史之所闕所略,對保存有清一代山西之賢人軼事大有裨益。

因常贊春先生自《山西獻徵》的創議籌劃、資料徵集、凡例擬定、書稿審定以至付刻，經理始末，厥功至偉，故署“常贊春等編纂”。常贊春（1872—1941），字翊臣，後易子襄，又號“儠翁”“髯翁”，因長於指畫又别號爲“一指頭禪”，晚年自稱輞川老人。山西榆次車輞村人，是儒商常家的第十四世傳人。幼時就表現出超凡的理解和記憶能力，六七歲讀《三國演義》，九歲學《論語》，後赴太原各書院求學。青年時，參加家族年輕人組織的韡華詩社，與堂兄常麟書共同主持社務，批改詩詞。1902 年中舉，同年山西大學堂成立，考入中齋學習。1909 年，被保送京師大學堂，1910 年至 1913 年在京師大學堂學習，受教於江瀚、林紓、姚永樸、孫雄等經學大師。辛亥革命後，參與《民憲報》編輯，並爲各報撰寫文稿。1913 年，從京師大學堂畢業，獲文學士學位。1914 年，清史館建立後，被聘爲山西文獻徵存局訪員，并兼任《憲法話報》編輯。1917 年回太原，被聘爲山西大學文科教授。1918 年，被推選爲國會第二届衆議會議員。1920 年，衆議院解散，返回太原長期任教，曾在山西大學文學院執教，并在進山中學等學校兼課，學生有趙爾陸、牛佩琮、宋邵文、裴麗生、郝樹侯、劉永德等。常贊春熟於經史，勤於治學，著述宏富，專著有《〈毛詩〉雅故集》《詩傳集例》《〈尚書〉講義》《虚字輯談》《文字達詣》《晋幣存徵》等。文集有《文語學》四卷，《國文楷式》，《柞翰吟談》十卷（包括常談八種：《經學談》《文學談》《詩學談》《金石談》《舊學談》《字學談》《舊學再談》《字學再談》），《慚好編》五卷（包括志、表、碑、序、行、狀以及書札等），還有《政文摭》《法文摭》《柞翰吟雜韵文篇》。詩集有《柞翰吟詩存》《棄餘詩稿》《鴛鴦藤室吟稿》。除編纂《山西獻徵》外，還編纂了《榆次縣誌》《常氏家乘》等。常贊春不僅是民國年間的著名學者，深究金石考據，而且詩書畫印兼工。書法學褚遂良行楷，並廣臨各家。中年後，專書篆隸，頗具古意，自成風格，與其弟常旭春及柯璜、趙鐵山一起被稱爲山西書法四大家。繪畫方面以指頭畫最爲著名，梅、蘭、菊、竹及壽星、羅漢等染指即成，栩栩如生。常贊春先生關心時局，熱心教育，1923 年任榆次縣教育會長時把家中珍藏的《十三經注疏》《昭明文選》《朱子全書》和《二十四史》《二十二子集注》等古籍捐給了榆次高小，獲"士育清芳""分惠士林"和"教人務本"横匾。1941 年，因病在鄉逝世，年 69 歲。此處縷述常贊春先生生平及成就，意在交待《山西獻徵》主要編纂者的學術背景與學術情懷，有助於讀者理解該書的行文章法與風格，更是爲了表彰常先生"暑雨祁寒，鐙窗雪案"的編纂之功。

《山西獻徵》共 8 卷，分名臣、循良、忠義、儒行、文學、孝悌、義行、遺逸、實業、方技 10 類，共 228 人，附 55 人，合計 283 人，約 30 萬言。名臣分上下兩卷，"上者率宦京師，下者宦直省"，自臺閣專閫，迄曹郎監司；爲循良，則守宰親民職；爲忠義，則以風烈著聞者；爲儒行、爲文學，則概取師儒；爲孝悌、爲義行、爲遺逸，則可敦厲薄俗者也；爲實業、爲方技，各闡所長。記述前賢，由家庭、而科舉、而事業、而性情、而愛好、而著述等，言簡處惜墨如金，細緻處却也濃墨重彩、肆力渲染，臚陳事實纖細可見，狀寫風骨入木三分。文章多記山西先賢的嘉言懿行，對中華民族的忠、孝、仁、義等尤三致意，合卷之餘，餘音裊裊，不絶如縷，實有裨益於今人之道德涵養。

此外，還有兩點尤值得關注。一是對於山西先賢著述的記載，包括付梓、稿存及散佚，尤爲詳備，是文獻研究的重要資料，如記載張穆"所著書，其付刻者爲《顧亭林年譜》《閻潛邱年譜》。《蒙古遊牧記》屬稿未竟，爲何願船秋濤踵成之。《延昌地形志》則糾魏收貢諛東魏，補晋隋《地志》失詳，通讀《水經注》之徑術。先生嘗爲祁鶴皋韻士校刊《藩部西陲諸要略》及《西域釋地》《萬里行程記》。又得校讀《元秘史》《元聖武親征録》《蒙古源流》《邱長春西遊記》諸書，故二書爲言西北地理至精核本。《〈説文〉屬》與《靖陽亭劄記》均草稿，未寫定。其《㞠齋文集》八卷、《詩集》四卷，則先生殁後，門生吴子肅履敬、子迪式訓兄弟所裒輯，祁公爲醵金付刻者”。二是多記述先賢的書法方面的特點，有時寥寥數語，如記喬休齋“書法則鍾王而外，唐則顔、柳、虞、褚、徐、李、張、素，宋則蘇、黄、米、蔡，元則趙，明則文、邢、董、米，均臨摹，得其意。晚年，手顫，醉後作書，尤極蒼古之致云”，切中肯綮，描摹到位，對書法研究者和愛好者很有價值。以上二點於文中一望可見，其餘種種對於山西賢人事迹的細緻記載描摹之處在此不復贅述，其價值尚有待於好之者潜心挖掘。

1980 年，臺灣山西文獻社影印了 1936 年印行的《山西獻徵》。2007 年，廣陵書社出版的《清代地方人物傳記叢刊》亦收録了 1936 年印行的《山西獻徵》。鑒於以往的《山西獻徵》没有標點，流傳不廣，不利於山西地方文獻之傳播與研究，更不利於山西鄉賢文化之建設，2015 年，三晋出版社擬整理出版《山西獻徵》，並被列入山西省政府大型歷史文化叢書《山西文華》。整理所做重點工作：一是標點；二是改爲横排，對書中的不規範書寫進行厘正，對書中的造字盡量保持原狀，對原本缺漏之字，以□代替；三是編制人名索引，以便查閲。此次整理力求在規範的基礎上保存書稿原狀，便於讀者閲讀，然謄録、標點、文字厘正、校對等處錯訛難免，尚祈方家指正爲盼。

三晋出版社

2017 年 11 月

閻　序

方志所載，衹及一地，而一地之故實藉以有徵，恒視兼總者爲詳。昔班氏斷代爲史，皇漢文物粲然大備。史志例殊，時地不同，其以分限致精則一也。夫綱領萬彙，觀其會同者，博之義也。索隱拾遺，資存掌故者，約之義也。著述家分途並騖，義不偏廢，久矣。顧方志每多蘭艾同列，而史乘又復純駁互陳，求能摭擷遺聞、述人傳事，以補史志所缺者，即斷限一代，亦以附麗於班、范可也；即斷限一地，亦以並重於李、樂可也。况揭橥先典，觀感至大，可以上探石室，下付殺青，如錢給諫之集碑傳，李承宣之徵耆獻哉。曩者，嘗聞沁水賈書農先生創議撰次《清代晋賢列傳》，由榆次常子襄君執簡操筆，刻意蒐羅，未及觀成，賈先生即歸道山。興焉念及，每以不詳其名例爲憾。今歲，山西文獻委員會從常君索得舊稿，復請其再加審定，編撰成書，命曰《山西獻徵》。既蕆事，來請余言。余以其有裨三晋掌故，而與賈先生之初志及余所欲得於本會同仁者適同，故樂爲詳哉言之。且曰，昔洪文敏《夷堅十志》之外，尚有所謂支志、三志、四志者，然則踵是書以溯三百年前之人之事，賡續至於再集、至於三集，又何嘗非吾人分内事。而鄉邦人士及國内俊乂，因而成其某縣獻徵，某省獻徵，流風所扇，遍及寰區，或由是書啓之矣。願諸君子共勉之。

中華民國二十五年七月二十日

五台閻錫山序於太原綏靖公署近思堂

常　序

乙卯春，贊寓故都，與文水王君學曾恒晤語，因感於《明史》之修北人獨略，顧亭林先生深爲致慨其文獻失徵焉。時河南旅京人士設局於嵩雲草堂，凡所徵録文獻，致清史館。贊時受館聘充徵訪，蒙館長趙公爾巽諄屬以留意晋故以資纂述，乃商之王君，假雲山别墅爲山西文獻徵存局，並請助資於山西巡按使金公永。比夏初，事集，遂會同鄉賢達共商局事。乃公推沁水賈師耕任總纂，審核徵集各品付纂述。贊任編纂，承師指以爲事略；沁水趙君丙燮任庶務及會計，崞縣郭君耀先、介休郭君傑任繕録。分致公函於各縣署及士紳，爲文獻之徵集，擬作文徵，仿清《四庫書目提要》例，以薈著述；作獻徵，仿朱子《名臣言行録》例，以薈人物。服官必臚宦績，儒修必具學説，至忠義、孝友、實業、方技等，各根據事實，不敢以空言苟充篇幅。且斟酌去取，經賈師核定後，始付繕録。

開局凡二年，至丁巳，賈師回晋，局事因隨以結束。秋，贊應山西大學文科教授之召，遂束裝歸來，寓局在省垣大鐵匠巷。晋城郭君象升任分纂，陽城田君九德任校核。然各縣之徵集文獻，雖迭經函促，無復增益，所纂遂止於是矣。戊午，賈師當選參議院議員，郭君及贊並選衆議院議員。明年，移局於故都之澤郡試館，而别任陵川楊君謙充收掌。尋直皖戰作，擬運局中書册回晋，幾至散失。幸以故紙被棄置，乃仍移故都賈師寓宅。距庚申至甲戌凡十五年，始運晋，歸賈世兄受德省寓。

今年，晋城馬君駿倡組文獻委員會，贊得附名委員之末。頃承馬君檢得贊原稿見示，屬爲覆核，將以付印。於是略區爲名臣二，上者率宦京師，下者宦直省，自臺閣專閫迄曹郎監司；爲循良，則守宰親民職；爲忠義，則以風烈著聞者；爲儒行、爲文學，則槩取師儒；爲孝友、爲義行、爲遺逸，則可敦厲薄俗者也；爲實業、爲方技，各闡所長；至列女，則各縣志具詳，兹不更贅述焉。

嗚呼！吾晋不乏鴻碩，贊之區區，夷諸太倉稊米耳，且罣漏孔多，胡足置齒。然經王君經始，賈師董成，烏忍任其湮没乎？即贊與趙君暑雨祁寒、鐙窗雪案，朝夕從事，逾而二年有贏，僅乃成此，他日布之各縣，或更廣遺聞、定謬誤，俾并汾勝氣，積久彌光，則贊之詹言不過椎輪爾，嚆矢爾。因追述已往締造之艱，局事轉變之故，治吾晋國聞者或抑微有所取乎！

中華民國二十四年季秋上浣榆次常贊春撰於柞閒吟盦

目　録

第一册

卷二

名臣下

卷三

循良

第二册

卷四

忠義

卷五

儒行

卷六

文學

山西獻徵　卷一

名臣上

銀臺白東谷先生事略

先生諱胤謙，字子益，號東谷，陽城人。明天啟丁卯，舉於鄉，崇禎癸未，成進士，選翰林院庶吉士。清順治乙酉，召入翰林内院秘書檢討，歷侍讀學士，轉國子祭酒，擢吏部侍郎，晋刑部尚書。嘗奉使祭明孝陵，又祭南嶽及炎帝、虞帝諸陵，賑近畿飢民，蔬食糲粥，不以絲毫擾官及民。當開國初，世祖注意刑法，懲姦貪不拘常律。先生諫言："開國規模務崇宏大。"因力主寬平，隨事畏慎，出入以律例自隨，平反苛礉案獄不下數百十起。

丁酉，南北科場獄，北闈敗事者分别置之法，南闈猶未得主名。先生懼非罪牽連，不即讞決。旋有陰圖報復者騰蜚語。上聞，震怒，特旨考官正法，降先生一級。戊戌，蘇松巡撫王秉衡坐贓死，上欲没其妻孥入官。先生以聖世罪人不孥，會同三法司議免之。上召見，詰問再三，辭色甚厲。先生從容援律正對，且獨自引罪。上不懌而罷。遲日，降先生三級。己亥，補太常寺卿，其掌惟禮樂事，爲閒官。先生於合祀之考、雅樂之議，皆援據典要。轉通政使，有冤民叩閽事，先生侃侃力争直之，不以己亥鐫秩故氣稍懾。

辛丑，聖祖嗣位，先生以年老乞休歸，杜門却埽，以“歸庸”名齋。日研六經、性理諸書，删定朱子《近思録》、薛文清《讀書録》，各爲一書，教子孫及鄉人。疾革，集子弟問曰：“誠敬、無心二者孰是？”少間，曰：“無心涉外道，當以誠敬爲主也。”言訖而瞑。

先生制行淳篤，官京師，見後輩恒勉以正學，且示先儒書讀法，如魏敏果象樞、胡韜穎全才、上官三立鉉、馬玉筍光裕、宋玉叔琬、施尚白閏章等，恒以道義文章相切磋。

先生爲學大旨，在求仁復性，而以存誠主敬爲功，其要在躬行實踐。嘗作《日敬誠贊》，曰：“每日隨事求仁，則此心常在，少有斷歇，即是自欺。但不敢自欺處，即敬、即誠、即仁，至於仁而事畢矣。”又作《復性贊》，曰：“仁即性也，誠敬所以復其性也。”又著《學言》，曰：“人言存心行事無愧，屋漏不可知也。能無愧於妻子，則幾矣。”又曰：“學以自然爲至誠性存，存，勿忘勿助之謂也。道一而已，求之一未必，於能獲必也。多方而歷試之，以生其信，乃可以守之，萬變而不離。”又曰：“誠意慎獨主乎敬。《論語》君子三畏，皆自畏其心，先不敢得罪於心也。”又曰：“先王制禮，皆以禮制欲之事，須把一‘敬’字放在胸中，把一‘禮’字放在身邊。”又曰：“真樂雖在心地，其作工夫實在行事上著力。”又曰：“井田封建，皆後世必不可行。後世妄談者，即是欺學之學。”爲文與詩，均取材宏富，無寒儉語。

順治庚子，彙刻爲《東谷集》，詩二十卷，續二卷，文八卷。家居二十年，卒，年六十九歲。子方鴻，字元將，順治乙酉舉人，官故城縣知縣，著有《少谷集》。

太保杜振門先生事略

先生諱篤祜，字振門，蒲州人。明崇禎丙子，舉於鄉。清世祖入關，乙酉，行取先生，授延安府推官，旋擢户科給事中。疏論錢糧漕糧諸弊，略稱：定鼎七年，以數千萬金錢，任部臣出入，從無奏銷。通州坐糧廳收發漕糧，清册久不造報，請敕循舊例，年終逐一奏報，以杜蒙混。

又奏稱：揚州鈔關主事張彦珩甫屆報滿，户部不行考覈，輒題管大迤橋糧務，專擅違例，請旨嚴飭。

疏下，户部諸臣降罰有差。

辛卯，嘗奉旨赴山西賚頒恩詔。時達賴喇嘛等覲還，以朝廷款待優渥，給予傳乘，沿路多驕恣不法。值天雨泥濘，車馬遲滯，輒鞭撻驛夫，至斃六人、驛馬至十九匹。直隸、山西沿路人民重足屏息，皆怒以目，官吏亦以朝廷懷遠，不敢爲民申理。先生目擊其故，大憤之。還，奏狀，並請敕理藩院嚴飭。嗣後，滿漢奉差官員如有額外需索，苦累驛遞，各撫按指名劾奏治罪。得旨，如所請。

秋，充山東鄉試正考官，所取多知名士。時王文簡士禛，年最少，先生尤賞拔之。

明年，改吏科，劾罷左都御史房可壯，以不能秉公糾駁，苟且條陳爲塞責，一時臺諫肅然。

又疏言，編造黄册，所以定賦役，覈隱漏，清逃亡，爲法甚善，然行久弊生，請照前明舊例，斟酌行之。務將丁糧户口編輯全書，以重民命，下部議行。後雍正間《賦役全書》之欽定頒行，實先生有以開其端也。

又陳關弊清釐之法。一爲關員以一年報滿；二商税宜别立税票，使投所在官司造册送部磨對；三各關主事宜迴避本籍；四差滿繳批，毋得逾限。

又奏通政使准過狀詞，宜速結，以伸冤抑。皆報可。會直隸、趙州、欒城等處以偏災，詔蠲免錢糧，地方官仍私自徵收。而他州縣里書則有錢糧外指名攤派多款，牧令復借稱上官經承使費，上下分肥，久不糾舉。先生遂露疏劾之。上覽奏，立降旨曰："銷算錢糧，攤派使費，急宜痛革，其酌定畫一之規，以除民害。"部議，以州縣逐年分款，備造清册，由司達部，不得派費滋弊，當奉諭旨，責各督撫嚴飭行。旋晉户部侍郎。

己亥，以勤勞奉職特獎，加太子少保。康熙庚戌，擢都察院左都御史。會夏大旱，上言請停徵直隸、山東錢糧，並嚴飭督撫諸臣清理獄訟，審擬從公，務安民以迓天和。部議行之。會京察届期，先生疏言："降級革任人員，不論有無冤抑，甫經離任，具呈辦復，不足以清選法。又八法處分，應詳注劣蹟，無得混稱，不孚眾論。又六科向無堂官，止令本科掌印開送，恐有瞻徇，應移送吏部、都察院堂官考察。"皆下部議行。又疏請勤講讀以佐典學，優詔嘉許。

辛亥，以年老乞休，詔允原官致仕。先生久任諫官，所陳多關國家大計，每疏出，皆稱於時，家居亦清約自守。丁卯，卒，年七十三歲。

京卿上官三立先生事略兄鉉、鑑並附

先生諱鉝，字三立，號松石，翼城人。明崇禎癸未進士。清順治乙酉，授中書，旋充陝西鄉試副考官。丁亥，上賜明吕紀畫《竹鶴》以寵之。戊子，遷山東道御史，巡按湖南。辛卯，巡按江寧，疏陳高淳縣有水衝浮糧。

明時向徵折色，至天啟間，徵本色。民殊困，請仍徵折色，詔從之。繼請裁蕪湖鈔關保家及委員，聽客船照款目投税，毋多索。巡兵亦照經制、名數裁去幫役，以卹商民。又疏稱："江寧滿漢官兵，歲需馬草，請歲差各郡糧官採辦，以省州縣運送之勞。江西、浙江兩省站銀，請統於江浙藩司彙解江南驛傳道，以卹驛站賠累之苦。”又疏：“鳳陽府屬荒地，宜令有司及時勸墾，江寧所屬英武、秣陵、廣武三衛屯糧，山阻道艱，宜省運費，改徵折色。”諸疏先後均得部議允行。

未幾，丁母憂及父憂。服闋，補湖廣道監察御史，掌湖南道。丁酉，值蘇松提督馬進寶陛見，先生請速飭馬回任，並請嗣後督撫不必槩請入覲，輕離重地。如有面陳機務，須俟請旨。又請定巡方舉劾之準，於差滿日，將見任知府至知縣，每十員擇取一二員以示激勸。再提薦兩次者，準爲一正薦。凡各差報滿行取、陞任、丁憂等官，一槩不許提薦。均得部議准行。時值江南鄉試，主試方猶、錢開宗取中不公，致受諸生鬨辱同考官。事聞，嚴旨試官等革職提問。先生疏請覆試江南新科舉人以覈真僞，詔從之。尋以文理不通，黜革方域等舉人。刑部復會鞫方猶、錢開宗作弊屬實，斬決。同考官葉楚槐等絞決。濫中之方章鉞及逃獲之程度淵均發遣。

會河南懷慶、衛輝等府邪教蔓延，地方官習故不察，先生特請勅撫按稽察州縣，嚴懲失察者。得旨飭行。先生既前後疏陳皆關大計，而言官職司尤宜整頓。因陳四事：一正臺規，二慎刑名，三速考選，四考取巡方。部議，以巡方應照舊例，餘均如所請。並奉上諭以選用御史據才品無拘新舊。又疏：“整頓計典略分四款：一嚴陞任，二覈參罰，三註事實，四察委署。”部議，皆允行。辛丑，遷順天府丞。康熙甲辰，選大理寺少卿，又宗人府丞，遷左副都御史。

壬子，先生見平西諸藩漸呈跋扈狀，於是上疏，略陳：臣前掌道時管理軍政，各省提鎮計七十員。數十年來，幾至百員，披堅執鋭，宣力疆場者多在參遊以下，至總鎮以上體統已尊，禄位已極，輒不肯實心効力，徒糜百萬金錢云云。付部議，以照條陳不實，隱含譏刺，例降二級調用，補太常寺少卿。癸丑，以冬至祭器不整潔，部議降三級調用。請假歸。癸亥，卒於家。遺著有《誠正齋集》八卷，並御賜《竹鶴》勒之石以示紀恩。兄鉉及鑑並著文名於時，有“三鳳”之目。

鉉字金鉉，順治己亥進士，官至教授，有詩集，李學博錫麟輯《山右詩存》採入之。

鑑字金之，順治丙戌進士，初爲潞安府教授，遷國子監助教，再遷户部主事。督餉陝西，以廉能著，選吏部司考功，銓政亦整，選郎中，出爲浙江嘉湖僉事，進河南參議，督理河道，精心勾考，歲省經費逾百萬。尋兼理通省驛傳鹽法，詳請驛站銀在州縣支給，協濟州縣，悉改解藩司，抵州縣支給正項，官民便之。旋薦兼管開歸河三府分守道事務。未幾，告歸，卒於家。遺著有《一經樓集》。

侍郎田兼三先生事略

先生諱六善，字兼三，陽城人。生四歲，喪母。父世爵，故名諸生，課之讀，且授以儒先語録。先生端謹如成人。十七，父歿，益孤苦，力學爲諸生，於順治乙酉舉於鄉。

丙戌，成進士，授太康縣知縣，凡六年。務培元氣，不苛皦邀名。河南吴中丞景道以才守兼優，治行第一，薦内擢户部主事，権臨清關監鳳陽倉，兼臨淮關，罷濫徵，革奇羨，商民便之。歷員外郎中，戊戌，選授江南道監察御史。時部臣禁民乘馬甚嚴。先生抗疏，請弛禁，報可。

又請勸清吏以養百姓，勸督撫以養清吏，亦議行。尋巡視長蘆鹽政畢，請假歸。康熙甲辰，補貴州道御史。回都時，部議裁山陝、河南緑營三之一，頗散而爲盜。大同、洪洞類有擒獲，皆其人。先生遂疏陳："彼挾久練之技，處坐困之時，故鋌而走險，請督提諸臣汰老弱、斥逃亡，而年力精壯者仍留充補。"得允行。又見吏部條例繁冗，頗爲姦利。復疏請欽定條陳准行外，餘不得概引爲例。又請疏通仕路，於啟奏之際，察年貌才力，時加甄别，並報可。

戊申，巡視京通二倉，勾稽精核，有黠徒某倚勢恣横，前使者莫敢過問。先生得姦狀，即劾置如法。差還，掌山東道事，以内陞歸。時白尚書胤謙家居，與衛中丞貞元等爲"耆英會"。先生以年少約入會,如司馬温公洛下例。先生且日讀史籍以裕經濟。

壬子,授刑科給事中。疏請寬滿洲人,除反叛外,株連之律急停。報盜令總計緝盜功。又請日講諸臣《通鑑》與經書並進,不許忌諱。並得旨諭允。旋轉户科掌印給事中,光禄寺少卿,通政使司右參議。

甲寅,擢右僉都御史。時吴三桂據雲南叛,勢猖獗。先生疏陳其有五必滅,不足患,請籌緑旗兵困苦爲宜,急下部議,鼓勵緑旗官兵叙給爵賞例。尋遷順天府尹。會大發庫銀,買米市中,米價騰貴,民惶懼。先生立請停罷,民皆德之。陞左副都御史,又條上剿討大計,爲置重兵建昌、衢州,扼固原糧道,嚴山西河汛,嚴諭督撫禁雜派、核軍實、糾刻敗、檢官吏,以省民力、安民心,並嚴禁首告叛犯楊起隆之誣累。均得旨允行。

丙辰,充會試副考官。明年,擢工部右侍郎。嘗應詔陳言,略云:"推布政於按察中挨次求之,推按察於參議中挨次求之。而知縣捐納先用即用,是明以困窮之民爲償債之地,非政體。"又請:"復差巡按爲上欲澄清一省選一個人,不拘某年某省,出不意,示不測,則貪惡之官不敢恃督撫熟交而肆志,不肖督撫亦莫敢以己居高位庇貪害民矣。"疏入,報聞。

戊午,調户部右侍郎,督理錢法,疏請廣開鼓鑄。凡産銅鉛之地,任民採取,有則以十分之二輸税,無即聽之,不使留患於後日。報採多者,酌量議叙。疏下,議定爲例。

己未,以老疾乞休。上温旨慰留,轉左侍郎,閲視河工。辛酉,再乞休,命以原品致仕。家居十年。辛未,卒,年七十一歲。

先生勇於自治,常稱:"孝、友、忍、讓,父訓也！行之者,恕而已。吾未嘗不一日反求於心。"又曰:"歷官四十年,無一念不可對天,無一事或敢欺人。"己未,地震,嘗自陳有云:"臣任言官,天下豈無大貪極惡之官,臣無糾參之實力;部中豈無朝三暮四之弊,臣無駁正之讜言。任卿貳,知官員之捐納濫觴,别無生節之術;知督撫之奏銷浮冒，别無體察之方。實因庸劣之姿，竟蹈因循之路。報國之心雖在，溺職之罪良多云云。”讀者悲之。

與人交，一以道義相規勉。魏敏果象樞爲總憲，先生多贊助。于清端成龍撫保定，先生實舉之。會夫人之喪，于公來弔，先生無一私語。于公退而嘆曰：“田公公忠愛我，我敢不自勵乎？”又從弟七善，先生教之成名，官吏部驗封司郎中，有聲蹟，嘗曰：“幼學於兄，不敢貽之辱也。”遺著有《鷦棲》《幔坡》諸集，《拾瑶録》。子沆、漼、澻、洵、洞，沆、漼均舉人，餘諸生。漼官至刑部主事。

少農朱小晋先生事略

先生諱裴，初諱棐，以榜訛遂改之，字小晋，號緋公，聞喜人。成童，有大志，務爲經世學。十七歲，赴提學道試時，袁學道繼咸奇先生才，凡三試，刻寸香爲限，文如限就，補諸生。

清順治乙酉，鄉舉第一。丙戌，成進士，授易州知州。時方行圈地令，先生親行田畝，畫疆分界，或宿田家。踰月，事以竣，民亦得安。補江西寧州，以詿誤去官。尋授禹州，禹民故悍鷙，寇亂後，益不馴。先生下車，首捕得大盗張陽，論寘如法，嚴懲盗首，不少貸。時諸生有余愛者聘婦，爲汝州武剛所奪。已而氏歸余氏，剛以刼妻訟，氏亦厭余貧，且已娶婦，遂證成其獄，論余愛死。先生廉得其情，力爲平反，榜婦死，出余愛於獄。

又滎陽、汜水、滎澤、河陰四縣，於州所屬鴻溝，搜捕餘寇，株繫男女三百餘。先生察其無辜，悉理而釋之。未幾，擢刑部員外郎。丁母憂，歸。服闋，補原官。先生精究律例，凡讞訊覆奏不假手吏胥，積案以清。

戊戌，世祖詔試部郎以下於太和殿。張尚書秉貞奇先生才，薦與試。凡十六餘人，先生奏對稱旨，改授廣東道御史，巡視南城及北城、西城，俱以風力稱。踰年，巡按山東，請發臨清倉米三十萬石，以賑飢民。又巡陝西，川湖茶馬。直登聞鼓院，掌京畿道，河南道，管理京察、大計、軍政三鉅典。凡在臺十一年。康熙初，改禮科給事中，既請詹事府復，復請禁殉葬，略謂："屠殘民命，干造化之和，僭竊典禮，闕壬制之鉅。今日泥信幽明，慘忍傷生，未有如此之甚者。夫以主命責問奴僕，或畏威而不敢不從，或懷德而不忍不從，二者俱不可爲訓。且好生惡死，人之常情，捐軀輕生，非盛世所宜有。"疏上，報可。

康熙壬子，主湖廣鄉試。丙辰，陞太僕寺少卿，旋晋太常寺卿。戊午，詔舉博學鴻詞。先生以范進士鄗鼎，王孝廉含真應舉。

又疏陳剿逆事宜，得温旨嘉獎。己未，擢工部右侍郎，監造奉先殿，充殿試讀卷官。轉户部右侍郎，管鼓鑄局。時吴三桂等叛，軍興旁午，先生籌畫兵餉，不稍休息。又以銅價騰貴，約行榷關解銅法，以充俸餉。會有稽察年力之議，先生引疾乞休。召見懋勤殿，具以年齒對，得旨原品致仕。

先生築别業於聞喜城北，日與故人野老爲文酒之會，布衣蔬食，如老諸生。家居不謁官府。遇地方利弊，必正顔力争。辛未，以地震傷足，遂卧家，凡九年，卒。先生起家州牧，實心從政，居言路所陳，皆軍國大計。性坦率，無城府，不以睚眦中傷人，稱德望者，咸歸之。遺著有《柏臺集》。

總憲蔣裕菴先生事略

先生諱宏道，字扶山，一字裕菴，臨汾縣人。幼從父有德，遊學京師。順治丁酉，舉順天鄉試。時南北闈蜚語沸騰，世祖震怒，特旨廷試諸舉人，緹騎持械夾立。先生從容畢試，取得優等。再行會試，賜同進士出身，改翰林院庶吉士，與戊戌諸庶吉士同教習官。世祖幸瀛臺、西山、南苑等處，皆命先生隨從，備顧問。

尋丁父憂。服闋，授國史院檢討。康熙丁未會試，充房考，得人稱盛，張文端英其一也。再擢國子監司業，與沈文恪荃同心教育，門下如王少司徒紳、陳宫尹元龍、錢京兆晋錫、王中丞材任、張少參廷瓚、沈讀學朝初、徐讀學元正，皆有聲績。再遷翰林侍講，晋右春坊右庶子兼侍講，轉左春坊左庶子兼侍講。

未幾，擢翰林院侍講學士，充日講起居注官，纂修《太宗實録》，加恩詹事府詹事。上駐蹕馬蘭峪，先生扈從，賜觀湯泉。辛酉，雲南蕩平。壬戌元夕，賜群臣宴乾寧宫，命賦昇平嘉宴詩，上首倡仿柏梁體，自公卿翰詹監寺臺省，凡九十三人，先生與焉。詩成勒石，御製序文頒賜之。再遷詹事府少詹事，兼翰林院侍講學士。尋擢内閣學士，兼禮部侍郎，充經筵講官。

先生先後居館閣凡二十餘年，恬静自持，不爲詭遇，朝論皆服其清正，詞林皆奉爲儀型。乙丑，晋禮部右侍郎，兼翰林院學士。會册封安郡王妃，旨派先生充副使。先生在翰林久且熟典故，凡郊廟、學校、賓嘉，會同諸大典禮，多所條列，一以敬慎將事。一日，堂吏密白失印，同官相顧錯愕。先生曰："且徐徐，今日文書稀簡，且不急令納印庫中。"視事如故。亡何，印獲，爲守卒藉以陷值月郎官者，且得印函紫泥於其靴中，因論如法。

再轉户部右侍郎，晋左侍郎。先是，滇黔用兵，士子廩餼盡裁，以充軍餉。先生力請復之。又因奏事，上問："蘇松浮糧何以獨重?"先生退而稽考始末，將入告，以牽於衆議，不果。會太皇太后暫安禮成，上齎册寶詣山林，上尊謚，詔先生陪祀。

辛未，三輔洊飢，開捐輸例，姦欺百出。先生任事凡三年，不爲親故一人求官，不以尺書通撫藩諸大吏。

甲戌，擢都察院左都御史。先生一以簡敬居之，不矜赫赫名。

時平陽大地震。乙亥，上命先生歸視，且詢民疾苦，仍命同籍京官願往者聽。先生馳歸，先集父老，宣布朝廷德意，然後謁墳廟，議賙卹，復視城郭經營興繕諸方略。覆命，上嘉悦。

明年，以目疾請解任。歸家，居凡八年，讀書静坐，不通賓客。

遇元旦、長至、萬壽諸節，必具衣冠，望闕叩拜如儀。癸未，疾卒，年七十五歲。事聞，賜祭葬如例。先生坦白樂易，胸無城府，義所不可，則侃侃持直道，不稍婞婀。甘恬退，惡躁進，以故歷官皆資俸，叙遷未嘗躐等。子五人，皆得科名從仕。五子仁錫，以己卯舉人，有詩名。

侍御王元亮先生事略

先生諱奂曾，字元亮，太平縣人。幼篤學能文，十四爲諸生，才名籍甚。康熙己酉，舉於鄉，年甫十九。丙辰，成進士，初授行人司行人，轉吏部主事，歷晋員外郎及郎中。戊寅，以母憂歸。服闋，入都供職。癸酉，主廣東鄉試，號稱得士。嘗謁海忠介祠，慨然有忠介之志。

在部條論外官丁憂取結，京官服滿繳照及部司説堂之煩苛，非體辨治喪盡喪之異同，以發勛貴蒙蔽之姦，摘饒州府縣互訐，並藩司庇隱之罪，持論均嚴切不可奪。

尋改湖廣道監察御史，歷掌浙江、山西、山東、陝西諸道事。嘗列選法十二則及各途分缺之例，條理分明。選人不得干以私，胥吏亦無所售其姦。

又奏請教官勿用捐納選補，以疏通正途。又請通查各省虧空未完之案及承追原委，造册進呈，分别立限報參以清積壓。嘗有題陞同知者，部司皆避嫌，格不行。上察得其情，奏對皆被譴，先生獨伏墀不起，出懷中擬行稿上之。

侍職大臣劾先生越職奏事，上置不問。未幾，命先生巡視北城，且賜以人葠及御詩一章以旌之。先生故剛直敢言，時有“王戇子”之稱。至是益感激淬厲，知無不言。論所有捐納，歲滿不得請展限，無事不得請開例。又論包捐姦人，骩法亂政，請立置重典。又陳閉糴病農傷民，宜嚴各省禁粟出境之條。又陳開溜淮道河道，所經居民不無失業，請給資預徙，更先期招商儲粟，則夫易集，功易成。

又言門閣出政之地，閣臣票擬未經御批發科，而聽閣吏傳宣於外，泄露機密，恐誤國事。中書借人代筆，不行退斥，簾官一名兩見，不自引罪，既無以表率群僚，又無以仰贊萬機。又言直隸撫臣趙弘燮，請捐贈其外祖父母二本非孝，邀寵非忠，亂公典，敗名教。

凡條陳舉劾，不避權貴。或有爲先生危者，先生掀髯曰："奂受知聖明，未由圖報，今國家更有大且急者，方思捐摩頂踵，乃欲結吾舌耶?"舉朝皆憚其侃直，獨吴文端琠目先生爲清流砥柱，田文端從典雅愛重先生。

卒以戊子皇儲黜廢。己丑，旋復。壬辰，再廢。癸巳，六十萬壽節，請教孝示恩廢太子，與諸皇子一體拜祝。又請復東宫，稱："有過而廢，慮之深，因過而教，情之至。此後嚴其師傅，察其心，驗其所爲，可矣。伊尹放太甲，悔過而復，臣尚可行之君，皇上以父行之子，何不可？倘欲舍之，别有所擇，非臣之愚所敢與聞也。"以此失上旨，遂罷歸田。田文端贈詩有"羞取一緡半緡物，却貪萬口千口碑"句。

先生既歸，栽培後進，樂道卹貧，家居幾二十年，邑宰罕見其面。雍正乙卯，卒，年八十五歲。先生生二十日，喪母，言及生不識母，輒悲慟不已。二十一歲，喪父，祖父尚在，曲意承歡，退恒悲悼不自勝。友愛兄弟，所交皆正人。遺著有《旭華堂文集》十四卷，語簡潔直樸，約而能達，不尚浮藻，如其人云。

謚文定相國孫錫公先生事略兄鴻淦、弟揚淦附

先生諱嘉淦，字錫公，一字懿齋，號静軒，興縣人。父天繡，邃於學，尚任俠。嘗謂："二氏不知性體，俗儒高談性命而無實，皆非知道者。道在五倫，功在日用，致其力以求之而已。"會先生伯兄楨淦爲邑趙姓所蹈，獄成待決。父抑鬱成疾，既而慨然曰："不見彼正法，雖死不瞑。"乃挾匕首乘隙入獄，斷其喉，因自繫著復仇。或問，以明聖

賢之義與朝廷之法並行不悖，父子天性，理所當然，非爲任俠云云。

先生時年十八歲，既痛父縶，又哀兄死，遂與二兄鴻淦持斫柴利斧，夜殺趙氏子，兄弟携手躍城下，携手狂奔。比明，則抵省垣之南門入，適晋陽書院課期，先生兄弟如院報名，出取資，遇貨陶器者，仆之，毁其器，訟於陽曲縣，而興縣趙氏子死，皆疑爲孫氏子所殺捕者。至陽曲令以狀示曰："安有人一夜能殺人於三百里外乎？"成疑獄懸案，不坐。先生父亦援律請贖，事得解。先生遂奮志於學，耕山中，冬日樵採，夜歸皆不廢講誦。明年，入邑庠。

康熙癸巳，舉於鄉，秋成進士，入舘選。乙未，授翰林院檢討。先生既承家學，及是遊朱文端軾、張清恪伯行門，益躬行實踐，爲希聖希賢之學。聞母病，乞假院長，不俟報，急歸。尋丁母憂。服闋，如京。會壬寅世宗即位，諭開言路。先生上封事以親骨肉、停捐納、罷西兵爲要。上以疏示羣臣，且責掌院學士，朱文端徐曰："此生信狂，然臣服其膽。"良久，上大笑曰："朕亦不能不服其膽也。"召見，擢國子監司業。他日，上指先生，以其敢言直諫勵九卿。癸卯，充順天鄉試房考，秋，分校會試。甲辰，典江西鄉試，秋，復充會試分校。乙巳，督安徽學政。先生輯《〈近思録〉輯要》以示多士，勉爲行己致用之學。明年，即任，遷祭酒。丁未，調直隸學政，奏革一切供應成例。上嘉悦，既賜養廉銀四千兩，又賜西城官房七十餘間，爲試士地。先生每試士，授以《〈近思録〉輯要》，復爲諸生講身心性命學，差竣，蒞祭酒任。先是，先生官司業時，嘗稱："人才出於學校科目，但校文藝，宜令各學臣選拔諸生貢太學，九卿舉經明行脩者任助教，以經術造士，三年考其成，舉以待用。"上以西事未平，令自試。先生葺國學西廂，又就六堂分紙閣以居諸生。定課程，朝夕講肄。不半載，諸生來學者，舍不能容。及是，既任祭酒，因與滿祭酒鄂爾奇申奏經術可成、人才可得狀，且請廣學舍，增餼給，教成分等叙用，以示勸。得旨，允歲給銀六千兩，指學南官房三百餘間，别爲南學。

先生既規定分堂撥住内外月給，復詳立課程，設考驗簿，令各助教宿其中，祭酒司業五日一會講，於是定爲常法遵守。戊申，署順天府尹，以民苦米價奇昂，奏平之。又古北口監督傅紳有私徵關税事，商民切齒，先生論劾，置如律。尋父卒於京邸，上賜銀千兩治喪。先生竭家資營葬，以上賜金建宗祠，置祭田。明年，特旨以順天府尹召晋工部侍郎。部吏向倚報銷爲姦利，先生頒工程科比，先以物價咨直省，臨期料，復披借核定，吏不得爲姦，且銷積案若干。

庚戌，充會試副總裁。上曾撥卹孤貧銀四千兩，先生奏：德勝門外僧人修有養濟堂，南城有育嬰堂，彰儀門外有普濟堂，應將恩賜均給。又五城散發銀米歲餘款項，飭宛平縣撥入三堂以爲常。壬子，轉刑部侍郎，兼署吏部。先生官累遷，皆兼祭酒，會引見教習官不稱旨，上切責。先生堅持不屈。上怒擲筆，令署保狀。先生持筆欲下，侍臣呵止之。先生免冠謝。上怒曰："爾固知有君父耶？"命鎖交刑部治罪，議以大不敬論斬。上意旋解，曰："孫嘉淦性氣不好，然不愛錢，可令銀庫行走。"時果親王總部務，意先生或怨望。又蜚語先生有沽名收銀説，乃出不意至庫，則先生方與吏卒雜坐事事。及核所納，皆切實無贏縮，王益重先生。甲寅，命先生署河東鹽政，奏減鹽政及運司養廉銀，增弓兵月餼，鹽綱以整。

乾隆丙辰，召爲吏部右侍郎，遷左都御史。先生上《三習一弊疏》，略稱：

> 主德清明，人心悦服。出一言盈廷稱聖，發一令四海歸仁。在臣下本非獻諛，然則人君之耳則熟於此矣。耳與譽化，非譽則逆，是謂耳習。於所聞則喜諛而惡直。上愈智則下愈愚，上愈威則下愈畏，一唱百和，所在皆然，免冠叩頭，應聲即是。在臣工以爲盡禮，然而人君之目則熟於此矣。目與媚化，非媚則觸，是謂目習。於所見則喜柔而惡剛。勤求天下之士，見之多而以爲無奇也，則高己而卑人；慎辦天下之務，閲之久而以爲無難也，則恃才而易事。質之人不聞其所短，反之己不見其所失。於是乎意之所欲，信以爲不踰，令之所行，概以爲無敝矣，是謂心習。

於所是則喜從而惡違。三習既成，乃生一弊——喜小人而厭君子是也。語言奏對，君子訥，小人佞，佞則與耳習投矣。奔走周旋，君子拙，小人巧，巧則與目習投矣。趨事赴功，君子一意孤行，小人多方迎合，迎合則與心習又投矣。於是乎小人不約而自合，君子不逐而自離。夫至於小人合、君子離，其患何以勝道？而皆由三習爲之蔽焉。

今欲除三習，永杜一弊，不在乎外，惟在乎皇上。一心反之己真，知其不足，驗之世實，見其未能，故常欿然不敢自是。自是之根不拔，則雖斂心爲慎，慎之久，而覺其無過，則謂可以少寬；勵志爲勤，勤之久，而覺其有功，則謂可以稍慰。久而習焉，忽不自知，則黑白可以轉色，東西可以易位。所謂機伏於至微，而勢成於不可返。惟望皇上時時事事常存不敢自是之意，流貫於用人行政之間。耳目之習除，取舍之則定，夫而後衆正盈朝，太平可久矣。

疏入，上嘉納。明年，典江西鄉試歸，遷刑部尚書。河南鄭州有姦盗疑獄。繫者十餘人皆擬死，先後大吏意齟齬。奏聞，遣侍郎某往鞫，仍未決。於是，命先生往。至則廉得其情，盡釋之，舉朝駭異。先生還奏曰："所謂監候待質者，爲有疑耳，今諸人既非真犯，徒以久羈瘐斃，與枉殺何異？"上動容，從先生議。時太學肄業生逾數千人，上亦嘉意詔先生總理國子監事。先生更詳定功課，仿宋胡安定"經義治事法"分條教授，奏行之，士漸趨實際，學風一變。

明年，轉吏部，典順天鄉試。冬，總督直隸。有刁民王宰謀吞人産業，賄太監，投貝勒允祐門下，以勢取之。先生察知，奏交刑部審究，允祐交宗人府察議。上嘉允，旗民貼服。會水災，先生既奏撥山東穀三十萬石以賑之，又相度地勢，使民引水溉田，開渠五百八十餘，溝、道、河、淀水流交通，水利以興。又晋州有小兒被殺，同村紀某衣污豆汁，官誤爲血，刑訊誣服。後正定守來白先生，時勾決旨已下，特奏雪之。又禁酒太嚴，先生奏言，以日用飲食細故，使民騷然，非政體，得旨弛禁。又巡邊至古北口及開平等處，見地勢平衍，因奏請給旗人屯田墾治，得旨允。又奏永定河改歸故道，各工俱竣，旨嘉之。又奏裁直隸河道總督，責成各道，如所請。

明年，扈駕謁景陵，上見禾黍暢茂，賜詩特嘉。調湖廣總督，時江蘇布政使安寧奏言："各省賑荒過濫，國帑宜節，民情易驕，宜有以裁抑。"先生抗疏，謂："安寧不能仰贊聖德，倡爲經費不足之説，使皇上愛人之心與節用之念相持而未決，萬一爲衆口所咻，節財之念勝而行仁之意不堅，則萬善由此而墮，百弊由此而生，又不止災民不被甘澤已也。治國猶治家，急於致富乃至飢寒其子弟而不顧，惡赤子之啼號，反嗇其哺乳，曰吾以治驕，無是理也。此義利之界、安危之機，惟勿以爲迂而垂察焉。"上優旨答之。前此馮中丞光裕開横嶺三峒，議者因路險地僻，將棄之。先生親自履勘苗疆。有地曰長安者，皆沃野，意不守必爲盗窟，乃奏設參將一員，益兵數千，以遏鎮筸之衝，安保靖城，綏諸民。又陳治苗之法，於各寨立寨長，峒立峒長，使約束群苗，而統於縣令，歲給工食銀十二兩，有過則易置之，自可令行禁止。

癸亥，調福建巡撫，以前訊糧道謝濟世事不實免，命修順義城工贖罪。明年，起先生宗人府丞，再遷左都御史。丁卯，自陳請退，許之。先生歸，即縣城東之石堠山爲舍，與邑後進講學及山農周旋，不履城市。

己巳，以副都御史召直上書房。先生喜曰："此吾盡心地也。"遂入都，凡書房規條諸未慊者，先生皆面奏，奉旨改定。

庚午，遷兵部侍郎，晋工部尚書，署翰林院掌院學士，典順天鄉試。辛未，充會試總裁，尋命教習庶吉士，賜第東城。

壬申，典順天鄉試，晋吏部尚書，協辦大學士。癸酉，以年老請解官，專直上書房。詔不許。秋，復典順天鄉試。先生在翰林有《春秋義》，行世久，乃瞿然曰："吾學無真得，奈何妄測聖經？"遂燬之。

又選輯古詩、唐詩，依義分註名詩删，亦燬其版。及直上書房，諸皇子方習經義，先生以朱子《詩集傳》過矯吕氏之説，於《鄭風》悉指爲淫詩，不無可議。

因請裁以上旨述之，而補前賢缺憾。上許日進講義一篇，及是書成，進上，定名《詩義折中》，且賜以御製序文。又命先生作《易解象爻》，甫畢，先生病作。上命皇子臨視，中使御醫相望於道。未幾，卒，年七十一歲。上聞震悼，遣使奠醊，賜銀治喪，謚文定。

先生生平不作欺人語，讀書不泥傳注，務返之身心，以求實信。嘗曰："朱陸異同，何其紛紛也！聖人之道，克己而已矣。當動念時追己從生，究己終極，即此便是窮理，何知行之不合一乎？又以聖人之道在六經，贊皇極、正人心皆由於此。"居恒以"八約"自誡：曰事君篤而不顯，曰與人恭而不驕，曰勢避其所争，曰事止於能去，曰功藏於無名，曰言删其無用，曰以守獨避人，曰以清費廉取，皆生平得力處也。

先生既樹直聲，晚年望愈隆，凡善政之行，國民皆屬意。先生其以副都御史被召，所過鄉民聚觀，擁馬首不得行。其喪歸，出彰儀門，送者車馬填塞，至數十里哭聲相聞。江西衛千總盧魯生者，嘗僞爲先生奏稿，指斥乘輿，徧劾大學士鄂爾泰、張廷玉、徐本、尚書訥親等，傳播遠近，上聞而震怒，下所在窮治，於先生無所問。先生惶恐不自安，語人曰："先帝及今上嘗戒我好名，今舍他人而我假必其有以致之者，生平好名之累未盡也。"自是務爲斂密，屢奉獨對，他人莫得而聞。

先生外和内峻，接人以誠，僚屬有過，必先誡諭，不悛，乃劾治之，所奏劾必直告無隱，有可原，未嘗不爲昭雪。先生卒，上顧近臣曰："朝廷少一正人矣！"嘆息久之。丙子，既從祀鄉賢祠，省人士復請從祀晋陽書院之三立閣。

先生遺著，其《詩義折中》以御纂刻印頒行外，有《奏議》八卷，《南遊記》一卷。又官國子監祭酒時，擬程《四書藝》一卷，餘雜文、詩皆稿藏於家。

仲兄鴻淦，字永公，號敬巖，以雍正癸卯進士任湖北公安知縣，著有《興縣志》四卷及《〈莊子·内篇〉評注》。弟揚淦，字立公，號恕亭，雍正癸卯舉於鄉，成甲辰進士，官國子監監丞。告歸後，教授鄉里，一以正學爲倡，時稱石橋先生。門下多列名臣，樹聲績。興向無書院，士乏觀摩，人文之興，皆歸功於先生云。

助教吕用晦先生事略吕肯堂附

先生諱文檽，字用晦，汾陽縣人。幼讀書勵品，爲諸生，稱端士。康熙庚子，舉於鄉。雍正甲辰，會試途次遇浙江汪孝廉德容，爲同年，語極契，將入京，沿途官吏頗爲趨候。先生察知其爲年大將軍羹堯西席，入都不爲通款，汪來謁亦不見。或謂先生："汪夙契君，彼聲勢方盛。君稍屈，功名可立致也。"先生笑，不答。比榜發，汪獲雋殿試，以第三人入館選。人或咎先生，先生曰："士貴自立，冰山詎可倚耶?"曲沃崔給事致遠，以直諫稱，嘗疏科臣事，世宗以明楊椒山擬之，即擢兵部武選司員外郎，後牽浮議，罹重辟，事白，遣戍，不能携家。先生聞之，走數百里，至曲沃，卹其家，復寄書崔公曰："萬里孤臣，無由内顧，僕略效緜薄，非有私於君，亦欲助宇宙間正氣爾!"崔大感激，始與先生訂生死交。先生屢會試，未售，以學行任國子監學正、學録，洊陞至助教，會吏部議於拔貢内由監中公舉才具優長、家道殷實者簡放鹽大使。行文至監，祭酒、司業等以貢生貧富無由得知，有議舉本貫熟識者，有議責同鄉官印結者，先生抗議曰："保舉而僅及本貫，易涉嫌疑，至鄉官印結，無難賄求，三雍乃國家儲才地，安問貧富? 薦牘祇當論賢能而已。銓曹瑣瑣，較人家産已屬失體，我輩何須傚尤。且計家産者，豈不曰爲防虧空，然又焉保富者必不貪乎?"堂官多是先生説，議遂決。

同邑吕明經肯堂以優行選貢太學，先生因案逮訊，訊者重先生，於訊時云："此案有吕肯堂造言，非獨助教咎也。"先生直應曰："忌者欲擠我，擠之可也，何可旁及正人？”卒不連肯堂。後事白，先生告歸，一時清流如胡天遊、蔡寅斗、周長發等均贈詩以壯行色。先是，先生僕曰：“温成者，供役頗勤。”至是歸，諸生久憐其貧，有以五金爲贐者，成謝曰：“某幼蒙主撫養成立，今何忍以此玷主清白乎？”諸生嘆息而罷。

先生歸，讀書樂道，鄉人欽慕。又踵父遺志，設義學、義倉、義田、義冢以惠村衆，且定條目爲記，以垂永遠焉。先生經學精《春秋》，著《〈春秋〉正宗》十二卷。又集古今人物之嚴氣正性者爲一編，顔曰“正氣録”。卒，鄉人士私謚曰“正義先生”。

吕先生肯堂，字子建，號東皋，汾陽縣人。十二三歲，能爲詩，兼爲丹青篆刻，既以其末務，乃棄去，專心經術，兼治宋五子書。弱冠爲諸生，學使高文良其倬，調入晋陽書院肄業，同學或爲謔語，先生緘默自若，非禮之地不隨衆往。安分守道，不以貧富及科名窮達紛其心，如是者有年。邑令器重特甚，以筵招，辭不赴。郡守聞其賢，亦屢筵招，先生謝，不往。會守出，迂道就先生，與論詩，先生賦詩一章，一揖别，語不能及私，時人高之。雍正初，以行優貢太學，先生往肄業，六館諸生皆重其學行，憚其嚴正。既而吕助教文檑被劾歸，先生亦以孤峭寡諧歸。後學多就問業，先生指示精密，體認切實，教諸生敦品勵學，旁及辭章。吕助教以賙卹崔静君家屬，與訂交。先生亦雅慕静君，且語助教：“静君來乞爲介。”助教欲先以先生所著致崔先生，辭不出。乾隆壬戌，卒於家，年五十六歲。彌留時，神氣鎮定，諄諄以正心術、立人品爲諸生勗。卒後，棺斂、喪葬皆邑人供給，弔者踵相接。助教因輯其遺文，爲傳以彰之。汾人稱身體力行之學者，皆推先生，百餘年無異議云。

少宰田德符先生事略

先生諱懋，字德符，又字一琴，號退齋，陽城人。父從典，仕大學士，謚文端。先生幼學於京邸，幼伉爽，與人無城府。雍正癸丑，由蔭生選刑部員外郎，旨改吏部，旋遷郎中，轉御史。

乾隆丙辰，遷禮科給事中，命巡視南漕，以巡漕御史二員駐通州，二員駐淮安，由江南、山東、直隸二千餘里中無稽核，疏請移淮安一員，分駐濟寧，移通州一員，分駐天津，往來接續稽查，儹行部議，從之。又見河南秋審册内應情實擬緩決、應緩決、擬可矜諸案甚多，恐以寬縱貽各省姑息養姦之弊，疏論之，敕部議。以河南巡撫按察司過爲寬縱，各降一級留任。工部趙尚書宏恩以貪賄聞，先生特劾其受賂偷安狀，詔軍機察議得實，論軍臺。遷先生鴻臚寺少卿。未幾，上以先生敢言，不愧臺諫職，擢副都御史。會山東白按察映棠以出入人罪虐累商民案，發旨派先生隨侍郎班第赴鞫之，核實，抵如律。

又某相弟見娶婦者，艷其色，攫以歸。先生微服出京，僑旅店，詗得案始末，歸，一鞫而服狀，具治如律。連擢刑部右侍郎，轉左，遷吏部。甲子，京畿旱，上命刑部清理庶獄。先生疏陳外省未結之案，請飭督撫催結，以免遲延拖累。上感天和，詔從之。

吏部訥尚書親奏："截取舉人年力衰老者，請停銓選，在籍令督撫、在部令九卿甄别分部，學習一年，將堪勝縣令者，入班選用。"下九卿議。時訥勢方盛，部臣多爲附和。先生獨主舊制完善，行之且久，若無故停選，甄别分部始行選用，事近紛更。奏上，從先生議。

湖南蔣巡撫溥奏："秋審緩決五次情罪稍輕者，請以乾隆乙丑年爲始，减等發落。"部議，在京各犯以甲子年始，定爲朝審章程，則下年督撫易於遵辦。先生疏言："緩決情輕者，原有可矜之例，至五次，則率情罪重大，其减等必有特旨間一行之。若如原奏，繫囚皆有倖心，益逞刁風。見奉恩旨停決於每甲子年舉行一次，其每歲查辦之處應停止。"下部議行。

先生既迭以伉直受主知，遇事謇諤，不避權要。丙寅，上諭責先生語言不謹，奏疏常泄於外，且嗜酒務博，不自檢點，著解任回籍，閉户讀書。己巳，命仍以吏部侍郎用。尋以從役毆傷人命，爲御史所劾，部議罰俸，詔仍著回籍讀書。辛巳，上幸五臺，先生迎駕，賜其母錦帨增禧額及緞四匹。先生歸，奉母居别業，號曰“依園”，娱親讀書，不預外事。庚寅，卒。所著有《易庸辨卦變》《〈春秋〉考實》《格物解》《依園古文》四卷，《依園詩》《耐忘集》《歸田集》《蒙求摘要》及纂《鳳臺縣志》云。

司成梁確軒先生事略

先生諱錫璵，字魯望，號確軒，介休人。幼敦樸，喜讀書，祖星熤極鍾愛之。祖既由淮安太守歸，頗以賓朋聲伎自娱。先生日登樓讀書，目不一接。祖久之悟，遂斥遣諸伶，不復近。先生事父母亦以孝謹聞，由諸生入貢太學。雍正甲辰，舉於鄉。兄錫藩，官永平知府，先生隨之任。錢文端、陳群時爲順天府丞，督京畿學政，按試永平畢。先生因謁見，問業文端，觀所著，曰：“通儒也，勉力經術，毋徒以詞章自小。”及父母相繼殁，先生哀毁特甚，家亦驟落，兄若弟瀕於破産。先生婦饒於奩資，悉撤以償債，及析爨，盡舉所有以貽兄弟，已則餬口館穀，與婦食淡，著述無稍懟。十上春官不第。會乾隆辛未，詔舉經學，錢文端首薦先生，詔以諸薦者著述下閣臣核覆，共四十人，核定先生及顧先生棟高、陳先生祖范、吴先生鼎四人爲尤，邃於經，覆旨特命引見。授先生國子監司業，一體食俸，不爲定員。召對勤政殿，高宗諭云：“汝等以經學保舉，皆積學所致，不似他途倖進。朕是以用汝等教士。”又云：“窮經爲讀書根本，但窮經不徒在口耳，在躬行實踐。汝等能躬行實踐，方可以教人。”

尋有旨，翰林中書官二十人，在武英殿寫先生所上《〈易經〉揆一》，及竣，著梁文莊詩正、劉文正統勛督刊，以備一覽。先生既以躬行實踐董正師儒。未幾，命直上書房，授皇子書，入翰林，爲侍講，充日講起居注官，擢左春坊左庶子，侍讀學士，晋少詹事。又命祭告太皞陵，迭奉飭纂《〈易經〉伏羲》《〈春秋〉直解》，均稱旨。

丁亥，任國子監祭酒。先生曰："余先後兩入成均，是上始終畀我以教人責任，敢不盡心，少補文治乎？"於是，整飭六館課程，親坐彝倫堂，召諸生聽講，使各反復問難，務究經旨，士皆以敦品勵學相勸勉，一時稱盛。

己丑冬，先生引年告致，得旨寓居京師，仍不廢著述，纂成《〈春秋〉廣義》《〈易經〉補義》進呈，均賜尚方珍幣。先生食淡，著述始終如一，長日擁書，静坐考訂，塗乙朱墨，無一日釋手，進呈諸書外，六經皆有論著，未寫定本稿藏於家。

甲午，卒於京寓，年七十九歲。先生生長貴盛大，性純明，無他嗜，惟日讀書，究心經術。自錢文端獎勉後，於經益邃，唐宋以下書非闡發六經、有關誠正者，悉屏不觀。初娶常，繼娶卞與于，均能與先生安貧樂道。先生自少迄老，幾更窮達盛衰之境，而心地沖融，不易其度。於師友淵源倍篤風義，文章政事，亦極有條理。同時，耆碩如錢文端、梁文莊、劉文正相與引重外，蔡文恭新、裘文達曰修，均引爲契友，稱當世大儒云。

京卿康茂園先生事略

先生諱基田，字茂園，興縣人。幼貧乏，十四補諸生。孫文定嘉淦時家居，賞先生器宇非凡。乾隆戊辰，德學使保拔先生肄業省垣晋陽書院，挈弟基淵往，相與晝粥而食，易衾而寢，自刻苦，遂著文名。癸酉，以拔貢舉於鄉，旋由明通選授繁峙教諭。

丁丑，成進士，以知縣用，分江蘇，補新陽。己卯，調昭文，有豪惡把持，夙稱難治。先生擒陳奇等數人，置之法。庚辰、乙酉兩鄉試，充江南同考試官。在昭文爲民開六書塾，以培士風。先生暇輒督課，尤體卹寒畯。先生後經大府以勤於職事薦。丙戌，授潮州府通判，以迭獲洋盜，功陞同知。丁亥，母卒，歸。服闋，署惠州府，授廉州府，整鹽務，通河道，商民稱便。乙未，署惠潮嘉道。明年，嘉慶斬犯，蔡老三臨刑未死，帶傷脱逃。部議革職。捐復之。

戊戌，授懷慶府知府，調開封，兼辦河防事。先生因習知河工積弊，而向例所用稭料，均按通省地畝攤派，十束千錢，追呼擾累，民不堪命。先生力請大吏發帑採買，以蘇民困，得旨允行。癸卯，擢河北道，其地鄰黄、沁二水，河患頻仍。先生抵任，值大災，於是煮粥賑濟，全活甚衆。一面勤修河務，溉民田數十萬頃。丙午，調江蘇徐淮道，亦兼河務。先生習於其事，河不爲災。明年，擢按察使。會舊僚某女孫以仳離受制豪横，幾致失身。顧女以死自誓，瀕死者數矣。先生知其故，立予湔雪，且置豪横如法。諸生中有蔣寅者，才而貧，先生特爲女擇配之。其秋，蔣生得鄉舉。

又吴棣華廷琛，幼貧，力學，先生賞之，妻以弟女。後吴以壬午鄉舉，壬戌大魁，吴中傳爲嘉話焉。戊申，任布政使，調署河道總督。先生向慨河南河工之弊，至是思有以革之。督率將卒防守河隄，有大疏忽，立依軍法，稽延時刻者，立加枷杖，不稍貸。河工官吏習於惰偷自是，皆怨先生苛，而河汛則概無疏失。

己酉，邳宿河潰，先生即馳防睢南，河勢漫溢，至周家樓，而上遊魏家莊復報險迭至。先生亟登壩搶護，值大溜至，埽裂翻壓水底，溜勢洄漩，沖埽復起。先生乘濤直上，手觸船纜，衆挾之出層波，登岸急易衣，復立堤上，督飭員弁，聲色愈厲。員弁工人大呼，協力搶護，自朝至夜三鼓，漫口卒堵塞，慶無恙。

時江南蘭河督第錫在工次，事竣，恒語人云："康公洵天人也！"與江督書麟合奏聞，上加優賜。忌者不能持，旋調安徽巡撫。先生以嚴明故觸當路忌，以失察書吏被劾，革職留任，復被逮入都。事解，以同知用，發河南。辛亥，爲江蘇大吏，奏署淮徐道。甲寅，先生在蕭汛督搶埽工，聞豐汛四堡、曲家莊隄工遇水，即馳往。先行裏護，連夜集夫灘面，圈築越堰，繞過缺口，得旨優奬，賞給按察使，調山東，仍兼管河道事。嘉慶丁巳，擢江蘇巡撫，旋授河東河道總督。先生前此風裁，久爲不肖員弁所側目，至是實除，衆益懼，於是河壩垂成矣，陰縱火燬之，以掩諸弊，積料全燼。先生引咎奏上，奉旨革職，留工效力。又諭，略稱："康基田從前辦事，尚爲熟練，操守亦屬廉潔。此次失火，諒非伊有心裝點，著於江蘇、安徽、江西三省内遇有知州缺出補用。"

辛酉，補太倉州，調署松江府。壬戌，擢廣東布政使。癸亥，改江寧，疏通人字河，減揚州水患。丙寅，以督催銅鉛運遲延，鐫級歸部，以郎中用。明年，由户部郎中加知府銜，值河工弊發，命先生隨大學士長齡、戴尚書衢亨馳驛往。先生主修，復前靳河督輔之舊壩，指陳明確。二公既上奏，奉諭："以康基田平日留心河務，深中竅要，陞賞道銜並翎枝。"到工旋賞先生太僕寺少卿，主管勾稽南河要工錢糧。辛未，河工竣，先生雖受上知，顧爲要路齕之，不得有所施爲，以老乞休，得允。時子綸鈞以翰林洊，仕通政司參議，亮鈞以舉人官工部郎中。先生遂居京邸。癸酉，江督百文敏齡奏請改建山盱五壩，詔先生與議。秋，重赴鹿鳴宴，就順天府行禮，旨加三品銜。尋卒，年八十六歲。

先生持身勤慎，久官河工，洞悉歷代河務利弊，恒口講指畫，千里如目覩。著《河防籌略》，深爲任河務者所取法。當官亦晰吏治，所在有聲。爲文及詩均沖和淵懿。書法仿董思白而加清挺，大書題牓則駸駸乎具顔蘇兩文忠之長，爲時所重。先生亦自珍視，不恒作也。爲學嗜考據，尤勤掌故。嘗萃山西故實自唐虞迄明以來，爲《晋乘蒐略》，又以所居興縣僻在省西北，代鮮聞人，復輯《合河紀聞》，均爲譚晋故者之匯海。

先生耄年，神明不衰，朱顔廣顙，鬚髯滿頤，又步履矯捷，少年不及。道光中，晋豫大吏請從祀鄉賢及河南名宦，均得旨允。又入晋陽書院之三立閣祠。遺著付刻者有《晋乘蒐略》三十二卷，《合河紀聞》十卷，年譜二卷，文集三卷，詩集二卷及《河渠紀聞》行於世。

京卿孟蘭舟先生事略

先生諱生蕙，字鶴亭，號蘭舟，太谷縣人。七歲時，祖訓以“有恒方能有成”，遂佩之終身。弱冠，爲諸生。乾隆乙卯，舉人。紀文達昀負一時重望，得先生文，謂具清直氣，必以風節顯，遂深器之。

癸未，成進士，選庶吉士，授編修，以大考罷職。旋以主事用，補吏部，晋員外郎。時尚書爲劉文正統勛，綜核名實，不稍假借。先生嘗屬稿以進文正，摘小疵數處曰：“君文何欠精？”先生曰：“公當視例案可否？不當第論文工拙。某如專攻文詞，仍當視草清秘，不至俯首入曹署，爲簿書俗吏也。”文正睨而笑曰：“孟君風力殊健。”及保送御史，文正以先生一人應選，稱有爲有守，且語人曰：“吾知其必能直言也。”擢湖廣道監察御史。乙亥，充雲南鄉試副考官。旋丁父憂，服除，補江南京畿道御史，陞工科、吏科給事中。

服官二十餘年，清直之概無稍易，所建白大端，如留外用人員宜酌定章程以清銓法，鄉會試宜停止彌封，紅號房考不得互閲試卷，外省簾官宜扃入公所，不得任意出入，亦不得預分内外，州縣守城兵役宜酌定名數以專責成。先後十餘疏，皆報可。巡查街道，必徧歷所屬地。又嘗監飯廠，黎明即往，風雪不少易時，吏役無滋弊，貧民皆得飽食。

未幾，授鴻臚寺少卿，轉光禄寺少卿。丁未，擢通政司參議。先生素簡伉，時大學士和珅勢燄炫赫，先生論事不苟，唯阿珅嗛之。會先生劾直隸總督劉峨昌平開礦擾民，且請停止。措詞有過當處，得旨申飭。珅遽以革職請，特恩改降二級。先生慨然曰：“不得其言則去，亞聖詔我矣。”遂乞養歸，衣裝儉薄，如鄉里老儒。家居則奉母孝，訓子嚴，敦行禮讓，布衣蔬食，泊如也。太谷素以商業稱盛，承平既久，家資饒裕者漸染侈風。先生以身式俗，力行儉約，戚族慕其風而化之者相屬。嘗稱：“爲人之道，務要脚步站得穩，如人家造屋，必基址堅固，方可歷年久遠。《論語》‘非禮勿視’四語，尤爲人要着。”又云：“以恕己之心恕人，責人之心責己，何患不到聖賢地位。”時傳爲名言。尤喜獎掖後進，聞同里士有文行者，必造其塾，叩所學，往復敦勉，娓娓不倦。與人言，亦稱道津津，惟有過則繩之，不少假借。後進雖憚其清直，又未嘗不樂其寬和也。

嘉慶庚午，卒，年七十五歲。闔邑人士請從祀太谷鄉賢祠。癸酉，從祀省垣三立祠。著有《蘭舟詩集》《文集》，藏於家。

給諫温印侯先生事略

先生諱常綬，字印侯，一字力古，號補山，又號少華，太谷人。幼穎敏，讀書倍常兒。十歲，能爲文，十四歲，以誦九經入邑庠。負笈省垣，遊牛空山先生運震門，學益進。乾隆癸酉，副貢生。庚辰恩科，舉於鄉。

己丑，成進士，入館選，散館，授翰林院檢討。因請假養親，父尋卒。服闋，補原官，充武英殿分校。庚子，主浙江鄉試，同主試者羅某故老癃且病發，先生獨閱卷萬餘，晝夜簡閱，舉黜評語悉當，曰：“古人校文，思得忠肝古誼之士，吾將於此求學問經濟，非第求功令文章也。”榜發，稱得人。差竣，督陝甘學政，陛辭請訓，上曰：“汝明白誠實，好爲之，用汝不止此也。”先生益自感奮。抵任後，知秦中童試，大半有文無詩，歷屆相沿，幾爲成例。先生曰：“是違功令也。”於是，申令再三，且示程式行部發落，殷殷以“讀書行己之要”爲諸生開導。秦士自是始究心聲律，且奮志於學。

差滿覆命，改山東道監察御史，旋掌京畿道，校書内閣，擢兵科給事中。巡視中城，會天津、河間二府，飢民多轉徙。上詔賑粥，設十廠於京城，五廠於城外。先生疏稱：“每日一廠領粥者不下二千餘人，十廠約二萬餘人，城外五廠計人必更多，此非久計也。若於本籍經理，使充口食，無流徙，乃爲妥善。查保定、天津、河間、順德等府屬，俱有應修城垣，若及時修築，災民得藉傭力資口食，則未轉徙者不至再有流亡，已轉徙者亦將聞風歸里。"得旨允行。

先生每於歲暮監視粥廠，往必黎明，風雪不懈。嘗云："我輩擁裘猶寒，貧民衣不被體，忍令以一刻之安，而重貽枵腹以待者纍纍耶！"城中巨猾某因賄成訟，先生奏請按律立治罪，不避嫌怨。嘗云："國家設言官，原以達民隱，苟非關民生，矯直以沽名，吾不爲也。"

以母憂去官。服闋，嘉慶丙辰，入京預千叟宴，補原官，轉户科掌印給事中。巡視天津漕務，先生親赴静海一帶，督率弁兵敲冰，水次糧艘得遄行無阻。會濟寧巡漕缺出，特命先生兼攝之。歷七十二閘催南糧，糧抵天津早往年者旬日。先生以積勞卒於天津，爲丁巳年，年六十五歲。

先生孝友和平，生平無疾言遽色，與人交，無睚眦之怨。子承惠、承志並以功名顯。常戒之曰："官無大小，爲國宣勤一也，烏得以是爲驕乎？"每遷秩，語益加切。平居無他嗜好，日手一編，有所得則書之簡端，嘗舉王融言："少好讀書，老而彌篤，雖偶見瞥觀，皆即疏記，後重省覽，歡興愈深云。深與吾意契合。"又云："張參言讀書不如寫書，余意寫書又不如評書。寫之功字句而已，評則義藴從此而出矣。"時稱名言。所著有《〈論語〉輯解》，綜諸儒之説，衷以己意，爲先生精力所萃。書成，將輯《學》《庸》《孟子》，未竟而卒。外有《〈尚書〉評》《〈考工記〉集評》《〈春秋三傳〉評》《〈孟子〉評》《〈杜詩〉評》《玉谿生詩評》等，均藏於家。

京卿康蘭皋先生事略

先生諱紹鏞，字鏄南，號蘭皋，興縣人。父基淵，以循聲著。先生行次五，幼肄《禮記》，動止循禮法。十二歲，孤，隨母扶父櫬歸。至河南懷慶，太夫人憚太行之險，恐他虞，遂卜葬濟源，僑河内。時世父河督官河北道，先生依之，益自刻苦。河督嘆曰："此子器宇沉毅，他日必出人頭地也。”

乾隆壬子，舉於鄉。嘉慶己未，成進士，以主事用，分兵部，旋補軍機章京，洊陞郎中，歷鴻臚、大理寺少卿。從仁宗幸遼陽、木蘭、五臺，均勤於趨職，明習掌故，董文恪、戴文端兩相國長樞府，尤加倚重。

會林清之亂，畿南、山東、河南諸匪頗勾結響應。先生方隨扈木蘭，密以各省應行防堵之處及將弁姓名、曾否經歷行陣、所轄兵數多寡，録一小册以自隨。會上有所詢問，當軸以先生録册進，上特嘉許。遂命偕文協揆孚赴山海關，訊大名民人司敬武之獄，且得弁兵誣陷，教供邀功狀，論弁兵如獄，釋敬武。

尋簡安徽布政使。時安徽大祲，飢民徧野。先生先敦勸各屬紳商士庶出資，各衈其鄉，益以帑項給示遠近，嚴懲官吏之侵冒者。事集後，先生又鑒於庫藏久虚，殊非至計，於是既剔弊竇，嚴杜借支催提，上下忙屬，庫存款奏銷。時遇有州縣應領之款，即爲畫抵正供錢糧，以省一領一解之費。行之三年，庫貯之增較舊且十倍焉。陞巡撫，會宿州、靈壁縣間濉河北腰河隄堰坍壞，又瀕江渚地，私梟、捻匪時有出没。先生親視隄堰訖，奏請興復。又繕完卡房，設立巡船，多撥兵弁，分番緝捕。先後擒治李才、楊七等五十餘名，奏置之法。梟匪斂戢，水陸以清。先生幼故習騎射，自是飭實倉儲，整營伍力訓練，暇時擇撫標中年力精壯者日五十名入内射堂校藝，輪番肄習，時賞罰之。

調廣東巡撫。道光元年，與督臣覆奏查辦陋規，爲先生屬稿，略稱：各項所入，既有陋規名目。今逐款臚列，於國家體制似亦未洽，弊去其太甚事不外舊章，應請照常辦理，並隨時稽察，如有於常額之外多取絲毫，輕則參撤，重則治罪。並督率司道等官，訓諭各屬，力行節儉，屏除浮華，將攤捐款項查明，可以裁汰者裁汰，可以匀減者匀減，庶以儉佐廉，量入爲出云云。時論以爲知大體，與兩江總督孫公玉庭奏並稱。

旋調京，署禮部左侍郎，授廣西巡撫，調湖南巡撫。先是，傅按察鼐於苗疆毗連諸地，築碉卡以資防守，民得安枕。先生至，即繕完故碉卡二千餘處，並明定民苗交易制，内修武備，勤訓練。又檄沿洞庭湖各州縣，按輿圖道里定營制分界限址，員弁依段巡。檄其漁船則仿行保甲，編審籍記，而盜匪以清。

九年，陛見，詢及苗疆事宜，先生奏稱："擬詳考所轄道里遠近，可以歸併内地者，遇有事故缺出，懸缺不補，徐圖歸併，則無裁革苗弁之名，而苗弁自然減少。"上諭宜與督臣熟計行之。回任，督臣恐致生事，阻不行。明年，調京，補光禄寺卿。又明年，京察引見，降四品頂戴，旋休致。於道光十四年卒於家，年六十五歲。先生體貌恢閎，持躬彊直，事母孝，自奉約。其於學，嘗受業姚姬傳先生鼐，得其義理、考據、詞章合一之學，尤長於奏牘文字。

官廣東時，聘李申耆先生兆洛爲諸子師，俾究心樸學，刻有姚選《古文辭類纂》，李選《駢體文鈔》，張皋聞先生選《七十家賦鈔》，爲世善本，稱康刻焉。又倡家塾、創宗祠、購書籍，資宗族子弟之習讀。於名臣中心服者，則爲興縣孫文定、桂林陳文恭，至其大父茂園先生之治行，尤夙昔所習云。

京尹田季高先生事略

先生諱嵩年，字季高，號夢琴，盂縣人。幼聰慧，七歲能賦詩。十一二歲時，與二三兄弟同案讀書，課畢，静聽之，輒闇習其章句。十三歲，父興梅以乾隆癸丑進士官雲南知縣，携先生往。先生既飽歷南中佳山水，又依名父於署中樓上嚴課讀，研書法，學因大進。嘉慶丁卯，當塗黄勤敏鉞督晋學，觀風，得先生卷，特拔之肄業晋陽書院，並留署中親自督教。

庚午，成優貢。赴京朝考取二等，充八旗官學教習。因館黄公家。時黄公爲南齋翰林，故事，翰林供奉凡御製文、詩、聯句，先擬注，上候硃筆點定，乃繕本翰牘填委，尤慮泄露。黄公以先生端謹，獨深倚之。日者，仁宗問黄公："年老，襄事者誰爲可任？"黄公以先生對，特賜大緞。先生益自勤奮，每日寅刻即起，於燈下自律功課，數年如一日。

己卯，舉於鄉。庚辰，中進士，選翰林。明年，改編修。時南齋乏人，歙縣曹文正振鏞以先生來見，往來公卿門，稱端士。黄公又以先生品學優長薦，遂詔在南書房行走。上稱："田某老實人，當差亦謹慎。"蓋先生夙以誠篤自矢，又嘗取史籍中歷代名臣列傳，凡有關於朝章、國典、吏治、民生諸説，博觀而熟繹之。於明吕新《吾學説》尤爲深嗜，期以得位而行志云。迭以京察列一等。

道光戊子，簡廣東主考。闈後，得丁父艱信，即日以覆命，事交副考官李夢韶，兼程歸。未幾，母、兄相繼卒。先生迭遭大故，家累日深，於是以教授紓家計。學者多歸之。辛卯，主省垣晋陽書院講席，至則整飭學規，復約諸生每日五六人同進見，周而復始，隨時問答，以先正格言爲多，次談論文藝，諄諄以"勿徒爲干禄之具"爲誥誡。又手書遯翁《苦口吟》付梓，以給多士。一時朝居夕稽，與諸生親愛肫肫，如父兄然。

癸巳，服闋，仍官翰林，直南齋。大考翰詹，先生名第一，授侍講學士。上諭云："爾學問是好，爲人要緊，要誠誠實實不妄爲，一言一動俱落實。爾人既老實，年紀不大，正有授恩之日，祇要向好，毋虚浮。"旋簡奉天府丞兼學政。先生至奉，以端士習、整風化爲先務。課試各生，終日坐堂皇，試卷親爲點校，親丁幕友無所携。

明年冬，陞順天府尹，廷寄促赴任。抵任，值雪澤愆期，糧價騰貴。先生嚴禁閉糶，糧價以平，人心大定。又擬取吕新《吾實政録》所載，編制保甲諸要政，次第施行，乃以操勞過度，氣脱致殞，年四十九歲。

先生爲學以治心爲主，以涵養擴充爲致用之本，德容睟然，不爲矯激示人以難堪，而人莫不欲親之近之。在翰林除黄勤敏外，惟與壽陽祁文端寯藻、臨汾彭荷村作邦爲相契，外他人不妄遊處也。性又狷介，口不言錢。任京尹，家用幾不給，處之晏如，從未向知好一啟口。比卒，棺衾不給，賴寅友捐廉以得斂且歸葬。宣宗知其歿，猶詢病狀及家事，爲惋惜云。身後從祀晋陽書院之三立閣。所著書，存者惟雜詩一卷，爲隨黄勤敏學幕時作，又《寢琴軒詩》一卷，則在京時作，均雍容和雅，不斤斤爲唐宋之分，亦足覘先生所養矣。

相國謚文端祁實甫先生事略

先生諱寯藻，字叔穎，一字淳甫，改字實甫，或署春圃，或署觀齋，壽陽人。幼端重，讀書穎敏。父韻士以户部郎中銅廠失察案下獄。先生年十二，隨侍讀書。嘗賦《春草詩》，父賞爲有器識。明年，父遣伊犁。母劉夫人携先生及弟宿藻、姪世弁歸壽陽，延師授學，攻苦食淡，以針指佐脩脯。

先生十五入邑庠，旋食餼。十八舉於鄉，爲嘉慶庚午，時父蒙赦，歸。那文毅彦成督陝甘，聘主書院講席。明年，先生會試未第。省父，因留侍。蘭山書院故多藏書，先生悉讀之，凡二年，遂沉博淹貫，爲時所重。

甲戌，成進士，入館選。那公督直隸，父仍受聘主蓮池書院講席，以疾歿。先生星夜馳赴，扶柩歸。服闋，散館，授編修。道光辛巳，直南書房，和御製《太液春泛詩》，邀宣宗特賞。壬午，充會試同考官，旋充廣東鄉試正考官。逾年，督湖南學政，奉母往。母故嚴，有拂意，先生長跽，受杖楚。南人頌學使廉敏，終任無間言。差旋，仍直南齋，擢右中允，遷侍講，再遷庶子。庚寅，以母病請假，召對且詢病狀，有“求忠於孝”之諭。假滿，請終養。不許，予寬假期。明年，母病愈，奉養回京，遷翰林院侍講學士，累遷至閣學、禮部侍郎。尋母爲孫娶婦，回籍，卒於家。先生聞訃慟絶，星夜馳歸。卜葬訖，留心農圃，有終焉之志，成《馬首農言》十四篇。及服闋，未補官，即擢兵部右侍郎，轉左侍郎。

丁酉，調户部右侍郎，督江蘇學政。時江蘇承經學餘流，士多務博洽而疏行檢。先生謂："通訓詁、明義理，二者不能偏廢。"遂刻《朱子小學》、影宋本《説文繫傳》及手書《聖諭廣訓》，復脩常州試院，以惠多士。

轉左侍郎，調吏部，擢左都御史，例還京。途次命偕黄侍郎爵滋巡視浙閩。與吴文節文鎔、鄧制軍廷楨籌備防軍經費、簡練水師將領各事。英人犯厦門，閩師擊之退，時庚子四月也。

未幾，浙江定海陷。先生還至常州，復命入閩，察視情形，擢兵部尚書，復命備陳一切。時穆彰阿方貴幸用事，相國王文恪鼎深嫉之，引先生入閣，遂以户部尚書協辦大學士。時樞務殷煩，庫費乏竭，言利者多苟且補苴，乘機鑫興。先生力持正議，密陳罷之，惟持正論。至論者雖責難干忤，亦必上陳。

又英艇逼江寧，京師震駭。先生力持鎮静，謂"人情方習承平，不當自擾以惑大計"，與當軸或異議，侃侃執争，一變平時謙遜退避狀。即《五口通商約定》宣宗簽字，至中夜，繞榻太息，遲明付侍臣交軍機，猶曰："交穆彰阿，勿交祁寯藻也。"尋使鞫案甘肅。事竣，請假回籍省墓，抵介休，聞宣廟憂詔，兼程北上。文宗即位，拜先生體仁閣大學士。

明年，咸豐辛亥，管理工部，仍管户部。時上鋭意圖治，進納忠言，罷穆彰阿，以先生長軍機，召對問用人行政之道。先生稱述愷切，至逾晷刻。又亟稱："言路爲國家氣脈，氣脈通，無論强弱，可以爲國。"以故曾文正國藩上陳時事疏，語多激切，上震怒。先生力諫，稱君明臣直者再四，卒回上意。諸有陳大計者，必導納之。時論謂：咸豐初，起用人望，察納直言，皆先生左右之。

先生顧謹密，雖子弟無由知造膝敷陳者何事也。時粤匪難作，東南糜爛，徵兵籌饟事倍於前。先生趨直，寅入戌歸以爲常。而定郡王素結主知倡鑄大錢議，先生以擾民力争之。不聽，則姑請罷當五百、當千諸錢，但行當十。至佐以鐵錢，錢法於是大壞。人多咎倡議者，或騰謗議，謂自先生發之。既而定邸卒，鄭親王等用事尤專恣。有滿洲人吉年者，訐先生。上怒，立誅之。先生以癸丑喪弟，且疾時發，屢乞休，不許。甲寅，以病久不愈，請開缺，始准致仕。居京師，恩禮仍不時至。

庚申，英法聯軍逼京師。上幸熱河。先生兩上封事均留中，欲趨詣行在，病甚，不果行。子世長，時甫入翰林，奉先生歸里，養病於邑之方山。穆宗嗣位，特旨起用先生。先生陳病狀，請緩行，並上陳時務疏《始於勤聖學，終於崇節儉》，幾五千言，於土木遊觀尤三致意。明年，同治壬戌，入都，以禮部尚書大學士銜。弘德殿授上讀，進《弘德殿箴》，集柳公權書，以資上習字。又進小學及陳文恭弘謨《〈大學衍義〉輯要》、杜紫綸《讀史論略》等書資誦習。又屢陳時務，保薦賢才。兩宫優詔嘉納之。

甲子，請開缺，仍以大學士在弘德殿行走。乙丑，以疾請致仕。丙寅，卒於京師。病篤時，手定遺疏，尤諄諄以納諫親賢爲急務云。年七十四歲，賜祭葬，贈太保，謚文端，入祀賢良祠。

先生儀觀端慤，美鬚眉。立朝四十餘年，清介，絶干謁。居鄉謙謹，入城及里門必步。重人才，尤重循良吏，如江忠烈忠源、沈文定桂芬、葉太守桂芬、李太守慶翱、程刺史豫、王侍郎茂蔭、李宗伯棠階等，均所引重。樹聲績，篤故舊，如程侍郎恩澤、張明經穆、苗明經夔，所著書均助資刊刻，且時加周卹。後進喜讀書者尤獎進，如端木刺史埰、莫明府友芝、楊觀察寶臣、閻農部汝弼、秦徵君東來、王兵部軒等，先後疏聞於朝。即鄉居，見童子塾中歸，必詢所讀書，其聰穎者獎以筆墨等物。家居，篤孝友，睦宗族，清風儉德，一時無兩。所著付刻者，有《禔朒亭詩集》《續集》《馬首農言》《觀齋行年日録》等，外如《禔朒亭文集》《勤學齋筆記》等稿藏於家。書法由小篆入真行，出顔柳，參以山谷，深厚遒健，自成一格，爲"大書深刻"之絶詣，世争寶重云。

户曹白香田先生事略

先生諱世珍，字希甫，號香田，晚號潛淵，介休縣人。父永成，生先生八月而卒。病革，謂婦程曰："吾不獲事孀親矣，慰親者惟此子，善撫之。"母以事姑課子，名聞族黨間。先生承母教，朝夕勤業，不稍怠。年十九，爲諸生。會母目疾，先生與婦李侍奉湯藥，晝夜服勤，凡二年。及母卒，先生毁瘠甚，喪畢，廬墓楗户讀書。廬側茁白芝一莖，大小環向。崞縣續壽泉綏特作《子母玉芝記》以爲孝德之符。

先生雅不自襮。嘉慶庚申，舉於鄉。先生即以母程苦節事請旌表，得准建坊。又母嘗以積資付先生，曰："須以是成一好事，至是積千金。"先生即以充義學，延師以課里之貧兒焉。戊辰，大挑一等，用知縣，分發河南，需次半年，見署補無期，遂告歸。會叔宦京，以書招先生至都。辛未，報捐郎中，分户部。甲戌，會試，出陶文毅澍房，力薦未售。謁陶公，公嘉以老斲輪手，且屬刊集。先生謝之。尋補湖廣司主稿，先生晨夕趨公，練習部事。

癸酉，教匪之變。所居邇禁垣，礮聲震聒，居民惶懼無狀。先生不爲擾，且語家人無恐，並約比鄰毋自亂。事尋定，時服其鎮定。兩遇京察，掌部務者故抑先生，不得與。或有諷先生宜稍貶損者，叔且以書來勸勉，先生略覆云："告假回籍，籌之熟矣。幼承祖父積累之業，寡母提命之嚴，安忍不盡心竭力，移孝作忠。但宦途徑竇百出捐班，尤中外覬覦，身爲捐班而不走捐班之路，固宜時届滿而路終塞也。且改令爲郎，亦欲就京下場，圖上進，邀覃恩封典耳。今進士無望，覃恩幸邀，引退藏拙，實所甘心云。"己卯，請假開缺，旋歸里，閉門課子，不接外事。

嘗書聯見志云："尚志潔身，猶幸存本來面目；分經課子，仍未敢儒素家風。"篤性理之學，尤重躬行實踐，每有所得，隨筆著録，以考功力疏密，晚自删定曰《日課僅存》。嘗語諸子曰："吾少時便心存兢業，不敢妄爲，非有學問也，誠念母守節之苦、教育之艱，而心不安也。”自廬墓岑寂中，心地空明，取四子書及先儒語録觀之，尤覺得聖賢言語親切有味，由是向學益堅。有詩云：“早知門徑從誠入，那得工夫背道馳。”皆先生自道所學得力語。

先生然諾不輕，笑言不苟。與人交，不設城府，不立崖岸。子弟及僮僕有過，不過爲呵責，必開導使自悟。嘗謂：“立品以存心爲要，人有身而不敬，是忘父母也。吾凡所爲不能貽父母令名，然常恐偶貽父母羞辱也。”篤友誼，有友數世喪不能葬，先生慨助巨金，終身不自以爲德。道光丙戌，卒，年五十九歲，遺著《日課僅存》外，有《韻園講章僅存》《〈論語〉講義僅存》《雜説僅存》《允齋日鈔》，均稿藏於家。

京卿徐松龕先生事略

先生諱繼畬，字健男，號松龕。幼承父廣軒先生潤第學，穎敏工文。舉嘉慶癸酉鄉試，年未冠也。道光丙戌，成進士，朝考第一，選翰林院庶吉士，散館，授編修，轉御史。

先生讀書志經世，於部曹事例、郡國利病無不窮研。及是，爲司諫，凡上章，宣宗無不稱善，謂：“不蹈空文無實之故習。”嘗論：“政體宜崇簡要，請酌删。”部議裁抑吏權，略稱：“一曰教令宜簡，諸臣條奏或推闡舊章，或指陳時弊，拾遺補闕，職分宜然。其間識見既殊，淺深亦異。既爾上瀆宸聰，即已無虛採納，原可留中備酌，不必悉見明文。若其事關切要，勢無阻難，經聖慮之折中而期於必行者，既降諭旨，宜重考成，度其事之難易，限以一年二年，或興或革，課以明效。如有仍前玩視，别經發覺者，宜責成科道各官援引前諭據實糾參。於本案外，重治以違悖諭旨之罪。如此則教令所出，堅如金石，信如四時，而不至於壅遏而不行矣。一曰條例宜簡，宜令精熟部務之堂官，於司官之中選其嫻熟例文、能知大體者數人，就現行事例中精審詳定，另爲一編，切於事理者存之，瑣屑無味者棄之，勿商榷於書吏，勿牽制於浮言,綱領取其分明,文法取其簡净,事有其十之五,文省其十之七,名曰簡明事例。使留心公事之堂司各官不苦望洋,得以知其梗概,庶不至聽命於狡猾之書吏,而有司之奉行者亦不苦於煩亂淆雜,而視爲具文。如此則漸歸核實而叢弊可剔除矣。一曰處分宜簡。各官處分,凡有關於國計民生,或有關於官箴品行者,不妨從重從嚴,使之知儆。其餘事涉細微、無關治體,與夫苛責太深、情勢所難者,宜就現行事例之中准情酌理,大加删削,要者存之,冗者去之,務使勸懲之條嚴明鄭重。庶罣吏議者自悔愆尤,而賢能之吏才力得伸,不至束手而安於庸懦矣。"

上尤嘉納,立召對,與語移時,詢及民瘼,先生剴切陳之,至爲流涕。明日,即擢廣西尋州府知府,旋遷福建延邵建道。先生至,則擒捕巨盗數人,生磔之城門。時承平久,吏習於諱盗,務爲粉飾,民隱不上達。至是,姦宄愓息,境内肅然。

調汀漳龍道,時海疆多事,敵艦聚厦門,距漳僅一水。居民數驚。先生促購大木爲排樁,塞鎮各港,扼險固守。敵知有備,不敢犯,旋爲官軍擊退。事平,督撫交章論薦擢兩廣鹽運使,復改廣東按察使,尋遷福建布政使。

未幾,授廣西巡撫,適授福建巡撫,爲鄭祖琛艷尋梧關税之利,乞時相以粤,幸無事。閩爲通商要區,與先生相易。先生久官閩,且究時務,瞭然於世界大勢,得其要領。蒞任後,端嚴持重,務堅守要約,疏闊節目,以恩信羈縻外人,體國家休息之意。通商諸國悦服,咸遵約束。市舶輻輳,部内瘡痍亦漸復元。

會英使臣謀僦居烏石山,伸入城之約。林文忠時督雲貴,聞信,意弗善。及歸里,倡議盡驅外人出城,且責先生畏葸。先生不之辯,而發數難曲詢之,文忠亦未能答也。文忠又欲勸紳士捐資,募水勇,辦防堵。先生謂:"外人未露蠢動,先自張皇,是召彼來攻,大爲失計。"與總督勸止之。文忠益怒,嗾閩人喜事者爲蜚語,聞都中,總督劉韻珂懼,乞歸。先生屹不爲動,兼攝督篆。

先生曩昔入覲，宣宗詢海外形勢、各國風土，先生奏對甚悉，命纂爲書。書成，曰《瀛環志略》。未進呈，而宣宗崩。言者摭書中論日耳曼聯邦，有“西方王氣方興未艾”之語，而删“西方”二字，劾先生，欲中以奇禍。

咸豐元年，先生入都，將召見。時清議多祖文忠，微詞先生。先生曰：“林少穆自是好人。”及召見，文宗詢林則徐爲人，先生對以“忠正，惟不悉外情，致誤事機”。文宗以足頓地，嘆息者再。及先生退，語廷臣曰：“徐繼畬乃老成人，何謂欺詐？”於是以太僕寺卿内用。

會詔求直言，先生以《三漸宜防疏》上，略云：

一、土木之漸宜防也。我國家列聖相承，崇尚儉樸。大内宫殿，一仍前明舊貫，無所改作。惟圓明園爲三時聽政之地，避暑小莊爲秋獮駐蹕之所。兩處規模至乾隆年間而大備，嘉慶年間有歲修而無增益。我宣宗成皇帝夙崇儉素，力矯浮華。倣神堯之築土階、法大禹之卑宫室，篤於孝思，暫停秋獮，熱河一切工程悉行報罷。惟圓明園澄爽静穆，聖性所安，自正月至十月，恒駐於此。然三十年中，未嘗增一堵一椽。其遊觀不及之地，座落或報應修，輒令拆撤。以故内府之帑，前後撥出外庫者，凡一千數百萬。此節省之明效也。然無識之徒乃謂：“乾隆年間營繕多而財愈有餘，道光年間工程少而財愈不足。”此等無稽之談，正亦不煩深辯。昔漢文帝惜中人十家之産，不築露臺，史臣美之。唐太宗因宰相詢問北門小營繕，加以誚讓，魏徵以正言争之，隨即省悟。自古帝王固未有不以裁省土木爲盛德者也。我皇帝節儉性成，前徽允紹，即今移蹕園居，不聞有增修座落之事。先聖後聖，志事同揆。凡在臣民，胥深欽仰。臣竊計數年以來，園亭久曠，可修之工，必應不少。一切管理之人，未必咸知大體，或以有事爲榮，或以霑潤爲念，必且謂：“黯淡無華，觀瞻未肅，荒蕪不葺，神爽未同。”甚或謂：“先朝堂構，不應坐聽彫殘；九有繁富，不必計較纖悉。”方今軍務未完，河工未畢。人知帑藏之空虚，亦料無暇於及此。將來兩事告蕆，内庫稍充，難保無以營繕之説漸漸嘗試者。伏望皇上堅持素志，概勿允從，苟非萬不得已之工程，一切停罷。至於裝修陳設之華、珍奇玩好之類，可省即省，無取鋪張。宫廷之内有一分之損裁，軍國之間即受一分之補益，使下知堯舜之用心，出於尋常萬萬也，豈不盛哉？此臣所謂土木之漸宜防者也。

一、晏安之漸宜防也。臣嘗觀孔子説《詩》，以《關雎》爲首，曰"《關雎》樂而不淫，哀而不傷"，言其得性情之正也。興取雎鳩，因其摯而有别也。漢儒匡衡之説《關雎》也，曰："情慾之感，無介乎容儀；晏安之私，不形於動静。夫然後可以配至尊，而爲宗廟主，此綱紀之首，王教之端也。"其言有别之義，可謂深切著明矣。蓋主德之或昏或明，君身之或强或弱，政治之或怠或勤，民瘼之或通或隔，揆厥根源，皆肇於此。《齊風·鷄鳴》之詩曰："鷄既鳴矣，朝既盈矣。匪鷄則鳴，蒼蠅之聲。"朱子《傳》曰："賢妃當夙興之時，心常恐晚，故聞其似者而以爲真，非其心存畏敬，而不留於逸欲，何以能此？"亦有别之微旨也。是故姜后脱簪珥，而周宣賴以中興。班姬辭同輦，而漢史嘉其知禮。匡衡所謂綱紀之首、王教之端，此之謂也。顧以事涉宫闈，絶於聽覩，非外廷之所能悉，亦非臣子之所敢言。雖有折檻之忠、牽裾之直，止能言得失於殿陛之間，豈能争是非於宫壼之際，是故聖帝明王即以是爲修省最切之地，懲燕昵之過，嚴蠱惑之防，一顰笑不敢輕，一詞色不妄假，務使清明之志氣在宫無改於在廷，肅穆之風裁在内無殊於在外，所謂："衽席之上，天命流行，而盛德大業胥於此乎審端也。"我皇上健法天行，至剛無欲，邇者釋服。禮成將備周官九御之制，衍大雅百男之祥，竊以爲聖德之日新又新，聖政之久安長治，皆將肇基於此。臣謹臚往古之陳言，以當瞽蒙之諷誦，所謂晏安之漸宜防者此也。

一、壅蔽之漸宜防也。自古壅蔽之患，由於言路之不通，然亦有言路既通,而壅蔽之患轉生於不覺者,不可不防其漸也。何者?言事之人,學識不同,賢否亦異。其切中事理,有益於國計民生者,固不乏人。然亦有本無卓見,未悉事情,欲露姓名,勉陳勦説,拾藍本於邸報之中,論事機於已然之後。不特人人所能言,抑且人人所不屑言。此等奏章事,何堪屢省?又或意在沽名,故爲激聒,鼓其矜張之氣,不顧事理之安,以迕旨爲伸節,以獲罪爲成名。前明中葉,此風最甚,究其用心,豈曰純白。甚至不孝之徒隱藏欺詐或懷挾恩怨,以公濟私,或受人指揮,以言爲市,諸如此類,難保必無。夫人主之開言路,欲得嘉謨嘉猷也,所求若此,所得若彼,雖有納諫之君,亦生厭薄之意,既生厭薄之意,即無採擇之心。縱有可用之言,亦將視同一例。從此公車章滿,不過故紙相仍,而耳目之司,不能不别有所寄。疏遠者不可信,不得不寄之親近;文墨者不可信,不得不寄之粗材。始則轉信而成疑,繼則廢明而用察,馴至以群言爲徒亂人意,而無事折中,以衆論爲各挾私心,而每伸獨斷。如是,則偏重之勢成,而壅蔽之患生矣。

夫稂莠雖多,嘉禾不可棄也;駑駘雖衆,騏驥不可没也。因稂莠而怠耕耘,嘉禾亦摧殘而不植。因駑駘而倦芻秣,騏驥亦躑躅而不前。是故聖帝明王有見於此,不以言事者多所乖紛,而遂疎於採擇也。

我皇上御極之初,即以開言路爲務,自倭仁一疏,手詔褒嘉,言事者紛紛而起。皇上虚懷聽納,一言可採,立見施行,縱有謬談,亦不深責。邇因天旱求言,又復諄諄獎誘,而空言塞責、受人指揮、激直沽名之三弊,切實指明,使之知所愧悔。淵懷若谷之中,寓教誨裁成之意。凡在臣工,孰不感激奮興,思所以稱塞明詔者。惟此臣庶之中,大抵中材居半,其無識之流,本無真知灼見,慮蹈三者之弊,固且緘默以自全。即有志之士,仍思慷慨發舒,其於三者之間,亦或疑似之難免。臣以爲空言塞責,事出庸愚，一覽擲之，無關輕重。激直沽名，由於器小，在其人客氣用事，難以語學術之真純。在皇上大度優容，適足見聖懷之淵邃。至於受人指使，蹟涉營私，果其確有可憑，必當明正其辜。總之，群言淆亂，衷諸聖人，亦在乎我皇上之權衡酌量而已。

臣竊計在京言事之人，約有三等。其以章奏陳者，曰九卿科道；以章奏陳而兼得面陳者，曰部院大臣；不以章奏陳而時得面陳者，曰内廷王公。此三者各有所優，亦各有所蔽。九卿科道，員數衆多，爵秩未崇，少迴翔之意，聞見較廣，多採訪之途，以風節相磨，怯懦者亦思奮起，以彈劾爲職，貪縱者有所顧瞻，此其所優者也。其有蔽，則前之三蔽是也。部院大臣，久在朝列，既歷受乎恩知，豈無効忠之微念，兼明習於時事，非比新進之迂疎，此其所優者也。然而階級既崇，時虞蹉跌，天顔日近，倍益冰兢，或有所顧忌而不敢深言，或過於矜慎而不敢盡言，究其胸臆之所存，莫能傾吐其十一，此則其所蔽者也。内廷王公日依禁近，或處肺腑之地，或膺璜玉之尊，外無私交黨援之患，内無希倖爵賞之心，此其所優者也。然國家法制森嚴，例不與外人交接，廷評固有所不盡聞，輿論亦有所不盡曉，採訪不越近儔，聽睹不及幽遐，其心可保無他，而其言不盡可據。此則其所蔽者也。

臣以爲聽言之道，以理爲衡，揆之於理而是，芻蕘亦有可採，而况於臣工；揆之於理而非，親信者亦難曲從，而况於疎逖？因所優而忘其所蔽，固慮莠言之雜陳；因所蔽而廢其所優，亦慮嘉言之攸伏。我皇上明目達聰，幽隱畢照，屢下求言之詔，曲施奬勸之方，而臣乃緦緦以壅蔽爲虞者。誠慮言事者之限於才識，終未能仰副淵衷，致聖主察納之虚懷，不免悵然而思返。惡雅鵲之鳴噪，雖有鸞鶴，亦將有所不願聞；厭蕭艾之縱横，雖有蕙蘭，亦將有所不暇採。然而鸞鶴從此無聲，蕙蘭從此不茁矣。臣所謂言路既通，而壅蔽之患轉生於不覺者也。夫取士之道，拔十得五，不爲少也；求言之道，聞十得一，不爲虛也。伏願我皇上聽納之勤，長如今日，則言路永無壅蔽之患，而直言極諫之士且接踵而起矣云云。

當奉特旨褒奬，且命書之屏風，備時循覽。是歲壬子鄉試，特簡先生主四川試，駸駸復大用矣。忌者摭先生閩撫任内起解犯官延遲爲説，被部議，遂罷歸。

晋人故誦先生時文，欽慕之，争請業。先生亦得以館穀自給，家居教授十餘年。值粤匪北犯，當事奏派先生督辦防堵。其後，回捻猖獗，復奉督率官紳總辦各府州團防之命，駐太行年餘，親歷各要隘，所措置悉合機宜。沈文定桂芬時撫晋，甚倚任之。

同治乙丑，詔以京卿引見。時當道亦知外情，即派先生總理各國事務衙門行走，旋補太僕寺卿。又以在籍團防功，給二品頂戴，充同文館總理事務大臣。先生是時年七十餘，自悼衰老，然以受累朝知遇，思得展布所蓄，因時補救乃爾。時清議多主排外，主張者又徒恃虛驕，而無實濟用，是日歔欷不自得。而外國使則聞其至也，額手稱得人，且争覿面，或携酒造邸爲壽。其國主亦時訊居起，日本至翻刻先生所著《瀛環志略》再三次，謂："通知世界之南鍼。"居三年，先生以老病乞致仕。優詔允許。癸酉歲，重宴鹿鳴，賞晋頭品頂戴。尋卒，年七十九歲。

先生儀觀甚偉，風度端凝。讀書通大義，不沾沾章句，亦不爲講學家空談。制舉文，廣大宏深，自成一家言。他文亦精峭透快，無囁嚅語。晚學詩，具張王體格。與人交，和易耿介，不解沽名。在平遥書院主講爲最久，鄰邑之以文來求正者趾相屬。所著書之早刊行者曰《退密齋時文》《超山書院課藝》二種。而《瀛環志略》一書尤爲中外究心世界大勢者所推重。曾文正公國藩後知外交困難，稱先生爲天下才。郭侍郎嵩燾初亦以先生述英法諸國盛强者爲過，及使英，嘆曰："徐公未歷英土，所言乃切實如是，且早吾輩廿餘年，非深謀遠識加人一等者乎？"至奏議手定本，則光緒初，張文襄之洞撫晋，乞觀之。及去晋，遂失餘文及詩。近有印本纂輯，均未精審。尺牘二卷未付刻。其《兩漢志沿邊十郡考略》及《兩漢幽并凉三州今地考略》則先生未定稿本，爲姪孫寶瑞印諸上海。民國五年，晉閻督軍錫山匯先生文、詩、家乘、雜著爲《松龕全集》，印行於世云。

京卿田敬堂先生事略子國俊附

先生諱雨公，字敬堂，號杏軒，盂縣人。少隨父生蕙讀。生蕙研究性理，有文行。先生幼即究心焉。年十八，入邑庠第一。道光乙未，舉於鄉。戊戌，成進士，選翰林，授編修。甲辰，分校會試，秋，充河南鄉試副考官。己酉，充江西鄉試正考官。兩遇大考皆二等，擢大理寺少卿。大理故主平反，然官此者習於隨例畫諾。先生獨窮研詳究，間於定案加糾駁，時稱允當。

道光三十年，嘗陳《振綱紀　肅吏治》一疏，略云：

臣愚以爲今日之要在振紀綱以肅吏治而已。吏治之勤惰，責在直省督撫。而馭督撫以轉移吏治，則在聖天子神明於賞罰黜陟之權，激揚而鼓勵之，賞罰黜陟朝廷之紀綱也。今之督撫有四習焉，曰好諛，曰苟安，曰掩飾，曰取巧。今之督撫分治之政廢弛者有五焉，曰倉庫，曰漕運，曰鹽法，曰兵制，曰河工。以趨走承順爲恭，以木彊敦厚爲迂，好諛之習也。以積重爲難返，以責效爲好名，苟安之習也。州縣交代則授意彌縫，盗賊肆行則有意消弭，教匪失察則諱罪勦捕，失律則諱敗，掩飾之習也。智足以伺朝廷之喜怒，才足以欺一時之耳目，觀其貌則恂恂焉，有似於憂勤，聽其言則渾渾焉，莫窺其邊際，事較易則預占地步而張大其詞，事較難則坐觀風氣而遲迴以俟，閱歷愈久，趨避愈工，取巧之習也。

四習不除，五政不舉，大省虧空正項錢糧至數百萬。惟前任浙撫梁寶常以是獲戾，其他督撫未聞有任其咎者。運弁、幫丁、水手需索州縣，州縣克剥花户，督撫總漕鮮能約束。而禁革之將不知兵，兵不用命，以致地方偶有剿捕，動輒糜餉老師。淮南綱運梟販充斥，船户夾私，以致額引滯銷，正課懸岩。東南兩河歲糜數百萬金，名爲修築疏浚之用，自修防以來，歷有年所矣。歲歲修築而不聞加高，歲歲疏浚而不聞加深，徒聞每年爲工員請歲修，臨時爲工員估廂埽，僥幸無事，爲工員多請議叙耳。諸督撫大吏身膺重寄，日講整頓，迄無成效，皆緣因循積習以至於此。若治以溺職之罪，亦復何辭？乃荷蒙聖恩，不加嚴譴，蓋所以激發其天良，寬已往之咎而責將來之效也。

伏考康熙三十九年副都御史勵杜訥疏請："督撫年終彙奏若何，察吏若何，安民若何，興利除弊或開注不實，治以欺罔之罪。所轄之藩司專司錢穀，臬司專掌刑名，州縣之錢糧有無虧空，定案之爰書有無駁審，詳實並列，則藩臬之優劣亦無遁情。"聖祖下部議行。當時吏治最爲近古，而督撫大吏如湯斌之素行清謹，趙申喬之清廉有性氣，郭琇之辦事和平，額稜特之操守最優，皆明奉褒旨。他如李光地巡撫直隸，官吏兵民無不心服，命授吏部尚書，仍管巡撫事。張伯行爲江蘇巡撫，疏劾兩江總督噶禮、大臣張鵬翮等，定讞頗右噶禮。讞再上，聖祖終黜噶禮。而原伯行當時封疆大吏，其才若守，蓋無不在聖心之中，而有以真知而灼見之者，是以驅策群材，鼓舞一世，天下萬世莫不頌聖祖黜陟之明，賞罰之當也。

今諸臣當五政敝壞之際，荷蒙皇上寬其既往不即黜革之恩，宜感激發憤，力除積習，以求所爲整頓者。皇上綜覈名實高下，在諸臣之任勞任怨，實力整頓者幾何人？其人之整頓者幾何事？且整頓之事確有把握與否？著有成效與否？認真厘别與否？掩飾取巧與否？皇上一一默識而熟察之，仍責令年終彙奏，毋許欺罔。又察其所舉之員與所劾之吏，或當或否。又參以内廷大臣之密贊，部院臺諫諸臣之公論，聖明洞鑒喜怒不形。然後運賞罰黜陟之權以振勵紀綱，風示天下，公如衡鑒，迅若雷霆，信若四時，堅如金石，俾忠良任事之臣曉然於上意所嚮。必益争自濯磨，發憤修政，即有庸材陋質亦當戰慄流汗，望風解綬，其敢營私骫法干朝廷之典也乎？夫督撫大吏，文武將吏之綱領也，朝廷以黜陟賞罰馭督撫，亦必以黜陟賞罰馭文武將吏。督撫任事則監司、守令、鎮協、參遊，莫敢不從事。督撫執法則監司、守令、鎮協、參遊，莫敢不畏法。四習既去，五政自舉，紀綱既振，吏治自肅。臣以爲今日之務，無急於此者。

上嘉納焉。及宣宗崩，議廟享禮亦引據得體。

咸豐初年軍興，資用浩繁，廷臣有加徵間架税之議。先生上書切諫，引據史籍，詳陳弊害。文宗動容，議遂寢。三年，以省親乞假歸，遂稱疾不出。先後主講平定、榆次諸書院，爲諸生批改文藝，斤斤理法，不少假借。與官交，無私面及竿牘片字。與士紳交，則又和而有介云。尋主講省城晋陽書院，諸生從者齋舍莫能容。歲科諸試列前茅咸受先生指授者，鄉榜獲雋亦多晉陽書院肄業生也。同治元年，湖北巡撫嚴樹森疏薦先生稱："言表行坊，端嚴純粹。"

詔起用，先生以親老陳情，詞頗懇切。疏上，得諭。九年，捻匪竄山陝，詔先生總辦山西團防事宜。大吏凡有商榷，無不詳陳利弊。事平論功，加三品頂戴。光緒二年，卒，年六十九歲。先生官京師，士以文藝請業者屨恒滿。及迭主講席，士之以文請業者無虚日，主晋陽講席幾二十年。性恬澹，不營營榮利，然當官又不虚所職守，論奏能力持大體。書法恬静如其人，古文詞不苟作，稿藏於家未付刻。殁後，從祀三立閣。

子國俊，字熾庭，號研芸，别號雙鶴山樵。以咸豐乙卯舉於鄉，年甫冠也。己未，成進士，選翰林，改官工部主事，轉陜西道監察御史。光緒甲申，授江南鹽巡道。至則疏通積引，整飭疲綱，私梟斂蹟，官銷增旺。嘗訪袁簡齋隨園故蹟，屬簡齋孫起作園圃爲詩以張之，江南北和者數百人，成一集。又籌築江寧下關碼頭，以便商旅。

歷署江蘇按察使，兩淮鹽運使，江蘇布政使，護督篆，遷貴州按察使。乞養歸，主講榆次書院，性和易，頗甄拔寒畯。及主省晋陽書院講席，以庚子拳亂解館。二十八年壬寅，卒於家，年六十四歲。善畫蘭，所作詩僅刊有《吴遊詩鈔》一卷。

法曹楊星臣先生事略弟映辰附

先生諱映奎，字聚五，號星臣，寧鄉縣人。父毓青，號藍圃，以文行重於鄉。先生從王子端明府讀。道光戊子，年十五，與父同入邑庠。先生旋肄業省垣晋陽書院，日夜苦讀不輟，同人呼以"閉户生"，以高等食餼。乙酉，充選拔貢生，舉於鄉。□□，成進士，用主事，官刑部。凡事出以小心，如署寒暑風雨不輟，嘗曰："一日不至，囹圄中難堪者可勝計乎？"洊陞員外郎郎中，總司秋審處，充律例館提調，慈祥謹慎，始終如一。

咸豐癸丑，京師戒嚴。其黠者率避去，或勸先生。先生慨然曰："官守之謂何？且部事多民命所關，國家法令所繫，敢以一己而輕棄耶！"趨署如故。父旋示手書諭以"效死勿去"，且云："食禄避難，不可爲人臣，即不可爲人子。"先生泣奉之。庚申，再戒嚴。先生勤職如故，以京察一等記名繁缺知府。同治甲子，母憂歸。父年幾七十，遂就近借書院束脩以爲養。會省南數府縣遭髮捻諸匪所劫掠，旨辦團練，先生以在籍紳士爲幫辦。歷主清源、祁縣、汾陽、太谷各書院講席。先生教人不專攻時藝，嘗稱："四書爲五經階梯，《近思録》又四書階梯。"二語大可味。又曰："學者持身涉世，須先去一苟字，余平生得力即在此。"爲人講解《語録》，諄諄不倦，曰："本以躬行，則更覺親切有味也。"光緒丁丑、戊寅，晋大饑。先生幫辦賑務募捐，每痛哭流涕，人皆感動。又以所得查賑旅費捐，以瘞路殣，自甘粒糲，應得薪水概却不受，曰："吾有書院修資可自贍也。"壬午，卒，年六十八歲，諸生刊爲德教碑，凡三通云。

弟映辰，亦以文行著。映辰字東山，號中樞，幼謹慤勤慎，耐勞苦。與人交，一以誠摯。兄映奎官京，先生以耕讀養親，辨色而起，與傭保雜作，歸而展卷講讀，不少倦。爲諸生，以增貢捐教職，歷署榆次、河東商學訓導，絳州學正，平陸、屯留訓導。先生年五十九歸，遂不復出。鄉居食淡，服布素。族戚有不給者，時賙之。有乞貸者，方予必責償，及償不責盈。或遇凶荒等事不能償，則曰："非彼負我也。"再乞，仍予之。或問故，先生曰："乘人之急，以取倍償，是不仁，吾不爲。厚出薄入以市恵，是矯情，吾不屑。博施濟衆，吾又不能。徒自封殖，吾所不取。且予不責償，則貸者易視，奢怠心生，是誤人也。若償而不及數，必力有不逮，何必錙銖是較哉?"戚鄰有孀居不能自給者，先生时賙之。有新寡貧將奪志者，先生贍而留之。父毓青，惡村人聚賭，嘗斥責諭導，盡毀其具。先生踵之，惡惡極嚴。遇公事及難紛，恒疾趨及排解。以光緒甲辰卒，年七十二歲。

司空謚文恪祁子禾先生事略

先生諱世長，字子禾，一字念慈，晚號敏齋。父寯藻以大學士卒，謚文端，嘗督湖南學，生先生於長沙。幼讀書，好深湛之思。時文端以樸學倡後進，幕府若俞理初正燮、苗先路夔、胡光伯焯、張石舟穆諸先生均一時文學之選。先生並通其學術淵源，不以通敏先人造次，必於繩墨，所得又宋儒義理爲多也。石舟先生嘗爲詩獎借，有"垂老愧黄童"之句。

咸豐辛亥，以蔭生授户部員外郎。迴避，改工部，旋中式。庚申，成進士，改翰林庶吉士，散館，授編修。丁文端憂。服闋，補侍讀，迭遷禮部侍郎。先後署兵部、刑部，調吏部，筦户部三庫事，擢左都御史，晋工部尚書兼順天府府尹。

先生官工部，即蒞事謹密，言動不苟。文端乞休後，軍興屢年。京官計捐俸助餉，先生力贊之。雖家用屢空，事親不稍形戚戚也。

及同治初，文端再起，授上讀，先生則供職詞垣，出入雍容，時稱清貴。光緒初，俄人以崇厚肇釁恣要挾。先生上疏稱：“守經行權或合於權宜，離經行權必累於權詐。”法越之役媾和後，先生疏請：“急攬人才以維民心，御外侮，靖内訌。”又籌餉者競借洋款。先生疏争謂：“展轉剥削，恐傷元氣。”時以爲名言。

又時有借洋款開鐵路及鑛廠，弊害層見迭出。先生一則請停開鐵路，再則清養地利，清弊源，皆本精誠，不徒詭激以邀名也。充經筵講官，賜紫禁城騎馬。嘗會辦山西團練，察辦山東事件。又督學安徽、順天、浙江，主湖南鄉試，充文官會試總裁，迭充殿試閲卷大臣，均公忠廉慎，崇雅黜浮。光緒壬辰，卒，年六十八歲，賜祭葬，謚文恪。

先生道器醇篤，天性慤摯。先人忌日，祭祀豐潔，致敬盡哀，有終身之慕。自奉清約，食不過四簋，一裘至十餘年。爲官絶饋遺，公暇與京曹爲詩倡和，文讌甫畢，亟命收束諸稿曰：“毋令外人以老西譏誚也。”對家人無疾言遽色。暑不袒，坐不攲。後進及屬吏謁見者，均虚懷傾接。雖竟日端凝，和氣未嘗不充溢眉宇云。文詩並謹守文端家法，無張大囂誕。習書法亦本文端，間效顔蘇二文忠，均勁穆淳雅，無詞苑諧媚氣。鄉人及後進索書者，恒欣然命筆，不以縉紳闤闠存歧視。遺著有奏議、文集詩集、筆記若干卷，均未付刻。

儀曹韓序東先生事略

先生諱大鏞，字序東，徐溝縣人。家貧力學，十五歲時，以童試第一入邑庠，遂負笈省垣，從田京卿雨公學於晋陽書院，借月課膏獎以自贍。同治癸酉，充拔貢生，先生年甫十九歲，試牘所刻詩賦爲時傳誦焉。光緒乙亥，制科舉於鄉。明年丙子，成貢士。又明年殿試，以二甲進士授主事，分禮部。京曹素稱清苦，禮部又爲閒官，所入尤無幾。先生趨公之外，教授自給。徒步如署，冬不裘，夏不葛，刻苦有逾寒素，年終贏餘，悉以贍家。如是者幾二十年，始得補儀制司主事缺。會京察，應題陞員外郎，爲人所攘取。同寅多爲不平，先生笑謝曰："命也！夫何言？"

乙未會試，充副提調。部中率視此爲優差，得冒銷巧取。先生獨勤慎終事，無絲毫染指，人笑其愚。所居室極湫隘，婦子供炊爨几榻至以繩約之。客至清淡，雖極約素，先生顧稍無寒乞態。後進以文藝請者，樂就之。先生見鄉人以寒士釋褐恐不能留京供職者，恒勸曰："貧窘如余，清苦如禮部，年俸印結，年終所入可百金。一身儉用兼稍寧家，不愈於三家村中爲蒙館師乎？能刻苦，不患貧也。"聞者憬然。

戊戌冬，以子女漸長，兩兄又因商業失敗家居，兩弟物故，先生引爲己憂。於是改就倉場事，爲監督駐紮河濱。差次感寒濕致疾，回京旋卒，年五十三歲，

先生儀容秀偉，性和藹，操守廉介，與人交不尚意氣。同鄉業巨商京中者不一家，京曹下值，恒樂就之，或相與徵逐，先生則歲時往來以敦鄉誼。又習醫家及風鑑術，延者間爲酬酢，然酒食外不及錢財。一字且不輕假貸，人尤樂與交遊，咸稱長厚。歿後，棺殮皆寅年世戚諸誼好佽助得歸葬。所爲文詩，和雅如其人。凡執文詩請業者必諄諄講訓，有片長，稱道不去口。然事必規以正，不作世故周旋。嘗以"文章吏部　桃李春官"自署於門，時稱允當。諸文詩稿歸喪時遺失，致無從搜輯云。

侍御米蘭田先生事略

先生諱毓瑞，字蘭庭，後改蘭田，號香樵，忻州人。先世以商業致小康，父愛讀書，先生遂奮志於學。十九歲，爲諸生。逾年赴省，肄業晋陽書院。田京卿雨公主講席，爲文章，名宿頗重先生。

光緒丁丑，父卒，家資亦蕩乏。先生仍自刻苦，授讀於廣文署以

自給。辛巳，王學使仁堪試忻屬，首拔先生。壬午，省垣開令德堂以課各屬高才生，檄調先生及楊康侯履晋。先生至，會張文襄撫晋試士，擢第一。先生入堂即著文譽，與楊康侯及秦翹生殿傑、高紫蕤錫華同稱。秋，與高紫蕤同取優貢。癸未，朝考二等，用教官，署臨縣教諭。旋以祖憂歸。服闋，署垣曲訓導。戊子，舉於鄉。庚寅，成進士，入館選，假歸。辛卯，主崞縣書院講席。壬辰，散館，授編修。尋丁祖母艱歸。主太谷書院講席。又丁母艱，女菱姑以慧而夭，先生尤慟惜之。庚子，主忻州書院講席。壬寅，改學堂，先生充總教。

先生狀貌魁梧，器宇閎整。諸先達多以遠到期，自是連遭喪，且時世日非，感慨嗟咤，興致頽廢，竟改前度。甲辰，以御史記名。丁未，掌江西道監察御史。先生見州縣官去來如傳舍，至不能舉民事，遂上疏，略稱："州縣不可不慎選其能，使百姓富庶，風行俗美，尤在久任，否則事方興而已去，或事未半而中止。雖在無事之時，且不可。况今新政興舉，必須地方官經久其事，始可條理就緒。應飭凡以州縣用者，既奉上諭補授，即應飭其赴任，不得多設委署代理名目，以爲調劑私人之地。到任官於一年後，責成府道察其能否。詳督撫有治效者，准列政行實蹟請於朝。俟任滿，或復任，或遷擢，聽候諭旨。其不肖者則直劾歸開缺，另選則降補，對調之成例可以省，而一切鑽營情面之習藉以除云云。"得旨，下吏部。

宣統初，禁煙議起，度支部請行印花税以抵補土膏釐税，不果行。復請鹽斤加價。先生上疏，略稱：應飭度支部，無論産鹽銷鹽省分，但使稱斤别兩，即照章加價。先備抵補土膏之款，再行分撥别項，並將每年應奉奉宸苑歲修之款暫懇從緩抵補足額。有此抵補之款，則釐税一項自應立予斷絶。請旨將統辦土膏釐税大臣先行裁撤，並飭下禁煙大臣札行各省，自宣統元年爲始，一律禁種，蓋先斷厘税，以一天下之人心。繼嚴禁種，以絶異日之後患云云。二疏皆爲時所稱。己酉春，以疾歸，卒於途，年五十六歲。

先生所學，於漢儒説經、宋儒性理諸書皆無所偏向。文筆縱横馳騁，精力彌滿，尤熟於史鑑、掌故、生民。尚氣節，不援官府爲重，出入起居有定時，日用飲食有定費。遺文及詩均爲及門馬文學天閑類輯成編云。

協揆謚文信李蔭墀先生事略

先生諱殿林，字蔭墀，大同縣人。少與兄毓林究宋儒學，成諸生，遂赴省住晋陽書院課讀。清同治庚午，中鄉舉。辛未，成進士，入翰林。散館，授職編修。先生束脩自勵，不自表襮。歷翰詹清要，陞内閣學士。

光緒庚子，以兵部侍郎放廣東主考。將逾嶺，聞京都之變，急返，趨詣行在，條奏《保護東南方略》，兩宫嘉納。尋擢吏部左侍郎，任江蘇學政，且領便宜從事密諭。至則奏請變更學制，如裁武試、廢時文、用策論、改書院、設學堂，以蘇省倡首，得旨允。每試一屬訖，不爲濡滯。減地方供給，嚴束僕從，不接鹽梟，清操尤爲一時冠，且刊校士録爲示程式焉。任滿覆命，仍原官。

先生既痛末世，仕途淆雜，胥吏復夤緣爲姦利，遂奏請停捐納，裁書吏。奏上，廷臣難之。先生慨然曰："豈有一吏猶不能去耶?"遂由本部首行之。尋郵傳部尚書陳璧以贓案敗，特簡先生兼署之。時部入既豐，積弊尤夥。將興大獄，羅織必多，先生乃痛懲首惡，餘從寬減，不爲瑣屑吹求，部事就理。時京張路初成，貨運無多。議者謂："可止西展。"先生力持續修，計爲國防物産俱有利賴。

尋調陞吏部尚書，初山西諸會館及雲山别墅毁於拳亂。先生與同鄉在京官商集資，得重新復。就三晋會館設晋學堂，以便同鄉青年之就學。初，晋撫與英人定採鑛約。丙午，英人履行。李培仁投日本海以争鑛。先生乃合在京同鄉疏争之，卒以備款贖鑛，事得寢。而山西交城、文水禁煙戕民之變作，勢頗劇，言官劾晋撫。先生與同鄉官商議，派員前往實察，俾勿枉濫。

宣統初，以原官晋協辦大學士，典禮院掌院學士，攝政王特加優禮。迨辛亥鼎革後，乃謝職家居，不問時事。民國五年，卒於家，年七十四歲。遺疏："請清帝留學歐西，求世界知識，勿爲邪説所動。"清室照大學士例賜卹予，謚文僖。

先生貌偉岸，鬢眉凛然，望而知爲正人。通籍四十餘年，以勤慎清廉自矢，不矯激以邀名。身歿之日，家無餘資，皆得力於宋儒學説云。遺著有《〈周易〉别識》《史例纂》《輶軒雜記》《銓政管見》《雲中草堂詩文集》等，俱未刊行，燬於晋北兵燹中。

山西獻徵　卷二

名臣下

方伯桑笈雲先生事略

先生諱芸，字笈雲，號紉蘭，榆次人。幼貧困，恒借書讀之，輒不忘。七歲能屬文，爲諸生，即留意儒素，不專爲科舉學。嘗讀《大學古本》見《誠意章》冠《盤銘》前，曰："考亭主格物，陽明主致知，觀注疏而知誠意，實《大學》要領也。"

旋受知明提學袁袁山繼咸，稱之爲經世才。值父卒，先生憂，葬具不給，遂橐筆遊湖廣，爲學者講《易》，別具理解，士多樂就之。及得脩金如所期，遂謝生徒，歸以葬父。鄉人稱孝行者多先生。崇禎己卯舉於鄉，庚辰成進士，官行人司行人。甲申國變，與同邑張御史養同爲闖賊所擄，尋闖遁，挾與俱至洪洞。先生乘間逃歸。乙酉，清世祖定鼎，召明故官，張御史獨謝病，授徒自給，卒於家。先生以行人司行人應召至都，且掌司事。復擢貴州道御史，巡按畿輔，時喪亂之餘，逋逃未集，先生憫之，首收老幼，令得養，不給，捐俸以濟。會屬吏有挾賄行私者，先生劾之。未幾，以觸侮權貴謫浙江知事。先生輕車就道，自號湖山吏隱，泊如也。既而世祖思直諫，因言去官凡七人，先生其一。於是召入爲大理寺寺正，轉光禄寺少卿，晋一級。

甲午，外補河南參政，墾荒地數千頃，悉除無藝供費，民得復流亡，稱善政。時積猾白福德者，吏民側目無敢侮。先生廉知之，將置諸法，其黨啗以金求輕福德罪。先生斥去之，審實，斃福德杖下，豪猾爲之斂戢。丁酉，遷廣西按察使，桂林守兵素横悍，先生至，犯者痛繩以法，不少貸。有重獄累歲不決，先生以理斷結，並前後平反冤獄數十百起。除苛細諸罪名，民得蘇息。戊戌，入覲，召見南苑，問對當上意。上見先生清癯，賜茶優奬，詡爲第一清官，真才優經濟，堪任養民，復稱真好官者再。己亥，任河南右布政，攝左布政，時掾吏以贏餘進者，先生曰："存之以俟賑荒用可耳。"庚子，遷廣東左布政使。先生已積勞致疾，至是行至江西南昌府，疾大發，遂咨請粵大府就醫江南。舟至蒙城，病日增，卒於舟次，年五十八歲。

先生貌清健，不輕嚬笑，爲政果斷而參以詳密，所至皆樹聲績。鄉居甚和靄，族人婚喪不給者，恒出財粟以濟之，曰："祖父視之皆一體也。"少更清苦，雖貴顯而猶蔬食，不進酒肉，曰："勤儉可以養福，淡泊可以養性，雖以之治天下可也，况一身乎?"卒後，賜寄二壇造墳安葬。明年，從祀府縣鄉賢祠。康熙己巳，詔立邑忠義祠祀之。所著詩、詞、雜文共爲二卷，付刻署曰《笈雲先生集》，其中《茗座紀聞》《再紀二十條》則爲洪洞范徵君鄗鼎採入《三晋語録》云。

觀察武石菴先生事略

先生諱全才（按：文），字藏夫，號石菴。父遠聲，號四達，通象緯。明末，嘗遊塞北，拾遺金後遇主者於酒家，悉還之，時稱高義。先生少讀書，即以聖賢自勵爲座右銘，揭之壁。

順治丙戌，舉於鄉。丁亥，恩科成進士，以知縣用。補甘肅崇信縣知縣。時喪亂之餘，民不聊生。先生爲相度汭水，疏渠溉田。又創水碓以便民用。躬行儉約，常服布衣，袴膝際穿破，取膝以下布，屬夫人補之，而下接新布。爲詩存集中。以廉惠行取内用，爲刑部主事，旋擢湖廣司員外郎，福建司郎中。出爲平凉兵備道，過崇信，父老率士民郊迎先生，爲酒食，共歡宴如平生，不知其爲監司大員也。會寧夏將軍率軍過境，時嚴寒，將入城小駐。先生恐擾民，峻拒而厚犒之。軍士無譁，將軍無所挾，尋引軍去。遷布政司參議。父以上壽卒於家，先生聞訃馳歸。服闋，補山東東兖道。未幾，裁缺歸。時康熙癸丑，吴藩三桂叛，西南兵事方亟。孫侍郎光祖疏薦先生才，詔任湖廣布政使參議。

明年，鄖陽大饑。上官知先生廉，特檄督賑事。先生素車敝袍以往。時公私匱乏，飢民麕集，先生深不欲重擾富室，恒中夜旁皇，寢食俱廢，構成二疏。一日，府縣等上謁，訝先生瘠甚。先生泣而語曰："上官誥誡殷殷，飢民待哺嗷嗷，何以了辦，無已止行此一策乎？"遂出疏授之，一以告守土官吏，一以告紳耆，所言均痛絶。同官皆感動曰："吾曹忝爲民牧，安有日視民疾苦而以焦勞貽大吏乎？"遂各出俸餘及簪珥器幣等以供平糶。富民亦聞風興起，捐資漸集。先生遂擇郡西十方庵爲場，出入糧石不假胥吏，恒自持籌與守令計畫。又區民間列會，遴其會長，使執簿核實饑户。先生復聰强諸領者，經一顧而短長肥瘠均無遁形，巧猾者無以售其欺。又密遣幹吏行鄉村，以察民之是否受惠。每散賑，先生當食時，以食進，却之曰："吾民饑不得食者輩立，寧忍獨食乎？"率早晚二食以爲常。夏歲熟，賑乃止。鄖人德先生，特樹碑以記其事。事竣，題補衡永郴道，管蒙古軍草豆。時主軍者知先生熟平凉兵事，將用爲參謀，而滇事日急，黔湘各省人心亦有摇惑。先生建《殲賊六議》，未上，詔入覲，至趙州，目疾大作，予告歸。闢山田爲園，名曠觀，與諸子遊憩講學，年七十三卒。遺著有《曠觀園詩文集》《藏山紀事》《賓山遊》《百忍録》及《武氏家學彙編》等。

先生和易近人，好賢近士，公暇恒樂與談道講藝。在鄖時契章學博綏世，嘗憫先生勞勩，有所言，先生謂曰："廣文良苦，吾客於此，不能有所助，更以賑事累君，得毋益交謫之聲乎？"學博爲之感泣，因附誌於碑中云。

方伯畢堅毅先生事略

先生諱振姬，字亮四，號王孫，又號頡雲，高平縣人。少讀書克自堅苦，值父喪，貸資營葬，於是東就食於河南懷慶，西就食於蒲州，輾轉流離，不廢學業。明崇禎壬午鄉舉第一，清順治丙戌成進士。先生既夙以文名，大官群爲推轂，先生深謝之，願以教授成所學，銓平陽。先生以正學課諸生，己亦寒暑常手一編，燭堆墨蹟所在皆是，門下膺鄉舉、成進士相望，内用國子監助教，遷刑部主事，歷員外郎，公餘坐卧黄埃、黑竈、瓦鐙、布被間，前後左右書册相屬，時號爲有官僧。

癸巳，出爲濟南參議道。時南方正用兵，山東連旱荒，大盜王顯等勢張甚，流民盤踞峒崖一帶，城門不啟。先生一日夜馳三百餘里抵任，用奇計擒其魁，殲之，群盗竄伏。先生又招撫歸業者先後七十餘口。泰山香税羨餘官府分利相沿已久，名爲公費。先生籍而革之，以充軍餉。於是稽田賦，排勢豪，輯軍民。會武定孟知州因事自殺，當事者搆誣先生，旋得直改廣東兵備道，至則立法釐剔驛傳諸弊害，計减船數百，减費七萬六千餘。改浙江金衢嚴道。尋擢廣西按察使。其時群盗隱伏，先生又北人，不慣瘴癘，於是力疾，食檳榔破氣塊。結積案，平反大獄七十餘，獲僞璽印纍纍，群盜破膽，宿患一平。書上，當上摘軍政考語擬糾罰，時經略洪承疇奇先生才，題陞湖廣布政使，使專給大軍進剿。先生引疾力辭，職籍，得一乳兒馬乘之，隨一僕以歸去。

去官歸鄉，其危苦自甘，晝耕夜讀，一如少賤時。往來城市，蹇驢野服，不識者目爲鄉老，與先生同時貴顯或官若吏見之，皆默自愧，不敢以豪侈相尚焉。先生雖甘窮約，然遇邑中大利害，力爲排解，族黨姻戚有緩急，無不力赴。置義田，起宗祠，建義倉，均悉心經晝，又爲後學設教程，校文藝，孜孜不倦。

康熙十七年戊午，三藩難尚劇，詔舉博學奇能、明體達用幹略之臣，廷臣交章，首薦先生，特徵至京，先生先以老病力辭官。又默察時勢，於歲除夜致魏文毅象樞書，略云：

國家開邊三十年，兵不罷，勞民不怨厲政，皆由舊資，有勝國累世之積故也。自成化以後，言利之臣日朘月削，垂二百年，以趨於亂。苛政斬艾，其民亦各欲其子孫之長享，豈逆爲新主資哉？蓋民窮久矣，屋廬田産既盡，乃捐其父母、兄弟、妻子。民亂而兵不戢，天下之勢始去，爲新主之驅除難耳。海内既集，國家剗去勝國之苛政，斥莊店，禁開採，免保馬，蠲加派，止營繕匠役，除錦衣詔獄，逐中官，勅使罷訓練，儲備四事，九邊民壯省州縣起解以十萬數，三十八府王糧歲免。宗室侵冒以百萬數，兵車徜徉於天下。天下不知有兵，倚五嶽奠四海，用以驅策天下，其勢立也。衣租食税謹正，鹽筴不過鈔關，抽分水衡鼓鑄數事，而戎紀禄餼在其中，水旱、疾疫、蠲賑之數在其中。與民休息，塞天下，望天下，謳歌晏樂，雖有變而民心不摇。今昔豈有異民爲兩朝蕩滌苛政之病民者，其意無日不在乎民也。

軍興，問罪之師四出，垂二年矣。兵久連而不解，租税、鹽筴、鈔關、抽分、水衡、錢匱，天子焦勞於上，計臣義不能爲無項之供。於是議開採，議加派，勝國開採之地，加派之名色具在，按籍徵求，民何所避，顧民不知開採，知其屋廬田産耳。不違加派，違其父母、兄弟、妻子耳。民無屋廬、田産、父母、兄弟、妻子，即奈何其不亂也。亂則中使必出，刑獄必煩，訓練儲備必急，正恐問罪之師不在邊遠之三逆而在民，民其無如何矣。夫三逆之逋誅，不足以煩國家憂，有叛將無叛民也。民不奉戴三逆，劫脅以從，日夜望王師之至係三逆而救民水火之中。

今使民水濡火烈而莫之知備，則是討逆之民苦於從逆之民，絶民望也，且從逆者閩、駱、滇、黔、凉、益耳，今爲閩、駱、滇、黔、涼、益從逆之民困罷。中國海内空虛，兵不假一日休，餉不餘一歲蓄，苦哉斯民！其視閩、駱、滇、黔、涼、益蓋抑遠也。閩、駱、滇、黔、涼、益之逆何起乎？起於顧命專政之大臣，紛更先帝約束，招亡納叛，貨賂公行，城池、兵馬、錢糧委賊殆半。内罷督府、司道、標兵，益置提督，外事永昌水西海上後服之人，前門拒虎，後門進狼。督撫喜事少年，苟見内外無事，以爲尺一之詔諭藩，若群羊可以驅而往驅而來，反者蝟起，兵連禍結，鼂錯孔巢父死不足以謝天下。顧天下民力竭矣。盗賊直須時耳。若開加采加派，力竭而求進不已，言利之臣自此始也。長者疾前事不忠勇，言天下利害必本天子獎勵三軍、憂憐百姓之意察内外諸臣，推諉侵蔽不稱任屬之心，謂宜條陳大計，開廓上心，事勿避忌諱，臣能盡言，天子能受盡言，非古所謂主聖臣直乎？漢唐聖主璽書不朝之王，宣慰數叛之藩鎮，卒使蠻中大長稱臣罷兵。河中淄青軍士涕流切諫而不肯前，處置當乎民心也。

先是，平南王欲傳子自代，退居遼東，天子嘉與平南之誠，不問尚耿二逆。二逆表請徙封，重違其意，計封則尚耿同日，計年則尚吴皆老，使者冠蓋相望，弩矢先驅覬望懷姦行，留逆命。吴逆子孫受戮，不死於君，竟死於父懷光子上變，不免隗純，何哉？耿逆年少失圖，聽人寄鼻，以爲韓信死而彭越醢，計出於無聊也。國家宣力宗臣爵爲真王徙封大國無故犯，順盗邊國，家何負焉？若能委身聽命，悔罪罷兵，許以滇黔王吴、閩越王耿，不廢佐命之勳，代有分茅之胙，此與王逆巨魁手刃經略者不同。二逆一或聽命，專力西向，討賊不憚徵繕，民其有瘳乎？即或至死不悛，所以息兵愛民至意足以諒於天下矣。

師直爲壯請先言兵，天下有可以力并，有可以計圖并，以力不可久，久則頓弊而不振，圖以計不可急，急則僥倖而難全。國家得行兵之詭道，長於用奇，震蕩飄忽，拉朽摧枯，鞭弭所加，捷如雷電，此奇道之兵也。燕、雲、青、豫、關、隴，平原曠野陸戰之地，吾長於奇故勝，民間久不知兵，輕卒鋭師，郡縣驚潰。吾長於攻，故有以用其奇也。今限以大江復嶺，阨以廣谷高山，阻以紆塗繚徑。我乘險以出奇則難，彼恃險以制奇則易。豈有連百萬之衆，三面決勝，首尾萬里。二年蹊谷之間，財竭力絀，擁遏盤桓而不能進，可以用奇者乎？不用奇則用正，以正兵踞吴楚之脊駐紮，袁萍遥通郴桂，抄宜春，鉥醴陵，穿徹湘東，控引南贛，招納楊寡婦潰兵，形勢在我。吴逆無耿，耿逆無吴也。

耿偪仙霞一嶺，二年不能窺衢，慮海上議其後耳。我若不吝高爵，許以輿化，世襲海上，賊必聽命，以海上賊臨耿虔兵建兵壓其西衢，兵躪其北臺，兵略其東，惠潮兵譟其南，犄之角之，是以千鈞之弩潰癰也，無耿逆矣。如此我無東南之患。吴逆與我深矣，相持二年，水戰不過岳陽，陸戰不過荆郢，此馬少也，糧道遠無野掠也。吴逆以反爲名，將驕卒惰，難使也。田楊河朧生苗，内叛也。不則水西爨僰之爲外患也。河西路近雲南發間，使入麗江，大者王以南詔大理，小者王以眴町夜郎，諭令去吴，便宜從事，開釋叛將，各取功名，我從積弛之餘轉戰，於車不方軌、馬不併騎之山谷之間疾風震電，士卒若注壑之水。水軍南下，置之死地，洞庭山谷連縣，使人自爲戰。水陸受兵，賊必西走。袁萍之師截出衡湘，決障水於千仞之上，湖南無吴逆矣。羈之縻之，可以徐圖進止，如此我無西南之患。

東南饒信南康以湖爲壑，可減戍卒之半，西南掇拾瀟湘，開諭交廣南過辰常，西通鄾鄧以荆爲門，可減戍卒之半，兵減糧亦減矣。荆郢之兵利騎，我出亦此，彼出亦此，宜選騎而步卒可汰。袁萍之兵利步，我得亦便，彼得亦便，宜選步而騎兵可汰。兵汰，糧亦汰矣。衢利土兵，土兵習道路，冒險阻可以下婺、下嚴、下處、下嵊南下，青蒲所在，客兵可移，皖利客兵，客兵控要害，通舟車，可以援溧，援蕲，援饒，援歙，西援武昌，南援龍江，所在土兵可移，兵移，餉亦移矣。行間閲實精勇别爲中軍，王卒，使老成知兵者將領擁護，其餘師衆使幕府諸將總統以爲戰，卒其義從傭募，名爲兵，實役徒者，使汛守楚之岳陽，東西蒲來潛沔閩之建陽，南北處撫饒信爲戍卒沙汰，單弱逋逃，編輯部伍押發均房，鄖竹占種，當興安塞商洛爲屯卒，屯卒食力，戍卒各食郡縣。我之聲勢聯絡，訛言不興，兵抽，餉亦抽矣。此兵法之以正合也。

王逆竄入環原，窺竊苑馬，東向可入榆林，西向可入甘肅，騎寇長驅，延靈、□應、靖寧、隆德、會寧、安定被掠，直抵臨鞏蘭河，南入階秦上邽，近聞退踞平凉，蹂踐涇邠州縣，賊若不滅，秦人不能安枕而卧。凉益雖分，久持則合，形同憂而兵趨利也。以輕兵關隴蜀之胸，駐紮上邽、天水，以重兵拊環原之背，固原若爲我有，宜斷涇邠山路。東師起延綏，據花馬池，定邊、安邊等營不復受兵。西師起蘭膳，據金佛峽，崆峒、若水、清江、安定不復受兵。環原北面形勝扼塞之地，山勢横亘，東西河道河橋二千餘里，利占魚鹽，人雜番漢。賊既不爲獨坐窮山之滿俊，我亦戒爲深入好水之任，福使竇融蹙、王元使寇恂降高峻。河西既通，高平自下，坐胡牀，陳祭器，有以柅强寇而鈹其命，横山之謀，青陽之計，硝河之捷，古人從天而下，聲東擊西，神出鬼没，王逆授首，蜀無能爲也。我自此無西北之患，此兵法之以奇勝也。

寧夏魚米可食，大小池鹽可售，凉州馬可牧。李燧窋運八府之粟，文貴舟輓河渭之糧，抑亦迂矣。我據袁萍，連南贛，吴耿之勢不合進守，彝陵川湖之勢不合，斷隴道凉益之勢不合，賊勢不合，天贊我也，奇正之勢在我。我之兵勢强，分合之勢在我。我之國勢亦强，連百萬之衆，佈勢踈而萬全，日計趨勢疾而日振於矢石之下日力，凡以争先而處强也。政强則勢强，政弱則勢弱，强政用兵，兩朝之驅策天下是也。

弱政用民，勝國自成化以後，日朘月削，斬艾其民是也。故籌餉不如籌兵，籌兵不如籌民。振姬不知閩、駱、滇、黔、凉、益從逆之民,中國討逆之民則知之矣。師之所過搜索,男婦縶纍俘掠,發掘倉窖,蹂踐田禾,牛驢轉餉踵軍無日夜。其間軍市略賣,人畜相視吞聲。民無生氣,既不保其父母、兄弟、妻子,豈有屋廬田産哉?民餉,兵者也。吏治,民者也。吏緣爲姦苟幸國家之多事魚肉其民。三逆負國可問,群吏負國難言。姦宄横行,苞苴賄賂,訴訟不理,群盗滿山,嘉平除夕,罷市嗷嗷,可謂國有政乎哉?無政何民,無民何餉,無餉何兵,兵不戢而民益亂。兵吏上書益兵,計臣上書益餉,以勝國之弱政壞兩朝之强勢,此昔人所嘆也。

漢唐宋之政盛,甌、閩、南詔、西夏叛而不亂,元之政衰,閩、越叛而亂。方其盛也,韓滉、陳立、史萬歲、韋顗、種世衡、王韶制之有餘。及其衰也,龐勛、黄巢起於南詔之役,張士誠起於閩越之役,齊萬年、萬俟醜奴、姚令言起於涇原之役。此數起者,民也,兵也,非賊也。勝國之征麓川不謂不强,及兵去,而滇黔交駱之賊不止,亦民也。鄧茂七以開採反閩越,李自成以加派反夏原,此數起者,民也,兵也,皆賊也,視今三逆瘻而已。平賊以兵,不以冗兵,養兵以餉,不以虚餉,措餉以民,不以亂民,治民以政,不以苛政。坐食不戰之兵曰冗兵,加派無名之餉曰虚餉,怨厲不服之民曰亂民,開採無稽之政曰苛政。苛政之病民者,弱政也。兩朝蕩滌苛政之病民者,强政也。宋儒有言:“處弱者利用威,處强者利用惠,群臣忌諱不言國家,又以兵爲機密不問。”振姬欲長者進言亦以戒。夫群臣負國,不忠者於當時情勢如聚米畫沙。

後勘定南服,皆如所言云。先生歸里,仍堅苦耕讀如曩昔。二十年十月,先生卒,年六十九歲。

先生自言:“四十年獨行,與人不款曲,官舍人妬我政,邑居人妬我行,猶讀書古廟,同舍兒妬我奇苦,操犁力耕望畝者妬我粗鄙率略,我與我周旋久,我寧作我,我死瓦棺紙被,視揚王孫裸葬。己薄於螻蟻，乃復入宦海爲榮哉。”卒後，士大夫遠聞皆泣，受業服心喪者踵相接，私謚曰堅毅，稱堅毅先生。

太原傅山以高隱重於世，序先生文屢稱解元，及是，亦以私謚爲允，爲題“畢堅毅先生故里碑”焉。先生生平沈潛好書，老而彌篤，爲文穿穴載籍，閎深奥衍，别開異境，學者或不能句，而實無一語無所本。堅蒼沉鬱，論者或謂：“主《春秋》内外傳，鎔鑄經子、《史》《漢》《莊》《騷》，雜及稗官野乘。”或謂：“堅鬱之概得諸《管子》。”或擬韓愈之稱樊宗師者稱先生。先生生則自負爲司馬子長云。所著有《〈尚書〉注》《西河遺教》《四州文獻》《三川别誌》，文集爲門人牛兆捷所裒集，計十二卷，傅山點定，署《西北文集》，刻甫及四卷而兆捷歿，刻亦遂止。詩則向有《病香居燼餘》之刻，兼附時文，早已亡軼矣。

謚清端制軍于北溟先生事略

先生諱成龍，字北溟，號于山，永寧州人。幼端謹，有威重。明崇禎己卯副貢生。清世祖順治丙申謁選，授廣西羅城縣知縣。地多烟瘴，瑶、獞雜處。先生年已四十五矣，友朋多難之者，先生慨然曰：“此行已誓先隴，絶不貪温飽，惟以天理良心四字自信以實施政事而已。”遂跨一驢，携二僕，往抵任。僅茅屋數間，且鄰社廟。虎或晝入，行庭中。

先生壘土爲几案，旁置釜盎。召吏民從容問疾苦，相與以誠，民瑶皆服。會二僕觸癘，死其一，一求去。先生自爲炊爨，晚酒一盂，以四錢爲率。一意息民，爲編保甲、堅約束，向時瑶衆殺掠人畜諸習爲之頓革。復勸農儲粟，招流亡，興學校，定婚喪諸制。春時行田野見力耕者，呼與語，相勞苦，或坐樹下飲食，笑語如家人。民亦憫先生獨居，以酒食進，先生呼共食。以金錢來者，曰：“可市食物，供爾父母也。”相與感泣。任七年，以卓異陞四川合州。羅人泣送至數百里，有瞽者不去，曰：“公囊錢不給，民以星卜佐公行糧也。”先生以瞽力得抵任。其地户口凋零,供役繁重,府帖下取魚,先生却之曰:“民不聊生,魚安所得?”因切指艱苦狀,請盡革浮供,貸牛種,招流亡。未幾,户口日增,至數千。尋轉湖北黄州同知。地多盗竊,先生捕得九人,集父老語曰:“能保後不爲盗者貰之。”保二人,餘悉活埋,衆股栗。盗巢漸傾,風亦熄。張撫軍朝珍雅重先生,舉卓異。時麻城土匪嘯聚,勢頗張,有司惶懼,議會勦。先生止之曰:“是皆吾民,賊不過數人耳,宜撫之。”遂單騎入其壘,責以大義。匪衆曰:“于青天至,我輩尚忍反乎?”皆投兵就撫。

甲寅,滇難作。撫軍檄先生攝武昌府,問御亂策。先生曰:“首安人心,莫如先下令停徵。”撫軍深然之,盡以兵事屬先生。時大兵所過,惡少倚禁旅爲姦。先生治如法。復請大將軍申軍令。甲士擁先生,讙嚇不爲動,遂爲斂戢。旋選授福建寧府大吏,奏改武昌。大軍征岳州,檄造浮橋於蒲圻。匪突至,先生入城守,水漲橋圮,坐罷職。會東山寇作,撫軍延先生曰:“非君莫可辦此!”且許便宜行事。問需兵若干,先生曰:“先守蒲圻數人足矣。”寇衆屯兵聚險,其魁劉君孚者嘗受先生恩,先生騎一驢、從一鄉約入劉家,君孚匿不出,伏彊弩待先生,先生笑且罵曰:“老奴避我,自慙作賊耶?渠不過爲人逼誘耳。我老人鬚髮如是,寧不曉耶?”又諭衆曰:“若良民,何苦作賊?時方酷熱,父母妻子匿何所,得毋苦耶?”衆感泣。先生曰:“吾熱甚,少憩。”遂熟睡,鼾聲如雷。少頃,寤,復罵曰:“老奴無禮,何久不至?客至,顧無酒脯耶?”君孚從厨後躍出,投弓,跪以衆降。先生問知賊首黄金龍者在望花山,立發衆,乘不備,擒金龍,斬之。撫軍得報,語僚屬曰:“人謂我不當用醉漢,今何如耶?”先生嘗與撫軍論時事,飲數十巨觥,掀髯抵掌論,滔滔不竭,吏人竊笑爲酒狂。至是,撫軍乃及之云。

秋,調黄州府。甫抵任,而何士榮、陳鼎業、周鐵爪、鮑世庸、劉啟業輩各擁衆數千趨黄州。時援軍皆赴湖南,黄州吏民才數百,或議退保麻城,先生曰:“黄州爲七郡咽喉,棄之,則荊岳瓦解矣。吾誓死不去，然坐困亦非策。當剿之計，必先破士榮，餘衆易與也。”集鄉兵得二千人，别遣黄岡。李大令繼政擒鼎業。先生率衆攻士榮，戰於黄土坳，匪勢甚熾，礮子如雨，隊長吴之蘭死，火燎先生鬚。或勸少避，先生大呼曰：“今吾死日也！敢言退者，斬。”鞭馬與李千總茂昇衝匪。茂昇急發矢，殪匪之摇大旗軍，匪稍潰，大軍進逼。茂昇馬被槍，棄之，步殺悍匪二人，易馬進戰。張武舉尚聖由師右繞出匪後夾擊之。匪大敗，斬馘數千。士榮左臂斷，被擒。先生得匪名籍，立焚之，乘勝窮追。匪衆聞士榮擒，名籍且毁，多解散。鐵爪、世庸亦被擒。先生又分衆平餘匪。自誓師至班師，僅二十四日，不費公帑，大軍遂平匪數萬，因勒石岐亭。時十一月也。

丙辰，水旱不時災，訛言頗起。先生修赤壁亭榭，日與僚吏嘯詠飲射以示暇，豫民皆安。丁繼母憂，士民泣留數萬，詔奪情視事。

丁巳，遷江防道。明年，擢福建按察使。民遮送至九江凡數萬人，哭聲與江潮相亂。己未春，抵任。耿精忠亂後，康親王軍駐之，民多以通海罪連繫。先生力請於王，省釋之，覆録，先生指庭前婦孺曰：“此曹豈能反？皇天在上，獨不爲方寸地乎？”康親王故重先生，悉如所請。撫軍奏先生廉能第一，遷布政使。滿兵月徵莝夫數萬。先生争於王前，罷之。又前掠浙東，擄獲子女爲奴者數萬。先生贖，歸之。又會計八郡正供，江浙協餉數百萬，釐剔諸弊，以羨餘悉歸民間，吏不得染指。

先生所居，文卷書册時服外，無長物。食菜茹糲如老衲，僚屬有勸毋自苦者。先生曰：“吾無他好，布衣蔬食免飢寒，足矣。不知世間有受享事，亦不知饋遺交際欲何爲，計俸入自給有餘，要錢何用？”僚屬及隨征諸官同聲稱：“于公清苦，天下一人。”至外番貢舶有所獻，先生悉屏之。或呈樣香，一嗅囑持去。貢使醓指曰：“中朝有此清官，向未聞見也。”

庚申，擢直隸巡撫。滿漢軍民雜處畿甸，其黠者假勢以侵漁良懦。盗匪潛伏，八旗莊頭尤驕横，把持官府。先生爲編保甲，嚴連坐，抑豪强，懲隱占，仍不時騎驢行旅肆訪，諸抗違者立治之，盗風以熄，民衆得安。

辛酉春，陛見，賜坐賜茶。聖祖稱曰："爾爲今時清官第一，朕所深知。"又温諭以爲政當持大體，尤貴始終如一節，賜食御書房，又賜帑金及上所乘馬。越日，賜御書詩以旌之。先生請爲宣府各屬災賑免本年額徵及積年帶徵，詔從之。又請緩真定府租銀，蠲霸州田賦，皆報可。先生每食，與僕隸共，以糠屑和米瀹、青菜少許。僚屬至，設食亦如之，曰："毋苦，飢民安得此？且常食，省一錢，飢民得沾一錢益也。"冬，請歸葬母。

未幾，調兩江總督。先生就道僱一騾車，與幼子同乘。晚宿店，費錢數十文，不入公館。嘗謂所親曰："江左習尚浮靡姦弊，牢不可破。今天子命我，我必有以易之。"南中聞先生至，亦相謂曰："于青天至，吾曹如此裝飾耶？"一時争服布衣。先生至，首懲刁頑，斥僭濫，禁苞苴，革加派，舉廉劾貪，勸學講約。一年間，士民有歡會無管絃，遊惰不空手，櫃房無鎖。先生治官書，夜申旦不寐。性喜飲，至是累月不一醉。勢家豪右多未便，或構蜚語。先生笑曰："直道在人，呶呶者何足卹哉？"甲子春，旨命巡海。先生襆被扁舟，往月餘。竣事，歸，兼攝江蘇安徽兩巡撫事。疾作數日，卒，年六十八歲。

先生服官後，未嘗携眷屬。官吏白事恒直入寢室。至是，將軍、都統、僚吏輩入視棺斂，見所有周身布被袍一襲，靴帶各一，堂後瓦甕略貯米及鹽豉而已。奏聞，賜祭葬，予謚清端。尋進太子太保銜，蔭一子入監讀書。

先生狀貌魁偉，鬚髯如戟，精神炯炯四射。與人交，不擇貴賤。燕談偶涉私曲，先生正色斥之。恒稱上帝臨汝，又稱日監在兹，屬吏雖嚴憚，先生愈益親樂之。上試詞臣，作《理學真僞論》。特諭曰："理學無取空言，如于成龍不言理學而服官至廉，斯即理學之真者也。"

先生狀如鄉里學究，而用兵如神，尤善治盗。官黄州有張某爲盗魁。先生易衣爲傭，詭稱楊仁，雜處十餘日，盡得其故。乃遁歸，率健役入張家，呼盜出。張迎拜，先生曰："我楊二翦子也！"張叩頭請死。先生出大案數十，曰："辦此則贖若矣。"張聽命，且請留健役，卒如案破。獲知武昌營弁某弟素無賴，會餉被劫，械弁弟，誣服。先生以爲冤，請縱之。撫軍驚問曰："若冤，真盗何在？"先生指堂下一校曰："是真盗，餘黨進香木蘭山，今晚獲矣。"果盡獲餉在校家，封識尚未動也。

又江寧巨盗魚壳者，尤狡悍，倚駐防都統，官不能擒。先生甫抵任，官吏以厨傳至，悉却之。臬司某爲年家子，固請具一餐。先生笑曰："以他物壽我，不如魚壳。"臬司喻意，出巨金購名捕，縛壳置獄。先生夜治公書，一人以刀自屋梁下，先生詢之，曰："魚壳也，取公頭。"先生摘帽几上曰："若取之。"壳長跪曰："方下梁，如有物擊我手，公神人。某惡盈矣，請就死。"銜刀以獻。先生曰："國法有市曹在。"呼左右飲壳酒。遲明，獄吏方以失盗報。先生已命中軍斬壳西市矣。

先生卒後，江寧、蘇州、黄州皆建專祠，軍民争繪像以祀。既御書"高行清粹"四字額於祠，并書楹聯以賜。先生奏議、文告、雜文、詩經孫準蒐集爲《于清端公政書》。又論學諸説，準復綜而輯之曰《正修編》《齊治編》云。

提督張月宇先生事略

先生諱旺，字月宇，興縣人。幼家貧，有膂力。母殁，隨父傭耕，嘗曰："大丈夫多出田舍，我獨非人耶？"於是，農隙輒觀人肄武，竊效之。已能挽十五石弓，矢無虚發，復通諸技勇。

康熙庚戌，父卒，投身營伍，爲宣化總兵拜公所賞，由外委拔陞千總。會耿精忠以福建叛，先生隨援漳州，以恢復永定縣功留官廣東。丙辰，尚之信以廣州叛，軍勢洶洶。先生持短刀大呼，沖礮火矢石前進，登城陴，賊衆披靡，大軍隨逼之，城遂破。尋調先生福建，征剿山海，屢擒耿將佐。時統師者爲姚尚書啟聖，奏先生功，授督標右營遊擊，率兵恢復龍虎山及長泰等處。

庚申，檄先生恢復十九寨，並海澄城池及金門、厦門諸島。先生故騎將，至是從舟師。金門之戰，諸將多眩瞀，不能舍騎從船。先生獨率部衆，所向節制肅然，無敢淫掠，民尤多德之。施襄壯琅題陞先生中軍參將，尋授江西南瑞總兵官。先生以時且平治，而父母之喪未合祔，遂陳情請歸葬親，詔給假四月。事竣回任，調南贛總兵。

甲子，擢江南提督，駐紥松江府。時兵燹餘，行伍散卒多侵侮百姓。百姓强項者率訐之官，而舊例文武不相屬，兵民遂不相能。先生至，嚴飭軍政，民來愬者，輒爲申理，自是營務大整。旋調福建水師提督。戊寅，調廣西提督，駐柳州。其民多葺草爲屋，恒苦火患。先生捐俸助民爲瓦屋，火患漸弭。又地多瘴癘，輯良方、施藥餌以拯之。瑶僮雜處，號稱梗化。先生於其輸誠者寛之，其强梗者縛而刑之以徇，各洞寨皆相率畏服。壬辰，以疾卒於官。事聞，加增太子少保，賜祭葬。庚子，題請入祀興縣鄉賢祠。

中丞張公孚先生事略

先生諱泰交，字公孚，號洎谷，陽城縣人，生而秀異。父履祥，諸生，出遊不歸。先生思慕悲泣，讀《孝經》，輒泣不可仰。家貧乏，將棄儒學賈。會張大令甫宰陽城，童試得先生文，大激賞，固勸令業儒且示以《〈春秋〉學法》。

康熙辛酉，舉於鄉。壬戌，成進士，以知縣用。先生爲貧故，因留京館陳文貞廷敬家授讀。尋選授雲南太和縣知縣。其地爲大理府附郭，民苦供億，多流亡，兵居民屋，至以縣庭爲營房，官莫敢問，僦民居。先生抵任，首先誓神以盡除宿弊。吏援前任僦居事爲請，先生曰："縣令，朝廷命官，宜居署，何僦居爲？"遂入署任事。方視事於庭，營兵故爲校射，先生諭止之，不聽，且爲横語。先生怒令擒其悍者撻之，於是兵衆漸斂戢。先生復勾稽故册，均徭役，整科條詳情，以永昌道轄有七府，劃分其州縣凡八，大理府轄八州縣，劃分其州縣五，提學道則指十三學校，供其公費及修葺，至提督則自葺其廨，毋獨苦首邑民，大府允行。

又每歲縮審丁户，有陋規千金，先生立革之。學宫、城垣、義倉、義田等無不先後興築，並規定兵民異處毋擾累。在官五年，事無不舉。大吏以滇令第一入告。行取御史，守廣西道，先生首請疏通選法。又順天鄉試冒籍積習，山東饑民宜賑，皆疏入，旨行。一日朝退，見旗人以索債故毆職官者。先生問知償者已逾倍數，遂追毁其券且笞，旗人豪貴之燄稍息。又賽黄彪、李三者因怨殺人，誣山東人張乙，獄成矣，先生爲平反，坐李釋張。刑部吏向倚專辦獄案文卷，不時徼法司，恒優容。一日，先生核卷，吏仍持故態。先生庭笞之，且斥其延誤。衆愕然，皆服先生風節。

未幾，奉旨巡視長蘆鹽政，申條約，革陋規。京中貴要因鹽事屬撫軍向先生道地者，撫軍謝之，鹽綱以整。旨擢先生太僕寺少卿。故事，二八月定御史内陞外轉，在差則否。先生既以特旨内陞，旋命提督江南學政。先生益自刻勵，絶交遊，却私函，雖家書至必開封示衆。試卷皆親閲，待士務存寬大，不苛皦邀譽。時論以邵學道嗣堯擬。先生謂："無愧色云。"未一年，即任加大理寺少卿。數月，遷都察院左副都御史。又遷刑部右侍郎，仍任江南提學事。

未幾，任浙江巡撫。先生抑奔競糾貪墨，務持大體，卹災黎，銷盗患，簡練標兵，興築江塘。署中供役水夫二人猶以爲不能革除，是亦糜耗公款一端云。在任三年，乙酉，聖祖視南河工，幸江浙，召對先生行宫，温語延問，稱有大臣風格，且書"推誠遇人"四字於綾以賜之。瀕行，猶語"閣臣以泰交居官甚好"者再。丙戌，先生病乞休，章未下，值録囚，先生猶親其事。越日卒，年五十六歲。上聞，賜卹如例。雲南、江南請祀名宦祠。先生敦孝行，母范氏殁，哀毁幾殆，至裂目眥，愈後視不良。上召見時詢知其故，爲之累息焉。

中丞于子繩先生事略

先生諱準，字子繩，號萊公，永寧州人，謚清端制府諱成龍孫，少服祖訓，以清節自勵。康熙丙寅，由蔭生授臨清州知州。抵任後，革火耗，鋤强暴，頗尚嚴治，豪猾斂戢，良民得安。己巳，以卓異薦遷刑部員外郎。明年，擢户部郎中。尋授江南驛鹽道，調直隸，總理錢穀守道。擢浙江按察使，時三藩平。

未幾，豪猾多所扳誣獄事，牽連甚衆。先生至，核定案情輕重，多所平反。浙民得安心，鄉里漸以完聚。庚辰，以父艱解任歸。民走訴制府，乞題留者數萬人，格於例，未果。服闋，授四川布政使。甲申，擢貴州巡撫。先生察知貴州向例錢糧於九月開徵，歲終報完，州縣考成心切，急徵重以累民。遂上疏，請自本年九月開徵，至下年三月内糧米全完者紀録，不全完者處分。部初議不准行，得旨九月開徵。年終考成爲例已久，該撫以其有累民處，著再議。旋議，如先生請。

又貴州自改衛，所設郡縣置學校，苗民漸向順。先生疏請於各府州縣立義學，土司承襲子弟及族屬並苗民俊秀悉令肄業，文理明通者由教官匯送學臣，一體考試。粤西土官已有此例。又漢唐以來，以土人用爲流官，而循良著績見於《貴州通志》者頗不乏人。舊例均宜改正，部議以土人無用流官例未便更改，餘准行，詔俱報可。土司有不法被揭者，先生按治不稍徇，威惠大行。

丙戌，調江蘇巡撫。明年，秋旱。先生疏請支藩庫銀十萬，赴湖廣買米平糶。又明年，久雨米貴。先生請截留漕米五十萬石以濟民食。又請敕各督撫聽商販運米出境，庶平米價，便民生。海州安東縣等被淹，田賦請减損。蘇松等府被水，各屬被水，應徵漕米請緩其半。至明年秋收後帶徵，詔並從之。己丑，淮、揚、徐三府被水，先生請動帑十萬兩，委賢員以施急賑，復嚴定侵冒之罪，民得沾實惠。先是丹陽縣上下練湖冬春濟運，夏秋灌溉。前撫慕天顔奏以上湖佃種，下湖蓄水。姦民見上湖墾種得利，益挖下湖埂壩泄水成田，陸續升科，以致傍湖民田水旱無資。濱湖業户請仍以下湖蓄水，願任續報湖田錢糧。先生晰其弊，於是上疏："請自本年始，攤徵湖田、漕項、銀米、麥石於瀕湖業户，湖中水産官收變價作修葺涵洞、埂隄之費，歲終造册報銷。"又疏請："將康熙四十四年江海潮沖坍田錢糧概予豁免。各屬沿江海田坍漲不一，並照蘆課例，五年一丈，分别陞除。"詔並許之。聖祖南巡賜御書額聯以示褒美。

及噶禮督兩江，勢燄洶洶，憚先生清直得上眷，於是以布政使宜思恭爲先生所任，劾其貪罔，請革職審訊，藉以傾先生。朝命張尚書鵬翮會同總漕桑額嚴審定，擬解先生職。讞定，先生以失察罷。雍正乙巳，詔復先生職銜。辛亥，卒於家。嘗綜祖清端稱述儒先未盡之志，輯《正修録》三卷，《齊治録》三卷。又嗜陳香泉奕禧書，特刻《予寧堂法帖》以爲書家楷式云。

少尹吕西園先生事略

先生諱文櫻，字果初，號西園，汾陽人。少讀書英特。爲諸生，有名於時。康熙乙酉，舉於鄉。丙戌，成進士，以知縣選用。

先生廣遊直省，所至求悉其人情土俗、政治得失。諸守宰均加禮重。及丙申，授弋陽知縣。抵任時，大局底定。未幾，劣衿土豪恒爲横，鄉里刁民鈎結相與傚尤。先生至，即以計取所稱金剛者數人，窮治之，咸伏罪，民大稱快。

又江西兵燹後，舊册俱毀。先生飭各鄉造報糧册，逐年鈎校，具得逋欠真數，以杜胥吏姦弊。有地名邵家坂者，恃距城遠久抗欠糧，且聚村衆以示脅。先生乘不意，向夕出城，秉炬行萬山中，黎明抵坂，招民衆，諭以利害禍福，衆大感悟。因檢其歷年完逋之數，第其賞撲,自是民不復梗化。有以女先字甲而復受乙聘者涉訟,先生斷女歸甲。

又有受人質田,陰易典契爲賣契者,亦聽取贖。雖賄通媒證,供辭確鑿,先生以一二語抉其僞,悉吐實。先生又葺書院以課諸生,復於署右設蒙學,貧民子弟入學者且量給衣食。又籌得賓興資以給諸生鄉試資裝,將卸任,積錢漸多,補以俸入,悉置田,年得租二百餘石,編入邑志,使學師協同耆儒經理,以杜後患。繼調署金谿,有民某死於途,其婦訴爲仇殺而無據,乃逮仇别縶而陰遣人紿仇婦,竟得證,一鞫而伏。時驚其神。撫軍深器先生,會入爲兵部尚書,力薦先生,得旨列行取。去任時,弋人勒石紀遺愛,泣送且數十里。既抵京,張清恪伯行爲户部侍郎,舉先生監倉場。時世宗在雍邸,奉命查通州倉,詢求備悉細,先生一一陳之。世宗加異。癸卯,雍正初元,授先生户部浙江司員外郎,命與倉場李侍郎英桂等監修諸倉,節省帑金至六萬餘。旋陞禮部儀制司郎中,仍協辦倉場事務。冬,命提督山東學政。先生精心校閲試牘,事必躬親,諸弊悉絶。

尋以父憂歸。服闋,授湖廣道監察御史,監己酉科順天文武鄉試。武科有齊生者矢未中的,不得終試。先生奇其狀,破格收之,竟得舉。明年,以武進士殿試第一,向先生執門生禮終其身。先生晋通政司右參議。辛亥,督修郭莽爾、格隆二寺,未及期,報竣。旨嘉奬,改授奉天府丞兼督學政。先生於奉、錦二府各建考棚,復量治學田,試期且給士子飲食。甲寅,以遽請增學額,失上旨,部議降一級。先生遂以疾乞休,允之。

高宗乾隆丙辰特旨召見,先生淡於宦情,尋告歸。所居藝花竹,闢精廬,菜匳茗具,日與故老作文讌。不一入公府預外事,汾州守汾陽令均禮重之。先生故篤孝友,自是建宗祠。春秋率子姪將祀事,十四年如一日,視諸子姪如子。與人交,始終如一。同官黄某、故人子馬某均以落魄無聊,先生以時賙卹,世稱盛德。以丁卯卒,年七十一歲。子審韶,以雍正壬子舉於鄉,乾隆甲戌成進士,亦能以學行繼先生云。

學使崔南有先生事略

先生諱紀，字南有，原名珺，字君玉，永濟人。康熙丁酉，舉於鄉。戊戌，成進士，入館選，散館，授編修。雍正丙午，充福建副考官，明年充會試同考官。己酉，充日講起居注官，遷國子監司業。監例每年咨取各省貢監生，肄業不來者托故送規禮准爲到監給告假印票。又歲貢及例監中廪增附生俊秀等有不及肄業，期滿或未到監補出規禮即可倒提年月咨送考職。先生疏陳其弊，請禁止，部議從之。

辛亥，以母憂歸。服闋，補原官。旋遷司經局洗馬，遷右庶子，國子監祭酒。乾隆丙辰，督順天學政。先是生員沿明弊俗，恒結黨滋事，抗糧包訟。清初鑒其弊，嚴法以防之。先生以爲近來學規已肅，宜蠲煩苛，與之更始，因條奏請停止歲取生監互結以免掩飾；停生員赴愬學官挂號以免勒索；停生員訟事先革後審以免屈抑；停生員毆人死革衿挾仇報復，生監寫詞狀作媒圖利，罪俱加等，宜照原例治罪以示公允；停詳革生監出境治罪從重之議，應分别按例定擬罪名；停生員完糧，始准收考之議，以卹寒畯，毋抑人才，改生員月考季課，三次不到詳革，爲嚴行戒飭，終年不到詳革，改部議。上户、中户、下户，貧生分三限，完糧爲上户，歲底中下户，開歲二月、四月全完，逾期詳革。部議准行，士林誦之。尋遷詹事府詹事，授倉場侍郎。

明年，命署陝西巡撫。先生家故與陝接境，知其利弊。因請將地丁耗羨銀兩借給貧民資鑿井費，分三年繳清，並請免以水田升科。得旨，須徐徐化導，實力奉行，允不照水田升科。陝儒王心敬嘗著《鑿井灌田説》，列法甚備。先生自是得請檄州縣，下其法行之。半年中，得井數千，並修復龍洞渠，涇陽、醴泉、三原、高陵諸縣田大獲。而先生請鑿井灌田事督頗急，值連歲溢澇，利未顯。秦人騰蜚語，以上聞。戊午，詔調先生湖北巡撫，鑿井事遂輟。

先生至湖北，請頒《御注〈孝經〉》《〈孝經〉衍義》《御選唐詩》《資政要覽》《〈性理〉精義》《古文淵鑑》等貯書院並刊布，旨允之。又楚民困於淮鹽價貴，貧者至於淡食。先生會德安、安陸、襄陽三府議，稍更舊法。庚申，總督德沛劾先生弛私鹽禁，並劾袒庇糧道、動用公款事。先生申覆，召私鹽並未議行，糧道動用公項有總督批准爲據。下部議，革職。上原之，降五級調用。明年，授國子監祭酒。甲子，充順天鄉試副考官。冬，提督江蘇學政。會浙江慈谿知縣倪知木獲盜，爲營員捏冒，且遣人赴部探問被獲。上命先生偕江蘇布政使會浙江總督會鞫。先生奏稱提標兵夥，盜係知縣拿獲營員捏飾探問屬實，請分別議處。上諭稱公平。

丁父憂，歸。己巳，服闋，授山東布政使。明年以都察副都御史銜復提督江蘇學政，以病乞休，尋卒。先生績學勵行，喜以經術造士，爲國子師最久，撰成均課。講《周易》以本義爲主，間有異同，並謂經文專主卜筮，十翼專言義理。孔子恐人惑於吉凶禍福之説，要求趨避之術，故專以義理爲主。餘如成均課講《學》《庸》，《讀〈孟子〉劄記》《〈論語〉温知録》等，皆能自道所見，不規規爲講學家言云。

中丞衛伯嚴先生事略

先生諱既齊，字伯嚴，猗氏人。父紹芳，起家進士，仕至浙江按察司副使，督貴州學，得士心，卒祀名宦祠。先生幼承家學，於康熙甲辰成進士，年甫弱冠，選内弘文院庶吉士，授翰林院檢討。

庚戌，會試同考官應詔陳言。尋外補霸州州判，攝固安、永清、平谷篆，均有聲績。在霸時有旗丁取子錢過倍，稱横索不已。先生既責旗丁，且將牒刑部，其人服罪，謝乃止。時于清端成龍督直隸，特重先生，會以父艱歸。

上嘗御乾清門引見講官，詢山西翰林外調者姓名爲何，居官何如，九卿以賢對。上諭吏部以原官用。服闋，補官吏部。奏聞，上曰："此人官外任，即超擢山東布政使。"先生到官，首以剗剔弊蠹，凡州縣官正供外，不煩輸一錢，俾勉爲廉潔。又建歷山書院，講學課士，其中設二齋，仿胡安定學規，朔望集父老子弟爲講説。又旌揚孝子節婦，以示獎勸。行文檄案牘，中夜燃燭不少休，再護巡撫篆均能稱職。清八十餘案，釋無辜株累者數百人，民大感悦。擢順天府府尹，疏請按行所部黜陟賢否，上以爲多事不從。時陸清獻隴其以御史言事，當謫。先生面奏陸爲縣令時深得人心，且其品望亦爲時重，遂邀免。先生與清獻未識面，事後亦不相往來。

尋擢左副都御史。畿輔山陝蝗，官吏以勘驗爲煩，率不報。先生疏請卹蝗災。上以懸揣切責之，改右副都御史。旋命巡撫貴州。先生方咎以戇直不得當上意。至是拜命，涕下曰："上知我至矣！以身報國，庸他計乎？"抵任，謁父祠。吏民指曰："此故學使子也。"先生辦公勤奮，一如官山東時。值黎平高洞苗金濤殺傷人，吏捕不得，反殺吏。先生初蒞事，知府副將欲邀功瞷其勤也，日上書數十請剿，閫帥亦主其事。兵既出，疏以聞將吏，復張虚捷圖冒功。先生初以爲信也。遽以報，既而廉知其僞，怒曰："吾爲若輩所賣，夫何説敢以召朝廷乎？"遂露章自劾。上怒甚，遣部院大臣往按之。會閫帥卒，決知府副將及金濤，議削先生職，逮京師，民巷哭追送約萬人，抵楚境尚不絶。

先生至京，廷臣會讞，謫戍黑龍江。單騎就道，衣物外惟書籍自隨。至則日坐土室，無怛容變色，讀書聲琅琅。出户外一若鄉里儒生，不知其曾爲撫按大員者。踰年，赦歸。淮安河工興，朝命在籍大吏效力工次。先生分修高家堰，募民夫築周橋横隄及清水潭，盛暑嚴冬均督治不稍懈，及病，猶强起視工，恐以偷減貽主憂民害。

辛巳，卒，年五十七歲。

先生廣額豐頤，疏髯秀目。爲人和且莊，存心措事，要本於至誠，不作欺妄。與人交，不設城府，晏坐觀書，不廢纂述，顛沛未嘗易其度。建家祠，修族譜，置祭田、義宅以贍族人貧乏者。所著有《〈四書〉心語》二十卷，《小學家訓》四卷，《〈道德經〉解》二卷，《〈南華經〉删注》二卷，《韻通》一卷，藏於家。《廉立堂詩集》二卷，疏雜著共十卷刊行於世。

方伯王貞甫先生事略

先生諱師，字貞甫，號莪園，臨汾人。父理躬，順治丁酉，武舉。康熙中，吴三桂反，投名兵部，請自効從大軍，復漢中，以功任蘇州守備，改遼州守備。先生幼即穎異，讀書遇倫常政治，曰："此他日實用之師資也。"弱冠，補諸生。癸巳，恩科，舉於鄉。

雍正庚戌，成進士，授元城縣知縣。有村地名五勝疃者，地數十頃，久荒，歲徵如故，先生特請大吏除其賦。而課民樹藝以易土性，徐圖升科。遇歲少祲，開乞賑貸，不待請而行。或輸俸錢爲貸者捐，補修治學宫，歲時爲諸生講經史大要。乾隆丁巳，調繁知清苑縣。時下曲有殺人冤獄已定讞，得報待決有日。民聘妻痛夫非辜，誓同日死，道路憐之，流言謂："惜王青天不早來，致冤斃二命。"王青天者，元城人以呼先生者也。先生聞其事，兼得冤狀，力請大府。會鞫得真兇，誣枉悉白，民大歡呼。

又革地總攬頭，除雜派，設立馬廠，除莊家餧養諸例。庚申，遷知冀州，其地素多盜，有豪猾素通官吏，横行鄉里。先生密拘之内署，歷數其罪，皆引服。先生曰："是當取汝命，然能改過即良民，吾亦不故暴前官之短以博名也。"其人卒愧悔自新，盜風以戢。壬戌，擢真定知府。明年，分巡清河道。時朝命高相國斌、劉尚書於義，察直隸水利，奏先生隨行。周歷保定、河間、天津、真定各府，擘畫諸事宜，多被採用。事竣，先生以功擢按察使。任五月，遷浙江布政使。兩月，調江蘇如賑撫淮海諸處受災者，詳免崑山、新陽丙辰丁巳錢糧賠累者。與安巡撫甯議不合,安遂劾先生以辦事遲留、居心詐僞解任,又直臬任内有失察邪教案,部議,降二級調用。

戊辰,補天津道。明年,遷山東按察使。旋調河南,調江蘇,尋遷浙江布政使。時高宗將巡幸江浙,先生先一年爲預備。但除道路荒穢,整津渡,掩暴骨,補破壞,餘無所增益。又役皆僱值,一切不以累民。及江蘇黄制軍廷桂以供帳擾民,爲御史所劾。先生部署適宜,頗聞於上,遂特擢先生撫江蘇。吏方議按畝起夫,又拘民船不使行,不給口糧以供役,民頗怨。先生至,立罷之,改僱役,民大悦。辛未,駕至,屢召見,詢民間疾苦,先生悉陳之。及旋蹕扈從,召對如前,即賜"吴會風清"御書額以旌之。駕還後,先生以諭旨豁免。

乾隆元年至十三年,地丁積欠,恐胥役侵漁,乃籌酌規條,務去弊害。又請豁免沛縣、昭陽、湖水、沈湖租,地畝老荒,麻地額徵錢糧麻斤。又請洞庭,西山前歸太湖,同知徵收租税、山産、絲棉、花果,率售蘇城,其錢糧仍歸吴縣徵收爲便,均得允。先生赴常州,秋審聞蘇米價騰漲,藏者或遏糶,强者思攫取,遂馳歸,觸暑致疾,又以禱雨徒行,疾益劇。屬員進見者,勵以守法勤民曰:"我受國厚恩,未能報効,諸君能勉成我志,我死猶未死也。"遂卒官,年六十二歲,賜祭葬。癸酉,入祀鄉賢祠。

先生生平誠篤和平,莅事周詳。嘗謂子紹武云:"剥民以奉君,吾所恥爲,至於私營田宅,又出若輩下矣。"又云:"律本人情而定,必洞達人情,然後可以推原律意。"又爲諸生講論,必舉人倫日用,曰:"舍此無以爲道也。"

辛未,高宗幸浙江,過南屏,將取道萬松嶺東麓,有司奏其間多塋域,且道未汛埽。上笑曰:"何傷乎? 南北山頭多墓田,朕聞之熟矣。"是雖小節,亦足徵先生不擾民之一端。

沈文慤誌墓以"古所謂清白不忝家聲"爲稱,時皆以爲知言。先生所著《論經義》,有過廷偶訓輯,所作詩爲《强恕齋拾存》,均行於世,餘古文奏稿藏於家。次子亶望,由乾隆庚午舉人,仕至浙江巡撫,因丁憂,與後任李撫質穎意見不合被訐,審實,効力海塘。辛丑,甘回滋事,推究禍始,亶望以冒賑肥己伏法,孫十一人並戍伊犁。甲寅,諭:"以國史館呈《王師列傳》,師在巡撫任内,辦理地方事務,甚爲實心任事。師,國家良臣,因子貪黷營私,以致絶嗣。朕心實有不忍,特釋其諸孫回鄉里,以延宗嗣云。"

方伯李長芳先生事略子永祺附

先生諱如蘭,字長芳,榆次人,就傅後因僑居省垣,占陽曲籍。十九歲,入邑庠,試輒高等。叔璽奇其才,因助資入太學。十二年,以例貢補澤州府訓導,嘗署陽城教諭。民怨其令苛,聚數千人郊外,勢汹汹。先生即馳往,諭使解散,令往謝。先生辭不見,事後口不言功。

又十一年,雍正初,仕滿,例改主簿。與同輩召見者共三十六人,先生奏對,獨稱旨,立超擢高郵州知州,復賜御書及貂皮、藥香等物。州爲南北要道,多差徭,使舟所經,役夫牽挽,以四人爲之,長稱夫頭,率不事事,臨時充以流丐。若輩惟向村市索錢以出夫役爲名,歲數千金。先生至,立爲禁革。時復單騎巡行上下遊,其弊遂絶。又清積案未理者近百數,民大安。州西甓社湖漕渠貫湖畔,會冬月,冰忽合,有客舟膠其中,無可爲計。先生思得一法,以小舟二剖竹聯而合,結其底,行冰上如轉輪,遂得濟,一時稱神奇,率用是法,以爲濟湖湅。

先生又嘗行湖側,見屍骨暴露,詢知皆貧無以營葬者。先生憫之,因購高原以遷之,且充貧民無以營葬之公地。在任凡九月,擢紹興府知府,人泣送者至百餘里,哭拜於道而後返。世宗悉先生治高郵之政,特換任江寧府知府。總督亦以先生廉能,先委署淮安府,使稽核河務工程事,數月,事舉。蒞本任,江寧尚沿明首都之習,閭里惡少率結胥吏,分地域以苦平民,號喇子。先生縛其首惡數人,斃杖下，餘黨肅然。

又將軍所屬旗兵，率驕縱，不畏官吏。先生請於將軍，有犯者並繩以法，懲數輩，旗兵之燄以熄。旋晋分巡廬鳳兵備道兼榷正陽關，先生嚴禁苛索。又悉知商民患盜，而懷遠至壽州數百里湖陂彌漫，盜多假漁業，難於究詰。先生遂僞爲過客，駕大船，伏健役於中。抵暮，有數盜援纜上者，縛其一役請急歸。先生叱之，促泊舟，令從人皆寢息，獨危坐中艙，燃二巨燭。夜半，盜遥窺伺，率疑怪不敢動。天明，有詣船請者，謂："昨縛爲良民。"先生並縛其人以歸，具得盜首、從主名及窟穴狀，於是捕誅其魁。令漁業限以地界，其舟悉編記號，數增塘汛，責成保甲，商旅在某地被劫者即坐其人。自是商旅無所阻，關税亦增。

尋改先生雲南督糧道。乾隆初，晋四川按察使，初至，向定重辟者以數百計，先生懼其枉，晝夜鉤考，務分别案情輕重，一一得平反。又向來發配人犯任自便，殷阜之區往往有群居滋事者。先生上言，請以打箭鑪、松潘二廳及茂州會理州邊境處之。又奏秋審人犯定以期限，軍流加等不入於死，竊賊問罪不計人數，皆報可。嘗刊决獄近事，比頒州縣爲問刑之準。又分别賙卹，獄囚無瘐斃。

癸亥，轉江西按察使。會歲祲，流民數萬集會城。先生時甫蒞任，即請上官截漕十萬以賑之。未幾，擢四川布政使。先生以蜀爲故治，下車首重農桑，實倉儲，舉鄉飲，旌善良。鉛銅就地開採，省遠運滇粤勞費。甲子水，丙寅饑，均有備，不爲害。成都，華陽二縣附郭向例領銀納米，准田爲科，下户亦不免。先生爲請於大府，得與他州縣均之。會瞻對、金川相繼用兵，先生以籌餉積勞卒於官。時丁卯，年六十四歲。先生少敦行誼，喜讀書，熟於掌故，負幹濟才，於民生利弊、吏治得失尤爲切究。當官彊敏，能任事，而一本於仁厚，故由教官洊州牧起家，歷任皆有政績可紀。

子天培、永祺並樹聲績，永祺尤能繼先生循聲云。

永祺，字松期，從父讀，爲名諸生。乾隆甲子，舉於鄉。丁父憂，家居，母曹夫人時以父長芳先生所爲家訓者時提撕，及以大挑一等知縣用，分發貴州，補玉屏縣知縣。尋擢黄平州知州，先生事無鉅細，躬自披覽。又精於讀律，親加批注，剖析毫釐，稍涉疑誤，必與明法者再四討論，研究得當而後已以故同官皆以老吏目之。上官凡有疑難案，悉委先生，訊鞫凡數百起，無枉無濫。於是以保薦授四川順慶府知府，調叙州府。戊子，金川用兵，檄先生赴赤水站辦差。尋復奉檄赴雅州南路，承辦軍糧，招商買米。先生悉劑以平，商民感悦，五六年中，軍糧充足無誤。

甲午，丁母憂，大吏仍奏辦事。丙申，金川平。先生叙功，擢守成都，旋陞松茂道，授福建按察使。丁未，林爽文反，臺灣上官以先生辦軍糧得力，奏使總辦軍裝、糧餉，渡海隨大將軍福康安進剿，徧歷南北臺。明年，全臺底定，留先生辦理善後事宜，以勤劬致疾，歿於官。遺著有《松窗偶録》。

廉訪馮康齋先生事略

先生諱廷丞，字均弼，一字康齋，代州人。幼，父祁以翰林官京師，挈先生往。從周學士長發讀書，識史事，精究地理，議事風發，願爲有用之學。乾隆壬申，舉於鄉。丙辰，以祖光裕官貴州布政使，得二品恩蔭。丙子，考列一等，奉旨内用，補光禄寺署正。

戊寅，父卒於杭州。先生扶柩歸葬，盡以遺産與諸弟。服闋，補官爲閒曹，少事，遂益肆力於學。一時鴻碩如朱竹君筠，朱文正珪、錢竹汀大昕、王蘭泉昶、程魚門晋芳等先生並與爲師友，以名節文事相砥礪。先生不自表襮，所居書籍連牀，丹黄不間，典斥裘馬至薪米不繼，處之淡然，常曰："不固窮，非士也。"旋委監通州本裕倉，遷大理寺丞。大理寺在三法司主平反，先生於原案罪名出入核校情實，數有糾駁，劉文正統勛獨心善之。

未幾，遷刑部員外郎。文正加以禮遇，有疑獄多引與商榷，擢郎中。辛卯，京察一等。明年，授浙江寧紹臺道兼海關監督。故事造戰船採木，屬縣吏得爲奸利。先生核實木書，依次斬伐，無偏倚。會潮犯蕭山，先生急裝立塘上，督吏民修防，三晝夜露立指揮。或勸稍息積勞，先生曰："吏民生死所係，吾寧獨安乎？脱水大至不可遏，有同死此耳。"塘工得不壞，潮無害。歲入所餘，以舉其地公事、贍三族貧乏者。

又禮接名德，士願依先生以爲重。先生則服御如官京時，不聽音樂，無妾媵。甲午，調福建臺灣道。瀕行，資裝幾不繼。到官，值亂餘，民番未戢。先生御以明察，撫以安静，爲栅城三千七百丈資外衛巡屬縣，嚴剔姦弊，絶饋遺。巡道故兼學政事，先生校閲均不稍假借，士論翕然。丙申，擢江西按察使，民苦盜。先生廣設鉤距，得其主名，將治之，以王錫侯字貫獄起，先生坐失察，革職發軍臺。旋奉旨，准贖罪，發江南以同知用。

庚子，上南巡，准先生以道員捐復。先生既毁家，大吏接遇，又簡署常州府。未幾，調徐州府，更調淮安府，委濬臨河集引河。先生晝夜宿工所，官吏不敢爲欺隱。或啗以利，先生峻拒之，於是謗言頗興。先生屹不動，會大學士誠謀英勇公閲河至，深器先生，尅期使集事，還朝陳先生忠實狀。壬寅，授江寧鹽法道。明年，遷湖北按察使。陛見時，上詢："官刑部時爲孰保？"先生以劉統勛對。上曰："汝學劉統勛最好。"先生頓首出。抵任，荆門州知州爲民毆，以抗糧聞，民汹懼。先生馳往撫定，坐爲首者而貸其餘。甲辰，施南民與川民以争地相仇殺。先生冒暑行山谷履勘，畫定界址，觸瘴癘，疾作，歸請解官治疾，報允。冬，卒於湖北，年五十七歲。貧不能歸葬，妻周子宬因寄食京師。明年，乃得佽助以喪歸。

先生風度端雅，由蔭生授官引見，高宗喜而稱之曰："舊家子弟其舉止固不同也。"官刑曹，精校案牘，清而不刻。于文襄敏中掌刑部，夙耳先生能，於江西按察引見時，詢在部執政。先生曰："夫獄者，愈求愈深，要在適中而止，則情法兩盡矣。"文襄嗟賞之。外任長於撫御，短於應變，同官或多不相洽。在江南六年，雖署常州、徐州、淮安三府河庫，蘇松督糧，江南鹽巡，松太兵備四道，率不數月。代去，債家逼迫，至質衣裝，不一言乞貸於同官，時稱先生三反，謂好施無所取而清，不流於苛皦，篤學勤，未嘗近名云。著有《霞抱齋詩鈔》。先生所作文詩，自謂不足，聚焚其稿。身後子孫拾存皆未仕前作也。

中丞李石農先生事略

先生諱鑾宣，字鳳書，一字伯宣，號石農，静樂縣人。少喪母，鞠於祖母，棲棲南北，不廢課讀。嘗受業壽陽祁太史韻士，益肆力於經世學。年十三，爲諸生。乾隆甲午，舉於鄉，年甫冠。庚戌，成進士，以主事用，分刑部。先生故喜爲詩，又得秦小峴瀛、法梧門式善、何蘭士道生、曹定軒錫齡、王惕夫芑孫等更相倡和，於是詩境益進。乙卯，遷員外郎，旋分校乙卯順天鄉試及嘉慶丙辰會試，皆稱得人。戊午，擢浙江温處道，時海寇蔡牽勢方熾，屢掠内洋。先生以卹民禮士詰盜賑災，事事實行。蔡因戒其黨勿犯温境，即劫商舟，詢知温人者，亦多釋去，曰："不能爲爾好官累也。"甲子，擢雲南按察使。

明年，抵任。司獄陳錦章禀稱，建水人民龍世恩誤傷小功服兄顯恩，正兇實爲向廷貴，而以世恩頂兇云。先生見案爲前錢臬使汝豐所定，遂委提覆訊，爲平反，務得情。奏上，被部駁。有旨命廣西布政使恩長覆訊，議先生以偏聽舛錯革職。先生向曾忤巡撫永保。丙寅，即具疏嚴劾先生延擱案件，逮問。瀕行，滇人設香爐、水盂及鏡，陳几爲送者廿餘里不絕，奉酒食者相望，商民至有奉賮儀尊酒者，先生却金受酒。至京，部覆讞定，以發往烏魯木齊効力。先生痛父年高，屬弟妹代承色笑。時妻子俱亡，惟携妾及一僕，載書二篋行。所爲諸詩，讀者多涕下，稱有至性。抵戍，得父歿信。戊辰，得旨放還，發往河工委用。旋諭云："李鑾宣見在丁憂，令其回籍守制，服闋來京，著軍機處提奏，來京再降諭旨。”

庚午，以六部主事用，尋任坐糧廳。辛未，補兵部武庫司缺，遷直隸、天津道，嘗濬内河，營田郡南，得腴田萬餘畝。粵民以罪徙津者，假海舶居停爲名，設局淫賭，恣爲不法。先生按實處置如法。又教匪事發，景州鄉民被感者懼誅，謀鋌險。先生偵知，一面嚴戒備，一面出示准許自首免罪，民心帖服。癸酉，徵海税，期滿爲温制軍承惠，奏陳先生稽查認真，徵税溢額，得留任。明年，調通永道，擢直隸按察使。乙亥，調廣東按察使，遷四川布政使。丁丑，護理川督。甫奉任雲南巡撫旨，以疾卒於護督任内，年五十三歲。

先生性伉直，有氣岸，遇事求實，寬平簡易，不急功近名。治獄尤詳慎，所平反者類求曲協輿情，以此頗忤時。遺著有《堅白石齋詩集》。蔣制府攸銛素契先生，至是贍卹其家，且助資校刻。少作爲《行行草》，已散佚，計官京有《白雲集》二卷，宦浙爲《甌東集》三卷，宦滇爲《詔南集》二卷，出塞爲《荷戈集》三卷，宦津爲《七十二沽草堂吟草》一卷，宦粵爲《訶子林集》二卷，合以宦蜀晚作《不忮舘詩》三卷，足之得十六卷，稱一代傑作。書法亦饒廉悍之概，不愧作家云。

觀察陳曉巖先生事略

先生諱夢説，字象臣，又字曉巖，絳縣人。生之夕，母夢月墜窗前，光照一室，故初名夢月，後乃改今名。少穎悟，嗜學。年十五，隨父耕田間，不廢讀書。食時亦然，母恒呵之。先生夜則以敝布掩燈竊讀，皆通書意。年二十二，入邑庠。乾隆丙辰，舉於鄉。

庚申，父母相繼卒，先生極哀毁之致。服闋，戊辰，成進士，以主事用，分刑部。先生性狷介，不妄與人交，勤於職事，不阿上官意，讞決必比律協情。劉文正統勛長部事，因案先生與力争至五日，卒不易。先生所擬，文正加禮焉。癸酉，補安徽司兼提牢事，早晚親理獄事,囚無苦虐。秦侍郎瀛特嘉之。

甲戌,擢員外郎。丙子,以京察一等轉禮部郎中。丁亥,護送暹羅使臣如廣東。辛巳,以道員用,簡授浙江寧紹臺道。未抵任,莊中丞有恭檄先生閱紹興宋家漤海塘。先生議主修復,從之。癸未,台州府屬寧海有拒捕事,提督將以兵往,民多驚竄。先生請輕騎行縣,則令已繫民數十人於獄待鞫矣。先生審之曰:"此非犯者,釋之。我來特捕梅姓數人而已。"遂駐停旁,盡獲真犯,特釋其少子,臺人大安。於是,以先生此事譜爲劇本,曰《存孤計》。先生以停旁地居衝要,請改爲海防同知駐所,得旨允。

又勸修鄞縣之錢湖牐。乙酉,上南巡,召見先生,曰:"汝爲刑曹,能舉職,久知汝能也!"賜貂綺。會天臺水災,先生勘賑之,民不大苦害。明年,以屬吏不職被議,送部引見,詔仍以道員用。時浙省舉城工,撫臣奏請先生督之。丁亥,授浙江督糧道,是缺向稱膏腴,多得糧艘饋金,彌縫其弊。先生悉却賄遺,遇事一持以正,漕政肅然。

戊子,有譌言翦髮,蕭山已誣捕得僧人四,先生平反之。明年,因有言事起於浙者,以犯解京訊之,無左驗抵捕者罪。先生以輕比干,部議降一級。署嘉興府,其地獄訟最繁,先生即時裁決,案無留牘。歷署嚴衢處湖各府,皆稱其能。甲午,復原官,先生官浙已十二年,至是有歸志,遂乞假歸,自號西崦劚夫。乙未,卜居近山泉,號枕泉居士。布衣草笠,與鄉老遊,課子孫,耕讀林居者凡十年。甲辰,卒於家,年七十一歲。所著文名《榮錫集稿》,藏於家。詩豪放真樸,名《三中草》。蔣心餘士銓題詩有"豪時恣奇妙悟,後出清新,吟來無所傍,得處自然工"諸句,時稱道得先生真際云。

廉訪孫壺園先生事略 孫希元附

先生諱孝愉,字德和,一字壺園,興縣人。父嘉淦,謚文定。先生幼承家學,以定静自持,詩文、書法、騎射皆肄習且精究。乾隆辛未，賜一品蔭生，分户部，學習員外郎。癸酉，文定卒，先生奉喪歸。服闋，入都供職，補刑部浙江司員外郎，洊陞郎中。癸未，簡授福建糧驛道，並歷署各道篆。凡勘水患，賑民饑，先生皆親身將事，馳馬往來，不煩供億，將樂、延、建諸處，民尤德之。

丁亥，以卓異調汀漳龍道。明年，漳浦民盧茂等作亂，先生以計討平之，叙功加級。尋擢四川按察使，兼管臺灣道事。臺灣隔巨洋，舟行風浪頗險。上以先生母老，特加矜卹，即汀漳道，授福建按察使。先生感激圖報，且向習於刑律，事在閩臬任凡六年，數捕巨寇，平反大獄十數起，清而不刻，上下稱賢。

甲午，調直隸按察使。先生在閩積有溼熱疾，至是劇發。抵任後，天正盛暑，猶力疾視事，以積勞卒官，年四十歲。上聞而惋悼曰："孫孝愉廉悍，有其父風，朕方欲委用，竟不長命，惜哉！"先生依父京師，師友皆一時名德，性特恬淡，不事徵逐。大同任勇烈舉禮事文定兼器先生。其子承恩，與先生尤契。先生卒。遺著有《壺園詩稿》二卷行世。從兄弟行有淡如先生，尤以文行著於時。

淡如先生諱希元，字仲和，幼孤，勤學。兄鼎元爲先生前母出，先生禮敬尤摯，家政無巨細悉咨處分，終兄身無少忤，鄉里賢之。先生以乾隆丁酉拔貢生，年甫逾冠，文名大著，舉於鄉。庚戌，成進士，以知縣用，分發貴州，歷官鹽亭，新鄉，北流等縣，皆以慈惠得民心，不矜聽斷搏擊之能。在鹽亭，有士人娶婦，八月生子，夫欲出婦涉訟。先生察知其冤，諭以已七月所生，因索觀其子，抱入内署，給以賞且屬厚視，士人夫婦感泣，和好如初。在北流尤獎勵文教，以化獷悍，民尤德之。及卸任，士民頌德，有"種得甘棠留桂海，培成香草入蓬山"之句。

洪稚存亮吉爲先生同年，督黔學，尤重先生，嘗點定詩稿且爲序弁首。旋以軍功署古州同知，先生並乞恩封兄嫂。尋乞歸。家貧，教授自給。忻州秀容書院聘先生主講席，先生每朔旦覺鼻端有香氣繚繞，久乃滅。時謂先生去鹽亭任時，士人夫婦頂香盆，抱其子跪送數十里外,至是猶繪先生像,奉之朔望,焚香祈福,積誠所通云。後叙官晋同知,先生以年老不復出。尋以疾卒於家,年六十六歲。先生清才邃學,究《周禮》,尤劇於詩。洪稚存爲篆聯云:“經師後鄭兼前鄭,詩學微之與牧之。”遺著名《淡如詩鈔》,爲洪氏點定本。又有《石畔詩草》。歿後,北流士民請祀名宦祠。

都戎盧先生事略

先生諱植,朔州人,幼習武事,軀幹壯偉。乾隆甲辰武進士。丁未,銓福建汀州鎮標左營守備。

辛亥,調臺灣北路,協右營守備。嘉慶癸亥,陞鎮標中營都司。旋護理北路協副將,俱能捕盜安民,勤於職守,且習浙閩海鹽港道。甲子,蔡牽竄淡水洋,先生帶兵堵禦,奮勇前擊,匪衆却。先生率衆窮追,猝有礮彈飛至,傷先生,仍攻殺,不少退,匪敗去。奏入,得旨以副將超陞,遇缺即補。乙丑,先生出洋巡捕。會天熱,創發,遂歿於舟次。事聞,賜卹,並廕先生子弟一人,以六品官用。

中丞荊南谿先生事略

先生諱道乾,字健中,號南谿,臨晉人。少穎異,不爲儇薄態。年甫冠,爲諸生,尋以高等食餼。乾隆己卯,舉於鄉。丙戌,大挑,以知縣發湖南。嘗署麻陽龍山縣事,值苗匪不靖,民多苦軍役,先生爲核減其數。移署東安,決何孔熊爭山毆斃李芝獄,白何振林之誣。又衡州南食粵鹽,粵商入楚,向有饋東安令千金,先生力却之。大府知先生廉,調永順,以母憂歸。

丙申,服闋,歸原省。署慈利,捕治土豪高棐、秦淮左等,民以安。補龍山,旋調署靖州。會歲饑,先生發倉穀,設五廠,晨以礮爲號,令民入廠買穀,吏不得爲姦,别以粟給癃疾無告者,民得免流徙,安鄉民。有甲兄弟爭婚、某乙致甲母自縊者，獄具議死者五人。大吏疑，檄先生按治，得婦家悔婚狀，坐其婦女威偪罪，餘責而釋之，人服其允。

壬寅，遷甘肅寧夏同知。入覲，劉文清以第一清官稱之。抵任後，尋署肅州。石峯堡回民抗命，先生既治軍書，備軍實，復爲民修水利。又關外玉禁素嚴，有賈人以重金夤緣者，先生峻拒之。戊申，以卓薦記名，擢安徽池州府知府，歷署蕪湖道江安糧道。朱文正珪時撫皖，重先生，事多倚任。先生凡六署蕪湖道，關税贏餘，盡以存公。癸丑，調鳳陽府，復調知安慶，嘗隨制府赴江西公幹，朱文正以卓薦保。先生入覲，猶蒙高宗稱"久聞汝作好官"之諭，簡授山東登萊青道。嘉慶丙辰到官，會康方伯基田塞河豐工，檄先生代理司事，擢按察使。時驛傳銀由各州縣遞解，藩庫轉撥臬使，各屬再從臬使支領。先生以多往返則多虚糜，擬革其弊。會乙未擢江蘇布政使，陛見奏及，因請坐支經費悉於地丁内存支，得旨允行。又因漕弊浮收等事，曾經論奏，諭："以荊道乾操守素好，實心任事，與漕臣岳起查辦，妥爲經理，俾陋習清釐。"

未幾，陞安徽巡撫，向來州縣虧帑，代任時多以什物作抵，積多腐敗，猶以重值注借。先生立革其弊，什物槩令斥賣，帑償不足，則徵之先後任官。又嘗督放宿、靈、泗三州賑糧，核其田畝情形具奏，得加恩展賑。辛酉，赴江寧監試鄉闈畢，以勞疾乞休，諭："以荊道乾官聲素好，今年老患病，准其解任，調理痊癒，來京簡用。"先生即受代養病安慶。壬戌春，先生疾篤，延首府縣至寓，指牀下金云："吾幸受重恩，積養廉得此數，足備營櫬及葬事，諸君愛我，勿爲斂賻也。"又屬兄學乾"勿受賻以違己志"，言訖而卒，年七十二歲。

先生身率儉素，至大官，無姬侍服食之好，而不以清自顯。處諸兄老，不離晨夕。篤念師門，嘗受業於牛空山先生運震。官山東，特爲立碑，親往拜奠，自言生平得力是"敬讓"二字。身後行李蕭條。柩歸，士民流涕，罷市。賜祭，葬如例，復賜孫紋舉人。辛未，省人士公舉入祀三立祠。

河督蘭素亭先生事略

先生諱第錫，字寵章，一字素亭，吉州人。幼質直，篤孝友。乾隆庚午，舉於鄉。後由大挑二等任鳳臺教諭，薦擢知縣，分直隸。嘗知阜平，調永清，擒巨匪，修水利，清積欠積案，稱幹吏。會大興員缺，由制府特請陞補，得允。先生先後均能盡職務。

乙丑，楊制軍廷漳請以先生補永定河北岸同知。部議駁，再疏，乃得允。時河身漲溢，先生督民夫堵合，凡三十五晝夜。在工次臥不貼席，自是工竣，受上特知。明年，擢正定知府，以母憂歸。服闋，補湖南岳州府知府。丙申，遷吉南贛寧道。繼丁父憂，未滿喪，特旨簡放永定河道。時戊戌正月也，值永定河南岸七工淩水漫溢。先生勤督工役，搶築二壩，得合龍。明年，以河工議叙加一級。庚子，大雨，河大漲。先生竭力搶護，出巨賞，立峻罰。民夫踴躍，得不爲害，邀優獎。

癸卯，陞署河東河道總督。先生奏勻攤河工千把總十二員養廉給協辦守備六員以資辦公。又奏請酌分河隄地界，栽植柳株，並禁止近隄取土。在內灘者，限二十丈外，在隄外者，限一丈以外，求堅固隄堰，凡南岸新隄一百七十餘里均一律完固。奏入，優詔慰答。旋察，得儀封。六堡灘面窄狹，水流悍急，請新隄南圈築月隄以作重門保障。明年春，奏請豫工員弁移住隄頂，以時察看工程深淺、水勢變遷、車馬踐踏、獾鼠洞穴，預防其害，禁私下隄，得令犯者互舉，庶免疏防之患。又規定祥符十二堡歸上北河同知蘭陽李六口歸曹攷通判，原武汛大隄歸黄沁同知，劑其職任繁簡，俾無誤事，均得允。尋以失察屬員，擅動倉穀及漕船抵通遲緩，降三級。甲辰，上南巡，先生至宿遷迎駕，賞花翎及黄馬褂。乙巳冬，請豫河隄停淤諸處及早豫籌增卑培薄，並加築舊壩，期一律鞏固。明年，又查出河南葦塘隙地一百餘頃舊有官田二十三頃，山東舊河無糧灘地二十餘頃，請分别招佃徵租。又請六里石閘舊基以上速達河底，增築石墻高七層，以防漫溢，蘭儀通判所轄多險，工不能兼顧，請增設一同知，均得允。

丁未，以睢寧爲要工第一奏改通判爲同知，又奏挑濬南陽昭陽、微山等湖渠，均得旨允。旋諭以辦事勤奮妥協，實授河督兼兵部侍郎。尋以六月睢州下汛，十三堡漫溢，請治罪，詔特寬免。合龍後，且命偕東撫會勘東省運河歲修工程。戊申，奏以上南廳隄工廣闊，請於上窪增築土壩，以截來源，迤下多修土格以資堵截，灘南挑支渠疏消積水，俾勿傷隄根。又請江南河隄每四里添一堡，駐兵二名，均旨嘉允。六月，睢寧周家樓漫溢，請治罪，詔寬議，飭上緊堵築，旋合龍。

乙酉，調先生督南河。抵任後，周視南北岸，凡洪澤湖高寶堰及運河京口各埽坦閘座，與僚屬詳加講求，如挑濬宿遷河淤，撥南河十九營兵三百名，遇運糧剝糧時分段責成，僱覓水手，閑時修艙由裏外廳同知及兩營守備約束，均得允。上南巡，時先生迎駕。曾請汰巡船，改江防把總外委專管隄埽各工。又請建督署於清江浦，裁河營額爲先後，得嘉許。癸丑，先生察得豐北汛接築土壩過多，上遊水勢不能暢達，有礙曹單河流去路，請交部議，議革職，詔改從寬留任。嘉慶丙辰，授受禮成，先生先期詣京慶賀，預寧壽宫千叟宴，御賜詩及壽杖、如意、江綢等，並蔭一子入監讀書。回任後，值豐北汛河溢，自請治罪，詔促功竣，核功過，再降旨，尋合龍穩固，賞黄辮大小荷包。丁巳，疏濬靈壁、鳳臺豐沛二縣支河，積勞成疾，卒於官，年六十六歲。

先生自治儉約，遇事勤求利民。有不當者，立爲停止，無依違顧忌。服官數十年，仍居舊窑屋三牖，無尺寸田産。戊午，諭以蘭第錫應賠漫款項二十萬八千餘兩，著伯麟查其原籍有無産業，尋晉伯撫軍麟奏稱："蘭錫第原籍房地僅值銀一百四十餘兩。"詔特垂憫，着河工道廳以上及曾任總河以上各員分别代爲攤賠,以示體卹清慎之員。子德滋,賞受主事。乙丑,發河南差委。先生成名,始終河務,所著有《永定河志》十二卷,《治河摘鈔》一卷,《吉州攷》一卷,均稿藏於家,《蘭姓摭鈔》一卷,又輯《南河成案》,稿成,存清江署中。己巳,省人士公舉請祀三立閣。

觀察張古餘先生事略

先生諱敦仁,字仲篙,號古愚,又號古腴,學者稱古餘先生,陽城人。幼聰穎,博覽群書。年甫冠,乾隆甲午,應童試。曹學使特拔之,曰:"是子温文爾雅,騰達在即,非久於青衿也!"

秋,舉於鄉。明年乙未,成進士,以知縣分江西,任高安縣,勤於吏事,治盜亦嚴。在官四年,無笙歌燕飲之事。調廬陵,政聲稱是。擢銅鼓營同知,歷攝九江、撫州、南安、饒州諸府篆,皆稱廉幹。嘉慶庚申,改江蘇,署松江府,調蘇州。會歲歉,民多賣耕牛以易粟。先生曰:"若爾,來年春,農何賴乎?"遂捐資買牛。明春得雨,先生令民取贖,農民甚德之。

旋調署江寧,詔補江西吉安府,署南昌。先生抵任未數月,署吉安守以民變聞。撫軍委先生率兵往剿。先生曰:"某令贛久,知其民無敢反者,請單騎往訊足矣。"遂單騎抵吉,訊得爲私鬥抗彈故,遂按法得從末減。又武寧縣有婦私二人殺其夫,前守以夫死途中,非由婦姦報。先生復鞫之,詞無異,而死者子年十三,獨哭不言。先生請留前守,會鞫得婦謀殺移屍狀,案乃定。江西多會匪,富民爲保家免掠計,佯附之,而不隨行。撫軍緝盜,正盜逸,拘得餘口,發首府審辦。先生察其冤,盡釋之。

又龍泉縣天地會匪滋事,撫軍檄先生往勘。未至,鎮道已集兵擒得二百餘人。先生察知匪衆與温姓有隙相仇殺,非叛逆。比坐爲首二人,餘盡釋,堅請,乃得准,時江西號廉明吏。能爲民造福者,咸以先生稱首。大吏遇疑難，多倚重先生。

癸酉，回吉安本任。沿江多盜，先生擇能捕吏巡緝，並諭强宗擒首，毋匿逋逃，河道以靖。丁丑，調補南昌，時蓮花廳民尹氏妾與僕通，會主母死，疑妾與僕謀殺者，莫得左證。又鹽商卹姓與估販爭利而鬨，衆積怒，毁鄒氏室，時議右鄒姓。先生皆平反，申理具得情實。民大感頌。庚辰，江安十府糧道篆。道光辛巳，擢雲南鹽法道，至則釐剔姦弊，鹺政整飭。尋以疾告歸，僑寓揚州。

先生服官四十餘年，無姬侍及聲歌諸好，造次未嘗廢學。遇古本精刻，悉買插架。爲學精博無涯，校勘攷訂而外，樂律、曆算無不兼通。書學歐陽率更，有清腴之致。一時名流如阮父達元、孫觀察星衍、錢學士大昕、曾都運燠、王仁圃謨、汪容甫中等先後皆深結納，稱益友。丙申，以老病卒於僑寓，年八十二歲。所著有《藝學軒詩集》。江南兵焚後，先生著述皆燼。惟所刻《〈爾雅〉音圖》行世外，又有撫本《禮祀》，鄭注《攷異》二卷，《〈通鑑〉補識誤》、《〈通鑑〉補略》及《緝古算經細草》三卷，《求一算術》三卷，《開方補記》六卷傳於世。

子薦粢，以副貢嘉慶丙子舉於鄉，官山東海豐知縣。好金石，攷訂諸學，工分篆書。次子葆採，亦由副貢領乙卯鄉薦，官甘肅伏羌、和平諸令，工書法。兄弟均有政聲，葆採並著有《六經摘要》。

廉訪喬漢三先生事略

先生諱人傑，字漢三，别字蔭堂，徐溝人。年十九，補諸生，才氣爲時冠。乾隆乙酉，舉於鄉。明年，會試未第，考取景山官學教習。年滿，選直隸廣宗縣知縣，行調宣化，調大興。

先生少好技擊，通拳術，跳、跟、擊、刺捷於猿猱。大興爲首都劇邑，巨盜恒聚。先生每捕盜，輒身先，多弋獲，遂以捕盜稱於時。高宗悉其能，特用順天南路同知，是職即以督捕爲事。先生尤勤其職，畿輔盜賊至是衰息。時安徽鳳陽俗悍好鬭，守其地者率難稱職。會大吏請於朝，特旨命先生知府事。先生至，首嚴法令，繩其豪暴。值歲饑，凡勸捐、緩徵、發常平倉諸政均舉。先生慨然曰："來受賑者率極貧，中人以上，澤仍未逮也。"遂發作質庫十餘所，民大以爲便。次春，先生又命質農器者許計日借用，民益田作。歲大熟，既戢其强悍，復官帑無傷。上官以先生能，調署安慶府事，事亦治。尋擢江西督糧道。會丁父尤，歸。服闋，直隸總督知先生能，奏調得允。旋授天津道，時高宗幸津，供頓一切頗難悉當。先生明察沈觀，一切立辦，官民相安。

癸丑，英人入貢，道天津。公登其舟，宣布國家威德，吐詞琅琅，儀度端肅。英人率致敬盡禮，先生因親送入都。事畢，朝命侍郎松文清筠率以還粤，松公廉，先生賢，特奏調隨送。松公固操履端潔，先生亦與英人言不及私，有所饋遺，一無所受。英人私語云："向時欽使多索饋贈，爲欺謾。今兩公直天人也！"相與欽敬。使還，總督奏移先生永定河道。河向稱難治，又數決。會南岸忽漫口，先生晝夜立泥水中，與工役同作，止瀕危而復安。工定，詔加按察使銜。高宗嘉先生勤勞，悉河務，有河事必命總督與先生平議，先生時得敷奏專達。

又調清河道，擢福建按察使，權布政使。時值察虧大獄後，先生力勵同僚，爲儉約。尋移湖北按察使，蒲圻民怨令苛賦，將殺令，令急閉城，且揚言盡誅亂民。民大恐且怒，遂集千餘人圍縣城。府列其事，總督將以變聞，且調軍。先生聞之，夜見總督曰："是官民不相能耳，民必無反心，可一言定也。"督曰："是誠然，然非君莫能辦，君往乎？"先生諾。晝夜疾馳至蒲圻，廉其爲首者罪之，他不問。即挾其令以俱歸，求别簡賢令。民大服。先生歸，總督勞之，曰："教匪初平，民心未靖，非君，則將成大變矣。"厚慰之。先生向以捕盗發蹤投險，不避風雨星夜。又治河恒宿隄上，積勞得風痺，時作時止。嘉慶九年，將入覲，疾發，卒，年六十五歲。

先生少家貧，不戚戚於貧賤。仕後，居處服御，不爲纖嗇。故人至，贈遺多豐，而淡於聲色，不殖生産。爲政雖尚威猛，而爲民謀生計者甚周擘。道光時，官西路同知，有竇喬林者，亦能捕盜，諺有“前喬後竇，群盜奔走”之語。又性通脱，好結納，而不肯貶節以事要人，且不能干以非禮。

嘉慶中，英人復來，内有乾隆癸丑曾來者，至天津尚詢松公及先生所在。時先生已殁，館伴官爲尚書蘇楞額，大爲遠人所薄，曰：“前次喬道官雖小，不似爾也。”是均足以覘先生矣。先生官同知時，蒲州吴蓮洋先生雯詩集十二卷，爲臨汾劉繩遠先生組曾，原刻版片多霉毁，先生與陽城張心鎸先生鋕、臨汾徐後山先生昆相與校補，成完帙，稱精本，採入《四庫全書》。後惟壽陽祁相國文端尚提倡風雅、保存文獻，文端逝後，其風遂邈，在僚佐中更絶無是舉矣。

少保温慎餘先生事略

先生諱承惠，字景僑，號慎餘，晚號七十愚叟，太谷人，父常綬以翰林官給事中。先生幼有至性，七歲喪母，慟不欲生。長讀書，有大略，不斤斤舉子業。儀度偉然，進止不苟。爲諸生時，即熟史事、兵略，凡歷代山川險要，言之鑿鑿。以乾隆丁酉拔貢生，明年朝考，取一等第一，用京官，分吏部，晋主事，歷員外郎中，出爲陝西督糧道。召見，高宗稱之曰：“爾有膽識，且資歷練，他日當爲國家效大用也！”旋丁繼母尤，歸。

會上幸五臺，先生循例迎鑾於長城嶺。上詢家世且及父年齒，特命先生由五臺入京侍養。服闋，授延榆綏道，加按察使銜，賞花翎。嘉慶丙辰，教匪之禍蔓延。川陝當道檄令練鄉兵防，興漢先生以知兵聞，奉檄轉戰商州、興安間。明年，父卒於天津。先生聞訃慟哭，三日不食，幾滅性。既奉父手書，屬先生在軍竭力報國恩，勿以私情掩公義。又制府那文毅彦成亦以軍事方亟，執大義責先生，先生乃强起視事。屬匪於關廟河圍，副都統豐伸阿軍正急，先生聞報，亟帥民兵二千人赴之。未至二十里，誓師曰："事亟矣！豐公軍若没，賊長驅入興安，余授國恩苦兇，余生何惜一死？壯士輩當爲國效死殺賊，况迫近鄉里，寧忍令賊蹂躪乎？"衆感泣，氣百倍，由後山疾馳薄匪圍。先生怒馬大呼，先衝陣士衆殊死鬬，於是拔。豐公及協領伊克精額福興等匪群易退阻，豐公等以重傷歿於軍。先生集諸將計曰："我軍新喪大將，氣少熸，不出奇無以制勝，且休士三日。"偵得匪衆移營，乘夜雨，分師兩路，襲擊之。遲明，主匪方飯，礮火震發，匪屍相枕藉，并殺其魁張再萬，匪氣奪，由倉上東奔。先生於是復白河、洵陽等縣，剿餘匪。又退川匪李樹於安康，擊楚匪於鷹嘴山，時於化龍山、石門、子平、利孟、石嶺、安康、湘子坪、二郎舖等先後諸捷，皆懷必死之志以制勝者。於是朝命補按察使，先生疏陳平賊策，於扼要駐兵，以逸待勞，言之尤詳盡，得旨嘉奬，下經略議行。

旋擢布政使。匪首龍紹周、張漢潮、徐天德等自川北來犯。徐匪尤悍鷙，勢最猖獗。先生連戰破之。辛酉，匪平，始就本任。明年，遷河南布政使，擢江西巡撫，調福建兼署閩浙總督篆。時蔡牽擾臺灣，先生馳赴厦門，與提督李壯烈長庚協剿，大破牽衆鹿耳門。旋擢直隸總督，加太子少保銜，賞黄馬褂，仁宗復賜詩一章。會滑縣李文成亂作，匪衆迫直隸。先生剿匪長垣，頒欽差大臣關防，授總統，旋改忝贊大臣。未幾，林清難作。先生以失察革職，給五品銜，督餉畿輔。會河決，先生以刑部員外郎辦睢州河工，事竣，晋郎中。督築永定河工及通惠河工，充户部寶泉局監督。出爲山東按察使，坐事戍守伊犁。道光辛巳，召還。未至，授湖北布政使，旋降六部郎中，補户部。丙戌，又以前事軍事褫職，遂引疾歸，以壬辰卒於家，年七十八歲。

先生以誠樸練達，受三朝知遇，服官中外，屢躓屢起。在陝爲上官深倚重，奏功獨多。在山東屢雪冤獄。在河南倡修伊洛渠，以利豫人，豫衆德之，立祠以祀。歿後，僧忠親王督師御捻匪於長垣等處，跡先生營壘故址，嘆爲老謀碩畫。於是前此緣事媒孽諸誣乃大白。所著奏議、公牘等藏於家，僅有塾課《古文彙選》付刻，肄古文者稱善本焉。

觀察崔一士先生事略

先生諱景儀，字雲客，號一士，永濟人。祖琳，任河南南汝光道布政使參議，僑居江蘇武進。父龍見，因娶錢文敏維城女，後官至湖北荆宜施道。先生幼爲外祖所器賞。乾隆庚子，舉於鄉，年甫弱冠耳。壬辰成進士，入館選，散館，授翰林院編修。

己酉，充廣西鄉試副攷官。辛亥，大攷翰詹，以二等擢贊善，遷中允，前後在書館供職。乙卯，充順天武鄉試副攷官。嘉慶丙辰，擢翰林侍讀學士，轉侍讀京察，以道府用，改授廣西思恩府知府。值西隆州册亨苗叛，吉督慶檄先生督餉。崔巡檢鈞者上《以苗攻苗策》，大府准行。募得故土府裔岑文淵，集有徭勇五百，即命先生督，鈞及文淵爲前隊。先生先命徭勇伐竹結筏，壅溪上流，然後畜水放筏夜渡。會大風雨，江中浪涌如山，先生並列炬江岸，多張疑軍，而潛以崔岑自下流濟師出苗後。督徭仰攻，遂破百扣，平八渡苗，焚其栅。翌日，復渡。鈞等搜餘寇，撫窮苗。尋大軍進攻半靶，先生扶病督戰，連獲要隘，遂復册亨城，與雲貴軍會。初粤督受旨，頒花翎以旌有功，自是擬以先生爲請，先生固辭，乃加軍功隨帶一級，赴本任。

思恩向轄有土州一、土分州一、土縣一，課恆不及額，歷官多爲袒庇。及是，土官以舊規有所獻，先生斥之曰："國課久虧，以私嘗我何爲耶？"悉却之。以償虧課，土官盡服，無敢復虧。又思南李亞明者居陽萬八角山，龍川方讓文挈兩姪往同寓，强王氏女爲妾。因貸李錢恐責償，與姪共殺亞明，誣以盗案，久不決。先生於提訊，察妾有怨色，乃特訊妾，得其實，讞始定。庚申，調泗城府。其地故苗疆。土司岑氏以康熙中平三藩功，嗣司納土。時特賜祀田，久爲豪猾所侵。先生特爲釐正，歸岑祠。旋署左江兵備道。甲子，内調平樂府，以母憂去官。

己巳，補廣東高州府。有海舶遭水浸裝，以賤值售之販民。汛兵索賄不遂，誣民通盜。訴之弁，弁與令不察，嚴鞫之，幾死其家，訴奔先生。先生訊之，誣悉白。時督部方剿撫粵海群盜，有所獲，檄先生勘實。先生核有無，見掠者予省釋，婦女無歸者，妥爲安置。明年，兼攝高廉兵備道。值海嘯，多没民居。先生既製筏援民，兼爲籌存活，民多得免死。尋攝惠湖嘉道。

壬申，署廣州府事，其地海陸交通，莠民亦相與爲姦竊敗法。先生蒞任，訊結清遠盜曾亞四等五百餘人及順德縣會匪嚴貴邱等二百餘人案。又遂溪民吴維德乘海盜劫掠謀殺李吴氏，東莞民王某與方某争禾械鬥，傷兵匿犯，先生按之，盡得其真相。旋由部推擢河南南汝光道，督部深資先生。奏留畢府試，蓋粤俗向由富室於試時，以賄營前列，幾成慣例。大府信先生能祛其弊，故留之。及試，去取允當，人士翕服。冬，赴新任，值兵荒後，元氣凋傷。先生倡捐與賑，以活飢民。又立義冢，以收葬暴骸。

甲戌，權按察使。乙亥，有旨查拏南汝光三郡紅胡匪黨，撫軍奏先生爲總巡督捕。檄下，先生方病瘧，時盛暑，力疾赴師。醫者勸緩行，先生曰："吾官此三載，不能早靖匪徒，致廑宸慮，方深媿憤，寧敢以疾目懈乎？"抵汝寧，與同官籌督捕策。甫旬，病劇，回至信陽，病大作，泣告父曰："兒受國恩，方冀竭力報稱，今病至此，故里無一椽一壟以寧起居，重負君親，惟有九京齎恨而已。"聞者多感動，卒於旅次，年五十六歲。

提鎮喬觀衡先生事略

先生諱沖杓，字觀衡，交城縣人。幼有膂力，習騎射，入邑武庠，中乾隆辛酉武舉。乙丑，成進士，授三等侍衛，以年資簡遊擊。歷任雲貴、安南、清江、騰越等營，並勤於訓練，民苗相安。尋擢朗洞軍參將，遵義協副將，以熟苗情，苗人愛戴，調清江。

癸未，特簡四川重慶鎮總兵，旋以母憂歸。丙戌，服闋，補河南南陽鎮。值有緬甸軍事，差務絡繹，所轄新野縣姦民楊夭等乘以煽惑聚衆。又年衆饑頗附，且肆劫掠。先生以奇計掩擒其渠。奏聞，且請竟事，得旨允。衆情洶懼，先生單騎徧歷諸巖谷，凡匪駐在及攻略各所皆宣布朝廷威德，解散脅從，以其尤悍者按法懲治。民得釋歸田，各安生業，感先生德，爲生祠祀焉。

既朝命以滇緬接境，先生故悉苗情，調鎮開化。其地與安南接境。丁亥，大軍征緬甸，於木邦路梗，鄂制軍寧疏薦先生，奉旨著赴援通糧道，接濟宛頂山，並簡精鋭，相機堵勦，先生奉命兼程進軍。戊子正月，次三臺坡，收集二龍山散出官兵，得三百十三人，激以忠義，轉戰皆捷，宛頂得通。先生又密檄袁遊擊夢齡、陳守備言志各領所部，晚會黑山門護軍餉兼爲聲援。值夜半，天大雪，於是斷巨緶，灌油爲炬，分給各軍潛伏林莽。先生帥七騎先登，衆蜂擁直上，士氣殊鋭，據賊要害。繼礮火攻堡砦，賊衆驚潰，伏軍四起。袁陳兩軍鼓譟，並集火光燭天，軍聲大振，賊大崩，計斬馘千餘。捷聞，晋先生秩，改鎮浙江衢巖，並頒坐名勅諭一道。尋署浙江提督。

辛卯，大軍征金川。調先生湖南鎮筸，旋遷湖北宜昌。先生奏上方略，命先生督湖廣大軍，獨當一面。先生至，軍攻達爾札克及大戰小雪山，步步爲營，身先士卒，遂據九把鎖、格魯、瓦角一帶山嶺，連破賊卡，並斷巨酋臂。先生亦被十數創，不少却，駐大海山，裹創再進，奪獲凱歌坪、礮臺山、黑山梁諸要地，並毀勒鳥危大碉、紗帽碉、孫克爾宗大碉，血戰連十晝夜。進克，可步至大山隘，直擣喀拉依刮耳崖巢穴。是役叙功，以先生爲最。凱旋，奉旨陛見，加慰勞。先生以年幾七十，且染瘴癘，乞解兵，屢疏得諭旨，且准乘傳歸。

辛丑，上幸五臺，先生迎駕，恩禮有加。上以金川已定，將資先生官鎮攝川邊，先生力辭乃止。後以老疾卒於家，年七十八歲。邑令憚於鋪張，先生子姪亦無仕宦者，大吏復不時奏贈祀諸典，均不之及。論者深爲致惜云。

中丞韓芸舫先生事略

先生諱克均,字德嶷,號芸舫,汾陽人。六歲喪母。又二歲,喪父,毁瘠不自勝。長者皆奇其至性。遂隨伯父讀書,尋依外祖讀,往返於閩、吴、贛、湘諸省,益感發志氣,勤學不稍輟。乾隆戊申,舉順天鄉試。嘉慶丙辰,成進士,入館選,散館,授翰林院檢討。庚申,主貴州鄉試。壬戌、乙丑兩充會試同考官。

甲子,上幸翰林院,與諸臣仿柏梁詩體聯句,先生得與。禮成,賞《御製文集》,文綺,箋硯等物。尋擢湖廣道監察御史,先生見各部院事件有例所未備者,援舊案比照。而成案日積,吏胥往往因之爲姦利,遂疏請:"敕下各部院詳校例案,凡例意未晰者,詳細註明前後兩歧者,酌中參核。不可遵行者,槩行删去。"上立允行。明年,調京畿道,尋掌道事。丙寅,編輯《高宗純皇帝實録》,館臣以先生熟於掌故,奏充提調。明年,擢工科給事中,《實録》成,恭送奉天庋藏,差旋以四品京堂陞用。

戊辰,巡視通州漕務。先生疏請豫省各幫糧艘一抵德州,即上挽連運,毋許停留,東省全幫亦可挨次緊接行走,得旨允。會天津北運河水微弱,命先生勘明,施挑濬。己巳,授浙江温處道。甲戌,擢河南按察使,調雲南。丙子,擢安徽布政使。己卯,任貴州巡撫,尋調福建。明年,建陽饑。先生奏請動碾倉穀,減價平糶。又劾玩視盗案之署嘉義令鹿澤長,耽酒誤事之漳州總兵蘇勒芳阿等,均得旨允。官常肅然。旋調雲南巡撫。

道光辛巳,先生以題本内擡寫錯誤,部議奪職。上改爲留任。會有姦徒搆釁孟艮緬目名召布素者,誘執思茅屬庫里土司刁繩武,先生檄諭緬酋,並檄暹羅南掌各輯邊境,毋生事端。緬酋即以繩武歸,邊境貼服。又永比大姚夷因土田事與漢人搆,張御史聖愉疏陳漢民重利盤剥,夷民獷悍被愚,積久怨成,將致成仇,上命先生核辦。先生覆奏,先已酌定章程,令民人凡買夷地,令依限取贖,違限者,漢人始得没收。此後惟請嚴查禁止漢民典押夷地,以期永靖邊圉。又請劍川、鶴慶二州年歉緩徵,又東川府小江地方向有大橋爲運銅要道,久圮壞,請改設渡船以濟運便民,皆得允。

癸未,請嚴銅禁。又請於河工積餘銀兩存項内動支,以修理昆陽州境海口,均如所請。明年,署雲貴總督,尋調福建巡撫,旨暫留雲貴。明年,先生奏開化鎮屬與越南接壤,前設防兵土練駐守馬達等處,兹越境匪徒翦盡,邊宇静謐,請裁撤以節靡費,從之。夏,赴福建任,先生以閩故昔治地,且目擊往歲歉收,元氣未復,奏請暫弛海禁,准令浙商船販米以濟民食,得旨允。又軍械庫向附郭,先生請移建城中莆田縣,木蘭坡有禦潮石隄傾圮,奏修之,及濬福州小西湖,均不惜鉅費,以興民利。奏參巡海將弁緝捕懈弛者許連生、潘秉明、李萬春等,先後摘頂褫職,勒限嚴緝海疆,民得安堵。庚寅,閩縣令張騰以侵虧官銀被劾,不服稟揭,上命湯文端金釗、鍾侍郎昌按之,悉張誣訐,論如律。

明年,先生以原品休致。庚子,卒,年七十五歲。先生貌秀偉,鬚眉如畫,所至不爲矯激異同之見,而聲望卓然。幼失怙恃,每忌日及晋秩告祭,必盡哀。與弟賓賢處,垂老無間,睦宗親,卹寒畯,鄉人士多稱之者。子鈐,以道光辛巳恩蔭通判,改捐郎中,分刑部,改工部。

粤督謚恭恪祁竹軒先生事略

先生諱墳,字竹軒,一字寄庵,高平人。十四歲,補諸生,十六歲,學使按試澤屬,奇其文,獨揭一榜以勵多士,且贈詩以張之。旋舉乾隆乙卯科。明年,嘉慶元年,成進士,分刑部,以主事用。研習律文,博稽而慎用之,洊陞員外郎,中皆坐辦。秋審處開館增纂《則例》，爲纂修官，每持一議，廉平周浹，老於文法者不能奪。兩逢京察，列上考，皆奏留，不使去。

嘉慶十八年，承辦教匪逆案凡數十百起，均執法平允，特旨賜大緞。嘗數隨欽使讞獄山西、直隸、湖南、廣西諸省，均了晰案情。道光四年，乃簡授河南糧鹽道，至則首修大梁書院，以培文風。明年，補授浙江按察使。時武康縣民徐寶華之妾倪氏謀殺夫姪妻蔡氏命案，屢經勘治，未結正，前臬司王惟詢至自引決。先生被命"有刑名，素稱熟習，斷不許稍存推諉之見"諸語。先生抵浙後，研鞫五十餘晝夜，未得確證，於是訪得蔡氏未死之時有親黨家寄住幼婢於徐，及蔡死歸去，遂密委知縣党金衡用計購獲此婢至，詗知原委，他日訊結，以倪與蔡夫徐敦誠姦，屢被蔡斥挾，忽乘蔡臥，格殺之。案既定，並訊出仵作刑書受賄蒙混諸情弊，及檢驗不實各官，分别參處，得旨如議。旋任貴州布政使。時貴州交代向有文卷無檔册，先生以十年之通定其成，於是檔册始立。

九年，内召爲刑部右侍郎，時有挾怨燒殺一家數命者。司員以誤遺火種風烈延燒爲詞，案幾定，先生徐取日記小册示之曰："某夕星朗無風，諸君爲一囚地，獨不爲一家數命計也。"卒擬抵死。十年，任廣西巡撫，時江華瑶叛，蒼梧瑶應之，由大貴山、龍井邨出道石墟，謀奔江華，以擾湖南，先生用舉人陸錫樸、吴元德策，先撫其瑶之良者，授易同知中孚兵，俾便宜從事，中孚聞叛瑶已出道石，窮追及芳林渡，痛剿一晝夜，擒殺殆盡，論功晋先生太子少保。先生上《善後五策》以重官守，以資治理，一選瑶目以定賞罰，一禁遊棍以安生業，一收火器以嚴禁令，一勤訪察以知情僞，一興義塾以化氣質，得旨依議。十三年，補廣東巡撫，有潮州普寧縣爛匪聚衆劫掠，勢張甚。先生用同知姚柬之策，出不意，進圍塗洋賊巢，立縛其渠正法，擒其黨羽，行旅以安。

十八年，授刑部尚書，時英人犯廣州，陷沙角礮臺，朝廷以先生習粵事，授兩廣總督，用學正曾釗策，設險獅子洋北，遏英舶闖入。

用監生樊封策屯田虎門海壖百六十餘頃，英酋百麥擾三元里，民怒磔之。先生用訓導黄培芳、拔貢余廷槐策，檄諭屬縣團練，南海、番禺、順德、東莞、花縣、龍門、從化、清遠土著民爲七社，不費官帑，而輪戍虎門諸臺二千人有奇，聽調五萬人有奇，建倉儲谷十萬石有奇，又於虎門礮臺礮位諸安置及設險均有備，旋英人通商和約成，先生以世漸多事，人才尤亟，於是上《變通考試遴選真才》一疏，略云：

內外文武臣工多以科甲爲策名之始，文場鄉會試第三場試以對策，武場鄉會試內場試以默寫《武經》，本足以覘實用，衹以相延日久，不免視爲具文。其弊由文試惟重制義聲律，武試惟取命中挽强，士子以後場無足重輕，漫不經心，相率流爲剽竊鈔襲，徼幸進身。迨服官以後，文則止論錢穀簿書，而不知經濟，武則僅講弓馬騎射而不習韜鈐，循分供職即可晋秩除官。猝然有事之秋，所學非所用，是猶不識藥性醫方，而責以衛生，切脈不學規律律吕，而責以制器和音也。今但請申明功令，恐積習既深，仍屬有名無實。

臣奏愚以爲若欲於武備收用人之效，即須就武備開取士之途，似宜於奉行成法之中微寓變通考選之制。如文試第三場策問五道，請定爲五門發題，曰博通史鑑，曰精熟韜鈐，曰制器通算，曰洞知陰陽占候，曰熟諳輿圖情形。令於報名應試時，照從前本經之例，於册內分别填注考官，仿元人經疑以兩書異同設作問題，果能貫通闡發，而首二場文藝尚屬平順者即一律中式。蓋經學已於二場發題考試則發策，不必復問。史鑑則於古今成法無所不該，最徵器識，其餘四門若兵書則詳水戰之陣法，圖志則通外域之夷情，並足裕遠謀而操勝算，至武試除默寫《武經》外請添問策一道，分韜略、技擊、火攻、水戰四門，仍如文試，令該生指項註册入內場，日亦舉以爲問所對，不必深論文理，亦不必限以字數，如能各就所習確鑿指陳，而騎射膂力尚屬合式者亦一律中式。仍請欽派大臣於文武二科試策，覆實磨勘，以免剿襲之弊。如此認真遴選，士子自必争自濯磨，恐一時難以舉行，請自下届鄉會試爲始。數科之後，月異日新，人才或可期輩出。

或謂現行鄉會試策問固已周備，何必專限五門，使易於懷挾，倖獲不知求全責備，淹貫爲難，專門名家講求較易。現行之名雖美，其優者僅以考據見長，餘多數衍成篇，毫無實濟。若各就專門之學，主司臨時就其説之可疑者發問，又何從揣摩懷挾。或又謂以此取人恐蹈能言而不能行之弊，然能言而不能行者固所必有，斷無不能言而能行者課虚責實，未嘗不可拔十得五。又或謂兵法占驗理宜秘密，且術數及拳棒教師向例所禁，不可以入於策問，然此所以防姦宄而非所以待秀良，且以跅弛不羈之才收入彀中，俾就範圍而效驅策，似亦收攬人才，免入歧途之一道。

以上三説皆不足慮，至現在文武官員雖一時未能得人，然文職微員及武營末弁難保無因職分卑微，不能上達，以致無所表著，并士民人等伏處草茅，即有奇才異能，因不攻舉業，無由效用。考唐宋以來，廣設科目，名臣接踵，可否將博通史鑑五門，分立五科，特詔舉行。無論現任致仕，大小文武職官及軍民人等，准以所業由地方官申送督撫考校。如所言足資采用，及技擊精强，即行分别咨明吏、兵二部，調取入京，詳加考試，選其才具真實者，奏明引見，請旨酌量録用。如此鼓舞振興，庶不至用違所學日起有功。

奉旨議奏，乃寢不行。其文則傳誦於時，論者惜未之用也。先生既以禦亂、籌海諸事氣血大傷，至是病益劇。二十四年，迭請告歸，得允。俟後任五月，卒於廣東，年六十八歲。賜祭葬，謚恭恪，祀廣東名宦祠。著有《求放心齋詩稿》一卷。

方伯劉梅坪先生事略

先生諱體重，字子厚，號梅坪，又號青溪，趙城人。少從父讀書里塾，清苦自持。爲諸生，有名。乾隆己酉，充選拔貢生。秋，舉於鄉。嘉慶辛酉，大挑一等，以知縣發湖南，歷署石門、新化、衡陽、臨武、衡山、湖陰諸縣。

丁卯，以父憂歸。服闋，捐同知，繼丁母憂。服闋，改發江西，歷署九江、袁州、饒州、南昌各府同知。道光辛巳，補袁州府同知，署南康臨江等知府，旋擢廣信府。丙戌，調吉安。先生先後在任，均堅隄防，廣倉儲，於獄事尤矜慎。遇難決者至食飲於庭或十餘日至喀血無稍間，嘗云："獄事，民生死所關，詎以官一日之逸而貽民無窮之憂乎？"又布衣蔬食，無姬妾玩好，堅束僕役，無外出滋事，所在有清名。

癸巳，調撫州府。至則親歷各屬，相度因革諸事宜。父老聚觀時，必降輿以孝弟耕讀等勉諭之，並詢疾苦。屬吏之不職者，次第劾罷。府署後設治事所，終日危坐，檢閱文書，夜分往往繼燭不倦。或暇必巡兩廊，察吏勤惰，約束隸役，較爲令時尤嚴。撫治舊有興魯書院，先生籌加廩餼課卷，復親批閱，與諸生説經義，必勉以躬行。有跛倚者，必繩以禮法，講堂肅然，諸生循循有禮法。自是金谿、臨川諸生相繼登鄉舉數輩，爲歷年創獲，一時傳頌。撫文廟丁祭，先生先期必親執大成殿灑掃滌器諸役，省牲習儀，無不敬慎，謂："於此不誠，讀書何事？"

既而獄訟平息，修建祀典諸壇堰之圮壞者，復建義倉，積秋穀以備荒歉。就倉之廳事爲義塾，以課貧寒子弟。甲午，擢河南彰衛懷兵備道撫，即倉塾爲生祠祀之，稱"劉公倉"。道屬當黄沁二河之衝，每水漲之時，先生預爲視察，督廳營員弁，率民夫堵築隄埝，又籌備沁河歲修費，疏濬漳河泛溢，民大稱便。於木欒店創建河北書院，以課三府士，爲籌廩給，肅院規，並設義塾，以課貧寒子弟。如撫州時，大吏以創建書院、防河出力聞於朝，得旨優奬。己亥，擢江西按察使，會新喻以民糾衆抗糧聞，大府檄先生帶兵彈壓，先生曰："是令之激也，何兵爲？"單騎往諭，置倡首二人於法，餘不問，並撤前令。庚子，擢湖北布政使。壬寅，乞病歸，冬，卒於家，年七十四歲。

先生爲令爲守，一以守法愛民，不執己見，不徇人言爲儆，常謂："能如吾志則仕，不能則已。"對上憲詞直氣和，待寮友審才德、均苦樂、祛奢靡，每蒞任必榜未結各案於堂，次第清理。訊案不動聲色，不輕笞撻，而案情必盡悉。又令屬縣各設循環簿，按期稟聞已結未結諸案件。先生核其審讞之當否，加批於簿，時稱神君。冤獄以少且有利清風，每去官，士民走送百餘里。乙巳，河南鄂順安中丞疏請入祀先生武陟名宦祠。同治癸亥，江西中丞沈文肅葆楨疏陳先生政績事實，請勅史館立傳，得旨，國史編入《循吏列傳》。

謚恭勤河督栗樸園先生事略

先生諱毓美，字含輝，又字友梅，號樸園，渾源州人。幼從州名宿常先生安世學。十七歲，爲諸生，旋食餼。以嘉慶辛酉拔貢生，壬戌，朝考二等，用知縣，分河南，歷署溫孟、安陽、河内、西華諸縣，皆以斷獄詳慎，實心愛民著。乙亥，補寧陵。時河決睢州，先生親履四鄉，勘減沙壓地畝額賦，請蠲緩課，植木棉、榆棗，興築城郭，以工代賑，民得蘇息。

明年，丁父艱。服闋，歸原省補用，署洪縣修武。會河再決馬營口，委先生勘災，因留辦大工總局協放淤工程。道光辛巳，補武陟，其地在河北沁南，爲河工要區。先生至，測河勢，增子埝，復定增築大堤策。已而沁決，先生確見水激逆行狀，議以導沁由漫口歸故道，改建新堤雖需款多而城邑永安，酌汰防汛工員數亦適均，或徙縣治寧郭驛，計尤便。大吏限於例定經費，未之允。明年，決口合。癸未，擢知光州。

甲申，陞任汝寧府知府，調開封，察知祥符倉儲儉薄，請藩司以漕運經費節損歲撥三千金，爲修倉積谷名司備倉，得允行。又滎澤有姚啞吧者捉姦傷母死，論大辟。先生覆訊，犯以手比勢，因訪知啞叔有姚七者，傳訊得狀，知啞斫七而誤者，得末減，時以爲神明。又貢院號舍湫隘，檄先生董工興修。又立義學十區，定規條，並設彝山書院，准童雅受業。己丑，擢糧鹽道，調開歸陳許道。庚寅，授湖北按察使，定讞獄章程，行水保甲，護藩篆適荆州各處江漲，先生既親勘災給賑，詳情分别蠲緩，其辦賑成案，調河南册籍，條擇施行，全活飢民甚衆。

壬辰，擢河南布政使，首革供應浮費。又於收支總簿外增正雜捐寄四散册，勾稽加密，積弊一清。八月中，牟黑岡口隄將潰，楊中丞爲鄉試監，臨入闈，偵報迭至。先生請於中丞，曰："大典不可遽亂，河患旦夕可虞，某請即行救護，更請委員解錢二萬貫繼之。"中丞如所請。先生至，即立隄潰處，指麾工役一晝夜，頃設埽投石填土，黎明隄固，水勢亦落。事聞，擢先生河東河道總督。

先生前任州縣皆值河患，深悉其利弊。又於河官河兵年久者勤加詢訪，益悉歷任官吏施行之當否。而得所折衷，知失事率在無工處。河之北岸，自武陟至封邱二百餘里，南岸自祥符下汛至陳留六十餘里，皆地勢卑下，多串溝。初但斷港積水鄰河隄間，久之受溢河引以入河成支流。又隄河相遠，諸處皆無工不儲料，人不之防寖乃變爲險工，往往潰隄爲患皆由此。先生既駐河壖，值陽武汛上灘水漲循隄達封邱，汛又漲，庵北石土壩，經民掘斷積久溜大。先生飭役堵合斷流，會大風雨，河内灘盛漲，賴壩口先閉，隄根停淤，得無患。先生復乘小舟周歷南北探量，探得陽武支河分溜北駛湍悍，幾敵大河，原武陽武兩汛向未儲備稭石，無高崖可倚築壩，而進水之口日益闊，憶前浚賈魯河及武陟城隍，見磚經泥沙融結，堅不可動。及是，遂收買民磚拋壩，積四十餘晝夜成磚壩六十餘道，挑溜而南，水勢頓緩。

一夕，風雨大至，支河首尾皆決開數十丈，而隄不傷。先生於是更信磚壩之可用，又試之原武陽越隄，及攔黄壩與南岸黑岡皆效。遂奏請減買稭石銀，斟酌辦磚，略稱："以隄束水，土功乃其根本，築隄宜兼築壩，隄猶身，壩其四肢也。前人用卷埽法，竹絡、木囷、磚石、柳葦同爲治河工料，自鑲埽法興，始專以稭料爲正而溜趨靡常，鑲埽陡立，最易激水之怒，溜勢上堤埽之上首，必須加鑲下坐，埽之下首又須接鑲片段，日長防守日難，稭質鬆弱，不三四年即歸朽爛，機宜偶舛，輒成口岸。夫治河不外以土制水，先河臣黎世序用石之始，奏石爲土之剛者。臣謂：'鍊土爲磚，磚實土之堅者，石性滑，易於流轉，仍不免引溜刷深，磚性澀，與土相膠，抛壩蕩成坦坡，即能挑遠溜勢況，每方磚價六兩，石價自六兩至十三兩無定科。豫省碎石産自土山，形質本脆，及採運到工堆砌嵌空，查驗不易。磚則隨地可燒造，尺磚一方以千計，平舖高叠，舉目可了又較量輕重嘗倍過石三分之一有奇，以一方碎石之價，可購兩方之磚，而抛一方之磚可抵兩方碎石之用，是用磚較之用石省帑更多也。'或謂：磚壩與水争地，不知埽工必先築土壩，後乃加鑲，迨埽朽脱胎，隨埽蟄有壩名無壩實，大溜轉逼堤根。磚壩則無須埽護，即師築土壩之意，而不泥其法。臣履任之初即試行抛築，杜新工護舊工，五年之間，省銀百五十餘萬兩，斯實效也云云。"先後陳奏，皆得旨嘉允。

時工員有不便者，旁人亦以先生議爲創倡爲浮言，頗上聞。先生又疏陳磚勝於石之故，略云："磚質滯於石，故入水不移，堅於稭，故久水不腐。又土不能築壩水中，磚則能水中抛壩，能緩受急衝，化險爲易。或謂磚可保將生未生之工，不能用於已生之後。然使將生者可保，即别無可生之工。昔衡工之決，因灘陷埽，不能施馬營壩之決，因補隄不能得碎石，使知用埽不如抛磚。收磚易於運石，則數千萬之官銀可省矣。"

疏入，上知先生忠實，且綜畫周密，得先後如所請。初，先生試行抛磚時，終日立泥淖中，磚甫出，水勢猶動摇，即先行屹立壩頭，隨時與廳員營弁講求治策，於工之將生未生無不豫謀抵禦，又以埽工節餘之費，以培固大堤，永免漫溢之患。

又河標、黄運兩營兵專辦樁埽，城守兵承平日久，疏於軍陣。先生以濟寧地連曹兖，未免宵小竊發，於是捐款造銃、礮、刀、矛、鉛丸、火藥，復督演陣勢及速戰法，以成勁旅。復設義學五所，令兵丁子弟讀書其中。先生在工，雖風雨危險必躬親督視。居平於河之曲折高下向背皆在隱度中。每曰水將抵某所，急備之，或以爲迂，且勞費。先生曰："能知費之爲省，乃真能省費者也。"已而水果至，衆皆服其神，終先生任河不爲患。雖以乙未原陽之支河，戊戌盛漲，水至八尺，卒得無患。庚子二月十七日，巡河至鄭州胡家屯，夜感疾，卒，年六十三歲。遺疏入，上震悼，贈太子太保，賜祭葬，予謚恭勤，賞次子舉人燿進士。河南百姓繞紼攀號，争致祭弔，濟寧士民奉先生主入大王廟。所在各府州縣皆請建專祠。明年，入祀京名宦祠、本省鄉賢祠。

先生殁二年，黄河南岸決。明年又決，水逼豫省垣，牛撫軍鑑與同官登城爲禦水，計無所出。有先生河工委定磚工陳守在，遂陳《抛磚策》，乃下令兵民以磚來者賞，一時撤屋宇不足，至拆學貢院墻，磚如山積，争相抛擲，城垣加厚，水不没，旋退，争頌先生功。遂援河神例，請建先生專祠，稱栗大王，迭加封號爲"誠孚普濟靈惠顯佑"，祠享至清末不衰。

先生畢生功業以治河顯，然任州縣監司亦多美政。如任汝寧時，信陽劫案盗遠颺州牧，以小竊刑訊誣服。先生覆勘，悉其枉，輕擬，旋緝得正盗。又任修武時，中牟有匪，習拳棒，謀不軌，大吏急檄先生，得其魁殲之，餘省釋，全活甚衆。又安陽有竊賊拒殺事主後緝獲，串他盗争認供，希緩獄。先生察刀柄血痕係左手，命囚飯，有左箸者，一訊而服。武陟有殺人自投作證者，獄七年不能決，適先生奉差過，令某邀共訊，先生決爲本人希以疑獄倖免，旁詰之，囚辭窮，具服。

又武陟居民張姓毆過客王姓死一案，賄有頂兇，訊無確據。先生問知死者口南音，因得傳近村開飯舖者夫婦，得其大概，而頂兇猶强認供。先生詣其地勘察，衆中有倉皇失措者，詰問即正兇張某，讞遂定。

又任西華有賣餅兒暮出不歸，先生勘得時天雪，人蹟至距近孫某門則無，喚質則曰："數日未出。"先生遂窮鞫得賒餅不與，憤而格殺兒，埋坎下，出屍，手痕宛然，論如律。任豫藩時，彰德民有赴京燒香者，被邏獲，誣以會匪名目，旨飭查。先生稔知豫民俗有報賽、酬神、禱山、祈福等事，非教匪，比訪查得實，悉奏，原之。嘗稱："折獄務哀矜，案無大小至誠推鞫，決無遁情也。"

又於賑荒緩徵諸事，任温縣、寧陵，請之上官，以去就力争，得入告，如所請。及任監司，督河務，尤以工代賑，外備船支、餅餌、蓆片，兼拯老弱婦女輩全活，頌德者無算。餘如培士風、懲巨猾賭匪，尤稱於魯豫二省云。

先生讀書好史籍，尤篤嗜吕新吾《實政録》，謂："爲體用兼備之作。"顔所居曰"毋自欺室"。遺著有《毋自欺室奏稿》，文詩若干卷藏於家。又著《治河考》《磚工略》，均未脱稿。平生與人談，以端品節，勵躬修，廓度量爲多。嘗言："古人仕學不分，今則多忘本色，以頭巾氣爲迂腐，此大惑也。"又言："作事須有定識，苟可利國安民者必當身任其責，毋爲謗議所沮，天下事無大小，非親歷不能深知，若徒局外揣測，無真心灌注，臨事必依違兩可，非調停即推諉矣。"以故爲河督日以儉，素率屬河工，商賈輻輳，無敢市奇技淫巧者。先生戢僕從，所至無絲毫擾累吏民。喪歸之日，所過士民哭奠及執役舁送不受酬資者不絶於途焉。

方伯武憩亭先生事略

先生諱棠，字憩亭，號次南。明初時，始祖名威者由金陵隨常開平王北征，遂占籍大同之陽高焉。先生幼孤貧寒，夜讀書，燈燼，撥爐火取光以竟之。母夫人嘗慨然曰:“囊螢映雪,古人先有其事矣。”先生憬然,益自奮。以乾隆己酉優貢,朝考後,派武英殿校録,授徒都中,深自刻苦。

道光乙酉鄉試,跨一驢襆被而返,既獲雋,旋以丙戌聯捷進士,朝考以主事分刑部,敝車羸馬,十餘年如一日。性强記,凡見客問姓名後無不識者。又篤於風義,平定陳方伯士枚官工部,患疫疾加劇,妻弱子幼,猝無計,邀先生視之。先生促延醫,且代部署,謂:“設不測,身後事非異人任也。”復勉强歡笑以安之,陳旋愈,先生亦不自德焉。以明練勤職陞員洊郎中,連鞫重獄,爲歷任上司所引重。辦理馬據驕等一案,奏上,尤爲宣宗所褒嘉。嗣京察一等,簡福建鹽法道。時閩鹺務疲敝,當道奏改招殷户認蓬額舉辦之,始頗累富民。先生悉心籌畫,焦勞至致疾,不少休。於是力請制府奏懇豁除舊欵一百六十萬,不以累新商,並詳陳其故,疏上,得諭允。鹽税旋復舊額。

嘗有民居不戒於火,故鄰道署火勢閤迫署惶駭。先生獨屹立庫門,誓以身殉且飭役救止,火鴉火葉策策掠冠過不少動,督救益厲。火竟越道署,焚十餘家而始熄。咸異之,謂:“先生至誠感神也。”迭署按察使,一署布政使,尋擢貴州按察使,署布政使。時革苗保禾阿乜等於鎮遠所屬之黄平州糾夥肆擾。先生廉得其情,力請巡撫派兵剿捕。時胡文忠林翼以知府需次貴州,先生特悉其才,請專任剿撫諸事,毋掣肘,計先後緝獲二百餘,以其罪犯尤重者置之法,餘則分别情罪,施以懲罰。先是,雲南舉人王湜等過鎮遠被劫,掠入都,訴之,及是嚴旨甫及,而地方肅清之奏牘已上矣。督撫賢先生,合詞保薦。

咸豐元年,調江蘇布政使,旋護撫篆。先生在閩時,曾患黄疸,乞休未得。嗣以北人不慣潮濕,罹腿疾。然時值糧艘運京,力疾催趲,俟將次完竣,乃請開缺回籍,得邀允。至咸豐五年卒,年六十六歲。先生廣顙朗目,豐頤洪音,髯盈尺。慷爽明達,與人交,無城府。

治事明決,無巨細、不少延。以故服官中外三十年,信友獲上,無中傷者。在黔政績尤著,於赴蘇布政任時,黔人士恭奉禄位於王陽明祠云。

協戎張子雲先生事略

先生諱從龍,字子雲,臨縣人,少有膂力,好弓馬。父允謙,以優貢嘗官文水、太原諸教諭。先生隨之讀,兼肄武事。弱冠,入邑武庠。父以捐案得官京師西城兵馬司指揮,先生隨父入京,尤精究騎射。道光壬午,舉武闈。癸未,會試中式。宣宗親校騎射策問,擢一甲第一,授頭等侍衛,乾清門行走。丙戌,以年績用遊擊,分發閩浙。旋補授連江遊擊。丁酉,閩浙大閲,先生以行陣嚴明、訓練嫻熟得保舉,以參將用。庚子,閩撫以先生有威重,調辦防務,充提鎮翼長。

明年,英人啟釁於廣東,不得逞。遂東陷定海,南踞厦門,北犯天津,沿海騷動。秋,定海再陷,總兵鄭國鴻、王錫朋、葛雲飛皆戰死,欽差大臣裕謙亦自殺。壬寅,派先生赴定海,隨狼山、定海、處州三鎮收復城池。旋調署提標中軍參將,赴招寶山防堵。

未幾,護理處州鎮總兵。在招寶山礮擊英船,沉没多隻。英人反擊,先生面目手足均受傷,扶救回營,以傷重給賞調治。明年,補寧海營參將,調台州副將。嗣以寧波失守,議革職。甲辰,閩浙總督奏調先生福建,以千總補用。丙午,以定海漁山洋面收復洋盜功,賞守備,署連江營遊擊,監修礮臺。戊申,工竣,授中軍參將。己酉,先生於閩縣破獲盜匪,准補興化左營都司。咸豐辛亥,補提標左營遊擊。又調督標水師參將,會浙江鄞縣民抗糧滋鬧拒傷官兵。先生往,解散脅從,拿獲首要,地方肅靖,尋署邵武營城守參將。

癸丑,匪犯邵武,先生相機勦撫。事平,署陽平協參將。明年,檄赴德化、永春一帶,勦捕林俊等匪,迭勝之。匪敗竄安南,護興化城，守營副將於惠安拿獲妖婦劉邱氏。又赴仙遊，剿辦黑白旗匪，亦克之，題准實授提標左營遊擊。秋，統領仙遊東路官兵，進剿旗匪，連勝之，破槓兜等處，斬匪首朱五生，擒陳尾，移兵進攻破匪砦十餘處，拿獲匪嚴良等四名，旗匪肅清。大吏保先生以臨陣争先、奮勇出力，得旨，以副將用，並賞孔雀翎。乙卯，匪繞道鐵牛關，竄陷光澤。先生以防範疏虞，部議革職。明年，匪陷浦城，建寧戒嚴，檄先生赴援，收復浦城，赴延平、永安追剿，連獲勝利，且擒匪目。再赴順昌、濟寧剿匪，再勝之。庚申春，一律肅清，班師回。大吏上先生功，請予開復。會粤匪陷浙。辛酉，始奉旨，准免罪，無庸留營，先生因告歸。

同治壬戌，甘回内犯山西。大吏奏辦河防派先生幫辦，駐磧口。歷三年，人民寧息。乙丑，大吏上先生勞績，且請開復官階翎枝，得旨准，仍命駐磧口。丁卯，榆林、綏德諸處被回蹂躪，人民争東趨。先生既分别安插，復相機防堵，回衆屢犯，屢以礟擊，不得逞。其冬，冰將合，匪勢益猖，將乘以東侵。先生晝定險要，率兵勇分段嚴防，回衆連撲不得志，後轉而南，始由鄉寧入擾晋西南。乙巳，解嚴令撤防，先生歸。庚午，卒於家，年七十四歲。男鶴齡，江蘇陞用知縣。鶴超，湖南候補州判。

都轉王英齋先生事略子元晋附

先生諱發越，字英齋，號蘭磎，黎城縣人。幼喪父母，依兄讀書，不屑屑舉子業，兼肄古文辭，由道光乙酉拔貢生舉於鄉。丙戌，成進士，用知縣，分山東，任清平縣。其地接清河，漕運所經，向例官督民築河隄，工力甚鉅。又運漕需車，公務需錢，皆責之民，民不堪。先生憫之，約紳耆敦勸，集資發商生息，官統辦之，據實核消以示民信，且免民累。又以上届河工需錢未集，乃先捐五百緡，親赴工次督修。民捐漸集，得五千餘緡，發交殷商，工以無誤。

尋任鉅野。其民悍鷙，喜宰牛作食，至春耕多虞不給。先生作歌婉勸，不聽則繩以法，其風頓息。後值蝗蟲起鄰境，先生單騎率役捕救，復捐俸傭夫，掩捕之。秋禾得無恙。旋調署膠州，又調歷城，時教民頗肆煽惑，民心惶懼。先生奉命嚴捕，乃緝强撫弱，全活甚衆。又煙禁嚴切，歷城爲首邑，吸者頗衆。先生外嚴内寬，購樂餌，聘醫師，設局施治，民得戒除癮疾，無致斃者。迭以卓異薦。庚子，署高唐州知州。其地南北通衢，既苦欽使驕兵之供應，又奏批公文絡繹往來，驛遞不給，往往科派民間。而教民造作流言，日至數驚，先生預備芻豆，嚴核驛遞，撫民以恩，治匪以法。迄和議成，而無稍滋事。

壬寅，送部引見，上召見，問先生："以受東撫明保，何不隨營而牧高唐？"先生以驛站公迫對。上稱是。遂擢雲南曲靖府知府，調署大理、臨安等府事。丙午，擢貴州貴西兵備道，其地民瑶雜處，號稱難治。先生撫之，務各相安。明年，湯文端金釗督滇，以迤西地，漢回民恒交鬨，且相焚掠，仇官戕吏。奏調先生爲迤西道，先生蒞任，廉知首犯稱鐵帽道人等凡數十人，悉擒治之。解散脅從，患得息。戊申，林文忠督滇，擬用嚴懲以懾其後，飭全案提省。先生力請免提，以弭意外患，且安反側，不允，飭提益急。於是匪衆嘯聚保山，戕提犯委員，返圍大理城。先生在圍中，嚴守備命。子元晋訪得匪虚實，並募壯士，使與子緣山抵省，禀匪情及剿撫各機宜。林公遂檄兵會剿。先生隨營謀畫，力請剿撫並用，並嚴禁焚掠。軍師從之，事平，民無大擾，以善後屬先生。先生埽除餘孽，民漸得安。

咸豐辛亥、壬子間，西徼夷民頗竊發，先生覘甸灣亂，恐以養癰遺患，因出危入險，會兵平之。甲寅，滇臬缺開，程制軍矞采以甸灣條未全結，擬事竣，奏先生補之。會簡先生廣東鹽運使，先生以年老且懼潮濕，因告歸。戊午，卒，年六十五歲。

先生家故貧，幼時負薪耕作讀書以爲常。及得拔貢，猶作苦不輟。好獎勸人才，官轍所至，恒拔其賢儁，資以膏火。性故慈而疾惡，不稍姑息。在山東恒嚴辦刀匪等，而寬假小竊。雲南有所謂"牛業者”,其習獲小偷不經官而投之火。先生聞之,諭示切禁,且隨以法,其風以息。遺著有《倚雲山房詩文集》十二卷,《勸民歌》一卷,皆行於世。

子元晋,字子蕃,原名甫晋,幼隨先生任。道光己酉,舉於鄉。咸豐戊午,發匪由武安窺晋,以防禦功獎道銜,遷兵部郎中。同治乙丑,成進士,簡發四川知府,奉委查辦富順鹽務得力,署綏定府事。以綏定東鄉袁廷蛟抗糧案落職,因依崧方伯蕃幕。光緒丙戌,甘回平定時,崧督陝甘,與伊犁金將軍順,奏復原職。於丁酉卒,年七十三歲。工詩及書法,著有《棣萼館詩文集》行世。

河督謚勤恪喬鶴儕先生事略

先生諱松年,字鶴儕,徐溝人。幼聰慧,讀書能見其大,不規規於義理考據。隨父寓京師,父邦憲以翰林官給事中,嘗受業於陝西路先生德。先生既濡染家學,舉道光甲午順天鄉試。明年乙未,成進士,時年未弱冠也。同榜少年何桂清、張芾與先生稱三少年。大興劉寬夫位坦有人倫鑒,爲女擇婿,獨契先生,謂:“何雖才華敏贍非載福器,喬少年沈毅有清貴,他日必大成。”遂妻之。

先生以主事分工部觀政,多暇日,討故實,稽案牘,恂恂如爲諸生時。咸豐辛亥,充湖南鄉試副主考。癸丑,截取知府,署常州,尋調蘇州。乙卯,官軍復上海。先生以協理軍務論功,擢道員,旋署常鎮通海道。丁父憂。江督吉爾杭阿奏留,督辦糧餉。時洪秀全軍踞金陵,沿江名城多淪陷。淮北捻匪復蠭起,黄河改道北流。漕運久梗,淮鹽片引不行,公私埽地。先生自任監司,凡行運榷關税諸事多屬創舉,區畫周詳,用是大軍南征供億無缺。當事重倚,如左右手。己未,以按察使銜補兩淮鹽運使,專辦江北糧臺。

明年,長江水師囂譁,捻匪擾清江。先生率民團嚴備,匪不得逞。又與各將領約,由北協濟江北臺以安。河督庚長聞警退避。先生疏劾之，得旨，逮問如律。又奏陳江南招勇之弊，請兼調京兵緑營下統兵大臣議行，旋以籌餉功晋二品。設南北兩糧臺，咸命先生綜理之。同治癸亥，授江蘇布政使，旋擢安徽巡撫。甲子，捻匪大入，赴臨淮防剿。匪竄英山，復駐壽州。十月，督部將英翰、郭寶昌合剿破之，追斬首逆陳得才、馬融和，先後降其衆十二萬，皖北肅清。明年，奏增設安廬道，分安慶、廬州及滁和二州隸之；别置渦陽縣，割蒙城、亳州、阜陽、懷遠四邑隸之；而移鳳臺縣治下蔡，以便控扼；於宿州之龍山駐遊擊，以資巡緝；皆下部議行。先是，光禄寺少卿鄭錫瀛奏請於江淮屯田養兵。先生上言授田抵餉以兵爲農，其言甚美，實則難行。因極論兵民之不能相合，古制之必不可復目前。皖北但以開墾爲急務，田疇闢則賦税登，賦税登則財用足，財用足則軍餉自出其中。諸臣之所以言屯田者，大抵慮將來勇丁無所歸耳。臣以爲寇平之後，即可以勇爲兵，且略增其額，所餘者逐漸裁撤，可無後患云云。

是歲四月，僧忠親王戰没曹州，朝命曾文正國藩馳往督辦。先生奏："曾國藩之治軍旅氣骨較遜於前，馳逐鞍馬難膺其勞，蘇撫李鴻章英毅果敢，其才誠足爲曾國藩之亞，而年力正强，能耐勞任劇，如以代曾國藩督辦山東軍務，必能迅奏蕩平。"朝議韙之。其後淮軍卒殲平捻匪，而散遣鄉勇，亦皆如先生所料云。

丙寅，調陝西巡撫，時關中回捻交鬨。先生至，值捻首張總愚圍新豐解之，再戰於灞橋。匪大至，全軍俱潰。先生既劾署撫劉蓉，以書生不諳軍事，去之又深。陝軍不堪用，於是檄舊部劉松山、郭寶昌移湘淮軍援剿。由是號令一新，文武用命，每戰皆捷，使捻回不能再合。又以西、同、鳳三府屬地多平衍，力申堅壁清野之計。令民多築堡寨以資守，固曾有奏言回民富招撫者。先生抗疏言非撫不能蕆事，非先剿不能施撫，非籌給安插之地，資生之費不能善，其撫若無震疊之威，又無收養之力，但空言撫之一字，則迄無成功，徒爲陝人之恨回民者增以口實耳。及左文襄宗棠至陝，亦主用兵，與先生議合。

丁卯冬，捻匪被剿，窮蹙遁入北山，謀東竄。時河水甫結，而山西大吏奉命督辦河防，龍門以北從未親歷，又不於要隘駐勁旅以爲夾剿計。及匪竄宜川，按察使陳湜忽自蒲東託故旋省。匪遂乘水結蹈渡，陷吉州、鄉寧，擾反平陽、絳州。已有旨褫陳湜職，先生復劾其失機僨事，貽誤地方於河防至急之時，置危局於不問，僅予革職不足以蔽辜。旋按問得實，遣戍邊。劉蓉向以理學文章名，陳湜亦以知兵名，均湘産。先生於其失據實糾彈不少恕，論者稱其"羣而不黨"云。

明年，以病解職，尋起補倉場侍郎。辛未，授河道總督。先生讀書故有志經世，於黄運情形，尤驗以目覩。既受事，即疏陳："今日黄水泛濫、運河淤塞，治之之法不外兩策：一則堵河南之銅瓦廂，俾其復歸清江浦故道；一則就黄水現到之處，築隄東之，俾不至於横流，由利津入海。於兩者之中權衡輕重，又以就東境築堤束黄爲優。攷利津即古千乘地，正爲漢唐故道。徐淮舊日河身平成平陸，似關天意。北宋時河忽南徙，百計挽其北行而不能。今既北徙，恐挽令南行而亦不能，因詳陳形勢而以疏濬，張秋築堤南北爲治黄運之關鍵。"詔從之。時議者争欲分河入淮，借紓山東之患。先生獨一意堅持築堤束水東省，尋慶安瀾。迨光緒中，黄河鄭工大決，全河南下，朝廷卒用先生故策，塞決口導道河東下。光緒乙亥卒，年六十一歲，詔賜祭葬，贈少保，謚勤恪，臨淮、壽州並建專祠。

先生鬚眉疏秀，長身聳立，如老鶴。與人交，不爲阿比。在官復勤於職。炎暑見客，必衣冠齊肅。治軍書，目十行下。夜分始寢，辨色而起，以爲常。待士卒同甘苦，處變決疑，不少遲回。喜結納而不周旋當路，不可干以私，於聲色禮義辨之最嚴，嘗謂："力學從政，皆存乎神明。燕女昵色之人，必惑必溺，惑則智慮不能周，溺則精神不能奮。小則身頹，大則萬事叢脞，悉由於此。無位而好色者，其學必怠；有位而好色者，其政必衰。"

又云:“上虐下,下淩上,强欺弱,衆暴寡,皆禮教隳壞之故。若禮行於朝廷、達於四海,上含德意以遇其下,下懷歡忻以事其上。束之規矩制度之中,漸成恭謹馴良之習。衰世强臣跋扈,莠民剽悍,皆生不知禮,恣臆妄作,陷入於叛逆盜賊而不自知其非。譬如人家,其父兄以禮自處,又以禮教子弟,則子弟必率教,且能孝友。若父兄昏惰,放縱聽子弟之嬉戲遊蕩,則子弟必多乖劣違忤,故禮不可須臾去身。治國治天下其賴禮以立者爲尤重也。”

又云:“鄉願以樸謹文其老姦,但能敗事不能成事,登用朝廷,其害尤烈。小則爲胡廣孔光,大則爲馮道,其於聖人之道,彌近似而彌亂真,不得等諸一鄉之善士,十室之忠信也。”

又云:“因民之利而利之,非聖人不能見到,非聖人不能作到,此千古出治者所當奉爲圭臬。彼蘇綽、王安石不解此意,故撓擾,轉不如文景之尚黄老爲能用因也。”

又云:人所以異於草木者,以其名也。民稱到今以美夷齊長,而無述以之責,原壞人必好名,聖人乃可以施其教施其治。若其人囂囂然曰:“何以名爲哉?”則放蕩自恣,一無顧忌,皆禮法中之罪人也。夫務虛而求名,不可也。立異而沽名,亦不可也。若實至名歸,則聖人所深許,於以策其進修而驗其品詣,以爲厲事磨鈍之具。學者慎勿以不近名自居,遂至甘於庸碌而不辭也云云。

凡此諸端,均於講《論語》發之,因成《〈論語〉淺解》四卷。又萃讀經史諸子及評騭詞章諸説爲《蘿摩亭札記》八卷。又輯《綽攟》。其《蘿摩亭遺詩》四卷,則身後掇拾叢殘分體編次者也。

觀察黄惺齋先生事略

先生諱宅中,字惺齋,河曲人。家敦耕讀,先生年七歲,解詩旨。十五歲,六經、四子書皆成誦,且通其恉。甫冠,入邑庠,受知賀學使昌齡,勗以多讀宋五子書,切己體察。嘉慶戊寅,舉於鄉。道光壬午，成進士，得館選。

明年，散館，授福建安溪令，調侯官，署閩縣，陞福州府同知，署邵武府。先生均處以詳慎，事無不舉，吏民悦服。閩省縣缺向以清苦稱，而用度至煩，辦公苦拮据。先生迎養封翁於署，内持節儉，外矢廉勤。父亦頻以先哲格言日敦勉。

乙未，母卒於家，父亦患風痺疾。先生奉父歸里，倍嘗辛苦，父亦尋卒。服闋，補湖南古丈坪同知，先後署常德、衡州、永順、寶慶諸府事，旋陞貴州大定知府。咸豐辛亥，護理貴西道。明年，陞浙江杭嘉湖道，途次疾作，遂呈請開缺回籍。先生家居，與弟白首相依。課子姪及諸孫誦讀之餘，習勞農圃，使知稼穡艱難。又教之遵禮法，重廉耻，毋墜家聲。先生既家居頤養，時閲藏書，編爲目録，撮叙大旨，外並師友所貽俸錢，所購均爲詳誌，嘗謂："每開卷温書，不殊遇故人，獲良友。"

同治壬戌，奉旨督辦河保路團務，規畫周至。癸亥，卒，六十八歲。先生官福建時，以勤廉迭爲先後大府所保薦，當調任侯官。湯文端金釗按事至閩，有他縣人投訟牒乞批。侯官縣審辦，訊其故，則曰："侯官縣不要錢，不拖累小民故。"湯公且云："余一路採聽，其官聲實如一也。"贈先生詩二章。

道光己亥，先生以父憂家居，值邑旱荒。寧夏府復禁米出口，邑人洶洶，不得仰食。先生條陳救荒事宜，上之。令致書寧夏。卒得通舟粟，邑得食，人心乃定。守大定，時府志成。制府林文忠則徐撰序，多褒美先生："能自刻苦，無他嗜。"在官衙署舟輿，未嘗一日不讀書。山川風物或爲題詠。手所録校者有《〈周易〉精義彙鈔》《〈孝經〉輯注》《濂溪文鈔》《劉子學言》《吕子粹語》《〈臣鑒録〉擇要》。又輯古今嘉言懿行爲《景行編》，以時自勵。家居録校者爲《〈春秋〉精義》《詩義析中》《〈中庸〉章句》《夏小正》《小學》，外如《醫學述聞》《攝生要語》《農莊隨筆》均筆書謹嚴，無潦草。所著有《思果齋自省録》《敬述編》《四戒述言》《治家庸言》《讀書劄記》《鞠葮廬存稿》《黔遊紀行日録》《思果齋親著文稿》《思果齋編年詩草》《試帖偶存》《邵陽存稿》《閩省公牘》《湖南常德、衡州、永順、寶慶四府公牘》《貴州大定府公牘》《貴西道公牘》等均藏於家。

廉訪栗仲然先生事略子國賢附

先生諱燿，字仲然，渾源州人，爲河督謚恭勤毓美次子。幼警敏，隨父任河南。道光乙未，舉順天鄉試。庚子，恭勤薨，先生時入都，應明年會試。聞訃，急奔喪。上以恭勤恩卹，賜先生進士。服闋，殿試用知縣，改捐内閣中書，尋改同知，分河南，復以知府歸部選。尋丁母憂，歸。

服闋，咸豐壬子，簡發湖北，途次即授漢陽府知府。地經粵，匪再陷，督撫皆就軍次寄治。先生至，委綜營務差。甲寅，大軍規復武漢，次揚店，敗匪衆趨漢陽，連戰皆捷，復其城。未幾，匪衆由黄梅復犯武漢，先生迎戰。都司某懦怯，先引却。先生孤軍與匪持，至腿受矛傷，猶搏戰不退。會制軍檄先生赴德安營，以匪陷隨州，率師赴援。匪詗知武漢城虚，再陷之。官文恭文代制軍任，檄先生協剿，隨匪擊走之。旋復德安，留先生署府事。大軍尋克漢陽，前後積功，以道員用。胡文忠林翼撫湖北，重先生廉幹，委籌牙釐、造軍械，濟東皖師。

戊午，充湖北鄉試監試官。事竣，檄司黄州營政兼糧臺，令權荆宜施道事，兼監督鈔關，旨加按察使銜。荆宜爲川鄂孔道，鹽榷之利，經亂益絀，官兵赴蜀多取道於是。先生爲鹽榷則酌量疏通，不苛以成法。於供億則核實報銷，力杜苛派，民爲之紓。旨授武昌鹽法道，以荆宜要地非先生莫辦，仍居署任。先生綜核嚴密，凡鹽務所入，得銀八十餘萬兩錢四十餘串，關榷六十餘萬兩。庚申春淫雨，荆江大漲，攻齧萬城隄，先生督兵民修治，終日周行泥淖中，指示機宜，信宿乃定。

辛酉，川匪熾，將合黔匪，寇施南。先生請大府招重兵爲備，有難者謂："荆南山險，攻既不易，且地偏瘠，無可得。勞師糜餉，是亦不得已乎？"先生曰："吾正防其乘不意而來也，且此地爲長江上遊要害，楚爲賊覬覦久矣。不亟防，恐悔無及。"遂先檄施南郡縣集民團先守險，又飭鹺局爲餉儲，既而大府亦許先生計慮之周。檄兵移施。守禦未至，而川匪由利川犯來鳳，黔匪亦來合，遂陷來鳳。益分掠附近諸郡，施南惠協鎮率所部拒匪，以地險爲縋山計，遇伏盡陷没，全施大震。會省軍倍道扼宣恩，逐節進逼，得其險要。官制府復檄南軍爲夾擊，遂復來鳳。匪西竄，諸軍追剿，頗多斬獲，匪仍退入川。論功以先生動於機先，鹺局供餉不匱，報最。先是松滋民馬鉦者以妖術聚衆數千，密通匪，官軍既擒，斬鉦。先生料匪衆未知鉦死，必乞應援，亟請大府檄水陸軍密爲備。匪果趣夔州，遇官軍戰，既不得利，又聞鉦死，粍益惶潰，水陸軍合擊，俘斬萬餘，焚其壑，川東遂定。在荆凡四年，深得民心。

同治壬戌，檄先生署臬司，荆民泣送相望。抵任未幾，署藩篆。時徵餉浩繁，庫藏不給。先生臥思有得，晨即白大府決可否，接見僚屬，亦諄諄以撫民裕餉各計詢訪。冬，實授湖北按察使，先以父嘗任此，因顔其堂曰"誦芬"以自勵。仍兼攝藩篆，日夕治文書，綜材賦，不輕假。幕僚有憫先生憊者，請節勞。先生慨然曰："吾豈不知憊？但按籍餉虧甚鉅，謀所以償之。若長此虧歉，將兵不用命，賊不能平，豈所以爲安上治民計乎？是吾事不敢以憊自解也。"值山東徵兵且催餉，先生既憂款鉅難猝集，又以吴皖用兵餉皆倚楚爲重，遂召文武集議策萬全，連日未決。先生益憊，以心蕩不支，卒於内署，年五十五歲。時方有旨補授藩司職，報聞，乃止。

先生家居，敦孝友。父殁，未與含斂，忌日祭，必涕泣不可仰。叔病癱，親爲敷治，五叔卒於杭州倅任，子幼弱不能歸，先生獨往以喪歸。又兄喪，課姪得拔貢，登仕版於諸姊家，皆優卹。業師身故，亦爲經紀其家，時加存卹。署鄂臬，平反東湖尉拘民忿死，以民死於豪棍所脅，誣罪豪棍，尉以失察褫職。及南漳民殺兄，婦救未及，誅民流婦二獄，尤執法平清。性勤學，好金石文字，於史傳尤日讀不厭。嘗論："王荆公急於見才，反以才誤，陶淑古人以鍼吾僻，此中有無數良師友也。"慮事精密有雅度，於人不輕臧否。餘事爲書畫亦有致。子國賢，以附貢生湖北候補知府。

廉訪馮魯川先生事略

先生諱志沂，字述仲，一字魯川，代州人。幼孤貧，育於叔父佶，讀書勤敏。未冠，補諸生。甫冠，舉道光乙未鄉試。明年，成進士，官刑部主事。

先生貌清冷，短小精悍，口能容拳，於財帛不苟取，聲色無所好。退直後，日手編古文，私淑姚惜抱。時上元梅先生曾亮爲惜抱入室弟子，官京師，先生投贄，受古文業。平定張先生穆以鴻博名於時，先生亦自居私淑之列，從問掌故、地理諸學。梅、張二先生以學術違異不相能，先生獨周旋其間，各取所長。同輩中又有邵位西懿辰、朱伯韓琦、王定甫拯、魯通甫一同、葉潤臣名灃、沈仲復秉成、董研秋文涣、王顧齊軒諸先生，文學道義均一時選，先生日與酣飲，唱和無虚夕。

又張先生穆卒，壽陽祁文端相國輯録遺集，悉委先生。朱先生琦、葉先生名灃諸集，先生均預審訂校讎之役。集中文若詩，言之輒有餘痛焉。先生文譽籍甚，屢空晏如。性强記，刑署案牘披覽一過即不忘，老書猾吏不能欺。主秋審者十餘年，遇案多平反，群推老吏，歷任堂官咸倚重之。顧先生雅以氣節自負，不能隨時俯仰。

咸豐初，英人入京，焚掠圓明園。爲英人謀者爲龔孝琪，向受業於先生，時略有巨鏹，夜叩先生門，曰："極知師清苦，今大局未定，何以爲生？請以些微供薪米。孝琪此舉雖燬一圓明園，而滿城生靈幸免涂炭。惟師知孝琪，孝琪自具苦心，非甘步申行説復塵也。"先生亟揮之去，且擲其鏹於門外，不之顧。和議成，又值粤匪擾晋南，許文慤公乃首薦先生知兵，俾佐晋軍戎幕，有所籌畫，侃侃直陳，屢失當道歡。回京，以京察一等，循資授安徽廬州知府。過河南時，勝尚書保率軍自豫趨陝，奏留先生軍中司章奏，雅重先生。因論事齟齬，先生貽書決然去。時隆冬，先生以一僕從一牛車載行李、書笥，己則敝裘騾車以行。勝得書，亟命材官以輕裘白鏹飛騎追先生還，曰："馮先生不歸，殺而無赦！"並以手書致先生，略云："計此書達左右時，公度韓侯嶺矣，此即'雪擁藍關馬不前'，昔韓退之咨嗟太息之地也。公品望學問當代所重，拳拳於公，爲是表率群倫云云。"先生感其誠，乃返。及勝得罪，朝命將軍多隆阿逮問，文武員弁役卒皆投多軍，獨先生與裕庚丁憲錚獨送至蒲州府，灑淚而别。

先生既抵廬州，值兵燹之餘，招集流亡，撫綏教養，禮賢課士，人民漸見安輯。時皖撫喬勤恪松年悉先生才，調先生署廬鳳兵備道，隨駐壽州。凡捐輸、營務、報銷諸事，皆付之先生。先生稽核嚴明，吏不敢欺，羸餘悉以歸庫。以故曾文正駐軍祁門，至平賊，餉糈無匱，固喬勤恪調度有方，然先生綜核勤能亦不可没也。人或有病先生過清，不爲後任留餘地者，先生曰："吾辦吾事耳，安能預爲後任馬牛乎？"

同治乙丑夏，捻匪逼壽州，大軍戒嚴，喬勤恪督師南關外，先生獨與知州施照爲城守，以酒罌筆墨自隨，大雨數晝夜，先生與施勤晝守禦策，猶飲酒賦詩，以示鎮定。既而雉河大發，捻軍無舟餉單漸散去。先生大笑曰："此所謂一水賢於十萬師，連日飽看八公山色，殊不惡也。"先生署故無眷屬，亦無姬侍，惟以座客常滿、尊酒不空爲樂，僚屬進見無拘束，遇文士尤加禮。嘗謂："幼失恃怙，不逮事親，君門萬里不敢仰望，終鮮兄弟，夫婦失歡，惟友朋之聚，平生樂事耳。"喬勤恪亦謂先生："公齋中恒有文酒之會。我則軍書旁午，俗不可耐矣！"蓋深悉先生才，羨而稱之云。

旋署按察司，平反冤獄數百起，或頌先生積德者，先生笑曰："吾留陰德與誰？或天不靳吾年，俾吾多飲酒可耳。”丙寅，授皖南道。丁卯四月，病卒於任，年五十七。身後惟餘俸金數百，書數十笥。曾文正公爲經理其喪，始得歸葬。從軍勞績，贈光禄寺卿，蔭一子入監讀書。先生文詩均有先正法程，已刻者爲《微省齋詩集》五卷，《續集》二卷，《適適齋文》一卷，公牘若干卷未刻。書法褚中令，得其清拔婉暢之致，嗜金石學，兼工分篆。衣履樸素，惟遇古書佳帖良醖，恆不惜重價，務必得。口不言錢，不義不取，出納不吝，居恆自謂：“生平無他長，惟司文柄、長刑條或稱職，乃終身不得衡文，誠恨恨。”即梅先生曾亮、王先生拯、葉先生名澧輩於當世文人不輕許可，獨於先生文若詩咸稱不愧作者云。

中丞杜鶴田先生事略

先生諱瑞聯，字聚五，號鶴田，太谷人。幼聰穎，十歲能文，十五補諸生。道光己酉，舉於鄉。咸豐壬子，成進士，選庶吉士，以母憂歸。值髮匪竄平陽，以相國祁文端薦，奉旨辦鄉團，勸防餉。事竣，力辭保案。服除。散館，授編修。戊午，主湖南鄉試。

同治元年，補浙江道監察御史，嘗密奏：“降賊宋景詩陽爲投誠，陰實懷逆，請旨飭查。”未幾，宋果叛，旋伏法，時論多先生。除湖南保慶府知府，至則撫輯苗猺，嚴懲會匪，興理書院，推廣學校，大吏以“清標自矢，誠實愛民，緝匪安良，士民稱頌”等語入奏，邀奬叙，調長沙府，陞辰沅永靖道，時西路用兵，遊勇往來不絶，無業貧民未免被誘爲匪者，先生既飭按隘設防，以弭亂機。又博採屯政之可資取法者，詳悉折中，期於可行成《屯政摘要》，凡六卷。沈文肅葆禎讀之，大加歎賞，稱經世名著，促梓之。

光緒元年，擢四川按察使。到任未兩月，埽數滿釐諸積案。署布政使，遷雲南布政使。時軍務甫平，元氣未復，而吏治餉需尤爲急務。先生謂：“捐協行之雖久，而急不可恃，宜籌自然之利爲良。”踰年，授巡撫，首建墾荒議，奏行之。又雲南鹽井、銅硐尤爲利源，回亂後，半歸壞廢。先生變通章程，次第酌復舊制，元氣漸蘇。時江蘇、浙江、湖北等省設局刊刻書籍，多善本，各省亦多刊刻。先生以湖北局本字大悦目，於是酌筹經費，設局校刊經籍，以湖北省爲法，並購置大宗有用經史諸書儲之書院。又准士人由官局購買，時安平十六廳縣漢夷雜處，漸已相忘習文化，先生與督學奏增文武學額。

七年，法越釁起，法人據西貢，添兵輪以窺伺越東京。先生以雲南近接越疆，宜妥籌防備，遂與雲貴總督岑襄勤毓英議，募軍十營，沿邊布置。又於騰永一帶廣設探哨，並連絡村莊，節節加圍，得以無虞。行以失察銷案，部議罷職。

先生家居，閉户讀書，或寄情書畫，撮叙所藏書畫成《古芬閣書畫記》十八卷，先書後畫，末附僧道及女史。其真蹟必係一論一贊以寄意。先生性友愛。同治初，官翰林，時仲兄瑞凝以咸豐辛酉拔貢官吏部小京官，季弟瑞麟以戊辰進士入館，改刑部主事，均同寓。公退後，一室融怡，時人羡之。比先生外任，瑞麟亦於光緒九年以知州截取，分陝西，嘗署乾州，故以文名累爲陝西同考官，稱得士。十六年，以勞疾卒於興安釐局。先生自是益寡懽，於十七年卒，年六十一歲。

先生貌魁偉，精神過人。與人交，無疾言遽色，而沉機觀變，動中肯綮。製舉文，雍容華貴，一洗寒儉及塗澤諸習，傳誦於時。顧先生不自珍惜，未刊專稿，惟究心吏治則特見賞於當時鉅公云。

方伯李亦青先生事略

先生諱希蓮，字亦青，又字仙峰，欒平鄉人。爲諸生，肄業省垣晉陽書院，與同鄉李菊圃用清、李梧岡鳴鳳均以文雄於時，有"欒平三李"之稱。咸豐丁卯，舉於鄉。庚申，成進士，授户部主事。

同治庚午，嘗隨單相國懋謙收兑京通漕運，以勤能得優叙。其時軍務正亟,一切報銷期會,吏得以上下其手爲姦利。先生所司,獨綜覈精密,案到隨解。又素勤儉,迎親於京邸,已則如曹署,風雨霜雪徒步以爲常。歷任堂官恆重之,閻文介敬銘嘗戲語:"人如李菊圃、亦青,均朝廷好掌櫃。"蓋以喻其勤廉云。

光緒戊寅,晉大饑。菊圃先生調晉查賑。先生在京會同同鄉官籌款接濟,無貽誤。癸未,丁母艱。樂平多山路,頗崎嶇。先生稱貸,僱役俾安妥扶柩抵里,安葬後復結廬塋側,旦夕奠祭。鄰邑有延先生主書院講席者,先生却不就。樂平故駐有平定州判,理民事,特署"風木廬"三字爲額以爲旌。異鄉人且爲詩爲文以張之。服闋,撤廬乃行,曰:"此豈求知於人之事乎?"抵都,值京察,以一等列考,召對稱旨,簡授江西九江道,且督關税及御窰廠。時朝延方鋭意練兵,醇賢親王綜理神機營事,寓書各省大吏籌助軍餉。先生首捐二萬金,爲海關倡,得旨獎叙。又修葺梅家洲八里江各礮臺,及關署,昭忠等祠廟,均捐俸,不動公款。壬辰,補山東鹽運使。明年,署臬藩各篆。

甲午,中東戰起,李撫軍秉衡奉旨督軍,赴煙臺,委先生護撫篆事,均辦。明年,移榷長蘆鹽運,尋陞貴州按察使。丁酉,陞陝西布政使。時方部飭認籌昭信股票,前署藩欲見好中丞,遽以八十萬金報,且擬以庫存正供墊解。先生抵任,值上忙,而正款認股部限綦嚴,遂首捐廉四千兩,爲按季抵解,復飛飭各府縣量力認股。未及匝月,如數報解。又陝省駐防旗餉向由各旗領得,改色分給,從中朘削,積弊已深,先生立革之,旗防稱便。甫半載,卒官,年六十七歲。

方伯李菊圃先生事略

先生諱用清,字澄齋,號菊圃,樂平鄉人。少從祖鏞聲,讀書特嚴重,不爲童子戲。又祖故以理學自勵,於先生言動之間皆有提警。少長,喜讀儒先語録。十六歲,補諸生,試卷真草不苟,爲學使所激賞。旋肄業省垣晉陽書院，院故鄰崇善寺，寺多古木，先生課餘恒自拾樹枝及落葉以供爨，恒自刻苦以爲常。時盂縣田先生雨公掌院事，深器先生。令與子弟同讀，呼畏友焉。咸豐戊午，以優貢領鄉薦。己未，會試報罷，因留舘京師。時壽陽相國祁文端公方巋然爲人望所歸，門下若端木子疇埰、閻夢巖汝弼，亞以文學名。於是先生朝夕過從，以資砥礪。

同治乙丑，成進士，選庶常，出倭相國文端公門。益聞儒先緒論，身體力行。仍授徒自給，布衣蔬食如諸生。戊辰，散館，授編修。時陳六舟彝崇、文山綺、文叔瀛海均以講學勵品相尚，先生引爲師友，益自刻勵。嘗日讀《易》，作日記，講小學，非甚病，無少輟。又稽掌故，究輿地，如山川、阨塞、物力、豐瘠、民情、勞逸，均所究心採諸書，詢諸師友，一一詳識而無誤。又每聞耆碩及端士，必默識其言行，或造訪訂交以爲常。

癸酉，父卒於京寓，先生徒步扶櫬返，喪葬悉遵朱子家禮，無稍易。明年，主講河東書院，日爲諸生講小學，四書。嘗曰："爲文以理明辭達爲主，專事揣摩亦壞心術之一端，吾不爲也。"時陝西閻相國文介公講學棲巖，芮城薛仁齋先生于瑛講學歸儒書院，先生以仁齋學規嚴肅，謂："制外可以養中，尤所深契。師其意，以戒約子弟焉。"

光緒丙子，服闋，供職京師，授徒自修，一如疇昔，旋考取御史。會晉大饑，閻文介、曾忠襄奏調襄辦本省賑務。先生單騎遄返，徧歷災區，或騎驢，或步行，從僅一僕荷裝，望之如鄉里老儒。而於所到各區勘災外，兼考官民利弊及糧路源委，召荒之由，悉紀於册。比返省，力請當道禁種罌粟，面陳函説，至於泣下，曰："是妨農害人之尤，荒僅一時，此毒數世恐猶未艾也！"事畢，例以勞績保舉。先生曰："致力桑梓，吾分也。罌粟未能禁絶，荒亦未復也，何保爲？"力辭之。值廣西大吏以邊防重任需人，奏調先生，先生往。先會辦廣東海防釐務，旋查勘肇慶、潮洲各屬圍決水災，以工代賑。時朱子襄先生次琦講學九江，先生公餘，尤樂與講論，而於海防釐金諸務悉心整理。

甲申,法越構釁,而粤防餉需無匱,均先生整理之表見者也。補惠州知府,禁賭博,懲械鬪,感化獄囚,使知念父母,爲良善,惠境以治。旋任貴州貴西道,補布政使,署巡撫事。先生首先禁罌粟,重庫款,澄吏治,又劾提鎮之缺額侵餉者,迭獲朱洪竹、莫夢弼、莫夢葵、陳鷂子等土匪,置之法,黔地安堵。巡閲所至,召其士子,示以讀書之方,或講小學、《四書》,將吏亦環而聽之,相與動容。

明年,調京,旋署陝西布政使。至仍首嚴罌粟之禁,次則勤訪賢達,興水利,勸蠶桑,辦積穀,行清丈,裁冗員。時以嚴禁罌粟爲陝人所惡,慫恿陝人官京者合詞劾之。當奉旨調京,閻文介至力懇收回成命,卒未允,因辭職。先生亦深欲設施未竟,因引疾歸里。向使先生之志得行西北,煙毒早奏肅清矣,尚何待外人之齗齗哉。

當道聘主晉陽書院講席,先生至院,首嚴鴉片之禁。每日昧爽而興,集諸生於講堂,爲講小學、《近思録》、《四書》,斤斤以身體力行爲歸,以提發良心爲學者尤要,寒暑無間。又不時巡視齋舍,諸生之勤者獎之,惰者懲之。諸生悉敦樸相尚,無敢以奢侈玩愒貽書院羞。入院則整潔嚴肅,無笑聲,一時省垣士風爲之大振。及戊戌春,先生病作。孝感屠先生仁守主令德書院講席,來問疾。先生慨然曰:"吾輩老兄弟無多聚首矣!余平生頗信得力於'居敬行簡'四字,今而後殆庶幾乎。"又語諸生以"敬則中有主自治嚴"。又云:"士人在書房,讀不痛不癢之書,當官處世必爲不痛不癢之事,現在正道不明,皆此之由。吾黨其力持之。"自先生疾,諸生爲之侍湯藥、拭痰、滌穢,有如子姪家人,數月不懈。及是卒,年七十歲。諸生呈請當道,祠先生位於晉陽書院之三立閣。

子貴陽,監生,生有至性,習聞儒先語録。先生卒,旋以哀毁成疾,卒於喪次年,十五歲。一女適同邑王興運,夫死撫孤十餘年,孤又死,遂自縊以殉。

先生爲學根本大要在於主敬居恒,手不釋卷,而不事著述,爲文辭理明暢,不屑屑於聲調。不苟作,作必有關於心性及國計民生者。

手訂有《悔何追草堂奏疏》二十五卷,《書札》十三卷,《官黔公牘》三十三卷,《日記》八卷,《雜記》一卷,《讀書日記》。《山西辦賑公牘》四卷,《惠州批信稿》十五卷,《貴州批信稿》十三卷,均未付刻。今印行者有《課士語録》十六卷,採諸爲諸生批卷者;《遺文》一卷,則晉陽肄業諸生彙録文稿及批牘爲之,又妄加評論,尤非先生志之所存也。

先生論學不拘拘於一,先生言"聞善即服"。如屠先生仁守講西算,先生詢知其故,趣令諸生往問業。朱子襄先生講陸王學,先生與交爲莫逆,不爲陸清獻詆諆之故習。嚴於律己,於諸生動作語言,悉繩以先正,不少假借,而居心之平易坦白,則久爲友朋生徒所共信也。先生卒之日,崇文山上公在京寓,晨興,聞有異,語其子曰:"得毋菊圃有異乎?"無幾,而先生訃至,是亦先生篤於友誼之一端云。

觀察張衮甫先生事略

先生諱九章,字衮甫,平定州人。家貧,父瀕卒,屬先生"善讀書,以大門户"。先生時甫勝讀,又遭母喪,逐負米從師州城,以勤學爲鄉先生所獎掖,入州庠以試高等,補增生。同治癸酉,舉於鄉。因貧授徒,歷祁縣、平遙、介休,以館穀自贍。光緒庚辰,大挑一等,以知縣用,分江蘇。先生不就職,仍爲教授如昔。癸未,成進士,以主事用,分工部營繕司,京曹故清苦。先生公退,授徒仍如昔。嗣以叙補需時,因請改知縣。

戊子,選四川黔江縣。先生出都便道抵家,謁先壠,自誓曰:"此行倘受一文枉法錢,先靈殛之。"不食其食,遂行,及抵任。其地連湖北,爲蜀東南邊邑,民貧而好訟,先生一以理聽斷,會苦水患。先生見民無廬舍,鷺立洪波中,大感涕下。親勘水道,一由西來,一由北至,由西來者若將舊河淤沙挑淨,俾大溜南趨,則北至水源近流淺不爲害。乃集紳董率工作,往來河圩,詳度興作,先築木櫃以折水勢,繼修石壩,黔民於是免水患。又其地處叢山,文獻湮閉，先生詳定志例，以纂縣志。復增書院膏獎，定課士法以教士子。編爲息訟諸歌以喻愚民，修文廟，建孝子祠，以勵薄俗。值歲饑，請大府發金賑卹。先生復請查户口，核實散放。時黠民故使幼兒啼於街，冀多得賑。先生見即鎖縶，歸而置之粥廠。有父兄者以畏鎖，悉領回，弊不得作。壯者則以工代賑，使沿河栽柳備水患取材用，斲舊種新，歲以爲常，民利賴之，時有"張公柳"之稱。在任七年，民情協服。湖北利川民至有乞先生評曲直者，曰："非乞官法治，但得公一言決是非耳。"本邑鄰境多以好官稱，行鄉至山僻且有呼停輿，願見好官者。

丙申，大計卓異，得明保嘉獎，調補屏山縣。其地夷民雜處，民每苦夷患。先生至，適夷擾，遂調防軍，復督團練，爲剿撫計。數月搗巢，擒渠斬首，和血酒中，徧飲其徒黨，並揷牛皮爲誓，夷衆震懾。戊戌，擢知培州，先生恐以夷患遺民憂。於是定《靖夷三策》，曰剿、曰撫、曰防，凡數千言，晰其原委，爲後任憑藉。抵任後，適頑民鬧教，預約於某夜聚衆焚燬教堂。先生偵知之，親巡各街，命役鳴鑼以號，曰："某時關門安寢，不得一人外出。"羣懾先生威，不敢發。先生親如教堂，與教士爲竟日談，事遂熄。既教民猶慫恿教士與地方爲難，教士曰："好官豈可爲難乎？"卒無他詞。明年，調署梁山，尋改調南部。

庚子，拳亂作，兩宫西幸。先生效前人毁家紓難事，傾積年宦囊報効，得旨開缺，以道員後補川中。壬寅，紅燈教匪起，頗蔓延，大府檄先生赴資州查辦軍務，劾罷失利諸官，匪患旋熄。歷充川通省釐金，夔關釐金，滇黔鹽務，全省學務，籌餉，機器各局，總辦奏署，成緜龍茂道川北兵備道。甲辰，川東北連荒，檄先生督辦賑務。先生憫南部尤苦且舊治，特捐千金助賑。丁未，晉撫奏調先生辦路礦事。先生回晉視察數日，即辭差返川。

宣統己酉，以修墓假歸。修族譜宗祠，置祭田，定祭章，贍卹族戚，又爲平定書院，置《十三經》《二十四史》，以資覽閱。爲州士捐賓興鄉校，捐經費，皆有差。民國元年，卒於家，年六十六歲。先生體豐偉，性嚴正而謙光，寧静不以礉礉示人。當官勤約，未明而興。有要事，漏三四下猶不寢。布衣蔬食，雖至監司，不改其度。遺著有《雙冷齋文集》四卷付刻，彙輯紀程及黔江公署志稿、書札、雜文、雜詩而成者。

山西獻徵　卷三

循　良

刺史郭九芝先生事略

先生諱傳芳，字九芝，大同縣人。父之麟，明季爲九江府監紀同知。先生生而穎異，究心儒先書。爲諸生，在代北稱“國士”。順治戊子，充選貢。曹侍郎溶嘗語人云：“雲中有二士，一陽高徐化溥雲門，一大同郭傳芳九芝也。”尋以選注授先生咸寧縣丞。抵陝，上官雅知其賢。先生又富康濟才，上官遇事恆咨訪之，先生亦不苟爲婞嫛態。會修《陝西省志》，特檄先生主關中書院講兼司志局事。時盩厔李先生顒亦應聘至，先生以爲己之學相與切磋。既而署郃陽、長安諸縣，均務德教，不斤斤以聽訟催科爲能然，皆稱神明。居民愛戴，去官時恆泣送，且爲位以祀。

遷富平知縣，特築室延李先生至，示民好德。又與切究性命之奧，以昌明儒學。時陝儒如華陰王山史弘撰、富平李子德因篤均契先生，而崑山顧寧人炎武、陽曲傅青主山均過陝主先生署。先生榜所居“日慎廬”，爲箴自警云：“以好色之情好德，以修名之法修身，以畏神之覺畏人，以救災之勇救過。”

康熙戊午，吳藩倡亂，雲南西、南、北同時有煽動者，縣境有遥應。先生偵知之，乘天大霧衷甲率衆搗其巢，斬渠首二人，獲僞劄三十餘件，民得寧息。時轉輸委塡，先生多所寬假，嘗稱："爲百姓卽所以爲朝廷也！"大吏以先生實績報爲陜省最，欽賜袍服内召。時東川郡邑新服需人治撫，遂擢先生達州知州。去陜日，邑人攀泣至信宿不得發。既而羣知上命不可違，始送先生行，去後相與祠祝如奉私親。

先生抵達州月餘，病卒，無以爲殮。甥僕從者亦以水土不服先後死。子荆石即家聞信，丐貸赴川，以喪歸葬。李先生因篤爲作墓誌，李先生顒爲題墓碑，時人以比漢郭有道云。荆石，亦能以文行，繼先生聲，官訓導。

刺史周藍瑜先生事略

先生諱瑋，字席之，號藍瑜，榆次縣人。幼受業於明御史張惟直養，有大志。爲諸生，邑令劉似鼇讀其文，曰："此琅琅金玉，他日國瑞也。"尋以高等食餼。崇禎癸酉，舉於鄉。癸未，成進士。

清世祖入關，順治元年，録用先生知直隸清苑縣事。時軍興旁午，清苑又直省首邑，事益繁。其冬，詔："圈畿内地三百里，分駐八旗，以官地補還百姓。"先生奉上官檄，戚然曰："民無恒業，何以爲生業哉？補還之令，是在地方官措置得當，小民庶不至終於失所乎。"於是清地籍，查隱匿，抑豪强，履畝安集，按圖更補，端緒釐然。先是初圈地，清苑有姦棍假冒富室，投充旗下，盡將邑東郊腴田幾二千畝給部使爲圈去。先生廉知其假冒，又礙於部使在，不便發其姦。第向部使索留清字牒署"不補還"三字，有老吏竊歎曰："此後日結案符，可省無限葛藤也！"

又有妖犯案，久未結。移駁清苑，先生白上司曰："必翻案，乃可結。"因廉得諸妖術狀，盡反前案而結之，免株連無辜，民稱廉平。三年攷績，先生以治行爲近畿冠，擢刑部主事，持法稱平，歷員外郎中。

壬辰，簡順德府知府。抵任，值城守兵丁有横暴閭閻事。先生力請大吏裁撤之。又其地鄰河南，賊有窺伺，爲劫掠者。先生偵知之，設法擒獲二十餘人，置之法，餘衆潰散，民以寧息。甫四月，境内稱治。會圈地訟起，清苑民路斯行者上訴王儀等圈地不補還，屢訴不得直，憤極自刎闕下。事聞，世祖震怒，下其事六部九卿，滿漢大臣會勘。事連先生，檄入都對簿。先生至，毅然執原案，不稍屈。諸豪右不便，使人諷先生："略阿附，則無事。"先生曰："若輩占民業未補，還何飾説爲？今我雖守順德，清民仍吾赤子也。若昧良得官，何以謝清民？倘爲百姓受過，則吾心正無愧也。"迭訊，先生侃侃執前案不易詞，且指清字牒爲據。諸大臣乃飭前圈地部使赴清查牒及檔，旬日始上，諸大臣曰："此案積年不結，致百姓喋血禁門者，緣斯片紙耳案定。"具奏，上憫民冤，悉令退還原圈地與百姓永業。豪右嗛先生，不能中傷，於是摭先生不預行申請干部議，降一級，用知州，調深州。先生欣然就道，在任二年，事悉理。以年老不耐繁劇乞休，時百姓遮留，大吏亦以循良保，先生力謝之。乃刊輯其先後服官治績，傳布畿甸焉。先生既歸，杜門授徒，講《易》論文爲後進楷式。於康熙丙午卒，年六十七歲。

明府孫澹庵先生事略

先生諱奇，字象陽，號澹庵，屯留縣人。父家彦卒時，先生甫七歲，母李氏撫而教之。先生幼嗜學，性復穎敏，孝事寡母。除歲時及墓祭外，不出塾門及家門與市井接。爲明諸生，有文譽。其伯父譽之曰："大吾宗者，其在是兒乎！"

清順治甲午，詔州縣各拔諸生之文行醇備者一人貢太學院，先生入選。丁酉，廷試取一等，以知縣用。辛丑，授浙江寧海縣。時國基未固，明遺臣逸老頗懷恢復志，而所在土匪亦藉是以遂其劫掠計。先生抵任甫二日，海寇犯城下。王鎮撫使備出戰，人情洶洶。先生曰:“寇來犯,伺我之隙耳。我果無隙,彼烏合衆焉能?”固遂身任守具,以忠義勵士民,復拔壯勇爲戰備,士氣百倍。寇無所得,且不能持久,遂引去。王鎮撫曰:“古人稱胸中有數萬甲兵,君之謂乎? 寧人得君,福何如之!”遂與定生死交。寧人恃以無恐,漸完聚。朝廷亦厭用兵,議遷海上民於内地。沿海一帶盡爲灰燼,民之扶携老幼轉徙流離者,慘不忍覩。先生於是籌設四粥廠,集米八百餘石,令四巡檢董其事,飢民全活甚衆。其觸疫死者,先生爲具棺列號飭掩之。或勸曰:“費恐不繼,不徒費乎?”先生曰:“民父母我,我不卹,誰當卹者? 視職與所能爲止,豈敢以此市惠乎?”時誣陷風行,邑故宦項氏奴以盜財,立送官究治。奴挾仇誣主通海寇,依律斬監候。先生歷檢舊案,無左證,力爲聲雪,得寬釋。

又民黄趙二氏同娶於董約子女爲婚,其岳母爲媒證以花燭爲禮。黄卒家落,趙將改字女。黄子鳴之官,趙懼,賄禮書,先以二百金啗先生。先生佯受之,及訊得其情,當堂出金十二兩付趙,曰:“是爾婿聘儀也。”餘俱付黄子,曰:“爾岳與爾娶婦養家,資宜謝領。”趣擇吉迎娶二氏爲姻,和好如初。邑人争頌之。

又寧海爲明方正學故里,舊祠年久摧廢。先生既爲繕葺,又增置祭田。每月朔謁祠,輙揮涕曰:“夷齊死後,君臣義寖薄。篤斯義者,惟先生一人而已。”因捐俸爲多士膏奬,親自考試,爲講明正學,制行力學諸大端,使景仰先哲,士皆感服。先生在官凡三年,值凋敝之餘,以培養元氣爲至要。於是,自順治初元以來,積年逋賦至數十萬。先生不忍過爲誅求,大吏以“積逋不清”劾罷先生。寧民奔走呼號,扶携老幼送先生至數十里,泣涕而别。

先生歸,杜門不出,與弟蘭日侍母,不預外事。聚徒講學,爲“父子、夫婦、昆第、朋友”四箴,使生徒諷誦,時稱名言。康熙癸丑,邑屠大令直議修志,聘先生揔局事。乙卯,書成。澤州陳文貞廷敬素耳先生名,以父命謁先生,欲保舉再仕。先生以養親固辭,陳公嘆息去。後任邑令者多仰先生名德,歲時請讌。先生守約安貧,不預公事。未幾，母卒，先生哀慟特甚，爲經營葬地，數年不成。服闋，猶忌日哀號，面目羸瘦，鄰里惋悼。尋得疾，臨殁猶呼母，以不得安葬爲大憾。後邑人請祀鄉賢祠，得旨允。其所爲四箴入邑志。

州牧鄭似僑先生事略

先生諱相，字似僑，一字稷穡，定襄縣人。幼聰慧，有大志。年五歲，隨祖母閻送其族人之遣戍者，遣者以無見日泣訣。先生前曰："我異日宦若徙地，詎無見日否？"衆異之。十五歲，成諸生，以家貧授徒汾陽。時年甫十九歲，衆無敢易其少。雍正丙午，舉於鄉。明年，館於介休。

壬子，河南鄉試，調充外簾官。乙卯，陝西鄉試，調充内簾分校官，得士頗盛。他房積卷多所代校焉。乾隆己未，會試未售，因就選。辛酉，選授廣東招收場河東鹽大使，至則前任李死於官，拏柩淹滯。先生盡旅費之餘以贖而歸之。乃簡核前弊，悉去煩苛。明年，上官以招收埇衆額多，令復分河南栅。先生爲畫四策，曰：宜量埇額，宜量增司事，宜河南另置書役火食，宜河南另修栅署。復呈請廣撥省運，以免配鹽消蝕，官民交便。嘗弛鹽禁，人或非之，先生曰："細人趨者利耳。自官埇有規禮需索之微，而私埇夥除之，則彼私收多利，孰肯售私以敗露。禁令之厲，適飽廝役，隱賄冒公，私販益興矣。"鹽政由是日見增收。

甲子，以母憂歸。丙寅，服除，補四川牛花溪鹽大使。時大軍征金川，藩司稔先生才，檄省司運餉。所過土司碉卡，皆險惡，人視爲畏途。先生布衣繩履，持矛與士衆同甘苦，餉無或誤。又御其土人以恩信，土人樂爲趨事。以故前此壅滯諸運率委先生代運，一無遺誤，既以功叙知縣。辛未，選授陝西眉縣知縣。壬申，抵任，值旱荒，先生於城立粥廠賑飢民。又立分廠於各鄉，親爲查察，復責各社長核社穀。民有鬻子女者，資贖之。

明年,以父憂歸。丙子,服除,署吴堡。乙卯,署韓城,尋改府谷。至則旱荒之餘,其地瀕黄河,以糧津爲河套以外諸糧販來往之路,上官令錮之。先生嘗諭販户曰:"錮糧津官令也。與汝輩約日中不許無糶。果爾,則汝仍得流河。"皆如約,民得不乏食。會烏魯木齊戍卒歸京,沿途頗縱擾。先生諭民立飯館三所,給官糧,使勿較值,民得無擾。

甲申,署榆林縣,地爲附郭,事且繁。府道公出恒委先生護理,事無誤。明年,署葭州秋試,兼署神木。時神木有命案,懸而未獲未報。先生至,勘之日在某屋集衆訊之。會犬出座前,先生立指一少年,云:"是必汝斃人,犬效汝矣。"少年惶駭,吐實以誤斃,此案人驚爲神明。先生曰:"是案隙在磚,其磚半整半刓,余視其屋門限下砌磚適合,且彼少年戍,人視多惶怯,情尤顯而易見,無所謂神也。"丙戌,題陞乾州府谷。人衆感激,既爲建坊,且作德政歌互唱焉。乾州爲西域往來孔道,入貢出戍終歲無間,先生措理悉當。所屬武功瀕渭河,有閒田,爲軍營牧地。會軍人縱馬食田毆民,民訴於州。先生既至,先正疆界,復斥兵弁之横,皆慴服。乙丑,藩司督屯糧甚急,先生争之不可。值痰疾發,遂告歸。庚寅,回籍,布衣蔬食,擁圖籍課孫,曾蓺花木。庚子,卒,年七十七歲。

先生性剛直,當官勤儉耐勞,所至以明於聽斷稱。同鄉薄納之,嘗問爲政,先生曰:"吾無他能,但使公案不留獄,私鬭不求和耳。"曰:"焉能哉?"先生曰:"早息以清心,夙興以致慮,詞立判矣,獄又何留?凡民之鬭,難遽兩合,凡鬭求和,久訟不支,我既立判,何待求和?"薄大歡服。先生家居,遠近服其德量。人艱窮,必爲之籌畫顛末。任官既勤民事,又多設義學,延師以教貧寒子,使無失學。所在整飭書院以課士云。後邑人請崇祀定襄鄉賢祠。

刺史馬沖霞先生事略

先生諱德禎，字沖霞，號亢宗，介休人。少以能文名，及壯，棄諸生，遊京師，受知相國魏文毅裔介，供職實録舘。《清世祖實録》告竣，除湖南彝陵州州判。時康熙癸丑，三藩變起，大軍進剿，分駐州之鎮軍山，籌辦軍需，日夜不暇。州牧素愊然知先生才，一委之先生，如器械、糧餉、草豆舟楫等置辦調撥，無少貽誤。先生復請於軍帥，以緝難民、約悍卒、招商賈三事爲求，悉得允，兵民相安。會鎮兵斃，督兵構訟。先生親謁徐總兵治都近陳利害。徐悟謝，復詣都標營，請各責以討賊大義，事以解。蔡制府毓榮及各提鎮亦重先生。

丙辰，檄隨軍進剿。時破聊進忠軍，先生卽獻策奪毛鹿山據之以扼要害。旋檄挽運入川，過萬縣，降將譚洪踞天子城。先生察其有異志，兼程急驅，至長壽，變隨起。邑令出奔，先生挾以俱西達軍所。又解餉重慶，奉令查邊，西出劍門雲棧，復由漢江下襄陽，計運餉十二次，歷水陸危險，凡九年。統軍貝勒親王等時召見，且奬許。壬戌，以功授銅陵令。先生蒞任，首刊《上諭十六條》，布之各鄉。己復萃士民，委曲勸導，使爲各鄉講授。又整飭學宫，周卹寒畯。尋勝兵凱旋過境，民頗懼，思避去。先生止之，趨謁主軍，請令箭彈壓。於是軍紀一肅，民得不擾。邑内沿江爲圩四十八，而仁豐一圩實爲外障。癸卯，圩潰。先生就視，棄其下下圩一角，出俸金移築大隄。又棄下圩石洞，別創石牐。時啟閉爲二梁，上下且通舟楫，水患以息。餘如清十三洲蘆地之税、發金法盛時命案之疑、除悍盗陳祥生等，諸惠政奇蹟，尤嘖嘖在人口，時有"斗山不撼南山判"之頌。會以内艱解任，民隨送，多泣下。

丁卯，服闋，補魚臺令。其地濱昭陽、獨山兩湖，恒苦水患。先生下車卽議浚河築隄，親行籌畫，履行凡百餘里，繪圖列説，上請大府，力任其役，凡在工次三月，官事無誤，隄工亦成，共得腴田百餘頃。土人戴德,勒石稱其堤曰"馬公堤",橋曰"馬公橋",渠爲"馬公渠"云。繼委攝滕縣、城武二縣事,兩值南巡,供應一切,均無遺誤。己卯,以俸滿,任桂陽知州。桂陽僻處萬山中,風多不馴,有豪猾買奴別字於面者。先生憤然曰:"是黥也,何以加無辜?"立爲嚴斥豪家,州人稱快。在任年餘,以老乞休者三,大吏始允。

及歸,優遊林下者七年,稱鄉先生。丁亥,卒,年八十歲。先生修幹長髯,有威望。歷任諸縣均有惠政及民,銅陵、魚臺士民輯歷任歌頌事實者爲《棠蔭會編》四卷。乾隆(按:應爲康熙或雍正)中,編《圖書集成》,先生政績亦經采録。辛酉,奉旨崇祀魚臺名宦祠。

明府武劭孟先生事略

先生諱承謨,字劭孟,盂縣人。幼讀書,文字穎敏,爲時冠。康熙己卯,舉於鄉。庚辰,成進士,以知縣用,分江西,補大庾縣。寬簡不苛,能知民疾苦。

旋以丁艱歸。服闋,補新安。撫軍奇先生才,尤賞其詩,嘗保與召試。聖祖命和閨怨詩,限"溪西雞齊嘶"韻及"一二三四五六七八九十百千萬兩丈尺雙半"對十八字,分春、夏、秋、冬四首。先生隨筆繕寫,不假思索。上稱才子者,再取第一,賞賚優渥。改授江蘇無錫縣知縣,涖任,卽撰聯懸堂以自警,云:"日照月臨天有難逃之眼,民窮財盡地無可剥之皮。"時稱爲實心愛民見端。

先生嚴制胥役,鋤豪强,如姦民移屍詐財者立捕而置之獄,遇驗人命事卽輕騎以往,距遠者駕扁舟徑詣屍所決之,吏胥、仵作不能爲姦利。鄉間有報獲盜者,盜中道死,鄉人大恐。先生訊爲真盜,立釋鄉人。到官僅四月,以勞得疾,猶惓惓於民,作諭文以示未竟之志,勸民向善,詞語懇切,讀者淚下。未幾,卒。邑人感其德,與明代王明府其勤並祀之。

惠山先生負氣節，不苟唯阿。少鍵户讀書，人罕識其面，及登第後歸家，從學者始衆。先生並與講明文史。丁艱歸，從學之盛亦如之。所著有《尚志堂詩草》《逸溪堂稿》《客窗質語》等藏於家。子永直，乾隆時優貢，官高平訓導，以孝行名。

郡守李鑑溪先生事略

先生諱暲，字日章，一字闇成，號鑑溪，静樂縣人。幼有至性，讀書喜古烈士以自勵。康熙辛卯，舉於鄉。壬寅，以例授福建汀州府同知。其地濱海，故採買洋銅。明年，以買銅輕重不如格，部議革職。世宗在潛邸，知先生清節，參本甫上，特旨授安徽太平府知府，榷蕪湖關，其地向號爲美缺。先生任之，悉以歲贏歸公家，前後凡數十萬，無入己者。又湖北解京木出蕪湖，恒夾私木。先生如法徵税，解員大憾之，歸，愬之鄂撫，劾先生，奉旨置對。欲以侵課罪先生，使健吏求之，無所得，尋解。後數年，先生復榷蕪湖關。大府令求前事侵課狀，先生力爲白之。

又屬吏某者歲終以金來謁，出之，皆布政司封，曰："是縣中養廉，非取之民者，願酬知我。"先生笑曰："朝廷以此養君廉，今饋我，顧養吾貪乎？"飲以酒而歸之。後其人令含山縣，爲民所控。先生奉臺檄治其事，令以舊屬，故遣人爲先生女治奩具。先生峻却之曰："貨我計誠巧，然我發之含山，事雖虚亦實，吾不爲也。"遂據理平決。旋調池州府事，既而改調淮安，以河決議革職。時高宗初年，上亦素知先生清名，旨發江南，以同知用，因補揚州水利同知，調南儀所監掣同知，署揚州府知府。先後均清譽著稱，旋護兩淮鹽運使。壬申，乞假歸。甲戌，卒，年六十九歲。先生自守特嚴，廉而不流於刻。陽曲張耀先恩孝嘗刻傅青主《霜紅龕集》，特助刊資，輯所爲詩曰"燕詒草"，藏於家。

明府郭存齋先生事略第九同、子爲觀附

先生諱九會，字繹茲，號存齋，猗氏縣人。幼讀書警敏，善屬文。十歲，以吟《柳絮》及《鄰女詩》爲邑前輩所劇賞。十五，童試以第一入邑庠。自是每考輒優等。年二十七，爲康熙己酉，以第一舉於鄉。闈藝出，時皆傳誦，稱名作。

丙午，謁選授浙江臨安令。其地爲山邑，民之狡黠者包通富役，藉以抗玩公事，官且不能擅去。先生至任甫三日，會夜有滿洲兵捕蒙古人犯法者，且圍城。民大惶懼，先生促開便門，與主者接約，共保城民，剿捕犯者。翌日，先生率丁壯徧歷山澤間，卒得犯者，解省。滿兵亦無擾臨民拔隊去。先生回邑，清釐積牘，有繇甲舊逋積三百兩，出囊金代償之。乃坐堂皇，召諸生而斥之曰："若故技今悉知矣，不過以包抗條米爲拖累計耳。令初任，不允休致，若能計款上訴，驅令歸計亦甚得，不然令貧骨且悛，拚此一官與若輩角，勢不兩敗不止。"諸生悚然退。先生遂爲定月季課試，第其文藝，親爲講解。諸生漸知向學，久且樂爲先生助，諸事得理。其秋及己卯，擢鄉舉者，皆先生所課士之秀者。猾民姦胥無一爲嘗試計者，邑幾無訟，其條銀無完納者逾四十年。

戊寅一歲，先生竟報全解。諸生有以忤逆革責者，至悔心叩首泣陳改善於署閣，卒復之爲善士。定例官三年無過，得行取。先生官臨安已六年，至是大計爲資者弋獲，遂慨然曰："登第之遇不遇，暗中摸索，有命存焉，詎遷官而猶若是乎？"因連牘乞休。時辛巳歲暮矣，得如所請。抵省，謁司藩，詢曰："君無病，何爲乞休？"先生笑答曰："今既如此矣。"藩司亦笑曰："今之要歸即得歸者，便是好官。"欣然送之。先生以除日就道，歸時年五十九歲。林居，手不釋卷，以詩酒自娱。邑人罕接見其面，人謂有陶靖節風。惟獎誘後進如不及，自闢敬交社，以講學論文，一時名士多出其門。不預公事，然有疑者相質，片言即決。遇關風教事，則獨力維挽，不隨俗逶迤。甲午，卒，年七十二歲。

先生不矜著述，好鈔録書籍，有《杜律》及《文選詩》八册。又録鄭端簡《吾學編》及《性理大全》。在官則編有《臨冰勸戒録》，嘗謂："嚴則人知有刑後將無刑，勤則我知有事後且無事。"時以爲名言。文詩皆稱"存草"，共二十卷。又著有《縣志續册》。無子，以弟九同子爲觀嗣焉。

九同字及之，號豫亭，於康熙己卯舉於鄉，庚辰成進士，與先生並以文行名，嘗官河南新野縣令。爲觀，爲豫亭先生三子，字貞符，晚號澹圃。幼從伯父學，母卒，鞠於祖母，事祖母以孝稱，事父亦孝謹。豫亭先生卒，有二子，嘗出家資均之，曰："余特降服耳。子則一也。"

雍正癸卯，邑人以孝廉方正舉，力辭。丙午，舉於鄉，嗜學勵行，不樂求仕。癸丑，復以博學鴻詞檄調，亦不就試。嘗修《猗氏志》及省修《通志》聘先生，以侍養祖母辭。聞喜張拗齋先生克嶷於時賢不輕與許，獨於先生則稱"名下無虚"。以乾隆庚申卒，年五十九歲，遺著有《慕齋詩稿》。

郡守衛慎之先生事略

先生諱立鼎，字慎之，號蘇山，陽城縣人。三歲而孤，育於祖吾良，太原府訓導署授諸經，上口輒成誦。學使按臨，每取先生以冠諸生，並録其文示學者爲模楷。

康熙癸卯，舉於鄉，授盧龍縣知縣。其地滿漢人雜居，多逋逃盜賊，號稱難治。又地當孔道，供張芻秣皆責之。先生貸諸人，不以民爲累。又縣中徵糧勺抄以下皆用升合量，納草束以銀代，既收銀後，仍抑價買自民間。先生悉其故，令户合納其米統歸之斗斛，吏不得輕重上下其手，草徵本色輸盡去弊，民大稱快。

盧龍士多廢學，先生獎拔文士，優視而教誡之，縣知慕文化。先生復懲遊惰，親下鄉董誡之，境内以治。于清端成龍時巡撫直隸，稱先生曰："廉吏固多能也！"會聖祖幸霸州，于公迎謁。上詢屬吏之循良者。公以先生及陸清獻隴其對，上頷之。

上嘗遣魏敏果象樞與吏部侍郎科爾坤巡察畿内，至盧龍，先生治具，二公不爲食，曰："令飲盧龍一杯水，吾亦飲令一杯水耳。"旋以諸大獄咨之，先生悉引經准律以對。二公大稱善而去。既而文清公格爾古德繼于公撫直隸，因事出，迂道盧龍，謂先生曰："令之苦無異秀才時，然秀才則自苦耳。今令苦而百姓樂，不猶愈乎？"尋以疏薦循良，先生列首，陸公次之。疏上，而格公歿，行取先生户部郎中。

先生勤於稽核，老吏皆憚之，稱不爲利誘威怵。數年間，上下皆倚重先生。先生每稱年老，不耐久治吏事。秩滿，遷福建福州府知府。引見，上憫先生老涉遠省，因乞休，上允之，以原官致仕。先生欣然歸，教授鄉里，以倡道論學爲事。戊寅，卒，年七十六歲。遺著有《約齋詩文集》《輦下偶吟》《漫堂和詩》若干卷。

明府張峻公先生事略

先生諱垚，字峻公，號巍峨，浮山人。少孤，孝事孀母。母病，侍湯藥，日夜不怠。讀書有器識，爲諸生，擅文譽。先生家故豊，浮山、岳陽兩邑人舊多乞貸，約金二千餘兩、粟三千餘石，先生以償還匪易請於母，悉焚債券。又霍州民連姓者，歉公項，官飭鬻女以償之，父女生離，至爲慘苦。先生告諸母，母憫之。先生即贈金而還其女，連姓父女泣叩去。康熙辛未，值蝗災。先生大出家錢募農捕蝗，災重諸區復捐米以賑之，全活甚衆。

癸酉，以歲貢選潞城教諭。先生月定諸生講課六次，復捐資爲諸生備紙筆。其甚貧者，量給補助。諸生王簡在趙爾任邑令，將報劣行，先生堅不具申，二生冤旋白。乙亥，擢山東棲霞知縣，赴京引見。

值浮山地震，母驚悸卒。先生聞訃，星夜馳歸，水漿不入口，且五日後乃稍稍進粥。及營葬終喪間一二月，未嘗不哭祭於墓也。服闋，二十餘載不言仕。後部選湖廣鄙縣令，文且屢促，先生始行。下車後，體察邑中利弊，實心興革。又廣設義學，給諸生膏火，獎勵優異。雍正丙午，諸生扶道弘者登鄉舉，癸丑成進士，鄙人士自是始有列名仕籍者。

有地棍陳某，素以挾持官長、魚肉鄉民，縣民側目，無敢忤。先生訪得其實，屢懲之不悛，申上憲，杖斃之，豪猾屏息。有訟者徑給牒促召，不假手吏役，案到即訊，無留牘。民有訟子不孝者，先生召其子，署中諭以父子天性，且明諸古事，子感泣改行。初署鄙縣者爲州倅王某交代接受，時先生以直忤。及是，王署衡州府篆，計圖洩前忿。先生窺其意，遂縷叙王前此婪索諸狀，通詳上司，且辭職。趙中丞松五直先生不准辭。會董學使按臨衡屬中丞特委先生監試事，事畢，士大服。鄙例編審照舊徵收，先生始革除，老弱孤獨易以少壯，民稱便。會趙公陞任都憲，鄙又大水，先生冒暑踏勘各鄉，備受焦勞，以疾辭三，乃得允。去任時，老幼泣送百里外，且建生祠焉。先生既歸，爲邑生童倡文會，爲族人籌養贍。

乾隆辛丑、壬寅兩歲荒，捐米煑粥，以賑老弱，捐給籽種，俾農無失業。復修城垣，建社倉，給試費，置茶亭，一切善舉無不力任。邑人待以舉火者至數千家。辛酉，卒，年七十三歲。邑人感其德，既爲專祠以祀，且共上鄉謚稱端惠先生。溧陽史文靖貽直爲表其墓云。

明府宋譽西先生事略宋瑀附

先生諱瓚，字譽西，號沾玉，樂平鄉人。幼讀書，爲文有雋才。爲諸生，於乾隆己卯鄉試貢副榜。庚申，舉順天鄉試。甲申，選授甘肅渭源縣知縣。先生抵任，適奉檄協濟皋蘭縣馬一百二十匹。先生念地小差繁，於是綜核諸費，除例得奏銷外，皆捐俸辦理，民無重困。

旋調任山丹，其地舊設車户，以備公用。每遇事，雖需車不多，而胥吏得藉爲姦利，取賄免。先生爲定輪月供差，以革其弊。縣屬硤口鎮爲陜甘孔道，舊無井，民汲恒至數里外，差至多苦之。先生測地高下，浚渠引山丹河水利汲且溉地。民大稱便，因命渠曰“宋公渠”。

未幾，兩富築城，大吏委先生攝篆且董工事。先生精心稽核物價，公給帑無虚擲，工亦堅實。先生又慮城依山而成，倘山水突發，衝刷城址，將爲患匪細。因測城北山麓，可增隄堰浚溝，備引流達於城南之廣鄉川，捐俸以成，不假公帑。工竣，回本任。山丹民歡迓者相望。辛卯，以父艱歸。民泣送恐後達數十里。

服闋，以母老請近分發，尋選補直隸武强縣。先生抵任，一以德化，不專事苛察，爲整書院、培士氣以清其悍戾。數年間，文風稱最。會景州缺出，上官擬先生題補。先生以母年過八旬，乞養歸，不履城市，不預公事，惟謹母起居。春秋佳日間，與親故登臨山水，爲觴詠之樂。嘉慶丙辰，卒於家，年六十六歲。先生宗弟名瑀者，亦以勤清名江西。

瑀字佩中，號梯雲，爲諸生，有文譽，饒幹略，以優等食餼。嘉慶辛酉，以報捐得通判。甲子，分發江西。抵省，上官詢事，均剖析明瞭，委署袁州府同知。秋闈，調巡察。差竣，委解還江西穀石，逾年事畢，回省。委署銅鼓營分防事，城東舊有永寧橋，爲適閩粵及兩湖通衢，年久傾圮。先生首捐俸爲倡，民財漸集。三年橋成，行旅無苦。旋奉委採辦貢木，先生赴贛州及漢口，精心檢擇，得如數，檄解京。抵江寧，有留難者，先生禀啟制府，准放行。庚午，守凍臨清。辛未，運抵張家灣，廠役陳九輩昂索工價，把持包攬，先生拒之。因禀明工部及順天府，奏聞，以廠役交刑部審訊。先生交清木值，即送部引見，撫藩考語皆第一。旨回原省，因請修墓假歸，卒於家，年六十二歲。孫中信，由廩貢官直隸趙州，亦以勤清繼家聲云。

郡丞喬適堂先生事略

先生諱序□，字元采，號坦修，又號適堂，猗氏縣人。幼侍母疾，晝夜抑搔不倦，人稱其孝。爲諸生，念家貧乏，父學顔及諸兄勤苦支持，不忍以瑣屑妨己誦習，遂發憤讀書，每夜以五藝自課。乾隆戊午，舉於鄉。己未，成進士，以知縣需次。乙丑，分發浙江試用，初署開化縣。有土豪强奪僧田，且割其耳，官吏畏豪勢，莫敢如何。先生至，立予審訊，置豪如法。尋題授仙居縣知縣，會歲饑，邑民搶米，仙居人有效之者。事聞，大吏嚴檄將繩以法。先生却之曰："飢民不自聊而爲此，且明明曰借，非敢肆劫也。"書上，隨分别勸諭懲儆。大吏再檄責，先生至以身保仙居民非劫，争甚力，卒如先生所陳辦理，全活甚衆。鄰邑亦德先生。先生朔望與民講明聖諭，設義學，擇師訓課。暇則親爲指授，士俗民風漸化馴謹。

高宗南巡，江南徽商輩呈請浙大吏購縉雲縣李家山大木，充行宫用，實則欲取餘木制炭爲營利。大吏以先生治縉雲之東，距山近，委就爲勘定。徽商陰啗以利，先生峻拒之。勘得路險不可行，據以上覆。徽商又陰爲操縱，大吏派别員勘之，以可報，斥先生。先生不與辯，卒不能行，事以止。李家山者，爲唐李陽冰葬地，自唐後子孫聚族而居，墟墓櫛比，樹木成林。至是，得免蹂躪，皆德先生，立石以紀其事。

先生又建大溪石橋於縣北，便行旅。調鎮海同知，行時父老泣送，且立生祠焉。抵鎮海，初有紳謝氏被盜，贓賊久未獲。及先生將至，賊夜還贓物於謝氏。因先生前數任治閩楚流匪，皆親率壯捕力緝結數大案，宵小震慴以是故。邑故有淡水池，淤塞已久。先生訪求遺蹟，且得水源。令民種地開渠，計田受工，稽勤惰，明賞罰，不及兩旬，工竣。值歲旱，鎮海獨有年，民皆曰："是喬公活我也！"任五年，事皆理。閩廣大賈及海外番舶向例皆有貢獻，先生一無所取。

遷湖南長沙同知，歷署寶慶、永州諸府事，皆有善政。有廣東謝仲玩、江南姜嶙皆官同知，與先生並以廉直著，時有"湖南三司馬"之稱。

辛巳，以父年高，乞歸養。時吴督學鴻雅重先生，書止之。先生乞尤力。吴公嘆曰："喬君學爲真儒，仕爲循吏。今乞養去，自處得矣。吾甚爲百姓惜此循良太守也。"以先生署寶、永事，故以太守稱之。先生歸事父，不出鄉里。壬午，父卒。服闋，仍補長沙同治攝。會同縣事商人釀金六百以獻，曰："例也。"先生曰："非《大清律》所有，何爲例？"却之。尋署常德府事，承修朗江土隄及石櫃。先生督工作，不避嚴寒。石櫃工未竣，以積勞卒於工次。時丁亥冬，年五十二歲。

先生爲學重篤實踐履，嘗稱："真學問從五倫做起，大文章自六經得來。及五倫之外無學，五經之外無文。學者不從此處着脚，終無是處。"又稱："學者有志於道，不奉'三魚堂'爲圭臬，終入歧途。"遺著曰《愚一編》，爲辨證經書訛疑；曰《薈見草》，爲紀古今典制及名賢言行。已刻者則《適堂詩集》四卷與《涑濱制藝》，凡二種。

郡守楊北峯先生事略

先生諱愚，字大智，號北峯，興縣人。十歲能屬文，受業於孫敬巖，明府鴻淦以道德事功深期許。十八，入邑庠。乾隆戊午，舉於鄉。己未，成進士，時先生甫二十三歲也。遂歸而讀書考道，請業敬巖先生如曩時。

己巳，謁選，授詔安令。詔安故瀕海，風氣大殊内地。先生下車，申嚴法，禁敝俗如娶婦索厚匳致貧、家生女多不舉。又士習陋而好拳勇，惡少恒爲患鄉里。先生既許溺女者鄰里共揭以示懲，又修邑庠，公暇日爲諸生講肄，且拔其文學優長者給膏火以爲之倡。辛未，大水。歲饑，先生開倉以賑之。貧民有鬻子償課者，立復其子而代納之。明年,平和蔡榮祖謀亂。事發,郡中馳檄指詔安林胡山中爲群匪嘯聚處,且剋期肅清。營員共議爲調兵往剿計,先生作色曰:"居官不能保地方無事,尚敢臨事姑待乎?且多人適以怖民而僨事耳。吾請身先之。"即輕騎從數人往,則山農數十家毫無謀逆蹟。遂還,白制府,具陳所目擊狀,事得解。踰年,又有流言烏山反狀者。先生往來察勘及陳述大府者幾半年,誣得白。

癸酉秋,先生調外簾。差竣,知侯官縣事。大吏既重倚先生,而一切冤獄疑讞皆委平反。厦門有勒殺男屍二事,莫得主名。先生借一煙管、一薙刀推得疑竇,卒獲正兇。侯官有致死本夫者,嚴鞫再四,婦堅不服。一日,訊至夜半矣。先生突指曰:"爾夫至矣,何飾詞爲?"婦忽目瞪髮指爲死者狀,歷叙致斃始末狀,語畢而仆。及醒,不能復辯,遂成信讞,時詫爲神。又邑多逋糧,先生既令依牌甲開欠户名目以爲催納,復分期親下鄉徵收,以省鄉民守候,吏役欺隱。期年,逋賦盡完。委署南臺同知,有盗張興等多淫掠不法事。先生按誅興及其魁。又拮園洲有貢生金某與林某争田不勝,賄營弁誣林圖不軌。事聞,制府密令九營將弁半夜縋城出,械縶凡數百人至。先生知之,迎於塗,請收禁代解。遂勘實,則農人方賽神社飲也,盡釋之。馳白制府,反覆數百言。制府意解,鞫實抵誣及賄者罪。

乙亥,擢厦門同知。向有採辦洋貨事,收受種種陋規。先生力革之,且刻石以爲永例。會訪獲海洋劫盗,人皆賀,當蒙優擢。先生愕然曰:"吾豈殺人以邀功乎?"健役林某與劫盗通,先生拘其家屬,命擒盗以自贖,俱弋獲,先後飭同安令治之。尋調淡水同知,其地生番鴟張,官吏率畏其矯健,莫復如何,熟番或冒爲姦盗。先生奉檄如省謁制府,請行政事宜。制府曰:"以東南半壁寄君,何詢爲?"及行辭,制府送至廳事檐霤下。先生愕然,請止行,曰:"吾非重子以東南半壁故也,幸實力振興,無負所托。"先生大感激知遇。及抵任,精察利弊,上《治番事宜》,略謂:"定立疆界以清占墾釁端,熟番薙發從國俗以示區别,移駐都司營於艋舺渡,添設營汛望樓,令民得家置竹槍木棍以資捍衛，往來員弁皆減騎從，不得誅求供億。”制府據以入告，得允行。民衆以安。會先生兄死。未幾，又以外艱歸。

服闋，仍任原省，署建寧同知，補漳州。旋署南平，值厦門陋規事發，先後官皆被嚴譴，先生獨以清潔免。吏議旋攝延糧通判。乙酉，代守建寧，謁朱子祠，立練夫人廟，禁私鹽，捕積匪。旋以調簾，差竣，代守漳州。時龍溪有豪猾黄姓兄弟九人，有九龍之目，結附近土匪，魚肉鄉里，沿溪劫掠。先生廉得其狀，選幹役、募力士，授以奇計，悉擒之。先生憫黄數幼弟，因去九龍字樣上狀，殲其魁，餘得不坐。

己丑，代守汀州。時鹽商輩以負課被拘，兼及家屬。先生爲設法假資計息，核訂鹽課。半年餘，逋課悉補，商力亦漸紓。尋以卓異薦。辛卯，擢廣西柳州知府，閩大府擬會摺保留先生。格於例，不果。明年，赴任，道出詔安，詔民猶扶老携幼迎道左且供饌具。先生卸詔任，至是已十九年矣，猶無異在各屬之初卸任時云。至柳州，以積勞溼且不習水土，舊疾旋發。然不廢公事，以癸巳卒，年五十七歲。

先生性儉約，服官二十餘年，不置妾媵，無珍奇玩好。朝服始終不易，居常布襪敝履如老諸生。與大憲言，樸訥無多詞。而遇事鯁直敢任，陳説無遊移。嘗曰：“做好官，在人不知處能相安無事，民間自受福不窮矣。”又曰：“同寅協恭，但期爲國家出力，爵秩於我何加焉？”時以爲名言。嘗謂：“文字詩賦不過應世末務，何與人家國事。”以故不多作，作亦隨手散去，遂無存稿云。

郡守康静溪先生事略

先生諱基淵，字静溪，興縣人。家貧，少與兄基田同肄業晋陽書院，文譽擅一時。乾隆庚午舉人，壬申成進士，選授河南嵩縣知縣。嵩故傍伊水，舊濬渠十一道，自明末即湮塞。先生於是按行舊址，於農隙時督民修復。又測山澗諸流可以引溉者，創開大渠四、小渠六，齊其高下，分首、中、尾設三閘，以資蓄洩。凡新舊渠共開十八道，灌田六萬二千餘畝，嵩民以殷。先生又核得邑絶産廢業諸地三十五頃有奇，因廢基建社學，先自城關，推之四鄉，計三十二所。於是嵩民有教。嵩故貢百合，率求之崖谷間，久爲民苦。先生商諸士紳，以公款購地西郊，凡四十畝，分六區引水以防旱，募夫以專任，由是歲産百合千餘斤，足敷貢品。因建亭、樹柳、植桑、鑿池爲久遠計。母王太夫人故迎養在署，夏日或來亭消暑，四郊婦女咸趨問起居。間有勃谿赴訴者，太夫人温語解之，或賜果餌，歡如家人。先生亦深體母意，刑民未嘗逾十板，民間至有"康八板"之稱。

又勸民蠶桑，教織綢絹。一時嵩民衣食有賴，教養兼資。先生治行爲豫省冠。丁母艱，嵩男女臨奠，日數百起，即百合園立祠以祀之。服闋，選甘肅鎮源縣，歷宰皋蘭，均實心任事如宰嵩時。旋陞肅州知州，不易初志，信義既著，遠近服從。嘗有悍回百餘騎，與邊民争利，勢將起釁。先生單騎往視，申明舊約，回人帖服，皆稽首引去。及任滿，陞署蘭州府。瀕行，肅人士爲建德政坊，臚舉大政十六事刊之石。一曰修洪水渠，使水漲時行戈壁之灘，免壘岸崩衝之害。二曰開興文渠，以溉野豬溝六里中荒田，取田租以給社學。三曰改屯歸民，汰去九家窰管屯州判一缺而官役輕減。四曰籌置歲修。五曰均清下堡水利。六曰勸民種樹，指郊外廢灘地飭種楊十萬株，設守護，明約束，推行各鄉堡，咸得材木之利。七曰建置社學，共二十一所，定學規十六條以端蒙養。八曰籌設鄉會試盤費。九曰建倉金佛清水官地各二十餘間，清還邊山民房四十餘處。十曰時發籽種。十一曰催科不擾。十二曰嚴禁賭博。十三曰詞訟速結。十四曰禁革差務派累。十五曰舖行逐月發價。十六曰革除番民派累，餘善政尚遺漏良多也。

旋擢江西廣信府知府。先生夙聞廣信所屬多有溺女風，先愷切厲禁。又給接生婦口糧，有不悛者，使首之。設嬰長，使稽女嬰，絶乳後貧不能養者,暫育之。以所活女數列册呈官,俾籌養贍。凡行之三月,而其風遂熄。

乾隆四十五年七月,甘肅監糧獄起。部議,以先生前署蘭州府時爲藩司近屬,遂詿誤被逮,舟次鉛山,卒,年五十二歲。

先生爲學務究根本,故爲政亦就胸之誠孚之。其作《嵩縣社學記》,略云:"古者養民,務作其勤,去其擾。教民俾胥安禮義,胥率親睦,故無不足之民,而後可以爲良民,無不良之民,而後可以爲善國。社學學規俾從事踐履,日循弟子之禮,而詩書文可通也,日由順敬之實,而孝弟名斯在也。人知親親長,長因而知不獨親其親,不獨長其長,所以爲教即所以爲養也。若夫侈興學之名,而無其實,使士獵虚譽,民增浮僞,並所爲養而失之,則予尤滋之懼矣。"是亦可見先生之實心一端云。先生之殁,肅州人士請從祀名宦,嵩縣人士則就百合園祠於王大夫人側,朔望香火無缺。先生所著有《南圃文鈔》《女學纂》,又《家塾蒙求》五卷則刊以行世,稱攷訂名物之善本焉。

郡丞徐東冶先生事略

先生諱敬儒,字魯薪,一字東冶。幼篤學,嘗晨起燃香一炷,構一題,香盡文成。後理《五經》《三傳》《儀禮》及時文以爲常。爲諸生,每試輒優等。乾隆己卯,舉於鄉。闈中成六藝棄其三,主司紀文達昀初擬先生元,嗣因文逾千字,乃置二十四云。榜後謁主司,紀公曰:"國士也!"其亟講經世學,會試二次未第。

丙戌,以大挑一等分直隸,撥入河工,借補霸州州判,兼署東安縣丞,旋署三角澱通判。先生日往來河濱,與河兵輩雜坐,詢訪利弊,皆悉其故,以安瀾報最。擢漕運通判,駐張家灣。甫接印,潞河決口。先生急募民夫堵合。凡二晝夜,立泥淖中,指揮民夫得塞決口,不致成災。當河報決口,或謂:"公甫任事,吏議輕,宜速報請帑。"先生曰:"遲一刻,民受害何堪?請帑往返豈止一刻?我自假貸可也。”比工竣，未滿修限。有説者謂：“宜稟請追賠，以填債欠，機不可失。”先生曰：“我自急，公何與他人事乎?”在任數年，漕運無阻，河亦順軌。

會上南巡，取道天津，抵通州矣。大吏以御舟縴繩促具，局員惶急無措。先生從容曰：“已敬備矣。”出之，則即紵繩，責黄色，足敷御舟用。旋擢永定河南岸同知，其地爲全河衝要，決口最易。同官視爲畏途，先生抵任，仍日歷河隄。得健騾，日行三百餘里，時有“飛車徐公”之稱。自凌汛至霜降，無日河隄不見先生者。又察得河卒工資不敷養贍，因格於成例，姑令即汛地作斷撈蝦蟹以贍之。有險失報者，予重責。以故迭逢異漲，先生所轄河道，民田均無恙。

周制軍元理悉先生治行，擬擢永定河道。適真定府遺缺，司請以先生提陞。甫上，而部文以先生前在漕運失察守備冒支事，降二級調用。先生亦父歿，奔喪時，北岸決口久未合龍。欽差大臣以制府稱先生賢，因合奏留先生。河差工竣回籍，詔允之。先生熟察地勢，請開支河以分正溜殺北岸水勢，以得次第施工。大吏允之，先生支蓆棚即盧溝橋南督工作。倏有騎者至，急詢施工狀，且出草紙，使立疏，勿俟欽差。先生略述之，騎者去。欽差返，知爲上遣侍衛視工者，屬先生更爲疏馳奏，得旨加獎。工竣，欽差制軍又奏請先生開復原官，服闋後，仍發北河。部議，駁。大吏憫先生勤勞，致厚賻。先生力辭，歸。

服闋，選江西九江同知。江西漕運屢以北上遲延獲咎，大吏以先生悉河務，派爲總運。先生察知向皆旗丁私運大木於船底所致，先生斥去之，曰：“爾輩可留人賤售，吾非向爾輩分肥者，再犯不貸也。”自是每先期抵壩，無稍誤。壬寅，先生乘漕船候押回泊張家灣，患時疫，夜渴甚，起取水，昏致墜。比人覺，撈救則斃久矣，年五十二歲。

先生剛毅明決，任事赤心，無城府迴曲，論事徹首尾，滔滔若懸河。自奉儉約，惡華飾。紀公嘗稱君有政事才，他日可爲名封疆大吏。及聞先生卒，公又歎曰：“生此才，而不竟其用，又何如其不生也！”爲文詩皆敏甚，而不存稿。鄉里所傳僅制舉文，且秘之爲懷挾計，遂歸散佚，不能輯刻云。

刺史李鼎北先生事略

先生諱騰蛟，號鼎北，又號辛峰，芮城人。幼讀書，樸訥，不苟言笑。爲諸生，作文不循膚濫習。乾隆己卯，紀文達昀典晋試，取先生卷，復擯之，加批示勗。旋以戊子舉於鄉。辛丑成進士，以知縣用，選直隸任縣。地多澱，有涸澤地袤數百餘頃，即《禹貢》之大陸澤，舊泊於水成巨浸，奏免其賦。康熙中，漸涸爲田，民漸私墾，久而涸益多，私墾者亦日有加。官禁不及，不肖者且往往藉以爲利藪，互爲欺蔽，紛紜糾轕，屢釀訟端，殆將百年。先生蒞任，廉知其故。值制府飭釐定阡陌、核租税，先生以《清丈涸澤之策》進，得准行。遂實行清丈，嚴定步弓，實得腴壤四百頃，按地升科，民訟且息。

尋以調繁任武清。會河漲，漂没五百餘村。先生晝夜焦勞，凡五月，奔馳泥淖中，衣不解帶。凡檢災發粟必親任之，不使假手吏胥以重苦百姓。於是，飢民悉得沾實惠。武清俗故强悍，且接近天津，鹽梟劫盗恒苦鄉里。先生以災患之餘宜求寧息，遂嚴緝梟桀，懲之不少貸，民得蘇。有巨盗李甲者，作姦寧河而竄伏武清。胥役明知，懼其强且衆，不敢往捕。先生偵知所在，率丁壯乘夜掩捕之，治如法。餘盗失其魁，均星散。畿東盗匪之燄遂戢。先生亦以能吏名於時，擢楊村管河通判，河務以理。繼遷遵化知州。知州地號稱難治，而高宗陵園所在，謁陵差次千乘萬騎，供億浩繁。先生籌畫一切井井有序，絶不臨時張皇，以重擾百姓。以故先生任，凡支謁陵差三次，民間熙熙不知煩苦，且父老相率望翠華巡幸以爲榮者。

嘉慶庚申二月，卒於官，年七十歲。先生簡重，蒞事勤幹，尤篤風義，得紀公批敗卷，心切知己之感。及成進士，特執贄紀公門，稱弟子，以終其身。嘗曰：“紀公深知我者，科名之遲早，命也，烏能以彼而失知己乎?”論者多之。

刺史喬孔璧先生事略子煌附

先生諱玉瑗,字孔璧,祁縣人。幼孝友,讀書志幹濟。乾隆丁巳,以監生考授州同,顧河督琮題准,留先生直隸河工効力。癸亥,補青縣子牙河主簿。乙巳,方敏恪觀承督直隸。以先生在工久,諳習河務,擢天津縣丞,其職專管南運河下遊。會有河險,先生極力防堵,並三岔河堤堰諸險工皆先生一手辦理,得無虞。尋署天津縣事。故事鹽商送官有陋規,遇事得官庇覆。先生曰:“吾不能爲此區區,致病國病民也。”立革之。又緝捕私販,往往貸其梟桀以老弱充數。先生實核其犯,分别懲創,老弱充數者,悉釋之,民大稱德。其他獄事多持矜慎,遇姦黠,不稍貸。

壬午,俸滿,得保舉推陞甘肅涇州知州。明年,抵甘,適涇州另補有人,委署徽縣事。甲申,借補古浪縣知縣,先後料理官兵過境諸事,皆籌畫裕如。舒文襄赫德尤賞其有才守。旋補狄道州知州。丁亥,抵任。以審理孫耀武一案,孫控先生縱役誣良,再詳再駁,卒落先生職。先生抵省,大吏欲借事請開復,屬先生且留。先生慨然曰:“我年逾六十,賴先人福庇授五品大夫,足矣!歸家饘粥自給,何樂如之?”遂拂衣歸,廣購圖籍,督子孫讀且資賞鑒,以娱老境。壬辰,皇太后八旬萬壽。先生如京祝嘏,奉旨給原銜,降二級補用。乙巳,卒,年七十七歲。次子煌,吏事敏練,能繼先生,尤以詩鳴於時云。

煌字效穀,號西村,幼從太谷杜登長先瀛讀。好爲詩,長隨父西陲,歷覽秦隴山川之勝,皆發之於詩。比父解職,隨歸。時戴楓仲家久式微,藏棄且散。先生慨文獻將墮,遂極意蒐羅,顏所居樓屋曰“黄葉”以誌繼跡丹楓意。所爲詩日益進,折佩湘遇蘭、李石農鑾宣皆稱之,且有贈章。又收藏古物、法書、前民集部尤夥。先生喜遊歷,篤風義。嘗幕海鹽,縱覽江淮徐泗。又北遊雁門宣大以抵京津,由川運議叙候選布政使照磨。

乾隆己酉，謁選，尋選得福建。先生至，汪制軍志伊特加稱賞其詩，題詩卷首。先生期會公所與同僚或論學談藝，盱衡時事，侃侃而談，無下吏囁嚅態，時或目爲狂。服公之暇，不廢吟咏，同官稱詩者或推首焉。乙卯，署漳州州判，駐石碼頭鎮。其地爲漳南重鎮，且鄰海多莠民滋事。先是龍溪莠民陳某夜殺人，嚇詐富民金不遂，誣攀於官，蠹役等率衆赴鎮，將恣搜捕，鎮民大惶恐。先生甫抵任，聞之，曰："是啟亂也。"立拘縣役，笞之。下縣理得陳某誣攀狀。鎮民大悦，共以民歌召杜揭匾公堂。

又鎮民莊坤者，素兇横，殺人亡命臺灣，凡數年。至是潛歸，衆詑曰："坤來鎮，又多事矣。"坤母旋首官。先生縶坤，夜鞫之，盡得坤殺人攀害諸事，且鬼聲起庭四周，人役皆失色。先生曰："是冤者索報來也。"促加杖斃之。又海舶洪聘柁與營卒囤賭，一日被毆幾死。嗾其黨持械求營卒不得，爇其居以去營。衆皆怒，將爲報復，頗洶洶。先生單騎馳止之，曰："兵民一也，理宜詢曲直，斷自官詎肆械争乎？"遂驗聘柁傷，謂營卒曰："事由爾等囤賭所致，我以片紙達上官，而立褫矣。"營卒懼，叩頭認罪。先生對衆笞卒四十以徇，海舶囤賭亦立解散。其冬，龍溪東埭南坡一帶山賊竊發，夜入石碼肆劫。時制府查辦廣東艇匪，駐厦門。聞報，下令汀漳道督拿。先生佩利劍，率丁壯，一夜行八十里，潛入賊巢，賊衆方酣卧。先生猝至，擒其首鄭勇、蔡羌等共三十餘人，縛送道署，按問皆伏法。

諸營弁向以睚眦，私拷平民誣爲賊，送有司冒功求賞，而窩隱真盗。先生廉得其實，向所誣送者分别縱釋。至是，所獲賊有被脅從及未上盗者，皆請上官允，保釋末減。民大感服。先生署任甫半年，晝夜清釐積案，去民害，衛民生，所辦不下數百起。冬，以積勞成不寐疾。又濱海水土不習，請卸署。大吏嘉其能，不許。書五，乃允。先生既歸省，石碼人士感其德，於生朝乞文蔡文恭新。文恭擬以古循吏，且稱爲得力於新建之學云云。

先生赴闈時，誓父墓詩有“諒無朘削才，誓免戮辱虞”句。至是，浮沈數年。嘉慶中，告歸。刻所著《黄葉樓初集》四卷。又蒐集山西鄉前輩事實及著作爲《黄葉樓三晋文獻拾遺》以表彰之。所爲文論多穿穴經史。書法奇古，尤好裒集子部及古刻諸別體詩。古體在大曆元和間，近體亦合石湖、劍南、漁洋，各躋其盛。歷任祁宰官率傾慕流風，相爲引重。尋病卒於家，其詩二集竟未刻。

郡丞石瑤辰先生事略

先生諱家紹，字瑤辰，晚自署民傭，翼城縣人。少孤，母自撫育，督以躬行實踐。先生敬受之時，以孝稱。弱冠，入邑庠。嘉慶癸酉拔貢生，朝攷以教官用，選壺關縣教諭，實心課士，學使特獎曰：“真教官！”尋以己卯舉於鄉。

道光壬午成進士，用江西知縣，署大庾縣。未幾，補龍南縣，能實心愛民，不要近譽。口樸訥，而折獄特深悉其情，發語恆得要。以故發姦擿伏，時有神明之稱。旋調署新城，補上饒，署新建。調補南昌，會水患連年，飢民所在聚集附郭地名“沙井”者，聚至數萬人。上官委先生及新建張令湄辦理賑務，散米令民自炊爨。既而來者愈衆，幾不能容，恐以人衆滋事端。於是改令散錢，並諭以得錢各返鄉里。候截漕米，分給各鄉。先生於兩旬間與張令資遣飢民至數萬，無一生事者。既而水患未息，先生請於上官爲開倉平糶。其貧不能糴米者，分廠煑粥以賑之。時委員某沿向來粥廠例，備三千人食。至是集者至五萬衆，扶老携幼提籃托鉢，擁擠喧呶，以食不繼，勢頗洶洶。主者勸諭不之止，乃急稟。上官遣官數諭之，譁如故。或語上官曰：“盍急檄石令。”及先生至，衆遥見之，謂曰：“石爹爹來矣，爹爹不欺人，我輩無得多事。”譁頓息。先生至，前諭曰：“食少人多，一時焉能即辦，譁何益？明朝來看告示，必不使一飢民無粥吃也。”衆漸散去，後無復喧嘩滋事者。

南昌故首邑，事煩倍他縣。先生治理特勤，遇理訟，細心勘鞫，夜分恒不寢。又敬事上官，有所諮詢，其合義者，盡心策畫，使得濟而不苟唯阿。旋以循卓特薦，擢銅鼓營同知。丙申，入都引見，及上召詢問地方情形，先生奏對詳晰，得旨，回本任。丁酉，署饒州府事。戊戌，署贛州府事。己亥，公出。歸，觸暑疾，卒官，年四十八歲。龍南、上饒、大庾、新城、新建各縣紳民合詞請祀名宦，南昌紳民至請以專祠祀先生於百花洲。

先生歷官諸地，均來則老幼歡迎，去則泣涕横路，識與不識皆愛之如父，稱"石爹爹"。先生獨對友詢治跡者稱："服官十二年中，閒居追溯，無一事可對士民，祇有慚憾而已。"先生嘗自記曰："吏而良，民父母也。不良，民賊也。父母，吾不能；民賊也，則吾不敢。吾其爲民傭者乎?"其自號以此在官，無他好。惟聚書至七萬卷，暇手一編。與友朋論難，有未習者必檢核，得其真解而後已。書法腴秀謹飭，有蘇文忠意。先生既歿，不克歸葬。子尚幼，悉出藏書抵債，以喪歸，聞者多傷之。

明府安雪湖先生事略

先生諱清翰，字儀甫，晚號雪湖，垣曲人。父受祺，乾隆辛未進士。先生生而穎異。七歲，母卒，常依父側。九歲，能爲詩，每讀古賢臣名儒書及傳，恆感奮至泣下。乾隆癸酉，以拔貢舉於鄉。時父授浙江金華縣，先生遂隨至任所。

逾年，父病。先生省文書，侍湯藥，衣不解帶者數十晝夜。父卒，先生摒擋一切，扶柩以歸。時冬月河冰，下舟難行，先生不顧。日夜號泣扶柩行，抵狂口。甫登岸，而河冰如山下。群以爲先生孝感云。抵家，哀毁骨立，見者莫不感動。葬父後，奉繼母，教二弱弟，貧益甚，躬負耒耜，與村農雜作。

丙戌，大挑得一等。旋成進士，分發安徽，補潛山縣知縣。於是迎繼母及三弟於任，留二弟督家事。既抵，潛爲三弟擇明師，俾盡其才。弟卒以數學名，成進士，即翼聖先生清翹也。潛山地當孔道，事繁劇。先生措之裕如，修書院，改建啟聖祠，豁免沙壓田七百餘畝，均得請。戊子，江南鄉試，先生充同考，號得人。己丑，秋大雨，山洪陡發，城内外皆水，門既塞，外水幾與城等。先生晝夜護視，居城樓中，樓圮勢幾危，不之顧。時城久塞，米價騰貴。先生不及請，先開倉糶米三百石，既而請賑，得許。又躬自俵給，民沾實惠。而潛東南鄉與懷寧之石碑界亦被水壞，民至請，大府懇先生往勘。大府語人云："安令誠惠及隣封矣。"時撫軍胡公御下特嚴，獨謂先生曰："吾嘗遣人至汝邑者，三言皆無二信。不愧上江清廉第一也。"已奏，題靈壁縣知縣矣。乃因前任修倉造册遲延，降調。瀕行，百姓泣送六十里，製衣傘，譜歌詩，刊版樹碑以頌德政。後潛人修志，入先生"名宦"，且建生祠以祀焉。

先生與人交，寬和樂易，而行特峻介。父執大興安天植父子病歿，無所歸。先生獨經紀其喪，無絲毫收受。先生既解組廬，奉道棟公聘，主正陽書院講席。又修《鳳陽府志》，志成歸，教授絳州、曲沃間。乾隆五十六年，卒，年六十四歲。

先生爲學以實行爲先，不廢博覽。嘗誦方望溪言曰："學行繼程朱之後，文章介韓歐之間。"又云："依聖賢經傳，少有論説，庶留微名於後世。"又云："用功宜自司馬温公不妄語始。"又手書"唤起天理，截住人欲"於壁以自警。著有《〈尚書〉録》《〈毛詩〉譜聲》《〈論語〉緒餘》《服制纂義》《〈諸葛遺文〉疏》《蒞潛誌略》，均散佚，存者有《瓠邱筆記》，《雪湖文集》五卷，《有竹草堂詩集》。二弟清翽，字藹甫，增貢生，有《藹甫遺文》一卷。又先生次子耘，諸生，有文譽，通經術，早世。翼聖集其遺文，附先生《雪湖文集》以傳焉。

明府王松坪先生事略姪嵩附

先生諱省山，字松坪，沁州人。父藍，號清泉，歲貢生，以品學齒德，爲州人重。先生幼讀書勤敏。爲諸生，父以沁故貧瘠，無藏書家，送省垣，肄業晋陽書院，以古學受知於黄勤敏鉞。嘉慶辛未，上幸五臺，召試，取二等，賜寧綢袍料。癸酉，考選拔貢生。明年，朝考二等，用教職，補太原縣訓導。時寧鄉楊定軒國泰爲教諭，先生故以詩名。至是，日與切磋文學，學益進。道光戊子，俸滿，以知縣薦。辛卯，丁父艱。

服闋，丙申，選授云南元謀縣。其地蠻獠雜居，號難治。先生至，一以鎮静不苛，民皆服教。己亥，解運京銅，差竣，乞假省親，欲告近，母止之。先生於是返元謀。壬寅，母憂，歸。服闋，選授江蘇崑山縣。先生至，以仁恕撫民，尤殷於造士。邑有玉峰書院，先生公餘集諸生講學，以敦品致用爲期。丙午，諸生之才者多得鄉舉。先生欣然曰："崑士不負吾教也。"縣民龔廷、吴景素横於鄉，先生發其姦，置如法，民尤服。

丁未，調署無錫。先生御以寬厚。有紳士恃勢侵漕政者，先生執而懲之，拂長官意，幾被劾。藩司力爲護持，得無事。明年，調署江陰。會海嘯淹没田廬，民死甚衆。先生抵任，倡捐賑諸事，災民以安。又捐資修沙地圩岸，先生躬督工程，尅期事竣。民得漸安集，再三請上官發帑賑濟，得允。江北難民過境者給川資，及舟送歸，民得不擾。旋檄先生回崑山任，崑民大悦。先生䘏孤寒，賑老疾，與民休息。咸豐癸丑八月，調署江寧。時粤匪岔集，先生徧歷四十八社，犒牛酒，練鄉勇，策互爲聲振計。匪不得大逞。甲寅，匪來攻。先生率勇堵禦，别匪由間道入城，劫先生寓署。先生大憤，自投劾，解職養病。乙卯，卒，年六十八歲。

先生貌清癯，性嗜詩，以唐人爲矩矱，迭受海内名卿所稱賞。服官後，不廢吟咏，晚輯爲《菜根軒詩鈔》十四卷，《續鈔》一卷，付梓行世。其經營歸喪、刊集諸事，皆出猶子嵩之力爲多云。

嵩字秋獄，早歲隨先生於滇於蘇習官事，入粟爲布政司理問，以䘏災勞績擢知縣，發江南。咸豐戊午後，蘇杭被匪陷，失印者無算。先後奏頒新印，浙江鹽道印甫解至蘇境遇匪，遺失不可得。同寅以先生敏練，交薦之。先生詳詢其故，親行偵察，得之太湖中。上功，加同知銜，適崑山缺出，以先生叙補。未及履任，歿於寓。大吏多憫其才幹未抒，賻贈有加云。

郡守賈曉嵋先生事略子世陶附

先生諱大夏，字受詔，號曉嵋，太谷人。父光籍，字通甫，以舉人令直隸新樂。地苦枯瘠，由家運棗種，勸力廣植，以興大利，清徭役，謹輿梁。乞休去官時，士民泣送，刊碑且祝以世有達者。先生十二歲，能博記史事。弱冠，入邑庠。嘉慶丁卯，舉於鄉。乙卯，成進士。前以輸餉用六部員外郎，至是補刑部。

會榆次閻思虎强姦趙氏女，邑令以和斷，女忿而自刎。趙鳴於上官，率主令初斷，梁給諫中靖疏聞敕下刑部按治。以先生悉兩造土語，任聽詞。時有爲原讞道地者，夜謁先生，且怵以大吏故。先生曰："恐我畏大吏，天下從此不畏王章耳。"言者慙退。獄既成，趙氏女得旌表，曲法者降黜，均如律。先生以平反重案，特予加級。尋擢吏部郎中。時選法例有不備者，吏恆請比附成案以爲姦利。先生鈎稽特嚴，往往夜不成寐，選弊不興。道光丁亥，簡授雲南。首府遺缺，召對圓明園，上詢榆次案，先生對甚晰。上溫諭嘉奬，尋補麗江府。抵任，麗守例得典兵，兵有掠於市者，先生痛懲之，並劾其弁勤加訓練，民以安。

又部夷九種未循王化，先生於朔望講《聖諭廣訓》。特命通事反覆爲詳説，夷衆亦安貼。逾年，永北遊匪千餘私開銅廠，居民抗之，鬭甚劇。先生密授弁方略,率兵練往越。三日果獲渠魁,餘匪逸。先生復偵得倡議者,置之法,事以寧息。庚寅,聞父訃,投地慟絶,馳以歸。

乙未,入都,授貴州鎮遠知府。貴州地僻遠,民訟於府者率由經歷進得爲獄輕重。先生悉其故,日坐堂皇,親受理旬日,舊訟皆理,訟漸以簡。府素多盜,而黄平州屬格夷寨者久爲盜藪。先生既令民擒賊者給以賞,復遣幹員金某僞賣菜入格夷寨,探得途經。於是先設伏要隘,遴員役疾趨巢穴,盜出不意,大驚潰。伏發,擒四十三人,獲其魁,籍兵械無算。先生遂上《緝匪策》於大府,略謂:“黔省山廣人稀,可師保甲之意,不必拘保甲成法,但令各寨頭人籍十五以上丁名於官,官爲分别班次。在本寨隘口逐日遞巡,獲賊者立給賞。節節防範,盜自無隙可乘。”又論:“懸賞之法可用於事前,若至失事則不啻爲賊遞信。惟偵悉其路徑,或誘之出,却而遥捕;或塞其險阸,而直搗巢穴,乃有實濟也。”書上,賀撫軍長齡深許之。尋署貴東兵備道。先生故疾觸發,猶强以巡行黎平屬,聽獄治兵。疾劇,始抵省,遂卒於省寓。時道光丁酉年,五十八歲。

先生幼倜儻,負經世志。及服官,遇事有識,持己以正。又熟於訊獄事,吏呈拘人票稿,止點一二要者,兩造具即訊斷事,重大者皆自屬稿。待屬吏,接大府,言無虚妄。士流質訟者,雖得直,必誡以自愛。赴廣東道任時祇一車、兩馬、僕役二人,已抵署,伺接者猶未之知。子世陶,能繼先生聲績。時稱先生賈老知府,世陶賈小知府云。

世陶,字唐民,號翰生,幼讀書,能見大義,過事有斷制。弱冠,負文名,著有《真齋文稿》。旋入學,道光乙未,肄業省垣晋陽書院,文輒前列。其秋,得鄉舉。兩試春闈不售,報捐内閣中書候補。甲辰,成進士,歸本班。先生志切經世,於是再報捐知府。丙午,簡湖北安陸府知府。府官與民故苦水患,其城北倚山,東、南、西三面濱漢水,每水溢入城闉,深者至丈許。先生相度地勢,求所以禦水者,非築隄不爲功。明年，聞於大府，據情入告，得旨允。先生家素封，首捐廉俸，兼募屬邑助金。又躬督工築，凡百餘日而隄成，官民大慰。大府聞於朝，賞先生，加道銜。是年夏秋大水，沿江濱漢諸城多淹漫，獨安陸屹然無所害。龍學使啟瑞按臨至，賦詩推獎，並仿白、蘇湖隄故事名其隄曰“賈公隄”焉。

安陸有古溝，爲城郭儲水關鍵，年久失修。先生以護城堤既成，盛夏雨潦，隄内水失宣洩勢仍泛濫，於是檄鍾祥令，按蹟疏濬，俾城内諸水由古溝以徐達於漢。又府故有蘭臺書院，官師課餘，久爲荒廢。先生割俸募資，爲之繕修齋舍數十間，選諸生之才者，得肄業其中，量給膏獎，文風漸起。尋調先生漢陽府。下車未久，水潦成災。先生既督辦賑務，又議立卹孤局。由各屬縣募款，得七百餘金，以收養水患無依之男女幼孩。男置號長，女設工婦，均嚴立規條，使孤幼得所。察男孩質敏者，延師教讀。女年稍長者，令父母翁姑認領。事成，而先生遂以疾發，辭官歸。

咸豐甲寅，先生由在籍紳士勸捐勞績，以道員銓用。時南方騷亂，先生倡議於所居仁村建土堡。鄉民多以田廬、墳墓諸多窒礙爲言，先生爲之剖悉利害，期在實行。及工竣，鄰村當浮動之際未免草竊。而先生村中得晏然無他慮，相與稱慶。安陸民感先生惠政，既立生祠，又爲匾“造福無疆”四字額於門。先生向染濕毒，蘊久而發，醫治失法，致損其鼻。居鄉又值時事多艱，凡諸所爲扼於浮議，非毅然爲之，事無可成。於是勞疾繼作，咸豐己未，卒，年五十歲。

先生素負經世略，一試於安陸，再試於漢陽，均事前多苦難成，先生獨力排衆議，壹意斷行。即家居形殘後，凡邑及村有大事無不諮商，先生爲之竟委窮原，口講指畫，務一無疑義而後已。以故邑人鄉人亦群倚先生幹略爲一時無兩云。

刺史崔寅齋先生事略

先生諱炳文,字虎臣,號寅齋,又號蘭墅,永寧州人。父相,嘉慶辛酉拔貢生。先生幼嗜讀,父以貧故恒館於外。母在家,事針黹。先生晝日如塾,晚依母讀,饑或無暇食。年十七,入邑庠。十九,以優等補增生。明年,先生隨父入省垣讀。先是,周刺史敬亭署永寧,激賞先生。至是,約先生父課讀,先生並往受業,學益進。冬,歸應歲試,書院經古均列第一。以未應優生試,學使特飭學師補舉,即擢先生赴省,肄業晋陽書院。嘉慶丁卯,考取優貢。明年,入都朝考,秋應鄉試,均未售。座師薦先生入順天學政幕,學政尋改倉督,念先生勤慎,薦主蠡縣書院講席。至則無諸生肄業地,僅取空俸,閲課卷。邑令時缺書啟一席,擬請先生兼理。先生以座師期望殷,遊幕必習周旋,阻上進,遂謝之。

庚午,舉順天鄉試,祭酒法式善延課其子。嘗讀先生試律,善之,欲付梓。先生遜謝,旋館豐忠勇邸。道光癸未,考取國子監學正學録。丁亥,補誠心堂學正,轉補率性堂。旋授助教,充志書館纂修官。戊戌,以京察記名送倉差試用,歷署大西倉、東倉、富新、北新等倉監督。有暗米千餘石,同事某欲藉以分肥,先生堅不許。會先生下班,某乃潛變價入私。尋被倉督察知,參革某,先生以勤操得保。庚子秋,旨召見。越日,授廣西新寧州知州。先生以年幾六十,道途既遠,又不工外官應酬,遂移疾歸,教授自給。嘗主祁縣書院講席,書法及評改課卷,諸生皆翕服。

先生晚猶作字不輟,嘗自謂:“讀書作字有如飲食,一日無之,便覺枵然無所寄。”咸豐戊午,夢與于清端及汾陽韓中丞克均共坐傾談,醒而喜語諸子曰:“韓公吾故交,清端爲理學名臣,吾州第一人也。今得相談論,雖一夢,快何如之!”未幾,以疾卒,年七十四歲。先生文學書法素爲時所重,嫉邪服善皆出天性。鄉居篤風義,急公事，人皆稱之。遺詩有《薊門草彙》，雜文及詞爲一編，附父《雲峰遺稿》後，孫阿鏡手録，藏於家。

明府王子端先生事略

先生諱畬，字子端，號瞓山，初名楙，寧鄉縣人。幼有大志，受業楊學博國泰門。年十七，入邑庠。嘉慶癸酉，考取拔貢生。乙亥，補屯留縣教諭。丙子，舉於鄉。丁丑，父憂歸。服闋，道光壬午，補陽曲縣教諭。

壬辰，奉上諭，有裁減冗員之議。大吏以寧鄉事簡，欲並入永寧管轄。官民皆不便，而無敢言者。先生謁見各大憲，切陳利害，議乃息。先生在任日久，以品學邀各大吏所賞拔。戊戌，保舉用知縣。己亥，選授貴州清鎮縣知縣。尋署定番州玉屏縣，又調署貞豐州知州。先生每蒞任，廉潔自矢，密訪利弊，革除衙蠹。立義學，每捐廉補助與士民，相見諄諄以讀書勵品爲告誡。遇疑案，必再三研鞫，不苟定讞。所蒞皆懸匾送傘以頌德政。先生常以爲歉，自署座間有"涉世方知經事少，臨民才覺負心多"，自爲警惕。

在貞豐時，或訛言苗民謀不軌，約以某月日起事。民間知者紛紛逃匿，同城營弁擬樹旗於城爲先聲奪人計。先生止之曰："是宜密爲防守，若太張皇，益滋民疑。民逃既不能禁，城孰與守？不若下鄉，安慰各寨團防，既成守助，尤免劫奪，可行也。"即出巡鄉撫慰各寨，而營弁竟布旗於城。遠近惶懼，鄰封遣役偵望狀，報之興義府。方擬請兵省垣，適先生馳檄詳陳其故，衆乃定。道光甲辰，調署清平縣，初至，劫案日數報。先生慨然曰："吾昔在定番、清鎮、玉屏等處，屢值巨盜，或率役捕拿，或懸賞緝獲，使民安居，今忍令清民之患苦乎？"遂捐廉募壯勇，教以技勇，復嚴邏緝。不數月，境内無以劫告者。

丙午，鄉試，先生充房考，校閲極詳。榜發，本房得解餘薦皆黔知名士，時稱精鑒。戊申，上官委先生運京鉛，爲黔極苦差，人恆託故乞改委，有勸先生乞改者。先生曰："同是國事，何分甘苦？果盡趨甘事，苦事誰任乎？"遂如期啟運，至四川三峽，爲舟行極險地，又值暴風，船幾破，人夫挽運者多溺死，餘戰慄不前。先生曰："死生有命，懼胡爲者？"促使進，卒得無誤差。比歸，大吏擬擢先生下江通判，未果。

咸豐辛亥，先生以老乞休歸。家居讀書如老諸生，不與聞官事。篤於師誼，楊學博身後家落，先生既率邑紳民呈請以祀鄉賢，復即自置田數十畝之租以給其食，戚族有不能自存者，量濟之，無德色。年過八十，耳目聰明如少壯時。同治辛未，無疾卒，年八十八歲。前一夕，尚函一詩貽老友宋明經健甫，書發，屬備後事，遂卒。先生爲學好凝思，讀書至老不間。尤好唐人詩，雅不欲自名。所作稿大半棄去，身後及門搜輯僅存二百餘首云。

郡守王蘭圃先生事略

先生諱燕堂，字鹿萍，號蘭圃，榆次縣人。幼讀書，以氣節自負。父正宗，故爲邑豪猾。先生顧自清約。爲諸生，與閻刺史慶元、楊明府毓藻同苦讀，文譽亦並起。道光辛巳恩科，三人同舉於鄉。先生旋以癸未成進士，入館選，時年甫冠也。散館，改授直隸廣平縣知縣，旋調署通州。先生雖少年，蒞事而處斷案件精敏如老吏。又持身清慎，不能干以私政，聲遂起。那制軍彥成深加器重，因調繁知鉅鹿縣。嘗興築漳沁河隄，爲民籌水利，溉田數百頃，民大悅，呼爲"王公隄"。尋以失察教匪掛吏議罷歸。未幾，開復，揀發浙江，歷署臨海、慈谿、海鹽、山陰、象山等縣，均以廉明稱。題補仁和，會丁内艱，歸。士民走送相屬逾數十里，臨江酌水以喻其清，並彙詩以贈，有"雪白天青"之稱。

庚子，服闋，仍赴浙，值英人構釁海上用兵。大吏以紹興爲省重郡，毗連寧波，並供應軍需，防堵險要，非敏練吏不辦，檄先生署同知，任轉餉防禦事。在差三年，一無遺誤事機。劉中丞韻珂保薦賢員，首舉先生，送部引見，召對稱旨。癸卯，遷廣東南澳同知，擢曹州府，署廣州府，以父喪解任。服闋，簡授四川雅州府，遷成都府，署川南道。咸豐壬子，卒於官，年五十七歲。

先生姿性明鋭，遇事將以小心。服官自牧令至郡守，凡決大疑、定大讞，均能究極原委，情弊了然。歷官數十年，大吏恒倚如左右手，稱："諳練有爲，無異詞。"書法豐腴宕逸，仿孫參軍《書譜》。家居建宗祠，置義田，立家塾祠側，以教族子弟，並規畫祭祖學款，均井井有條。至光緒丁丑、戊寅，晋大饑。先生後裔亦日落，遂不能舉先生規畫云。

郡丞楊繹堂先生事略

先生諱豫成，字立之，號繹堂，陵川縣人。幼讀書喜博覽，兼好詩。爲諸生，迭以古學受知學使者，舉優行食餼。道光辛巳，舉於鄉。會試屢未第。教授家里，以正學示後進，日課一詩。旋堂兄葆元任福建邵武令，先生從南遊，爲詩益進。

甲辰，以大挑一等用知縣，發江西，初署安義，繼補龍南，皆以愛民稱。先後捕盜尤爲得力。龍南俗本强悍，地連廣東，有廣東翁源搶衙署當商之匪首朱江林等，定南賴姓焚劫之匪首葉茂福等皆匿縣境，久未破案。先生偵知之，曰："非去莠，良不能安。"遂募壯士，率以剿，匪窟均破獲，及他會匪、槍匪，計數百人，分别皆置如法，民大悦服。計先生在龍將三年，在縣日少，下鄉日多，鄉間細故均就地訊結，不使民如城往返。而邑中如脩城池衙署及課士等，尤將以誠意。

上憲屢以廉能薦。庚戌，送部引見，甫交卸，而廣東匪徒黄毛五率衆滋擾邊界。特札飭先生防堵，先生率兵勇扼横岡擊匪，匪敗潰，叙功以同知直隸州陞用。咸豐辛亥，雲都張袁二姓聚衆械鬭，勢洶洶。檄先生往平之，捕其首犯解省，餘解散。尋署贛縣事，值軍興，福建本省諸兵調遣來往，贛爲孔道。又暹羅貢使如京，驛傳煩苦，先生一一皆辦，題陞寧都知州。癸丑，泰和、吉水匪猖獗，藉龍南以通粤諸匪，人心惶懼，大吏委先生帶兵剿之。旋委署觀音閣通判，先生捕獲劇匪黄高古等數十名，人心始定。先生旋創設義倉，修防禦，曰："民爲亂，多因乏食而然，使能自存活，誰肯爲亂乎？"甲寅，事定，始飭赴本任。

乙卯，署贛州府事。時泰和、吉安先後失守，匪勢益張，復會合潭口諸匪攻贛。先生以印襲衣誓死守激厲兵勇。時出防擊，凡三百餘戰，均親督士衆。十月之久未如署宿，公私皆城樓綜理。匪不得利，圍以解。先生奉上札籌礮船經費，既集，因曰："民以食爲天，無此則防與戰皆不能得力也。"因勸捐倉穀六萬餘石。雖瑞袁、臨吉、撫建、寧都、廣饒、九南諸府州相繼失守，安定、雲都亦陷，而贛獨保全。先生謂："士衆用命，尤在餉贄不缺云。"己未，大吏以先生功兩次奏補贛州府，皆議駁。同治壬戌，委署南安府事。先生於應行諸事外，仍以倉儲爲要政，積數千石。

癸亥，以前在贛州、信豐防剿保舉行知，補府缺，後以道員留江補用。先生以年老擬乞休，交卸，寓贛州府，感疾卒，年六十八歲。

先生風裁英特，志趣恬雅，論古今事得失利害，口講指畫，歷歷如懸河。守官堅實耐勞，凡盗匪諸案，所至皆破獲。少嗜飲，稱豪量，服官後痛戒不飲。爲詩多和雅，守唐人矩矱。殁後，弟升元校刻成《享帚詩集》十卷，餘《文賦》四卷、《排律》四卷，均稿藏於家。

明府武梅農先生事略 子達材附

先生諱新銘，名天弼，字夢岩，號梅農，文水人。父廷彦，以義俠名。携先生赴都習商業，繼見有大志，遂使從師課文詩及講説，自督誦讀，凡八年。先生弱冠，入邑庠。嘉慶己卯，舉於鄉。道光丙戌，成進士，以知縣用，銓授廣東豐順。先生以親老便迎養，請改近。己亥，銓山東寧陽。先生既之任，時值土匪不靖。先生單車下鄉，凡村若堡無不至。至則諭以相助相卹及安善之益、從匪之害，並籌戒備之方。其不給者，出俸金雇巡。夫四境有備，匪不得逞，且謂："武官好官，毋犯寧陽界。"於是民得安堵者凡八年。及英戰釁啟，朝旨檄兗軍三千人入衛道，寧陽吏民危懼。先生責令社備一車資迎送，飲食供給歸官備。

甲辰，值旱蝗。先生親巡田間，督農人掘地爲深壕，趨蝗入，急搶之。旋得雨，蝗不爲害。紳民以先生勤卹民事，制錦頌德者凡數起。先是，寧陽有刁棍，某甲女死於夫家，以因傷斃命呈報。先生親爲詳驗，無左證，以無故填屍格並令某親看，自具甘結。尋某以暗處被傷上控，圖遂狡計。時臬司故由刑曹出身者，在部時每見各省州縣積怠成玩，檢驗不實之案不一端，遂大忿。檄先生至，盛怒相詢。先生歷陳驗狀，從容詳悉，臬色稍霽。先生遂舉看驗時形色若何，一一比述，臬點首，曰："辦案件自應如此認真，今而後可以無慮君矣。"少選，復發難曰："余在刑曹數十年，經蒸骨案不少矣。其傷痕與方死時異否，每詢諸州縣均不能明確，君兹實驗者如何耶?"先生曰："蒸後，其傷痕發現如樹葉之印窗紙若隱若見，與方死時自異也。"臬欣然曰："州縣皆如君，則死者可無冤，生者可無大枉矣。"丙午，大府悉先生才，調商河，甫三月，民皆感化。旋分校魯闈，嘗擬作試律四章，爲時傳誦。丁未，卒，年五十二歲。

先生喜静，性通脱。幼在都讀書，屏居野寺。庚辰，嘗假汾陽古寺，設館授徒，繼在介休假道院爲館，備領水山花木之趣。即任寧陽、商河，均府後闢小圃，植蔬及菊。公餘，與幕友輩吟詩鬬捷以爲樂，以故詩中詼諧閒適，或類白香山、邵堯夫。其音節調和、詞旨圓麗者，又近陸放翁也。自訂詩二卷，爲《宛爾堂吟草》，附以《即仙館雜體詩》一卷，則道光庚寅以來至己亥作。書法恬適，得趙松雪風致。

四子達材，字子楝，號又農，以年未弱冠爲諸生，充咸豐辛酉拔貢。家日落，志不少衰。寡母支持門户，先生從徐京卿繼畬學於平遥超山書院六年，遂設館於汾、平、介、祁間。中光緒乙亥鄉舉，丙子成進士，用陝西知縣。歸，主平遥書院講席，功課一切悉本徐先生程式。庚辰，赴陜，迭受大府激賞，嘗任事釐局及書局、關中書院，皆了辦。甲申，補白水縣，於捕蝗、樹桑、禁種罌粟等尤勤。嗣以母年高，丁亥請終養歸。丙申，服闋，選授湖南安化縣。丁酉，赴湘值秋試，派同考官。闈後，署理城步縣。其地苗蠻雜處，民習獷野。先生既爲整頓書院，復廣勸蠶桑。明年，卒官，年六十四歲。遺著有《又農帖體詩存》一卷，爲定本，附父《宛爾堂吟草》後，餘稿藏於家。

郡守栗小園先生事略

先生諱烜，字小園，號春坪，渾源州人，河督謚恭勤毓美長子。爲諸生，食餼，應道光辛卯順天鄉試，取謄録，報捐員外郎，分刑部，洊陞郎中。庚子，丁父憂，歸。服闋，以積資簡安徽廬州府知府。

先生抵任，首端士習，懲土豪郭二虎等，廬民稱快。又蘇人郝某斃，同鄉李某而没其銀事頗閟。先生輿出，烏哀鳴，左右翔。異之，飭舁者隨烏所向。旋烏集冢上噪尤哀，察冢係新營。詢衆，無知者。命啟視，則屍瘞未久，且有傷，飭約慎守。先生僞爲商販訪之近村茶館。一日，有烏村茶館主與僕相詬，語頗近是。先生僞飲茶，且覘之。館主婦出，急勸其夫，色甚倉皇。歸，提舘主夫婦至，鞫之具服且關屍子即返其銀。時稱爲神明焉。

未幾，調安慶，以母憂歸。服闋，授甘肅凉州府》察知其地瘠苦，向苦税重，因力請減以便民商。又回番滋擾，穆鎮軍不能制。先生往諭解之，擒其魁，置如法。府糧肄奸民爲刀槍，吏不能制。先生屢撻之，患遂息。又有馬小三、王三者，爲大猾，商號月給規錢。馬弟爲提標把總，尤恃以爲暴。先生擒治如律，且以徇衆，紳商感悦並立碑頌德。

尋調蘭州府，時書院久曠，先生首先課士增籌諸生膏獎，士皆勉於學。會營兵缺餉，積五十萬。藩司出闈而嘩噪，勢汹汹。先生馳諭，且許以次日赴府領給。天甫明，衆集府前。先生邀諸營長婉諭曰："餉不日可齊，昨恐衆倉卒致誤，故權慰之，願少須毋生事。倘如期不給，惟某是問。"營長等感先生誠，即解散兵衆。未幾，餉集，衆皆悦，曰："栗公佛子不吾欺也。"嗣署甘涼道，賞藍翎加道銜。咸豐辛酉，丁祖母艱，歸。旋病卒於家，年六十二歲。

先生好學多藝，喜金石文字學，工篆分書，通醫術。家居恂謹如寒士，親鄰婚喪事恒徒步往，曰："不敢失吾寒素風也。"子國華，字蔚如，號豫生。道光己酉拔貢，朝考二等，用知縣，分湖南，署醴陵縣事。嗣報捐知府，分廣東。同治辛未，以墊辦軍需請加本州學額文二名、武二名。尋卒於廣東。

明府常雲溪先生事略

先生諱山鳳，字雲溪，渾源州人。父安世，字康侯，以品學爲州人士矜式。乾隆丙午，舉於鄉。嗣大挑得二等，歷署教職於嵐、興、聞喜等縣，選右玉，凡十餘年。推陞蒲州府教授，著有《〈學〉〈庸〉一貫論》《〈四書〉本義直解》《漢唐宋明四朝史略》等書。栗恭勤毓美爲碑以表德教焉。先生幼承家學，於道光乙酉舉於鄉，辛丑成進士，用知縣，分江西，歷署安遠、貴溪等縣，復署建昌府同知，皆能重士愛民。

道光丙午鄉試，先生充同考官，稱得人士。謁見者諄諄以讀書作人爲諭，即論文亦娓娓不倦如塾師。尋授餘干縣知縣，會戊申、己酉連遭大水。先生首請捐賑分給災民，日行泥淖中。又測地勢，督民築長隄以扼水患，廬舍得漸完。先生復力振文教，課試生童，試卷親爲校閱。定期復親發落，示以獎勉。

又整頓書院規制，務圖久遠。民建訟，先生訪有訟師挑唆，嚴懲之。又邑有宵小輩窩聚僻鄉，歷任皆芻視，勢頗猖獗。先生飭健役傾其巢，置其渠於法，民得寧息。復開濬壅河，以興水利。咸豐辛亥，恩科鄉試，調先生充房考，得士之盛如前届。癸丑秋，以疾卒官，餘干士民皆感痛。及同治庚午修志，請祀先生名宦祠，未果。因備載政績於邑志，曰："是亦可以報常公也，安之後無舉祀名宦者耶？"

先生未第前，繼父教授，諸生翕服，嘗舉父言督諸生曰："人皆謂聖賢不可學而致，此大誤語。余豈敢謂能學聖賢，但學得一二分亦不得愧爲讀書人矣。"家居敦孝友。自道光辛卯至己酉二十年間，諸生捷春秋闈優拔貢者相望，州人士皆稱："文風寖盛，實自常啟之。"於乙卯，先生柩歸，特爲勒碑以傳教澤云。

觀察張子羅先生事略

先生諱作彦，字邦之，號子羅，崞縣人。幼嗜讀，性沉毅耐勞，不隨諸兒戲。甫冠，入邑庠。道光丁酉，舉於鄉。甲辰，大挑一等，分廣東知縣。以親老告近，改陝西。丁未，丁父艱歸。時家苦貧，數間老屋，二畝沙田，無以自養，遂館食於陝西。服闋，請歸原分省候補。

咸豐壬子，鄉試充房考，得士十一人。冬，署高明縣事。甲寅，紅巾匪起，城陷。先生集勇誓死期復城，部署方定，賊衆五百要之。先生隨勇止三十人，至是潰去半。惟次子登瀛隨，與先生且退且格鬭。他股勇聞，急樸救，匪始去。先生遂率勇奮力剿擊，民亦苦匪虐，夾擊之，城以復，並斬匪酋梁新。報省以功過相抵，免議。乙卯，補吴川，調陽春。

戊午，署四會。時粵中伏莽徧地，乘機竊發。己未秋，匪數千突至城中，兵僅百餘。先生拔丁壯，激以忠義，躬率登城，爲死守計。匪撲攻者三，先生迭燃礮，斃四十餘人，兵勇亦多殺獲。匪無所得，旋遁去。先生遂督民葺城垣，儲器械，以城關五十一舖爲十四團，又設分防局於四鄉，總於城局，約爲互援。布置甫定，庚申二月，賊果大至，並踞四境，文報漸絶，在城兵勇僅千七百人。先生以北門當敵衝，親駐守之。匪屢以薪燒，不得利，及挖地道、伏地雷，發四次，轟城垣五十餘丈。先生與文武員弁督兵勇且戰且築，匪不得入。至以呂公車、雲梯、火箭環攻，更穿地道，城中防禦益堅益密，間出奇計，斬匪千餘，燄少戢。爲困守計，城中糧殆盡，雜樹皮草根以食之。先生泣謂文武員弁及兵勇曰："賊坐而困我，死守之，何益乎？余宰是邑，生死以之。姑以余子冒險赴省府告急，援軍至，圍庶解，諸軍及軍民亦得安息矣。"衆感泣，誓殺賊不貳。一夕，大雨，先生乘匪不備，夜縋長子蓬瀛出，泅水繞匪營，得間至肇慶乞援，並赴省告急，略云："會邑雖褊小，而上爲懷寧咽喉，下爲三水門户。三水失則廣肇之藩籬撤矣。今絶粒月餘，兵民之力已疲，賊衆之攻未已。一旦變生意外，職死不足惜，省府之憂患庸可想乎？"時文報久絶之餘，至是大府乃知四會尚未淪於匪也。急發兵至，内外合擊，匪敗去，圍乃解。粤督勞文毅奏先生功於朝，略稱：張作彦固守孤城百餘日，城屢破而堵築如故，糧屢絶而忍饑不動，四會一城非張不能守云云。遂擢先生以同知補用，且賞花翎。

辛酉，調電白，值匪首陳金釭竄踞信宜，分黨數擾。先生屢擊退之，民得安息。明年夏旱，先生步禱於龍潭，往返垂四十里，歸而雨二日。嗣每禱多應。民大悦服，稱先生以"張菩薩"云。秋大熟，陳匪窺高州，先生署期滿。大府檄宰茂名，辭不獲。癸亥，甫履任，即復南山。匪有習知四會事者，多投誠官軍，旋復信宜。先生於是清獄訟七百餘起。高郡敝俗，訟棍恒藉路殣以傾富室，迨案明，而家已破矣。先生廉其情，重懲誣告，其風遂戢。紳民於先生生辰結彩懸燈，大書"官清民樂"四字以稱慶，舊治士紳數百有越境來祝者。未幾，復以功保知府，先已奉文補瓊防同知矣。遂赴任同知，固間曹瓊州，又遥在海南，頗稱樂土。先生至，則整頓書院，批削諸生課文，慨然曰："今乃得還我書生本色也。"行裁缺，改補黄岡。又署雷州府，署韶州府,復署雷州府。光緒己卯,晋道員,加三品銜,請二品封。庚辰,告歸,優遊林下。辛巳,自營生壙,甫成。一日,黎明起,使作粥,稱體不適。衆集問之,逝矣,年七十三歲。

先生凡五任縣邑、一任郡丞、三任郡守,所至以清案獄、培士氣爲急。爲人開明誠懇,不務迎合上司意,而於民冤則期於必白。高鶴向有客田,歷年無緒,先生理之數旬而辦,變價十萬以充庫帑。粤東州縣案首向有幫棚費者,先生所宰邑有循其例,輒執文以示之曰:"縣試所重,知縣所取者此耳。易此,則索然矣。知縣之累巨萬,豈在棚費之區區乎?"衆咸服。四會則建生祠於南津口,茂名於瓣香閣設長生位。先生遺著有《四會守城紀略》《嶺南從公遺録》《高鶴客田録》等各若干卷。

明府楊丹林先生事略

先生諱中桂,字丹林,屯留縣人。幼嗜學,尤邃於《左氏春秋傳》,入邑庠,以文行著名。道光丙午,鄉試第一。榜下,有"二楊"之稱,一爲先生,一則鄉寧楊學博恩樹也。先生屢會試不第,因究心當世事。每於民間利害、時事得失,與契友談論,口講指畫,意殊激昂,有所糾正,亦不膠己見,期得其當而後已。

咸豐癸丑,大挑一等,以知縣發直隸,嘗署東鹿縣。適蝗起,鄰封多禱之神廟。先生曰:"蝗傷民稼,民何祀彼爲?"遂率衆至野,親撲之。民感悟之,率老幼婦女並出撲蝗。凡三日,蝗盡死。一日方視事,民有告妻被人殺者,無兇首,闔署譁然。先生陽爲慰解,陰遣人至其家得血襪。一訊而服,闔邑驚爲神。先生曰:"此易辨耳,世有報命案,而猶暇易新襪者乎?"衆皆服。凡所聽訟,皆數詞遂決類如此。

嗣調懷安,值歲旱,先生爲籌賑撫賙卹,民得不重困,且禱雨有效,衆皆頌之。再調豐潤,馬賊猖獗,頗劫掠近畿屬縣。其地又當孔道，兵差絡繹。先生至，部署一切，井井有序。民皆安業不擾，馬賊亦感先生賢，相戒不犯境。大吏論功，加先生同知銜，嘗如省侍臬使宴會。有疑獄，臬使主嚴治，詢於衆，未答。先生獨從容起，連稱："罪疑惟輕。"臬使改容，謝曰："君真有學術者，以善決疑獄，計及此，此案見，不可易視也。"時同治初元，祁文端寯藻於弘德殿授上讀。癸亥，以弭盜安民必需循吏，疏舉所知列先生，有"勤於吏事，清正自矢，不事營求"等語。先生入都謁祁公，公歷詢治各縣狀，更詢所得力，先生曰："無他得力，惟認定誠心愛民，一'誠'字不可勝用矣。"祁公稱善者再。

繼而補授棗强縣知縣，部覆未至，先生丁母憂，扶柩歸，喪葬所需一准於禮。戊辰，服闋，赴原省，大吏以先生勤能，夙著委辦天津釐務。天津，華洋雜居，萬商會萃，釐税等事以秋間爲最煩，且畸重畸輕，時有争執。先生悉心稽核，務劑以平，朝夕從事，積勞成疾，卒於寓，年五十二歲。先生軀幹魁偉，品槩高亮，交友尚氣誼。同年中如洪洞王顧齋軒、鄉寧楊鳳岡恩樹，皆引爲道義交。而夏縣賈小樵瑚尤居京時朝夕過從，稱莫逆。其卒也，賈爲作誌，以"親順民悦，不刓方不溷潔"深致褒揚云。

刺史王杏樵先生事略

先生諱炳壇，字文階，號杏樵，稷山縣人。爲諸生時，有文譽，肄業省垣晋陽書院。道光丙午，舉於鄉。咸豐癸丑，成進士，用主事，分兵部。乙卯，母憂，歸。服闋，供職。

己未會試，充内收掌官。同治甲子，金陵克復，得優叙，迭以軍需報銷出力及會核棚馬、驛站諸事得保奏，賞道銜。先生在部，持骨鯁，是非所在，不爲依違。光緒初，員外郎缺出應補，有忌者尼之。先生遂呈請外用，就知州，秩分直隸。會丁丑，晋大饑。閻文介敬銘奉旨查賑，與晋撫曾忠襄國荃奏調先生襄辦賑事，派周歷災區。先生不避勞怨，如吉州牧、滎河令吞賑諸案，先生發之，且請嚴辦云。時飢民藉口乞糧，致行搶掠者多處，曾公諭以“格殺無論”，盜風旋息。後奸民欲乘以爲仇殺報復計，先生遂上書閻公乞明諭格殺案以某月以前者，官不濫准，得如議行。又深察稷山積弊，如騾差斗行、畜税分櫃等久爲民病，悉請裁革有差。

事竣，發直隸，候補北路廳。會民有命案牽涉破産者，官猶爲敲撲，將致瘐斃。李文忠鴻章督直，聞之，委先生查辦。先生僞爲醫卜者，流至鄉間，得事真相，冤獄以解。又辦高陽、安平諸賑災，均實施實放，民多頌德。尋署景州知州，向時鹽船年有饋銀州署者，先生立革之，力行儉約，期滿，一無賠累。李公以“儉德過人”嘉之。

辛巳，署多倫廳同知。其地蒙民雜處，爲互市場，商民向分實任官來饋三千，署任者半之，及是饋金，先生曰：“吾前不以二百金累景民，今乃以千餘金累諸民乎？無已，請爲爾興文教可也。”於是，以其金建興化書院，聘山長，立規條，使民肄業其中。詳請制府，得報可。先生於是鎸碑書院，永革其弊。又多倫向收木税，歷任多報不足額。先生在任一年，解報猶逾定額。又轄地有岔魚泡子者，距治六百里，有土匪盤踞。先生偵知之，諭衆曰：“賊不時捕，必遺後患。”擬添練勇丁備剿賊，會受代事，未果行。後果致匪禍，剿辦半年乃熄。

癸未，先生署深州。其民俗强悍，城且年久失修。先生既有飭民修城，復蠲免鄉約錢等陋規。旋補實缺，其地向爲浮徵糧銀每兩至溢出時價之倍數，先生特革三分之一，民間歲省不下萬餘。又重節孝民無力請旌者，先生飭四鄉立石鎸其姓氏，以資觀感。又以派皇差故，大吏憫而減少其勻攤，先生時已由錢糧帶收矣，至是悉分還各鄉。幕友或争之，先生曰：“吾不能使民不信上也。”深俗健訟好鬭，先生聽斷無稽案，常曰：“吾貪片刻安，民受數日累矣。”每下鄉，簡隨從，自備時物，不以擾民。首府曾索規費，先生拒之。明年春，撫乃以索費濟貧民，守撼之，遂爲州民插竿懸燈。人賭之言以傾之。藩司檄先生如省，且嚴詰之。先生忿然曰：“新正婦女輩賭牌，法有難禁，若插竿懸燈事，牧敢具甘結，有之，願受參處也。”藩司無如何，温諭之。李公亦云：“吾不汝咎，趨視事。”春，事方亟也，先生返任。至戊子，因年七十，固請開缺。去任時，紳民餞送者至數十里。先生歸，築室潛居，不與地方事。癸巳，卒，年七十五歲。

先生幼敦孝友，遇事尚樸誠，不爲苟同，亦不自矯異。與人交，不藏怒，不宿怨。任兵部，日掌印徇庇私人，先生據理面折，同僚皆服其膽識。辦賑時，對於吉州、榮河二令獄，上書曾忠襄：“請儆官邪，毋寬縱。”閻文介、李菊圃用清亦多是先生議。任多倫，嘗因事杖民某，瀕行，送之。先生顧謂：“若非受予杖乎？”其人曰：“身自犯法，公以行法耳。敢怨乎？”任深州，繕完城垣後，所栽柳六千株。去任時，彌望青葱，州人皆指爲王公所樹。其政事皆深人樹碑堂皇，以誌德政云。

明府喬朗山先生事略

先生諱超五，字朗山，祁縣人。少篤孝友，父病，侍湯藥，衣不解帶者數十晝夜。父殁，哀毁骨立。兄嶸，理家務，尚嚴肅。先生凡事承順，家庭之間怡怡如也。爲諸生，負文譽。咸豐己未，舉於鄉。同治辛未，大挑一等，分發直隸知縣。

光緒初，補新城。時縣有盗魁謝五者，恃膂力，嘗掠人婦女、牛、馬爲勒贖，又賄通胥役，擾及鄰縣。先生廉知其情。蒞任後，嚴飭捕役，必使得五而後已。卒以奇計擒得五，堂訊時，階下聚觀若堵墻。先生檢狀大案凡數十起，慮株連之累民也，於是舉從逆巨案責問五。五具服，斬以徇，合境歡呼，盗風頓熄。

又晋臬某經清苑被盗，緝弗獲。大吏檄近縣，務獲其人。先生擒巨盗名吴興者，即前劫晋臬者也。又有劇盗徐大隆者。每犯案，即潛入京中，充諸邸役。歷任官知之而不敢捕，先生嘗審他盗案，詞連徐。審知其故，盗懇擒徐以自贖。先生許之，卒偕幹役擒徐，置之法，民益大安。先生於是修路政，勸農功，課試書院，親爲諸生講解，拔尤獎異。有楊生者，以薄眚褫衣頂，先生憐而復之，旋領鄉薦。

新城故多河，先生嘗治清河。大吏飭民捐資爲築堤費，先生愀然曰："土瘠民貧，連遭水患，忍令出此巨資乎？"遂自捐三千金，親督工役，築堰甫成，而河口決。勢危甚，先生禱諸神，復露立決口督役堵塞。夜半，大風雨，衆益洶懼。先生督飭無少懈。比明，則有沙坌湧塞斷堰，而河口合矣。工以成，衆咸異之。

光緒三年，雄縣大旱蝗。縣故與新城接境，雄民夜趨蝗入新城境，旦復飛還，如是者再。明年，新城苦旱，先生爲文躬禱雨於涿州之玉堂山。比歸，雨如注，衆尤異之。先生顧深自韜抑功而弗有。每事必摘要録小册，常置懷袖。上憲有所詢問，猝不能詳者，恒舉册以對。時合肥李文忠公督直隸，謂："喬令周詳愷惻，牧令中未易才也。"

先生自以書生不耐吏事，無幾，請解任。瀕行，新城士民捧香花跪道旁者數十里不絶。又懸匾書院，以誌不忘焉。先生家素封，好義勇爲。光緒二年，晉奇荒，急由新城遣長子祖懽以五百金歸，賑鄰里，全活甚衆。又自捐金五百爲同鄉宦直者倡，陸續得數千金，寄晉局助賑。同寅江南黄幼梧素善先生，及卒，先生賻百金且經理喪事，復得同官賻贈，乃獲歸葬。善醫術，民有疾苦求藥者，立施予。驛館旅舍遇客有病不能行者，亦施診治，予藥餌焉。歸家，閉門課子，家故富藏書。後進以詩文請謁者，先生批摘不少貸。其喜閲書册者，尤獎勵備至。治家有法，待人誠摯，雖對於臧獲從未加以詼誶聲。光緒十三年春，卒，年六十二歲。所著有《融齋文鈔》一卷，《詩鈔》二卷，藹然德人之言。《時藝》二卷，均身後及門諸子輯刻者。其《詩補遺》一卷，則又諸子檢諸叢殘而付刻者也。

明府劉立齋先生事略

先生諱體恒，字用卿，號立齋，遼州人。父瑢，以道光丁酉拔貢，己酉舉人。文學爲州士冠，學者稱樸庵先生。先生幼承家訓，爲制舉文一以先正爲歸，不沾沾沿時賢塗澤技。書法仿趙松雪、董思白，亦能得腴秀之致。詩不苟作，作亦有唐音。時州人士如趙雪樵璐、申圭齋錫瓚、周真甫存屬均負文學望。然先生奄有衆長，衆恒心折焉。未冠，入學，迭以内艱不應歲科試。

咸豐己未，彭學使瑞毓歲試，擢州屬第一。辛酉，取拔貢，旋丁内艱。同治乙丑，入都，考取八旗教習。時尋給諫鑾煒以文學鳴，王太守賡榮尚爲京官，以書法鳴，均器重先生，詡爲"翰苑才"。先生教習之暇，從以問業，乃鄉闈屢薦，不售。壬申，教習期滿。引見，以知縣用，分河南。瀕行，得父樸菴先生病信，即請假省侍。星夜遄歸，侍父疾，凡三月，父乃卒。

光緒丙子，服闋，赴河南，解甘餉差歸，分發彰德府試用。凡代理臨漳、武安、安陽、内黄諸縣，均有能聲。乙酉，補汲縣。丙戌，署正陽，尋回本任。先生爲政不專事鈎距，一以勤慎將事，事皆得舉。汲故當南北之衝，詞訟之外，以差務爲最繁，加以河決，鄭州通省驛傳悉改道衛輝。而河工運料，水陸絡繹，日不暇給。先生以爲緩則誤役，急則病民，斟酌適當，頒訂章程，事均無誤，民亦稱便。明年，河工成，以運料無誤勞績保加同知銜。

甲午，中日釁啟，檄楚軍東征，道衛輝，用民車千餘。湯陰、淇縣率以巧計脱差，至支應悉歸汲縣，縣民泣愬，先生憤然曰："差役宜均，奈何以鄰邑爲壑，獨苦吾汲人耶?"自是力争不得，食不下咽者累日。而先生弟坦如履恒、約齋守恒先後卒。先生哀感致疾，日以重。稟府署，請委署，時衛輝府爲曾太守培祺，雅重先生，特予假一月，不請委署。先生以重感知遇，扶疾辦公，竟卒於任所，年六十六歲。逾月，喪歸，衛輝、彰德二府士民道祭者相屬。至遼州，州官吏、紳耆之奠祭者亦如之，群嘆息先生盛德云。

先生幼事父以孝聞，事繼母三十年無閒言。與諸弟文行砥礪，相與期有成。在官持儉約，以俸餘時賙弟姪輩匱乏。而凡縣中驛地、税局、倉庫諸務，凡可以因公獲潤者，絶不使親屬司其事。論者咸以先生爲矯激，或則謂："先生殆深取於'黄金滿籯，不若遺子一經之訓也'。"

明府劉乙觀先生事略

先生諱青藜，字乙觀，大同人。幼讀書，父督之嚴。先生於十三歲入邑庠，以文學稱。同治庚午，舉於鄉。辛未，成進士，以知縣用，分發陝西，迭充發審局，差稱明允。

癸酉，委辦漢中總釐局事，力祛積弊，商民均便，公家所入亦無短絀。光緒乙亥，署洋縣事，爲民儲義倉谷百餘石，收放以時，歲饑不害。又整頓書院，重訂課程，以餘資購備諸有用書。旋丁憂歸。庚辰起復，赴陝署平利。時鄰境竹谿匪柯進成煽亂聚衆，民頗兇懼。先生飭縣民晝夜梭巡，復力行保甲。匪不得閒，率引去。未幾，匪殲於竹谿，平利益安堵。沙家口爲川陜要津，故有鐵鍊橋，年久頹廢，行旅苦之。先生見民得蘇息，於是籌款鳩工，克期畢事。橋既成，行旅感先生德，即以"劉公橋"爲名。辛巳，委沔縣釐局差事，亦治。

壬午，補淳化縣，旋調三原。三原爲陜西劇邑，商務素盛。自回亂之餘，土曠民惰。先生爲之相原隰濬鄭白故渠以溉田，渠水不及，督令鑿井，共成二百餘泉，農事日進。先生又設官桑園，廣植桑秧，土地既宜，遂分布民間，歲約數十萬株。復立簿稽查，毀者罰，培者賞。民既得桑，因興蠶業，絲織漸起。未幾，調靖邊一年，復回三原，益厲行蠶桑。民間歲得絲利至十餘萬，相與感先生德，立生祠祀之。先生先後官三原凡十餘年，興利除害，散賑救荒，率事事以實力行之，不務近名，而以振興絲利爲尤著。時同邑李先生殿林官京師，爲吏部侍郎，嘗志之云："君之善政，求諸古人中，若召信臣、范文正何多讓焉？"時論以爲公允。

庚子拳亂，先生時家居，府縣雅重先生，屬籌辦鄉團。迨兩宫巡幸，先生部署一切，無不悉當，民亦不擾，地面稱静謐焉。秋，先生卒，年六十一歲。所纂者有《蠶桑備要》《蠶桑全圖》《井利圖説》諸書，均斟酌時宜，繁簡悉當。自著則有《蠶桑指誤》《蠶桑歌示》，合前此試辦所經驗及用以督飭士民者並輯云。

郡守王藝庵先生事略

先生諱遵文，字藝庵，號墨麐，靈邱人。父恩祖，道光乙未舉於鄉，文學爲邑望。先生承家訓，讀書作文不循鄉塾之陋。爲諸生，循循雅飭如幼學時。未幾，父卒。先生懼僻邑難得良師，且學而無成，深負親志，於是喪葬既畢，赴省垣。時田京卿雨公主晋陽書院講席，先生遂以文謁得執贄門下，學益進。咸豐辛酉，以選拔貢太學。同治壬戌，朝考以小京官分刑部。同年同時同省以小京官分部者爲稷山王念堂文在、朔州王向甫賡榮、平定王鏡逸儆及先生，均以英特敏達，有"山右四王"之目。

先生故敏練，在刑曹二十餘年，例案通貫，又有辯才。凡援引判斷，無不明允，遇疑獄經先生推訊，無不情得案定。歷充秋審處坐辦、律例館提調等差，皆以勤能見重於上台。時又有"老斷獄手"之稱。如理藩院麟尚書書、刑部薛侍郎允升查辦江蘇事件，科爾沁博多羅噶台親王、户部閻尚書敬銘赴東陵查辦事件，先後皆奏派先生爲隨員，倚以爲重。旋母喪，回籍。服闋，補主事，擢員外郎，遷郎中。

光緒□□，以京察一等簡授四川重慶府知府。其轄地一廳十三州縣，土漢雜居。又加以通商以來，外人入處，尤稱難治。先生至，詢悉民情，寬嚴並用。吏民訴冤者，皆立訊，無積案。向來府試文童有棚費陋規，沿以爲常，士多苦之。先生令每一童汰一金，合計汰萬金有奇，士大稱快。且施渝郡書院二千金，爲諸生膏獎，更修學宫、武廟、衙署及慈幼堂、保赤所、全節院，前後捐款七千餘，均由廉俸項下及節省公費，不攤派民間。

嗣以屢辦英法交涉、剿滅余蠻子會匪及開洋關整頓釐金，奏辦秀山酉陽諸案，均措置恰當，三紀大功。復勸辦順直賑捐，以道員在任候補得保，且賞花翎，三品銜。又以勸辦晋賑，保候補道員，後加二品銜。俸滿，又保薦卓異，赴京引見，准加一級，註册候陞。因回任，至中途疾作，請假返里醫治，卒於道。時戊戌歲，得年六十三歲。

明府王仲蕃先生事略

先生諱錫晋，字仲蕃，黎城人。幼隨父發越，官於雲南，於廣東，下帷攻苦，不改儒素。以監生同治壬戌舉於鄉。辛未，大挑一等，分河南知縣。

光緒丙子，補長葛。其地瘠而狹，習尚悍摯，人民歲祲乏食，恒爲竊盜。士亦多習刀筆，與吏胥爲姦利。先生下車即巡行鄉里，時爲敦勸。又緝得巨匪朱元等，置之法。於是民免盜匪，各安其業。先生又課農田，行保甲。冬月有農人困苦不給者，出粟賙之。夜復親行街市，安堵無警。凡民間子女無所養者，收卹之。長而不能婚嫁者，恒助資。雨暘偶愆，虔爲祈禱。復開倉賑濟，不拘文法。邑故有陘山書院，以課多士。先生既爲延明師，增月課，復以餘資推設義塾，擇士之貧而成績尤者爲之師。於是民無貧富，無賢不肖，數年間，安居樂業，日遷於善而不自知矣。會河決楊村，尉氏當其衝。先生運穀三千五百石以賑士民。嗣奉大府檄辦稭料，運費無所出。先生召紳耆，曉以大義。衆感奮，相勸諭。不匝月而事集，爲諸縣冠。

丁酉，劉中丞錦堂既保薦先生卓異，復委署太康縣事。太康事務繁於長葛，民情之悍摯亦加甚。先生至，則分別懲撫，民得以安。又其地車馬局紳董向以脅官剥民，久爲患苦。先生親總其事，悉剔其弊害，毅然更章，即偶值不給，官爲墊給，不爲擾民。年餘，民更親附。庚子，陞署鄧州。鄧地毗連秦楚，號稱難治。先生至，則獎賢治匪，復免雜役，勤訊判，興學校，捐冬賑，諸事畢舉。

壬寅，復署長葛，民之愛戴先生不減於昔。先生亦視民如家人，凡詢問疾苦及判訊案件，均殷殷致語，反覆開譬，間及家居生産，從不以官勢威迫。長葛亦於先生欣戚事稱之娓娓，愛喜時形。當時多有稱先生居官化俗爲豫省僅見者。尋以年老乞休。瀕行，士民流涕，先後奉位、樹碑，頌德者相屬，復輯先後頌詩，成數巨帙。鄧州並建生祠於百花洲畔焉。先生既解組，閲數年，姪孫堃代理長葛，迎先生於署。先生重涖其地，民大歡欣，相與祝康强、望風采者無虚日。先生亦噢咻携持一如曩昔，若忘其爲迎養也者。於宣統辛亥卒，年八十一歲。

先生氣象渾穆，澹於榮利。與人交，無疾言遽色。性友愛，官長葛時，兄甫晋以進士守綏定，年老乞歸，迎養縣署，同衣食卧起，察寒煖。有過，兄加誚讓，先生復怡然受之，如弟子之奉嚴師也。又於同治己巳居憂，值歲饑，請於邑令，發常平倉以賑之。復出家財，勸募巨款以活貧苦。黎城東有荒田六百畝，先生出家穀，集里人開墾，擇其謹厚者司出納，以爲備荒計。黎城人食其利者數十年，尤稱道不置云。所著有《怡雲堂詩集》八卷，均帖體，已刻，又《憶雲山房古近體詩》若干卷，僅《眼鏡詩》《五言百韻》付刻，爲七十九歲作，餘待梓。

明府李少初先生事略

先生諱師沆，字少初，榆次人。幼孤貧，孝事孀母。性豪爽，恒急人難。爲諸生，有文名。同治癸酉，拔貢。甲戌，朝考後，就州判職。

光緒初，晋大荒，先生襄辦賑務。事竣，曾忠襄公以選缺，後陞用知縣，請得准，先生則鄉里教授，凡邑有公事，恒依之以辦，如大祲後，以餘資重修邑志、建考院、修定各章，先生均預焉。丙戌冬，選授安徽泗州州判。故州没於洪澤湖，先生至，則就僧屋以居，樹竿張薦爲壁，清苦中公事悉辦。

辛卯，題補鳳臺縣知縣。鳳爲劇邑，又地連淮徐，民習强悍，號難治。先生將蒞任，悉屏騶從，得沿路詢晰邑利弊，隨訪得盗藪於陳家樓，並詳其地勢。甫下車，即督差搜捕，得盗首，焚其巢，盗跡以屏。於是設外籤房，不任家丁，三八期訊案，隨訊隨結。平心審斷，民不能欺。先後共清積案數百起，獄爲之省。更嚴查保甲，密禁賭，均身先將事。鳳臺積年陋習爲之一湔。先生見弊害漸去，於是亟整風化，首捐二百金，復得邑紳民所捐，共七千金，興學宫及崇聖祠，敬一亭，名宦、鄉賢、忠義、節孝各祠，以及祀典所載諸祠宇先後興復。於是邑中始呈闤闠氣象，蓋自同治二年移縣治下蔡以來，諸事苟簡，淪於荒陋，至是始爲一變云。先生歡覩縣治爲之漸臻完聚，函勸紳士等集資修志。又抽焦湖麥租以增書院膏火，酌增課試，試卷均自批閱。公暇，復考究鳳臺山川古蹟、風土人情、貞孝節烈，與志局互爲辨論及甄采，一時文化增進。

淮北故習於溺女，先生憫之，創捐款項，發商生息。於是設育嬰堂，不時蒞堂周視。每夏秋，蝗蟲繁殖，或飛蝗過境，恆戴笠、策馬、執器督率差保及鄉民，力捕務盡。又懸賞購蝗子，以絶其根，蝗災得息。鳳臺地故貧瘠，自先生實心宰治，鳳民樂之如父兄。先生亦樂鳳民之愛戴也，以誠相與，至忘其貧瘠矣。乙未，大計，大吏以勤於撫字卓著循聲保薦卓異，受嘉獎。

戊戌春，水災頻仍。先生始則請賣平糶，設局於沿淮之魯家口、劉家港等處，輪日親往照料。又見平糶將不繼，力墾賑撫，且興工築，如修焦岡湖之慶豐閘、永安壩，視淮水進退爲啟閉，護田共數百頃。先生嘗聚邑紳而謀，曰："民雖暫得撫卹，田無種子，難望來春安業，恐飢民爲匪，是尤地方隱患也。"乃首先捐廉，一面購備籽種，一面陸續籌捐，量田給種。明年，渦陽亂起，先生首飭邑人繕土城以備守禦，次則飭築鄉圩。邑北界較爲遼闊，又接近渦陽，其東北曹家岡有縣民欲乘間煽衆者。先生率差潛往，獲渠魁曹志春，置諸法，亂機以熄。又西北謠言四起，人心悚惶，先生復輕騎馳赴彈壓。瀕行，邑紳以輕出爲誡。先生慨然曰："鳳邑不負吾，吾敢負鳳邑乎？設因西北一面動摇，閤邑則非吾治鳳所志也。"遂借閱練名，而實備防禦。所歷如袁家集、桂家集、顧家橋坊各處圩寨，飭董保集練丁爲之，申明大義，並定約："如一圩受敵，各圩均分練丁一半爲救應。或圩各派偵察，互爲報應，以便預爲堵禦。"復指定長溝、闞疃集之間爲適中地，宜會練。數日之間，部署悉定，賊不能竄，民得安全。適檄先生赴省，民大戚，相率赴省乞留。旋得道府札，稱："李令念切民艱，不辭勞瘁，辦理賑務亦頗得法，飭仍留辦賑務三月。"先生亦不以去留在意，所以籌辦者不少懈。比期滿，赴省。民人勒石紀事，並涕泣而送者相望於道。

明年，鳳臺獲安，夏秋復大獲，民相謂曰："是我李公之遺也。"庚子秋，先生復回任，百姓歡呼相慰勞。先生至，則與諸紳會議，向時布置雖均見效。然石城不建，歲歲勞民，溝洫不興，年年患水。且粟不積、糧不充，一遇災害，便難措手。因約各紳預謀集款，以待將事。旋奉檄辦練兵兼理撫轅營務處，先生竭力從公，不辭勞瘁。鳳臺盜匪既清，遊勇潰卒迄無滋事，民得休息。

辛丑夏，淮漲發，沿河民廬多漂没。先生警於戊戌之變，昕夕籌維，至廢寢食。又有以蝗災報者，復驗災督捕，憂勞之餘，加以感冒，歸署大病。邑紳往視者，殷殷以建石城、興溝洫二事未辦到爲愧對地方，不免遺憾，言已泣下。及彌留，猶以二事爲説，卒年六十歲。官囊貧薄，幾無以殮，寄停幾半年。子殿華始由鄉友乞貸，得資扶櫬以歸。而鳳臺紳民吴天喜等聯名禀呈皖撫，乞祠先生於名宦祠，並請國史入《循吏傳》。挽聯及文詩裒然成帙,咸以李申耆先生兆洛相擬云。

先生貌清神健,與人交,不設城府,過失恒面折,任事率先人勞,尤急公益。書法秀勁,間爲漢分,亦雅飭有致。著《勸民俗語》一卷,及先後諸公牘函稿,貧不能刻,藏於家。

郡守王向甫先生事略

先生諱賡榮,字向甫,號春舫,一號午樵,朔州人。祖來瑞,號海峰,嘉慶己卯舉人,任太原縣教諭,先生從之任。十二歲通經籍,詩文賦皆能成篇,書法亦遒美。時韓學博秉鈞爲先生姑丈,以道光己酉拔貢官石樓教官,課士有程。先生奉祖命往省親,學博奇之,遂留署中課讀。

十九歲,歸應童試,皆第一。明年,以高等食餼。咸豐辛酉,充選拔貢生。同治壬戌,朝考一等,授小京官,分刑部。同年同姓同試一等,同以文學擅譽者稷山王念堂文在、平定王鏡逸儆與先生並有"山右三士"之稱。秋舉順天鄉試,尋以京官清苦,因告歸,教授於祁縣、安邑各縣署。乙丑,復赴都供職,時吴侍御鴻恩方以文名雄,輦下主願學堂、觀善堂講席。先生每試必高揭,受業吴公門。

光緒丙子,成進士,以第二人及第,授編修。甲申,考取御史。會法越開釁,廣西巡撫徐延旭、雲南巡撫唐烱皆以退縮拏問,而置雲貴總督岑毓英不問。先生憤然曰:"同罪異罰,何以稱刑罰之平乎?"遂劾之。又時清議不直,李文忠鴻章言路尤肆攻擊,先生曰:"若爾則直可置身事外,作當家翁矣,且殊失待大臣禮。"遂抗疏略稱:"李於戰事交涉均有經歷,與其罷斥譴責,何如專任,以專責成,不力,再爲治罪。"時稱先生深識大體。

又請清查各縣歲貢,疏通教官之擁擠。又奏設山西、歸化等七廳學校,定生員額數,以溥國家文化,且免士子向隅。及劾罷,山西不職州縣均如所請。先生嘗稱："詳人所略，平生作文守此，爲言官亦豈外是哉？"

乙酉，簡江西鄉試副主考。差歸，迭派各項考試監試差及稽查倉場。俸滿，以知府截取。丁亥，授廣西潯州府。其地僮瑶雜處，民習於訟賭、械鬥，其中士子率陰爲把持。先生至任，首尊重士習，課試書院，諄諄以安分讀書，毋唆訟，毋比匪爲誡。其前茅兼獎以自刊文稿及法書。又諸生中有文佳而家貧者，每召至署中，親督課，給膏獎，多成名。屬縣有械鬭者，且定期矣。先生察知爲紳某慫恿，特請至，使出爲排解，且怵以釀成巨案惟彼是問，卒消彌無事。

又潯州兩關徵稅向例按日呈報，月終造册，申院隨收隨解，歷任止報六成。先生前任延太守已報捐道員，因欠税未完，尚留省。先生曰："是自累也。"改以七成，呈報，月終解款，毫無短欠。李中丞秉衡有竭力奉公，從來未有之褒。又前任房吏造册，每日止報一船，先生改爲按銀多寡約估船隻呈報。又關吏把持税務、火耗等餘款，與官朋分，積弊二百餘年，李中丞嚴諭裁革，改爲幕友徵收，三年更换。先生值前後更换之時，勢將激變，於是曉以大義，察其過苦者稍賙之，得相安。在官三年，迭經沈中丞秉成、高中丞崇基、馬中丞丕瑶先後以才堪大用保薦先生。因繼母年高，未能迎養，且南北水土異，宜屢患腹疾，遂乞病歸。瀕行，士民隨送，有韋生者經先生特賞，至泣涕送之。

先生既歸，癸巳，太谷官紳請主鳳山書院講席。每課必有擬程，爲諸生講解，終日無倦容。是年恩科，獲雋至八人，皆從先生請業者。乙未，以疾卒於太谷，年五十五歲。彌留時自挽一聯云："有母不能送終，何以爲子？課兒才經小試，敢望成人？"時子致中，方以州試第一，未及院試云。

先生貌魁偉，目短視而神光炯然。工詩賦雜文辭，爲時文所掩。字得力於趙松雪兼大小毆陽及裴公美，院體諸書爲時所重，晚爲行草，有勁峭之致，間摹漢分書，不輕作，旁通音樂、技擊。自奉儉約，遇書帖筆墨之佳品，多喜購之。家居孝友，在官友教，喜奬引士類。光緒丙戌，山西拔貢朝考。先生特爲立會課、備課卷，親爲校閲。宣統末，京師大學堂取得廣西經科肄業生，猶有先生向所賞拔，稱先生遺愛政跡云。遺著有《得無訒齋詩文集》，其刊刻行世者爲《得無訒齋時文試帖》《潯陽課士擬程》。又特刻徐廣軒潤第之《蓋盌文解》及韓學博秉鈞《帖體詩蔚》，先生某之《學〈易〉管窺》並以行世焉。

郡守陳硯塘先生事略

先生諱履亨，字硯塘，臨汾人。父郊麟，以善行稱鄉里。五十歲生先生，感電光照户之夢，遂督先生幼讀綦嚴，不涉姑息。先生資既聰穎，又鋭意前修，不屑屑以制舉文自囿。甫及弱冠，入學，有文譽。先生無復動意，惟念髮捻鴟張。時方多事，乃從事擊剌術及兵、醫、風、角諸家言，以求爲世用。

同治丁卯，捻匪擾平陽。先生亟奉親避東山中，己返爲居守。匪猝至，圍其宅，僕隸驚逸。先生獨從容，操南音而出，徒步省親入東山。其時山中訛言，一夕數驚。先生至，咸大慰，得無恐。難平，歸。父尋卒。

癸酉，先生舉於鄉。光緒丙子，成進士，選翰林院庶吉士，散館，授偏修。時晋大饑，先生以母老乞養歸。出家粟數百石爲粥，以賑鄉里貧乏。事定，無德色。再出應大考，列前茅，爲忌者所持，僅己卯、癸未與房考。乙酉，充教習庶吉士，纂修國史。門下士如陶心雲濬宣、張弼士振勳、柯遜庵逢時、嚴範孫修、陳潤甫同禮，皆爲先生所優視，並著清名，或成偉器。先生既負時譽，屢不遇，或勸以干當道。先生笑應曰："窮通，命也。"於是讀書静養以韜晦。時鄉先達如祁文恪世長、何壽萱福堃、李蔭墀殿林諸公，庶僚如王粹甫汝純、楊康侯履晋諸公，暇爲文酒讌。先生常與倡酬，篇什流傳。人咸謂："祁文端餘風未沫也。"既而時事多故，先生請外補以效其用，分發河南。

丁酉，鄉闈，豫撫檄先生充内監試。試竣，委周家口釐金保甲諸局差事，咸理。庚子，拳亂作。周口爲南北商業殷繁之區，官商惶惑。先生示以鎮定，力護遠人。事平，周口安謐，爲豫省最。改委禹州厘務，會陳州缺出，以先生署任。下車，首劾墨吏，絶苞苴，勸訟獄。暇則賓禮賢士，詢民疾苦，治行報最。未幾，謝病去官。或勸少留，先生曰："人苦不知足耳，彼二疏者何人哉？"抵家閉門却埽，不通謁官府，不預官事，惟植花、種樹自娱。日以孝謹朂子弟，有過則不言，令自愧服罪，時稱有漢萬石君風。嘗讀宋儒錢公輔《義田記》，喟然曰："憾吾無力也。"及疾革，猶以是勉諸子，謂："他日好爲之，庶補吾缺乎。"丙午，卒，年六十九歲。

先生狀貌偉岸，隆準闊口，豐頤方額，目光炯然。壯歲以前，能夜間觀物，人恒異之。四十後，則沈毅簡静，不慕寵利，恬退優遊。生平著有詩文、公牘、筆記等，因宅被火，與藏書、書畫等同燼，致無可蒐輯云。

郡守楊康侯先生事略

先生諱履晋，字康侯，忻州人。父樹本，以道光甲午舉人，官石樓訓導。先生幼即隨父任讀書。父卒於官，先生年十四，與母扶柩歸。自是，家日貧，先生苦讀，志不少易。應書院試，輒高取。年十八，爲諸生，以貧故，藉授讀養母。每歲科試取前列，食廩餼。光緒辛巳，王學使仁堪首拔先生。壬午，省垣建令德堂，檄各屬高才生肄業其中。先生及州廩生米蘭田毓瑞皆選入堂，並有文譽。同門稱時文之佳有秦、高、楊、米之目，謂："二先生及秦翹生殿傑、高紫蕤錫華也。"秋，先生舉於鄉。蘭田、紫蕤同取優貢。

癸未，先生成進士，以主事用，分刑部，尋補實缺。先生奉母京居，昕夕趨公，勘理獄事多詳密。自甘緘默，不爲衒襮。上官恒重之，重要案牘多假先生手。在官二十餘年，歷員外郎郎中，擢秋審處總辦。先生前後職事無不舉,同官皆目爲老吏。有疑難,先生歷引例案,言之鑿鑿,衆皆服。先生公退之餘,不廢吟詠,與同鄉官京者何壽萱福堃、何潤芙乃瑩、李蔭墀殿林、王粹甫汝純,文酒往復。而先生所集白香山或元遺山句成詩,尤渾成,諸公皆歎服。甲辰,以母憂歸。會省垣開辦同蒲鐵路,何壽萱方以甘肅布政使請告總路局事,遂邀先生助之局事,草創一切,釐訂規章,皆先生是任。旋服闋,先生赴部供職,諭改刑部爲法部。先生補原缺,兼丞參廳行走。

庚戌,京察以一等記名。辛亥,簡補湖南寶慶府知府。先生抵任,稔知其民剛悍健訟。有争山墳案,數十年不能結者,先生一一剖悉,依法訊結。積案至百十起幾清,訟民亦大服。先生公暇,與賓僚及紳衿登雙清亭爲文酒讌會,藉示暇豫導民以寬和。九月,革命軍起,寶慶警務長擁衆獨立爲響應,起倉猝,秩序紛擾。衆謂:"先生好官,既不爲用。"遂給川資,並護送眷屬出境。先生返京,見時益不可爲,遂歸里。杜門謝客,口不談時事。民國二年,省垣設民軍編纂局,延先生爲纂修。先生以局中多舊同學,且可傾吐積愫,遂如省。三年,疾,返里。尋卒,年六十三歲。

先生貌豐偉,與人交,殊和煦。讀書務淵博,然成進士後,爲刑曹,所日覽案牘、律例多覈深語。嘗自謂:"吾閱其書,作文不覺亦得其力,爲刮垢磨光及矯健精鋭也。"遺著有《欲自得齋文稿》《詩稿》均失於寶慶,僅印行《欲自得齋詩草》一卷,爲哀輯愜心貴當諸作。又《法闈倡和集》一卷,爲考試法官時,先生在闈與諸同官共作。又《周禮》《禮記》,先生均正其音讀,勒爲定本,八旗學堂用以授課並付刊印焉。

明府劉振翼先生事略

先生諱奮熙,字振翼,一字汝賢,號筱巖,祁縣人。家素封,父椿,以諸生舉同治壬戌孝廉方正,旋卒,家驟落。先生年未弱冠,即有大志，謂：“飢寒安足以困人，人自困於飢寒耳。”益發憤苦讀。嘗從同邑喬先生超五問業，喬先生固以文名，且家富藏書。先生自是乃知徒文之無裨於用。聞清源秦先生殿傑以樸學示後進，遂慨然負笈往從。時光緒初，王學使仁堪方亟亟以實學獎進晋士。壬午科試，拔先生高等，且張文於壁爲多士楷式，士類榮之。先生意弗慊也。遂寓省，肄業崇修書院，刻苦自勵，日讀《左氏春秋傳》《史記》《漢書》《文選》以自程。

乙酉，舉於鄉。丙戌，會試未第，因留京。時聞喜楊儀村先生深秀以進士官刑部，先生曩肄業崇修書院，嘗從問業。自是，朝夕過從，縱論學術及演疇人術。先生均通其指，楊先生亦以其勤也，殷殷告語無少惓。庚寅，成進士，文有奇特氣，一洗時流庸膚聲調惡習而悉衷。先正主司廣東，許尚書應騤激賞之，謂：“前輩典型，今世更見，信爲奇士。”

及殿試朝考，以知縣用，分貴州。黔晋相踰四千里，親故爲先生計，似宜請改近省。先生慨然曰：“于清端公何人也，其成名由於窮瘠荒徼之區。余何人，向慕乎于公，今顧易素操耶？”忻然携一健僕往。時承平久，仕途習於脂韋，其賢者亦第以簿書，期會無誤，即詡爲能，先生目笑而存之。至黔，車服黯敝，不事徵逐，循例銜參外，日閉户讀書史、研吏事，恂如老諸生。及大府有所咨詢，則汩汩千言，原委畢舉。時黔中有“三令尹”之稱，一爲江寧鄧季垂嘉縝，一則雲南王采臣人文，一則先生，三人既同名於時，性尤契。崧制府蕃疏薦於朝，稱先生以志趣純正，悃愊無華。朝旨交軍機處存記，以知縣候補，而得此蓋所謂異數也。

旋補天柱縣，縣中漢苗雜居，素號難治。先生單騎就道，抵任甫匝月間，清宿案百餘。又興保甲，隆學校，公暇恒至書院，爲諸生講爲學爲人之方。諸生聞風麕至，愚獷之風爲之一變。邑向有巨盗犯法者，屢詑不獲。先生既偵知，出不意掩捕之，訊得各情，立置諸法，於是境内益頌神君焉。先生終日危坐治事，案無留牘。暇惟涉覽

《王陽明全集》,嘗云:"曾文正稱讀陽明公牘如與曉事人共語,無不盡之情。今公餘讀之,益信曾公之言之有味,爲人爲文不當如是歟?"先生集中在黔條約示諭,雖僅得寥寥數篇,而爽明愷切,固如其師法所在矣。先生伯兄載熙故隨先生任,及是卒,先生悲不自勝,曰:"余昆季四仲早逝,今伯又逝,季後族人余孑身萬里,胡爲乎?"因決計乞休,當道慰勉甚至,先生終持前志不少移。遂得請。時宦囊蕭然,無以辦資裝。臬使全公稔其事,以千金賮,先生婉却之,因乞貸於鄉人之商黔者而成行焉。父老及是知先生去志決,奔走號呼,思阻其行,先生力謝之。及行之日,餞筵相屬,由署及郊,耆老商民,皆舉杯泣下。有數苗人皆請捍先生旋晋。却之不從,卒送先生至家,留數日,乃隕涕以去。

先生既歸家,口日增,境日迫。乃設帳授徒,且素習醫,藉以自養,口不談外事。祁令某者素貪很,慕先生名,屢請,弗晤。一日,忽掩入其齋,强先生以出任事,先生笑謝之。後令果以貪敗。光緒甲午後,士夫習於談時政,多無實際,先生隱憂之。戊戌變政禍發,先生私自嘆息,益爲養晦。己亥冬,歿於家,年四十三歲。

先生長身,髯于于拂胸腹。爲學不沾沾以博洽自豪。讀書務究大義,惟不喜時儒所謂性命之學。嘗云:"韓昌黎文苞百家道,濟末世,其《原道篇》中性命事功一以貫之。宋儒顧齗齗然訾之不少休,問彼有昌黎折强藩、驅鱷魚之真誠乎? 多見其不知量也。"讀《傅青主傳》至"吾取同甫"句,掀髯大笑曰:"此老信先得我心也!"先生爲文詩至敏,雅不欲存稿,歿後蒐輯叢殘,僅得雜文兩卷,詩一卷。授徒所口講筆記諸事,彙爲一卷,曰《授經餘話》,合輯爲《愛薇堂遺集》。其《陽明集》通部批識,且擬爲選輯尚未録副,算術諸稿本則均佚於黔中云。

明府劉怡亭先生事略

先生諱汝沂，字怡亭，晚號澹園，臨縣人。幼讀書，能强記。父卒，家境艱窮，遂隨母依張氏姊家。每值家塾講期，先生恒立窗外竊聽。塾師感其誠，不索脩資，張氏亦喜先生，使附學。甫肄業二月，坐卧無間，學大進。讀二年，應童試，擢第二。入學，母亦以久依婿家非計，携先生歸，使就蒙館自給，兼應邑書院試。先生屢得優，擢邑左，大令尤貴先生。知其窮，赴省時薦之守備楊公賓館，兼可應省書院試，資觀摩。

光緒壬午，科試取副貢。先生念母老多病，且頻年束脩膏火小有居積，乃辭歸奉母，就近村設館，便定省。戊子，舉於鄉。己丑，成進士，以知縣用，分陝西。歸，母卒。及服闋，赴陝。癸巳恩科，充外廉彌封官。甲午，充房考。解元張瑚樹出其房，餘皆文行並茂。先委先生諸差務皆苦瘠，同官視爲畏途。先生得檄奔馳，事皆得理。繼委臨渭二華土釐，所謂優差者。先生則免陋規，裁冗費，增益公家者頗巨。差竣旋省，應課吏館試，擢第一。後屢試，皆超等。先生曰："吾近得行文樂趣，所得且足以自贍，不願得有差務也。"人或迂笑之。尋委先生辦咸陽各屬營田事。其地向爲回産，叛亂後没收歸營，分撥民間，按畝計租，頻年積欠至萬餘。先生至，廉得其情，於是盡免向時規費。親下鄉開導民衆，半月餘完租者，且踴躍矣。上憲委匡大令接辦。先生盡語之故，一遵其成規，得租且溢前數。

己亥，委先生署神木縣事，先生盡免騾櫃加收費。又值歲歉，放賑外兼以平糶。又飭民開碱場，使以羸利自贍，民不苦歉。先生復於朔望爲民間宣講聖諭，以資感化。有棍徒某犯案宜杖，泣以有母在。先生曰："爾欲藉母欺官乎？若爾，早不爲非矣。"某益泣懇，先生見其誠，遂諭以人倫孝行事。觀者皆感泣，乃貸杖。及先生去任，某泣叩以送。又土豪某毆差，到案復喧堂。先生飭責之，差役藉以泄憤，笞加重。先生立命停笞，押候訊。或笑先生弱，先生曰："此人極强，實極愚耳。譬之剛木驟曲必折，漸曲之，斯就範矣。"迨月餘，覆訊，某泣悔，自陳願改善。釋之，卒爲良民。神木地偏僻，先生既爲舉節孝，興學校，復修邑志。辛丑，去任。紳民餞送塞途，有泣下者。回省，復入課吏館試，擢第一。旋委署孝義廳同知。其地故瘠苦，且年荒，盜風稱最。先生既請放賑、緝匪，復親往鄉勸諭。逾數月，民皆寧息。境鄰藍田，藍民控其官於省。藩司斥之，藍民曰："官誠如孝義廳劉公者，民詎忍控乎？"時傳爲佳話。年終既列先生上考，屬以榆林，屬監鹽滋弊。又民教相殘，巨案屢報。壬寅，檄先生往治之。先生至，則量減分卡，且責成貨局包辦。稟上，允試辦。先生計畫章程，一切皆使易行無阻，事得理。旋補麟遊知縣，期滿交卸，請假歸，葬兄兼省墓。樊藩司增祥批稟有"不嫌缺苦，不卹身勞"之語，給兩月假。

及假滿，復原任。見時局日棘，事與願違，乃慨然曰："吾讀古人書，既不能出匡時變，自當入篤倫常，戀戀一官胡爲者？"即於宣統己酉春，乞病歸。日與諸子姪講明經史，敦飭言行。庚戌，卒，年五十九歲。先生事母以孝聞，居鄉教士，以勵品爲要。在官寡應酬，出入多步行。衣食儉素，人或以爲矯，先生則處之自若。遺著有詩集四卷，曰《雲潛詩草》《雲吟小草》《秦中吟》《宦餘草》。文集二卷，曰《宦餘隨筆》《蓉岩雜著》。歿後，門人合之曰《澹園遺集》。

明府王叔明先生事略

先生諱希仁，字叔明，榆次人。幼失怙，恃育於長兄希聖，能率弟道。及就學，工書法，通算術，習騎射，以武生入邑庠。時仲兄希晋，由舉人謄録補授雲南順寧知縣，以先生敏練，隨之任，助理諸事。無何，莠民作亂，攻陷縣城。先生揀壯勇，躬率之，晝夜肉搏攻殺，城卒得復。仲兄得減輕處分，戍張家口軍臺。先生因旋里，時家口日蓄，故設有糧肆，先生理其事，所入益贏。在家則恭兄友弟，撫諸子姪，俾安心讀書無少怠。

光緒乙酉，以縣丞分發河南。時鄭工出險，委先生辦河工，兼籌賑務。河工需錢孔殷，日數十百萬。先生建議設官錢局以劑之，得邀准，即以先生董其事。時夫卒數萬，工資雜需咸資取給，一一無誤。及合龍，先生以勤勞卓著特薦用知縣，仍留河南。旋以善後得保直隸州用，襄辦順直賑捐。又保加四品銜，先生既以任事勤敏名，任省城保甲局差，宵小斂戢。同鄉又屬以會館董事。會館爲山西、陝西、甘肅三省合建，因事不免有齟齬。先生重申館章，獨任勞怨，館事以舉。三省官商咸翕服，無間言。陳州府屬之周家口，爲東南著名巨鎮。商旅輻輳，水陸交通，痞棍横行，瞀不畏法。辛卯冬，有旨整頓保甲。大吏議於周家口設局所，委先生經始其事。至則分測繪地圖，調查户口，編立門牌爲入手辦法。先生復隨時便服遊行，詳察勇丁之勤惰，地方之情弊。數月間，强暴消弭，商民安貼，街市整肅，一反前此□茸陋習。即商家有所不便赴愬者，先生虛衷詢訪，孰因、孰革、孰曲、孰直，必劑其平而後已。

及丙申，豫省錢荒，勢頗岌岌。先生建議請設官錢局，詳列條陳其大端，則通飭各州縣批解丁漕銀兩搭解五成。制錢由官錢局易銀上兑以資接濟，庶足拯錢荒，而兼益商民。大吏固稔先生能，於是檄先生理錢局事，勾稽操縱，公私便焉。豫省錢法於是一整。庚子，鄉試簾缺出，委先生代理南召縣事。接篆甫七日，而拳匪禍作。科舉停辦，前令仍回本任，别委先生署鹿邑。鹿邑地鄰皖亳，土匪來去無常。先生抵任，一本其在周家口之成法，首清匪源，又詳詢紳耆，嚴懲從匪諸土棍，民得安堵。於是清積案，正士風，整錢糧。暇則乘一騎，周行屬境，如鄉曲老儒，與諸野老閒談，燭民間疾苦及利弊，次第蘇息。又或明窗染翰，揮灑淋漓，嚴束家人，署以内儼然鄉農之小康家也。及期滿交卸，百姓遮道攀轅，送者絡繹，並勒石頌功德，留去思。

先生回省，仍檄委官錢局充提調。時藩司某素矜綜核之長，與先生論錢局事，氣頗盛。先生歷陳利病所在，不稍假借。藩司他日言於豫撫，且微斥先生强項狀。豫撫曰："王令對余亦爾也！推其人有操守，善理財，歷辦官錢局，成效具在，不然提調豈知縣任乎？"藩司意旋解。會部儀飭各省設銀行，行鈔幣，以興財政。先生兼豫省銀行提調事，商訂章程，酌擬辦法，提綱挈要，無不妥洽，時皆以計學名家稱。又商務總會亦請先生襄理會務，凡所裁決，悉服群情。

戊申，委署涉縣事。涉地鄰晋邊，僻在山隅，風氣閉塞，一切新政均未舉辦。先生至，則先整學校，興織業，商會、警政次第實行。會税務增加，涉民聚數千衆焚税局，税員逃匿，情頗洶洶。先生聞故，策一騎、隨一役往。衆望見，僉呼曰："某委員包辦税務以害吾民，是以聚衆，非干我王公事也。"先生至，群投械，伏道左。先生曉以利害，並減免若干事，懲其首要，事以息。及期滿卸任，百姓愛戴一如曩者鹿邑時。先生默審時勢，又以年垂暮，抵省力請致仕。大吏力挽留，且委清釐憑心煤礦公司帳務，曰："事訖，遂初未晚也。"先是，該公司開辦以來歷年帳目訖未清結，委員清釐數次，莫得要領。先生至，則悉心稽核，不數月，而底蘊畢見，頭緒釐然。於是，别定簿，記諸成法，以資遵守，宿弊悉盡。比回省，則山西與英商福公司礦務交涉已結，組成保晋礦務公司，特請先生爲協理。先生乃慨然辭豫事，任晋事。至則力整出納，嚴簿記，缺者補之，冗者汰之。未及一年，諸事就理。以積年勞，疾發，於宣統己酉冬卒，年六十三歲。時豫撫尚有電致先生促赴豫商要政，而先生死矣。

先生疏髯古貌，性峭直，言笑不苟。任事勇，與人忠，凡不軌於理諸端，恒面斥人，侃侃不少貸，然無容心處。上司有所咨白，亦率其常，不稍貶損，以故受敬重者在此，蒙掎忌者亦在此，致兩署巖邑，未獲大展，所用僅致效於財政，綜理諸端，然亦足以傳矣。遺著有公牘未輯理，已輯者惟《開方詳解》一卷。

明府閻菊農先生事略

先生諱駿業，字子勤，號菊農，榆次人。幼讀書，有經世志。嗣長房，資頗裕，悉以贍本房，己攻苦如寒畯。入邑庠，棄去。以府經歷報捐，分直隸，繼由海連保陞知縣。

光緒庚子，拳匪禍作。先生時寓河間府，稟見如太守松，極稱拳匪之誤國殃民，且請乘其未發禁之，以紓民禍，守依違。旋僞諭出布，匪勢益張。六月中旬，聯軍攻塘沽，武衛前軍聶提督士成陣亡。朝命陳統領澤霖帥師勤王，經景州，州牧迎之，並請以師助拳攻教堂。圍攻朱家河教堂三晝夜，破之，屠殺甚慘。旋津京繼陷，聯軍深入，乘輿西走。州牧始自危，以疾辭。時太守憶先生前所陳候差候委諸員均星散，於是委先生代理景州事。戚友皆危之，諫勿往。先生慨然曰："國家多難，臣子義當效死。在無事時，寧能及我耶?"遂以一僕、一車、一馬行，抵任，即策修城堞，並募民團三百，馬巡五十，以資衛護。聯軍既據京，分轄地段。法軍復進攻保定，殺廷藩司雍，人心大震。

值上諭各省緝拳匪，卹教民。先生曰："事雖晚，羊亡未嘗不可補牢也。"於是商同紳士，發倉穀，賑教民。教民焚殺之餘，至是始得安集，多感先生。法主教葛光被亦審知先生，往来頗洽。而州境劉知廟猶有餘匪設壇呪者，先生偵知，率團勇往，勒令解散。匪恃衆頗抗拒，經格斃二人，捕獲三人，始散去，而敗軍過境者滋擾不休。先生與紳民約，概以禮去，毋擾地面。八月，法統帥邦堯入獻縣，據其城，搜捕拳匪。民大擾，且聲言尅期犯景州，景民大懼，勢極紛亂。先生集紳衆，議曰："法兵此來爲復仇耳。若抗拒，是不啻以卵擊石。余將赴前敵，爲民請命，濟則民之福，否則以死盡吾責，不忍見吾民受盡戮也。"衆皆泣不可仰。翌日，先生諭民衆毋自擾，單騎往赴獻縣，衆泣送。道旁跪伏者至數千人，先生泣諭之。及抵獻，先晤葛主教，聲明來意。葛感先生誠，介以見法帥。初執之堅，先生爲説解再四，並請以嚴捕餘匪，賠撫教民自任。葛主教亦連稱先生好官，於是法帥以御河爲界，不侵其西，成約而歸。州民迎勞，歡聲如雷。先生於是更辦鄉團，輯教民。方慮賠款無所出，前總統袁公方巡撫山東，景故與德州接境，聞先生事，曰："閤不愧守土者也。全景藉以全吾魯，吾何爲畛域之分哉？"亟電獎之，並允助款四千金，給予槍械，使清餘匪。先生設賠款局，延景紳董司其事，規定章程。教民死者及財産，前已調查得悉，至是分别各就緒。明年，袁公督直隸，補先生望都縣。其地爲通衢，民久苦徭役，先生爲分别減免。旋調廣昌，地多山盗，有覃金保者聚頗滋事。先生率兵勇入山，擒覃，餘盗潰散，民乃安。繼調署束鹿，缺素優，上官以索賄不遂，乘直督易任，爲蜚語，假煙禁以落先生職。

先生讀書嗜博覽。以身弱，究養生，旨通醫術。罷官家居時，以醫術濟鄉鄰，不受酬。少作畫，亦有致，嗣以其無益，斥不肄。所爲文告不存稿，曰："身非文士，在官但盡責耳，安敢妄效先民作政書乎？"民國三年，卒，年六十一歲。遺稿除醫書批識外，有《蓨城冒險記》一卷，爲牧景時日記，備載爾時實情者。

山西文華·史料編

山西獻徵

第二册
卷四至卷八

常贊春等◎編纂　董潤澤◎點校

《山西文華》編纂委員會　編

山西出版傳媒集團
三晋出版社

山西文集

山西獻徵　卷四

忠　義

總鎮李全先生事略遊戎何道深附

先生諱全,陽曲縣人,幼以勇捷入行伍,旋拔補撫標右營把總。乾隆乙丑,遷文水守營千總。辛未,俸滿引見,命效力巡捕營。旋擢守備。戊寅,以勤奮遷南營遊擊,營規整肅,士卒勤練,爲京營冠。己卯,擢參將。辛巳,軍政記功,列先生一等。高宗諭以:"李全前因熟悉地方營務,未經補放,恩賞副將銜,仍管理南營參將事。"

丁亥,擢雲南永昌鎮總兵。九月,明將軍瑞總督雲貴,督軍剿緬甸,檄先生率衆從大軍由宛頂木邦進。十一月,至蠻結,賊立砦山岡,且列象陣。先生據山梁,與大軍張犄角擊賊,大破之。十二月,師至天生橋,乘霧渡河。先生率左哨兵,直薄賊壘,冒矢石槍火,不稍却。賊旋潰,拔其地。戊子正月,分軍進攻。先生轉戰至蠻化,賊益衆,蜂至衝突大隊。先生率衆力戰,受槍傷數處,督戰不少却。嗣以衆寡不敵,猶相持數日。先生創且發,彌留時,張目大呼:"殺賊報國!"卒於軍。賊乘之,軍始潰。

事聞,命優卹,祀先生昭忠祠,並從祀旌勇祠,給騎都尉,加一雲騎尉世職,且賜祭葬。子萬年,襲職,積官至廣西右江鎮總兵,能繼先生聲。後先生戰歿猛域者,有何遊戎道深。

何遊戎，諱道深，字會源，靈石縣人。幼沉勇，入邑武庠，舉於鄉。乾隆庚辰武進士，授三等侍衛，在乾清門，以勤職擢貴州提標右營遊擊。先生至，則勤訓練，核軍實，士衆勇健，進止有節度。

丁亥，明將軍瑞總督雲貴，進討緬甸，集諸道兵。先生初未被調，既聞先生練軍狀，遂特檄隨營至永昌。秋，三路出師，由宛頂木邦渡打疊，過錫箔，至蒲卡西，敗賊伏兵，又過天生橋，進抵蠻結。賊立十六砦，竪木柵，列象陣以拒大軍。先生奮勇，冒矢雨攀柵先登，槍傷右額，血流被面。大呼督攻，不稍却。破其砦，斬獲甚衆，紀功第一。

十二月，大軍進抄，由天生橋河上流取道猛龍，趨猛密，擊賊於小猛育。先生以驍勇故，特領十二營先鋒。入至窮乍，去賊巢阿瓦城益近，賊斷木壘石守隘。大軍糧少，火藥、鉛丸亦盡。賊詗知，抄之。先生殿全軍，遇山谷阨險必奮戰，阻賊前進，師得退至猛域。未至猛域之前二日，先生以激戰中槍傷。夜息，軍校有獻謀者曰："公傷重矣！賊至日衆，道險，難與敵，不如稱病重，圖逸歸，且爲後舉也。"先生慨然曰："賊軍衆，正吾將卒致力時也。奈何示弱以辱國乎？"叱之退。明日戰益力。初，明公將中軍趨錫箔，别將分右軍易路進，約會師。及至猛域，兩軍不如約。前阻大山，賊盡塞蹊隘，環圍數重。軍中糧乏至殺馬以食。

戊子二月初九，明公令夜盡拔營突圍。平明，賊益衆截殺。先生率親軍拒賊高岡，他軍得乘旁逸，自朝至日中，賊衆益至。先生以被創劇，力竭仆地，卒。賊軍直前蹂躪，親軍僅得先生帶及髮辮歸。明日，明公亦自殺。軍大覆。事聞，議卹，加先生一級，蔭一子守備，祀昭忠祠。先生歿猛域兩月，子膺綬始生，得襲職。

先生眉目清美，長身猿臂。諸父兄弟皆以文學著稱，先生雖肄武，揖讓温文，有儒將度，撫士嚴而有恩。聞檄令，二日即行，而擇軍將之無兄弟者，令斷後，勿衝鋒。先生殁後，故軍皆稱之流涕云。

總鎮謚勇烈任漢沖先生事略子承恩、承緒附

先生諱舉，字漢沖，號東園，大同縣人。生魁偉，甫能言，端莊喜讀書。家故貧，年十七歲，應幕爲兵，暇即讀書不倦。雍正甲辰，應武鄉試中式，連捷成武進士。房師審公出守安徽徽州，先生從之學，日鍵户讀書，一切繁華無少顧。戊申，召命兵部行揀選例，先生選守備發川陜。

己酉，署柏林堡守備，管延綏鎮，兵馬駐甘州。明年，調巴里坤軍營，以戰功補安定守備。旋擢寧夏都司。乾隆戊午，寧夏地大震，民大死，黄河漫溢。上官委先生監督渠工。先生先在差次，聞知，痛哭墜馬，曰："吾母設不幸，何以生爲?"比返，母無恙，妻子皆被災。先生於是募民夫掘屍骸，促民認領及妥瘞。其無主者，渠工亦復舊觀。明年，母卒。服闋，擢固原遊擊。

丙寅十二月夜，營卒童文耀、賈世忠等爲亂，劫提督仕盛奪南門入，毀轅門栅以攻署。先生急仗劍趨出，指佩刀，語婦施曰："急當自爲計也。"先生遂登鼓樓，發號音，示賊以有備，復宣國家恩威及禍福，衆多附先生馳至東門。賊有援上者，先生至趨斬其首，下擲以寒賊膽。復推女墻磚擊賊，死者相蹈藉。而西門餘賊亦經右營遊擊錢保火槍擊散，賊遂合餘衆，仍撲南門。先生率所領五十人，大呼曰："好男子今日當從我爲忠義也!"馳馬直前衝賊衆，大呼聲震天地，殺悍賊四十餘。賊引却，先生號於衆曰："割賊左耳亦功也!"士衆益奮，賊始散逃。比黎明，衆漸定，被掠者争前哭訴。先生曰："且安臥，明日當還若也。"先生既嚴檄露告遠近，即下城中令曰："有掠得人財物者，許昏夜出棄，三日不出棄，指告或捕得者依軍法。"

於是，商民財物得漸出，人心亦定。事聞，詔嘉奬，擢先生中營參將。明年引見。時金川逆命，高宗留意將才，問軍事，先生即地磚指陳機宜。上嘉悦，賜金，命馳赴軍營，且擢西鳳協副將。

戊辰，即軍授四川重慶鎮總兵。時訥相國親經略軍務，分路進討。先生統昔嶺、納喇兩路，嚴申軍旅，督軍前進。冒雨攻據色達嶺梁，測得迤南有打雜兒溝碉塞，最爲要害，遂佯攻昔嶺，遣别將以精兵從溝南襲碉。賊空塞相拒，南溝兵縱火焚其卡，奪據昔嶺、終峰、左梁，而官軍由右梁策應者亦集，遂盡得打雜兒溝地。會夜雨，先生率衆襲嶺腰木城，亦克之。復收城卡七處，營木岡。先生周覽形勢，曰："是可急以智取，若頓兵，使賊得設備，必大費兵力也。"乃留軍守木岡，移師終峰，夜遣死士由左梁伐木開道，直趨前山，斷賊餉道，賊衆潰。遂焚其三十六碉，復取喇嘛寺一百三十餘碉，克據終峰。六月克七城，駐軍色而力山樑，深入賊境。賊死命固守石城，連攻不克。先生命軍士伐木製枋以備下擊，且立木城、深溝塹、築礮臺，乘大風發礮碎城垣，按步步圍城法攻之。賊勢漸窘。先生持火具薄攻，城上槍礮急發，傷先生左足。或勸稍止，先生横刃曰："今日有進無退，吾豈苟活誤國耶?"賊見先生負傷，遂悉出圍之，先生與哈總兵攀龍突圍出，欲乘勢先登。伏賊起壕中，斫先生右手，斷三指，刀墮。賊蠢至，先生奪其槍，刺殺十數人。俄中鳥槍洞胸，撲地噀血，大呼"報國"而絶，年四十六歲。哈公尋收先生屍，貌如生。奏聞，上深悼惜，賜葬祭，謚勇烈，入祀昭忠祠，蔭二子。

先生頳面多髯，目光如炬，不耐遠視。性忠孝，嘗稱："作官無他法，衹不欺心而已。"又曰："下不知法，由教化不先而人心不善也。"少嗜酒，經母訓誡，後無逾三酌。家法嚴。弟鳳，以雍正己酉武舉登癸丑進士，猶不命不坐。平居好學，工詩。在京引見，與孫文定嘉淦、梁確軒錫璵交最契。御妻子尤務儉習勞，嘗曰："仕宦家人多成廢物，若無蹈此也。"有遺詩一卷，家書十二篇，均字字血性。公牘亦不假幕友，語質而瞭。子二：承恩，承緒。

承恩字畏齋，一字伯卿。乾隆丁卯，父征金川，明年卒於軍。母施氏挈先生兄弟回籍，督課嚴切，不稍姑息。常泣曰："異日吾圖有以見汝父地下也。"己巳，年八歲，奉旨詣闕。太后召見宫中，諭以：

"總兵忠臣、夫人節婦，能教子成名，爲國家出力，夫人亦忠臣也。"母大感泣。高宗又諭："任承恩召見時看來頗有出息，賞給内府銀五百兩，山西巡撫留心照看。"己卯，賞二等侍衛。辛巳，補福建遊擊。歷官淮安參將，嘗力禦淮水泛濫，擢漕標副將。伍丁向有陋規，先生峻拒之。復擢兗州總兵，晋松江提督，調福建。丙午，臺灣林爽文難作，連陷彰化、諸羅，犯臺灣。明年春，先生奏請渡海往剿，率衆五千至鹿仔港，斬酋王芬，擒林里生。進攻復陣斬林伴。爽文懼，解臺灣圍，收諸羅之衆，併力北禦。先生以後軍不繼，不敢輕進。朝旨責逗留，逮京。上念忠臣嗣，不罪。事亦旋解，復補先生海淀副將。先生公餘恒以詩酒自遣，或研習經術，所交如法時帆式善、翁覃溪方綱、阮吾山葵生、吴香亭玉綸、吴榖人錫麒、羅兩峰聘、任子田大椿、周書倉永年、同鄉梁確軒錫璵、張水屋道渥、曹定軒錫齡、申之祝齡諸先生，均詩篇往來，或質疑請業，恂恂如書生。間策蹇於西山佛寺、豐臺草橋，攬勝看花，不知其爲武人也。嘉慶丙辰，卒，年五十五歲。著有遺詩曰《學稿愚稿》，經翁學士删定爲《二峨草堂詩》二卷。

承緒字繩武，亦字叔卿，生三歲，故原兵變，母施氏屬積薪户外，爲闔室自焚計。僕輩有獻計負先生兄弟出逃者。先生兄弟痛哭曰："願從母死也，不願生。"乾隆丙子，年十二，入邑庠。時蔣文恪溥督晋學，賞其文，勉諭尤至。

辛巳，先生年十八，母施特疏請效力行間，以成父志。上用爲京營千總，旋擢北營、西營守備，所轄正陽、宣武二門間，號最繁劇難治。時傅文忠恒極賞先生精詳。會有支解人棄屍下體於琉璃廠者。事聞，嚴旨捕治。提署内務兩府番役偵緝月餘，無所得。福金吾因傅公言以屬先生。先生曰："廠無多地，而捕者紛紛，適滋無良者因緣爲姦耳。請撤内捕及諸司協緝者，專責本汛官兵辦賊，不難破案也。"福公從之。先生屬老兵從容密偵。不十日，得正兇江二。夜率兵入室縛之，掘地得屍。讞成，置之法，以是名益起，擢南營遊擊。遭告訐逮問，事白復職。壬辰，西珠市大火。先生奔救，督衆入大

叢，撤屋救護。風迴火熾，壁壓被傷，猶大呼："趣救災！"火熄，舁歸以重傷。聞旨，著御醫調治，竟不起。垂殁猶自語："請征金川，呈未批下，不能成父志，命也。"卒年二十九歲。先生修幹，方面，寡言笑。雖爲諸生，幼仍肄騎射。官守備時，值母疾，急趨丫髻山往禱。比返，母疾愈。不及請假，幾被議。當事憫之，得弗問。先生兄弟皆無後，以族孫昌壽襲職，官至大名鎮新雄營都司。

提督謚壯節馬純齋先生事略

先生諱全，字具堂，號純齋，陽曲人，初名璟。父雲翱，由雍正甲辰武進士歷官守備、遊擊，隨征金川，晋參將。先生生時，父方以守備官陝西孤山，土人感異夢來告，已而先生生。豐額、高顴、大耳、方瞳，父奇之。數歲，授《孝經》，即喜誦"始於事親，中於事君，終於立身"三語。

乾隆戊辰，先生年十七。父西征，携先生兄弟往。及父卒於軍，先生與兄招以喪歸葬。乃應募西安軍門，膂力逾衆，尤擅騎射。壬申，以武舉聯捷進士第三人及第，授二等侍衛，出爲福建撫標遊擊。與同官角觝互争，革職，因寄籍大興行伍，更名全，入巡捕營。傅文忠恒奇其材勇，與語兵事，皆中機要，遂命就試。己卯、庚辰再以武舉連捷。高宗御紫光閣校射，識先生曰："爾馬璟耶，何以至此？"先生叩頭引罪。上使起，盡奏。其技畢，大悦，賜第一及第，授頭等侍衛。壬午，扈駕南巡，命署江西南昌鎮總兵，賜花翎。向例提鎮冬巡各營，率僅半。先生悉令校練，其怠玩者立參革。又親巡廣信、瑞州諸禁山，以清姦宄。奏聞，詔獎之。

乙酉，移鎮江南蘇松。尋擢提督，請改歸山西籍。詔允之。又請武職五品以上營武兵制亟宜講習《中樞政要》一書，備載應校訂頒行。部議准赴部備資刷印祇領。又同高制軍晋合疏，請將崇明營馬匹分撥沿海金山、柘林、青村、南匯四營，並拔補戰兵，以資差操。又

請裁廣德營守備，移設南匯，與都司千總輪巡洋面。部議，從之。其地洋山島向爲海寇出没之鄉，自是皆驅逐無窩聚，民以安。先生嘗巡海，大風折桅，士卒股慄。先生露祝曰：“馬全如有負心，明神殛之。士卒無罪也。”風旋息。衆歡呼以爲神。

壬辰，調甘肅提督，陛見，賜黑狐馬褂。時方討金川，先生請行。上可之，加領隊大臣。癸巳，赴軍。先生抵控喀營，冰雪中與賊相搏，皆克。迭攻昔嶺，奪得碉樓數十座。又出奇計誘賊，伏發敗其餘衆。復捕獲昔嶺山麓逸賊，伐本開道，建棚二十餘，備賊來犯，爲大軍聲援。時温將軍福席連勝之威屯木果木，擁重兵不進。先生慨然言曰：“金川蕞爾小夷，經大軍二次撻伐，不能獲尺寸之利，乃至屯師經年，老師縻餉，安用將帥爲耶？今相國以重臣不能出險用奇，使彼畏威革面，惟知置酒高會，撻辱士卒，終將何物歸報天子？真所謂空摇羽扇無計請纓者也。”温斥其妄。先生退，遂遣兄子國錡歸，曰：“告汝父，善事我母，我無以家爲矣。”六月，賊大至。大營果潰。温將軍死於軍。先生殿後，力戰竟夜。賊合圍，先生被重創，大呼“殺賊”，死於昔嶺，年四十二歲。先是，朝命調先生四川提督，至是以死事聞。上震悼，祭葬如例，謚壯節，從祀昭忠祠，予子國鋭世襲騎都尉，又一雲騎尉。丙申，金川平。命圖先生形紫光閣，御製贊曰：“挾翼雖英，御須造父。設非其人，良材徒苦。陷木果木，將軍僨轅。殿後捐軀，愧惜難言。”國鋭亦以功官至直隸宣化鎮左營遊擊。

提督謚毅節牛磬宜先生事略

先生諱天畀，字磬宜，太谷縣人。幼習騎射，以武生舉於鄉。乾隆壬戌武進士，授藍翎侍衛。戊辰，授江南興國營都司，屢遷廣東將軍標右營遊擊，湖北德安營參將。壬午，調撫標中軍參將，湖南寶慶協副將。丁亥，擢湖北襄陽鎮總兵。戊子，以母憂歸。辛卯，服闋，補四川川北鎮總兵，皆以精練稱職。時大兵討金川，先生率本標兵

赴木坪,一路協同董提督天弼進剿。

明年,大兵由達木巴宗分三路趨資哩。先生擊賊於瑪爾瓦爾濟山巔,連戰三晝夜,克卡十,與大兵會。事聞,賞花翎。既而大軍圍資哩月餘。先生分攻南山,參贊五岱攻北山,未克。先生時據特克裕爾山梁,密以兵四百覓路伏箐中,誘阿喀木雅賊出寨,擊之,賊敗匿。先生由山梁至山麓列兵以截賊,援賊連犯,連敗之,賊衆傷竄。會阿文成桂代五岱攻北山,築石卡,直下坡擲賊。先生亦由南山夾擊。賊大潰,遂克資哩。奏聞,特加獎賜。

未幾,阿喀木雅及得爾蘇諸山賊皆潰。先生率兵赴各巖洞、箐林捕逸賊。自得爾蘇山巔下至河岸盡據之,接北山麓,無賊蹤,尋設卡逼前。賊夜撲者三,悉爲大兵擊走之。

又攻據喇卜楚克山巔。時副都統富勒渾繞山後仰攻,先生由山前直入,奮勇先登,奪大卡,賊皆披靡。又兩林賊出,死力截先生軍。後援接至,大擊,賊皆敗遁。先生督兵運木,冒雨矢槍石中,大舉火焚賊卡,死者枕藉。再進攻布朗郭宗,取德木達碉寨石卡,更隨大兵克布朗郭宗及底木達,小金酋川僧格桑之父亦就擒。癸巳,大兵進剿,攻功噶爾拉。先生冒大雪登山口兩峰奪碉。賊由後來犯,先生率衆大呼,陷陣士卒皆死鬬,賊敗潰。温將軍福奏請先生轄貴州隨征兵,即署貴州提督。上如所請。六月,木果木大營失利,温將軍死之。先生力戰,創重,死於陣,年五十七歲。

奏聞,卹增如例,謚節毅,入祀昭忠祠,命圖形紫光閣。儒臣擬贊曰:"緑營健將,埽噶拉境。躬犯矢石,捍衛昔嶺。經數十戰,兵不血刃。於木果木,臨危授命。"先生艸髯赭面,尊嚴如神。率兵恒奮勇前戰,涖事亦清詳。長子敬一,以文學入邑庠。甲午,卹典予騎都尉兼雲騎尉世職。敬一以未習弓馬,請予弟敬憲承襲。上憫之,賜敬一舉人,後官廣東石城知縣。敬憲襲職,授都司,歷官至陝西蘭州城守營參將、廣東羅定協副將,皆樹聲績云。

太僕王嵐溪先生事略子榮棨附

先生諱如玉,字璞園,號嵐溪,靈石縣人。幼出嗣季父讀書,倜儻有大志,嗜詩學,時吟詠以見志。弱冠,爲諸生,有文譽。既而棄去,遊京師,由貢生報捐道員。雅好文學,與一時賢士大夫遊,詩篇酬唱無虚日。著有《嵐溪詩草》,於乾隆壬午付刻。

吏部選授貴州貴西道。其地既峻險,苗夷雜處。媮惰失業者相率勾聚爲劫掠。先生下車,一以廉察,擒其人,得情治以法,不少貸,境内肅然。未幾,熊按察繹祖以事罷職。先生兼署臬篆,讞獄定案必再三詳審。劉制軍藻亦深重先生。以親老乞養歸里,旋丁母憂。

乾隆壬辰,起復。將除官,坐前察屬不嚴,以從四品降補,分發四川任用。會金川難作,忠勇公額駙福隆安雅重先生,奏薦揀發軍營。時兵分三路:温將軍福駐木果木,爲西路;阿文成桂駐當葛山,爲南路;果毅公豐伸額統兵綽斯甲布之宜喜山,爲北路;劉制軍秉恬駐簇拉角克,總理糧餉。癸巳,先生分理糧務,屯兵簇拉角克之西,偏會降番内叛,勢頗洶洶。先生前此屢進策温公,未見用。因日磨所佩劍,使極利,人皆迂之。至是,警報益急,先生與守營將士激厲,死守勿去。比聞温公遇害信,於去脱指上玉搬指,付僕彭山,曰:"汝死此間無益,宜速去。持此歸以葬,可也。"僕泣去。六月十二曰,賊衆紛至環攻,槍礮雨下。衆將勢急,不能分援,士卒頗呈潰相。先生度不能支,仗劍躍馬,潰圍突出,率衆上牛廠山梁。賊圍益合,衆漸潰。有勸先生微服雜潰卒中冀可免者,先生曰:"以死報國,吾分也。"遂拍馬大呼,衝賊陣,擊殺七八人。賊衆益迫,槍刃攢加。先生中銃墜馬,遂遇害,年四十一歲。幕友岳廷栻者,四川人,亦大呼:"王公爲國效節,吾輩豈可苟生耶?"亦力竭以殉。

先生貌魁偉端凝,所居左右圖史。書法米襄陽。畫潑墨花卉有徐青藤風,不常作。平居不妄交人。爲吏屏絶紛華,語及國事,毅然

自任。至殉難奏聞，上震悼，賜太僕寺卿，入祀昭忠祠，給葬銀，蔭一子。長子榮棨，聞變時僅弱冠，亟奔喪，抵潼關，僕彭山以先生遺衣服及搬指至，遂奉以歸葬。服闋，以難蔭選陝西山陽縣，能得民情。歷調邠州，旋擢甘肅甘州知府，調蘭州府。嘉慶戊午，以楚教匪難作，甘肅諸匪亦蠢動。調先生隨營辦糧務，以守城堵禦、帶兵殺賊諸功，勒經略保奏請賞花翎，擢西寧道，調寧夏道。旋丁母梁淑人憂，歸。服闋，引見至京，以軍中積勞，舊疾頓發，卒。甲子，叙金川難裔，加賞恩騎尉世職。先生長孫椿源襲職，嘉慶己巳，選四川知縣。丙戌，委管撫邊屯務。歷知江津、渠縣諸縣事。樹先生殉節碑於登春祠中，並重刻《嵐溪詩鈔》兩卷以傳焉。

守戎李海門先生事略

先生諱躍淵，字海門，又字巨浦，號見龍，樂平鄉人。幼有膂力，弱冠，勤學弓馬。每昏夜，炷香爲的，射無不中。入邑武庠。嘉慶乙卯，中式武舉，效力撫標。每校射，輒冠其儕，署左營千總。道光丁丑，中式武進士，遂益究心古兵謀戰法。戊戌，赴部投供，選授浙江處州鎮守備。時承平久，軍政頗弛。先生至，加意綜核及訓練約束，軍紀肅然。明年，委署龍泉汛遊擊。抵任，按期練閱。士卒武伎不如法或犯科者，嚴懲之。既而察其貧乏，時加卹，不以過廢用，是益得士心。庚子，署麗水都司。夏，英人犯粵。尋竄浙，陷定海。先生奉檄隨征，先至浙浦，防守數月，無疏失，調鎮海大營。

辛丑春，赴招寶山查驗巨礮，礮動傷足趾，骨見。先生鎮攝指揮如常，軍衆皆服。事畢，調先生赴定海禦敵。先生恒短衣仗劍立船頭，督衆進勦。英人退却。既而，師合復定海。論功，以先生功第一。鄭總戎國鴻盛推先生忠勇，特加恩禮，派協防道頭。會父喪，先生哀慟備至，因患清溼熱疾。秋稍愈。英船至，軍帥先期令沿海築土城、排巨礮爲堵禦。英人舍而攻曉峰嶺。先生所駐道頭當其衝，

酣戰晝夜，不少息。卒有以壺漿進者。先生叱之，曰："殺敵致果在此時也，何食爲？"揮去之，戰益力，士亦益奮。旋軍中火藥不繼，連日陰雨，英人冒死登岸。竹山軍先潰。鄭公檄先生力衝敵陣，爲死鬭。先生突衆進，當者披靡。後軍無援，英軍攻撲益急，衆頗死傷。先生被槍傷臂，急以刀剔去鉛丸，力戰，不少却。胸復被傷，屢仆屢起，續被數創，仆亡於陣。鄭公亦亡。事聞，旨晉先生一級，贈昭武都尉，祭葬，卹蔭如例。子體仁，已入學，聞先生陣歿，由家赴浙求先生屍，不可得，因以故衣冠招魂歸葬云。

明府楊翰華先生事略

先生諱毓藻，字翰華，榆次人。幼貧。爲諸生，與同志王太守燕堂、閻刺史慶元，以文章氣節相砥礪，且同苦讀。道光辛巳，同舉於鄉。

甲辰，大挑，以二等銓猗氏教諭。先生慨然曰："大丈夫豈寒氈坐老耶？然古人一命之士一事有濟，亦報國也。"遂襆被携一僕往猗氏。學宫故藏有經史諸書，先生公餘徧讀之。於史部中歷代利民諸政治，均口講指畫歷歷，可施行並貫徹其原委焉。

咸豐乙卯，以截取授江西雩都知縣。江西自癸丑後，賊匪縱橫，雩都又鄰閩省，尤爲劇。邑人多爲先生難之。先生曰："不遇盤根錯節不足以別利器。古人幼學壯行，何爲哉？至其濟，不濟則命存焉，吾何懼！"時姪卓、依二人，均先生課讀，遂携以行，並族弟毓森，俾理署內事。沿途舟車逆旅，恒爲課讀之常，行李蕭然，人不知爲縣官之任也。抵省後，飭赴任。先生便道至贛州府，謁太守，詢施政程式。二姪以道途勞瘁，且不習水土，先後歿於旅邸。先生因寄其梓，擬束裝行。同鄉經商者勸之曰："今賊匪蠢動，公又值二姪之喪，藉此稽留郡城，徐觀動静定行止，亦一策也。"先生毅然曰："事不避難，臣之分也。吾盡吾分而已，他何知焉？"遂謝同鄉，赴雩都。視事二月，清

積案,省徭役,接見紳耆,切究地方利弊,一一就緒。

會賊匪萬人由吉安掩至城中,練勇僅數百,居民千餘家,大洶懼。先生激以忠義,民勇誓死守,賊屢攻,不得逞。一日,潛刳地道,實以藥火,發而陷城至丈餘,蜂擁以入。先生率民勇殊死鬭,斃賊酋,遂逸出。越十餘日,賊大股至,四面環攻。城中見糧不繼,子藥絶乏,相持二日,城始陷。先生猶巷戰殺賊,跳踉力竭,遂遇害。毓森及幕友浙江童鑑、洪洞龔桐均死難。車夫閻映和僕人段成等亦以左右衛先生,同死之。城中壯勇及老弱,前以併力禦賊,賊恨之,駢殺,無一屈者。

事聞,部議以雲騎尉世職賜卹,且祀昭忠祠。先生長子健,爲郡生員,早卒。次子侃,聞先生難,慟不欲生,遂囓指出血,籌資奮身孤往,誓不歸喪不返家。跋涉流離,備嘗艱苦。半年餘,始招先生與毓森魂,並扶卓、依兄弟二櫬歸。時稱忠義孝悌萃於一門。侃以鄉里教授卒,諸孫以襲職入軍籍。宣統三年,邑人士聯名請以先生祀邑鄉賢祠。已詳上官,會革命事起,未果行。

方伯謚文節祁幼章先生事略

先生諱宿藻,字幼章,一字子儒,壽陽人。幼讀書,喜嶔崎士。父韻士,官户部郎中,以銅案事遣新疆。先生年五歲,母劉夫人携以歸,與諸兄讀,攻苦如寒士。乙亥,父釋歸,主保定蓮池書院講席。先生隨讀。父卒,兄寯藻由京奔喪,遂扶柩歸。隨兄讀,以道光乙酉舉於鄉。戊戌,成進士,入館選。旋與同館葉聲揚乞假同歸,途次雄縣,葉病歿。先生任棺斂及寄柩諸事畢,乃返。人多義之。

明年,散館,授檢討。時母劉夫人年老多疾,不耐久京居,每返里來京,必先生扶送乃歡。甲辰,充廣東鄉試副考官。差竣,簡湖北黄州府知府,調武昌,均有聲績。

屢遷廣東按察使,擢湖南布政使。時髪匪方張,粵湘等處土匪時

竊發，先生均尅期平定，遂有能軍名。咸豐壬子，調江寧布政使。時髮匪陷武昌，警報迭至。總督陸建瀛率軍防九江。先生爲城守，設籌防局招募壯勇，命諸生張繼庚、李翼棠、王金洛統之，人心以定。

癸丑，官軍潰於小孤山，陸督遁歸。省閣閣托疾，盡撤沿江諸防。匪順流東下，勢益盛。先生與鹽巡道涂文鈞、督糧道陳克讓、知府魏亨逵等謁見陸督，籌戰守計，陸辭以疾。先生太息頓足而出，急偕僚屬撫居民，籌軍食，日夜不遑，力疾視事。匪大至薄城下，江寧城周百三十里盡括，營兵不敷防守，而藩庫存帑爲陸督前防江所携去，並部撥守城銀三十萬亦提解無存。先生惟以忠義激士民，謂："富者不惜財，貧者不惜力，賊不難破也。"卒難捽集。又商之蘇撫，急借織造及關税、鹽務各款，爲守禦具。將軍祥厚及上元令劉同纓與先生爲固守計。先命諸生翁鯤募勇丁，以助城守，復遣張繼庚等以敢死士千餘撲匪營，城礮不察，遽發擊之，衆遂散。先生憤極嘔血。匪又攻南門。先生督軍守，指揮槍礮及匪乃發，發輒殪。日晡，匪少却。民人汪松崖作秔飯寒菜，擔以餉軍。先生顧而大感曰："好百姓！我曹負若矣！"益嘔血，暈而仆地。家人由城上舁歸，遂卒。臨卒大呼："力不從心，不能殺賊，是大恨事！"時正月三十日，年五十三歲。王金洛故隨先生軍，經紀其喪。越十二日，城破。祥將軍、涂陳二觀察使、魏太守、劉明府俱力戰死。翁鯤巷戰死，汪松崖與家人自焚死，蘇撫先遁，陸督已被劾逮問，旋戕於匪。

事聞，文宗憫惜甚，至贈先生都察院右副都御史，謚文節。子世結，以知州注册。同治甲子，先生喪歸。乙丑，江督曾文正國藩奏請先生附祀江寧將軍祥厚祠，以昭忠烈。特旨允之。

京卿張鏡川先生事略

先生諱清元，字元卿，號鏡川，渾源州人。幼讀書勤苦，爲諸生，屢以文學受知於學使者。嘉慶庚午，舉於鄉。道光丙戌，以大挑一

等用知縣，分發安徽，歷署潛山、定遠、合肥、鳳臺等縣及壽、亳二州，補授懷遠知縣，陞宿州知州，皆以聽斷明察、勤政愛民稱。

任懷遠，有無名男子被殺，無首，屍主亦不得，衆論洶洶。先生查有控傭工常姓騙逃案，時日相距近。遂傳常姓妻子至，詢知屍身中瘢痣皆符。先生乃嚴密偵緝，得亳州錢五久貧忽富，盤詰失色，逮訊吐實，且得死者首。即取常姓子清血驗之，首骨血獨涔。錢五具服。詞上，大府疑駁再四。先生屹不動，卒從所定擬。

又歲饑，先生開倉施賑，然後上聞。大吏斥責，先生自引咎。又捕蝗防疫，皆身自督察。任壽州，有姦胥張永年者，素爲州豪猾，歷任多優容，先生按法懲之，衆惕息。定遠獄吏苛囚，掘地爲坎納之，名鍋底牢，以嚇取財物。先生痛杖諸吏，立平其坎。正陽關鹽卡丁役素爲商民所怨苦，先生立撤銷，且追出浮收以給貧苦。又廬鳳等府，俗習强悍，盜夥鹽梟相鉤結，以拒捕抗官爲常事。先生督健役搜巢穴，殛無遺。程撫部楙采録先生先後緝獲功上奏。巢縣、廬江、合肥諸盜首爲戴三沙、祖繩、劉大辮等，又奉旨嚴緝有吳兆豐、姚紹先、孔昭秀、王雨昌各犯，悉擒正法。倪樹明歲久竄匿，亦偵縛，即以緝捕勤能通省第一薦，得旨召見，且褒嘉焉。

先生習兵家言，至是屢以緝捕故，悉知皖民情弊。自以受恩感激，矢平寇難。咸豐辛亥，奉旨赴辦廣西軍務。周文忠天爵爲軍帥，檄先生帶兵勇五千禦匪。大黄江，又紫金山，爲匪老巢，有匪衆十餘萬踞其地。先生偕向軍門榮、張觀察敬修、李太守孟群率兵剿之。先生尤冒險直衝，衆服其勇。癸丑，周公移辦皖省軍，深倚先生，請隨以赴皖。時捻匪勢甚張，且據河南永城諸處。先生偵得亳州有匪諜並其黨，擒斬之。旋匪設伏，誘大軍奪橋，急擊。楊守備者，泅水登岸，擊匪背，斬其渠。楊廣義先生飭兵分三路合剿，匪大潰。又匪中有馬樂田者，尤悍鷙，謀誘襲大軍，詐率衆來附。先生察其詐，猝擒斬之，即嚴衆衝陣，匪大譁潰。另股知狀，抄先生軍後以亂之。先生令連把總橫擊匪，已殿後禦之。匪不支，遂傾其巢。周公上先生

功，賞花翎，晉知府。皖大吏稔先生能，委幫辦宿州軍務。其地爲皖北重鎮，朝命容都統照屯守之。先生至，容公倚重加隆。

丁巳，捻匪環攻宿城月餘，不能下。其目張鳳鳴乘麥季截驛路爲裹麥糧計。先生率衆攻之，擒張磔以徇。會捻首曹懷勗及王雲會等合衆應先生，會宿牧及守備率壯勇夜馳大橋集，迎匪擊之，得二酋，斬之。訊其餘，皆夙附張洛型者。時猶有捻首卜殿青據龍山東北之青疃，倚險爲匪援。先生督閔守備、周經歷攻之，擒誅匪黨。朱善沅、謝雲卜易服遁。先生陰遣降目謝永年等混入匪隊，擒卜斬之。時久旱得雨，民以爲是除暴之應也。容公入奏，擢道員，且獎其守宿諸功。

戊午，匪陷臨淮關，檄先生守浮山。其地扼淮河之要，張洛型夙覬蘇、常，擬由是取道清江，尅期以舟師東下。衆兇懼，守者悸成疾。先生請往。至則覽全淮形勢，築礮臺西南。冬，匪果大至，先生督水陸軍夾擊，相持五晝夜。時，東北風起，先生飭衆抛火具，曰："是天助我也。"並飭伏軍要匪歸路，匪氣奪，不復爲東侵。計是役，斬俘近萬餘。奏聞，旨嘉獎。先生亦以勞致疾，動履艱阻，猶區畫軍事、核輿圖、策戰守，爲擒制張洛型計曰："是獠最梟傑，能成擒，餘易制也。"己未春，卒於浮山軍營之舟次，年七十一歲。奏聞，賜䘏晉太僕寺卿，恩賞賜葬銀兩，給予難蔭，入城治喪。辛酉，州人士請祀先生鄉賢祠。旨允之。

先生讀書務昌明正學，以性理爲宗，兼及經史，著有《賞心亭文集》《詩集》。居家孝親篤族。服官重風節，篤師誼。鄉闈座師石侍御承藻以失察庫案監追，先生奉金贖歸。壽州、亳州二牧皆以親喪無措，先生一則重賙，一則代任償其虧歉。同官尤服其義舉云。子三：長觀岳，道光己酉優貢，報捐主事，分工部，同治壬申襄辦典禮，優叙知府，發廣東；次觀鈞，道光癸卯舉人，乙巳進士，用主事，分吏部，後考御史，擢湖南施南府知府，以剿黔匪功晉候補道，賞布政使銜、尼鏗額、巴圖魯勇號，光緒初，供職四川；三觀準，咸豐戊午優貢，

辛酉舉人，同治癸亥進士，入館選，散館，授翰林院檢討，考取御史，晉給事中，光緒初記名繁缺道。

明府武聽濤先生事略

先生諱來雨，字聽濤，交城縣人。生於城西隅之四層樓，樓爲明季武氏避寇所築，稱邑勝跡。先生比長，讀書其中。道光辛巳，舉於鄉。嗣以大挑一等用知縣，分發四川，任緜竹。屢平反疑獄，重士愛民有政聲。又習軍事，由營務處軍功保舉，加知州秩。

咸豐戊午，代理慶符縣事，其地與雲貴接境，素稱荒僻，且無城闉。先生至，招撫流亡，民漸安集。明年秋，雲南回亂。其黨侵入川境，由筠連一帶擾慶符。先生既以軍報不及，緩急難恃，於是激勵士衆，親率之爲堵禦計。出城數十里，地皆險惡叢箐，糧械不足，衆頗散逃。先生痛哭返。妾張氏於先生行時以死矢，遂斃。其幼子符官己亦自縊。先生回縣坐堂皇，匪前驅猝至，脅之降，不屈，遂攢刺斃之。其酋得遺墨，略稱："生民塗炭，咎實難辭，然開門揖盜始自筠連，起釁失機作於宜邑，無城無兵，罪當共。諒今日死節，分所當然。賊至，殺我眷口，勿傷我百姓，死亦瞑目。清風兩袖，死無所歸，將來平定後，士民垂憐，覓我屍骸，擇一葬地，夫妻相倚，則生生世世圖報無窮也云云。"衆感先生義，率羅拜，具棺斂，且拘僧道爲追薦。及匪退，民爲先生擇葬地，樹竹木梅花，建石坊及祠。後任知縣至，得先生遺墨，臚陳請卹於朝。同時，彭水張大令尚浴，爲陽曲拔貢，特加跋於先生遺墨，後存慶符祠爲紀念焉。

明府楊春野先生事略

先生諱曉昀，字春野，和順人。幼慷慨，不汲汲舉子業。喜讀史，每覽諸忠義事，恒拍案流涕。爲諸生，有名。道光乙酉，拔貢生。

辛卯，舉於鄉。壬辰，成進士，以知縣用，分江西。

咸豐癸丑，任廬陵時，粵匪踞江寧，分股撲江西。吉安一府實爲要地。吉安王太守本梧預爲防禦，與先生謀戰守策。先募壯男千餘，分隸各署，日勤訓練。先生又於捍禦、擊刺諸具悉爲購置，且議儲米及錢他食物，王公允之，於是得米千二百餘石、錢萬餘，千雜食物亦敷用。時省垣被匪圍，檄外府州協濟食物。先生言於王公曰："是烏可常？與其藉資於外以守，孰若藉資於外以戰乎？昔王文成駐吉以平宸濠，往事可師也。況瑞、袁、臨、吉、南、贛六府均省上遊府，果得各出兵糧，配以船隻，蔽江而下，賊不足平也。"會瑞州盧刺史亦以書陳戰計，王公遂致書各府，約會師期於六月十六日。至臨江樟鎮以待各府會師。二十一日，泰和土匪起，據縣城。贛道剿之，失利。王公遂移師赴泰，會寇夜劫，兵勇潰散。王公乃退保府城。

時匪與土寇兵合，勢益披猖，攻府城。先生分守南門，守兵僅有七八人。匪分股來撲，衆洶懼。先生仗劍督之，叱燃礮，斃一人，再燃再斃，匪稍絀。兵勇亦漸集南門。先生於是乘匪懈，選敢戰勇四百人開門突出，以擣其不備，頗有斬獲。尋匪漸集，攻城西門，密分餘匪繞而攻北門。先生曰："吾西門人衆，賊不亟攻，其惟圖北乎？"遂率兵防北方，亂投磚石，賊不得前。復潛發大銃斃匪首，匪遂竄，回攻西南，如是者屢。夕，王公見援師不至，益憤慨。於是，率勇五百持銃礮開門剿匪，命先生居守。泰和令等率勇爲後援，搜剿匪衆。進至火府廟，匪大至，殲王公。先生聞報，守益力。嘗以礮斃匪帥及頭目等十餘，匪少却。又贛鎮總兵援師亦集。未幾，楚勇至，羅忠節澤南以教官率其衆。先生與羅公謀，定楚勇前驅、贛鎮兵繼之，於是復泰和，克固江、安福，匪竄湖南境。先生力保危城，衣不解帶、目不交睫者二十餘日矣。至是，剿餘孽，撫孑遺。先生以功賞藍翎，撫藩等以爲不足，乃改賞花翎焉。

是時，天久亢旱。先生既請緩徵，又以舊所收漕米未輸船運者，以三分之二變價而濟軍餉。以故楚勇及前所失諸縣勇丁糧餉悉資

於廬。先生既爲策守禦，又爲裕糧餉，及事定，士民以聯額獻者踵相屬。先生慨然謂客曰："余今年六十四矣。王公死，余不即死，以有城在。今城幸全，賊雖敗潰，特小醜耳。設大賊至，余能取其渠魁而殪之，上也。否，則禦之。否，則此地即余死所乎。"

逾年乙卯，匪陷湖南茶陵州，其地與蓮花廳接壤。先生聞警，自捐廉募勇五百人，號和順軍，以時練肄。及警漸急，先生一面求援於上下遊，一面籌堵禦計。一夕，號召長子翰藻、三子摛藻，謂之曰："賊大至，如何？"二子曰："父生子生，父死子死，棄父偷生，兒不爲也。"先生掀髯而笑曰："予以爾輩治秀才業，但知爲應試文耳。今乃識大義如是乎。"復顧黎、杜二姬曰："賊若圍城久，乏食，吾將殺汝二人以食軍士，毋令同鄉張睢陽獨有千古也。"旋曰："汝輩知此地文信國乎？殺身成仁，千秋不朽。余祭其祠，蓋不勝向慕焉！若苟且偷生，生何爲乎？余有孫在家，可奉先人宗嗣。吾家死於此，既無愧信國、睢陽，即英靈往來於螺山鷺水間，亦怡然耳。何憂乎？何懼乎？"

十一月二十一日，匪至吉安，進十餘萬，以城守甚固，於是掘地洞以棺載硝圖轟城。先生覺而撲滅之，凡四五次，迄無成。既而油盡，晚則暗坐以爲守；鹽盡，相與淡食；豬、雞盡，食狗馬；有斃者，雜食之。

明年丙辰，援不至。正月二十三日，天大雪，二尺許，兵勇凍且餒，防稍懈。匪遂於二十五日寅時掘地洞以火藥轟城。城崩，匪撲入。先生匹馬持大刀從十字街往東門殺賊，匪圍數重，突不得出，乃遇害。二子亦以救父被害。姬黎氏自焚於縣署。杜氏投城下遇救不死，旋回籍。先生死時，年六十五歲。子翰藻，字西園，夫婦皆死廬陵署中。次子文藻，字郁齋，廩貢生，在籍。三子摛藻，字鬱齋，死父難，年十七歲，未娶也。

明府程植五先生事略

先生諱兆桂，字植五，號炳南，渾源州人。爲諸生，有大志，既以優等食餼，遂報捐知縣。道光丙午，選授廣東清遠縣，調署廣寧。以匪擾失防降調。既而，先生率民勇剿匪迭勝，復上其功，以縣丞用。

咸豐甲寅，代理清遠縣事。其地上通英德，下達三水，與佛光、花縣尤毗連，多山原。夏，匪衆竄境。先生與官紳率勇丁禦之，匪勢却。秋，匪以大股撲城，城兵勇單，難出敵，先生爲固守計。南門爲尤扼要。先生自守之。會署遊擊張某、守備賴某怵於匪衆，夜開北門遁。匪擁入。先生率民巷戰，墜馬傷腿，即取刀刺腹而仆。妾趙氏在署聞變，先自劙腹，腹裂，由樓窗躍出，墜地殞。紳民等尋先生於橫屍中，有微息，負以出城。敷良藥，旋得蘇。大府知狀，委鄧參將會剿。未至，先生密飭錢典史華齡、周巡檢季培潛約各鄉集壯丁，自裹創，會同胡守備潮健、鄭巡檢淩雲、袁把總達潮，歷各村堡，勸諭民家。冬，匪攻高田圩，鄉兵抗之。斃匪六百餘，匪潰退。

乙卯春，匪復犯龍塘圩。紳民等合商行諸義勇齊出接戰，殊烈，連戰數日，共斃匪四千餘。先生曰："匪敗退，城可克也。機勿失。"遂會同文武員弁、紳民等，簡精壯，得二萬人進薄城垣。匪先以戰艦列河面拒之。先生率勇以火礮轟擊，船燬，衆墜水，餘駕壞船下竄。先生分兵追剿，以其半攻城。越日，齊進薄西北門，破之，殺匪近千，餘星散。先生入城，撫民衆。甫定，匪船迭來攻。擊之沉，且獲礮船一。繼匪船百餘艘又來，沿河滋擾。先生以計夾攻，破之。斃匪七百餘，擒百餘。匪敗去，旋合蘆色、英德諸匪乘筏，趁春水方漲闖境。先生急分衆接戰，匪不得逞，乃分支出對河山路襲官軍。袁把總達朝、陳外委瑞超急率勇趨救，斃匪數十，匪遁去。袁、陳追之，至橋，橋斷，同溺焉。匪遂揚帆撲邑城。值大雨，先生率兵勇轉戰泥淖中。連日衆死鬬，斃匪千餘。匪氣奪，紛竄。先生復調團勇分赴匪過各

處，截剿之。五日間，除生縛外，斃匪三百餘。先生親赴各鄉清匪，獲千四百餘，悉殲之。

丙辰夏，匪復熾來犯。先生合胡守備潮健、鄭巡檢淩雲督衆堵剿，迭勝之。匪分三路攻城，勢頗盛。先生率衆扼河隘奮擊，匪稍却。大府派尹參將率兵助剿。先生聞信，益死拒。冬十一月初四，匪既分路來攻，另由間道趨城。先生見不敵，急歸守城。時連日拒戰，困憊不支，猶率衆巡城，失足墜城，舊創潰裂而殞。事聞，奉旨優卹，加鑾儀衛經歷銜，世襲雲騎尉職。妾趙氏亦得旌表。

先生任廣寧時務息訟，不輕用刑朴，必窮究訟端，加以勸導，民多感悟息事。遇姦蠹窩賭則重懲，不爲姑息。又改建書院，體卹寒畯，興辦團練。邑紳於去任時爲勒碑頌德。任清遠久，尤得民心。課士務拔真才，有童試以金求首録者，嚴斥之。民向習抗糧，歷任多嚴追。先生獨爲諭導，民大感化。邑匪徒屢犯法，捕弗獲。先生責之嚴。一日，匪突持刃入。先生正容責之，匪屈服受法。民間尤頌之，築清風亭、返鏡臺以表先生德政云。

京卿馮仰山先生事略

先生諱景，字仰山，渾源州人。道光甲午，舉於鄉。甲辰，大挑一等，用知縣。初發河工，嗣改指河南，署淇、汲、唐、息、光山、羅山等縣，補蘭儀，均得民心。調鹿邑，蘭儀士衆遮留，至隨之省，守先生寓。及稟懇上官，例不得准，乃製扁徽，羅拜於門以去。尋調商邱。

咸豐乙卯，以卓異晉直隸州。時捻首張洛型由皖北擾河南，各縣戒嚴，永城尤危急。大吏檄先生專辦永城軍務。捻匪數萬方撲城。先生率曹勇千人奮擊不少却，城圍以解。捻匪知歸德城虚，集衆環攻。先生聞信，率勇馳赴。永令擬請增兵，先生曰："增兵徒費時日，苦我民衆，且老父在危城，尤爲子奮不顧身時也。"遂率勇前進，轉戰百餘里，七十餘戰。先生與衆殊死鬭，匪不能制。暮抵府城外駐

營，約五鼓擊匪。乃夜率勇丁，乘匪不備，突圍縋以入，五鼓復出，合城兵擊匪。匪不支，敗竄。匪中有徐德林者有衆頗悍，及是敗，服先生治軍，擬降附而未決，先要先生如營，麾下尚猶疑。先生曰："是屬我也，若示懦，則大事必敗，戒備益滋匪疑。"乃隨二騎往。徐悉衆出迎，刀矛槍礮夾立。先生控馬中行，神色自若。徐大驚服，請舉軍受約束。先生曰："我偏軍也，一朝而録萬人，非力所及，況衆人非以盜爲樂者，徒懾於令耳。"因悉資糧分給衆軍慰之，使歸農。衆散去，徐獨依先生。後以功官守備。

丁巳，皖豫督軍袁端敏甲三以商、永二縣爲要區，檄先生扼馬頭寺，督團兵絶匪北竄路。先生晝夜巡邏，伺間出奇計攻匪，頗有斬獲。大營緩急，餉運恃以無阻。未幾，先生攻破盧廟集匪巢，轉戰劉家口，斬級數千，且獲軍資甚夥。戊午，匪傾衆趨馬頭寺。先生偵悉，設伏以待。匪至，伏發，不得逞，且殲其目。匪忿甚。六月，擁勁騎馳集，勢張甚。先生曰："是鋭賊，不易當也。"遂分兵出間道襲擊，由商邱、濟陽集追及亳州清凉山，趕殺七十餘里，匪屍相蹈藉。大吏奏功狀，擢知府，賞花翎。先生長子士雅亦以帶勇殺賊功，得保知縣。先生屢挫悍匪，所部皆以精鋭著，名之曰"飛虎隊"。匪亦稱先生以飛虎將軍，戒勿輕犯。

冬，匪爲大舉撲營，衆分五隊。怵先生威名，乃由商邱界溝集迂道循包公廟築圩，亙數十里，爲久抗包困計。先生率勇出小任集，遇匪奮擊。匪敗退，追剿四十餘里。至田家集，匪四面鏖至。日暮，先生軍力疲，匪益軍横衝之。先生軍不相屬，獨屬親軍五百奮力死鬬。衆漸傷亡至五十人，亦重創。先生大呼曰："賊衆我寡，不能爲彼屈也。"力竭，遂遇害，同時殉節者有商邱會亭集余巡檢，施經歷。又徐德林、朱龍高、徐克勤皆積匪投誠者，至是，亦同以衛先生死於陣。匪見先生死，將携首獻功。行未遠，大風天晦，馬驚嘶辟易。匪大懼，置先生首於樹間，羅拜馳去。

豫撫以先生死事聞，諭依知府陣亡例賜卹，贈太僕寺卿，世襲雲

騎尉,建專祠,入祀京師昭忠祠,給祭葬銀兩。歸德紳民於張睢陽祠後建祠祀先生與余巡檢、施經歷,名“三忠祠”。徐德林、朱龍高併塑像侍先生側焉。先生子士雅,以知縣襲職,同治壬戌,卒於家。次子士維,以兄死無嗣,得襲爵,入大同鎮標試用,歷署應州廣武鎮、神池馬邑鄉千總。署廣武時,值光緒戊寅,朔州熊六以飢民爲亂,守禦有方,民未罹患,群頌其德云。

侍御楊儀村先生事略

先生諱深秀,字漪春,又字蘧邨,一字月存,一字儀村,號孴孴子,聞喜人。故居縣北儀章村。八歲,父母卒,育於從伯父崇烆。少聰穎,讀書數行下。十二歲,能詩賦及畫。應童試,爲彭學使瑞毓所激賞,取入學,賜手書小楷以勖之。先生益自奮於樸學,不專攻應舉文字。同治庚午,鄉舉第三,先生時年二十二歲。

明年入都,時壽陽相國祁文端既歿,京官中惟滎河尋給練鑾煒、壽陽閻户部汝弼尚抱殘守缺,以樸學相尚。先生爲尋氏賦《齊鏄鐘詩》,一時才名噪輦下。先生意不屑也,獨從閻户部問業,究漢人治經家法,學益大進。於是九經三傳外若《史記》《漢書》《通鑒》,《管》《荀》《莊》《墨》《老》《列》《韓》《吕》諸子,以及《説文解字》《玉篇》《廣韻》《水經注》,釋氏經論,均能舉其辭、達其恉,或以考據通其結轖。晋士談文學者,咸首推先生。先生家素封,又以京師人海,師友切磋,其益無方,遂報捐京曹,以員外郎分刑部。趨公之餘,不廢學問及吟咏。奴子輩或肆紿欺,不計也。

光緒八年,張文襄之洞撫山西,與王學使仁堪議仿浙詁經精舍、粤學海堂例,設令德堂,課晋高才生。時先生應通志局之聘,又主太原崇修書院講席,重以令德堂協講聘,其總校爲洪洞王先生軒,襄校爲鄉寧楊先生篤,先生與趙城張先生于鑄同襄校。間日講肄,先生講《尚書》主今文家言,極高談雄辯之概。諸生課餘請業,均竟委窮

源，循循無倦。士有學術特長者，先生恒樂與晋接，如曲沃仇懋、侯汝嘉、蘇康、侯晋，夏縣周康、侯晋，安邑武養齋育元，平定黄小松承恩，均以文學名，先生暱就之。至曲沃衛莊遊天鵬、盂縣吴賡琴錫釗素負狂妄名，先生亦昕夕暢聚。顧獨於迷溺時文者詆諆不容口，故俗儒以是爲口實。先生故精疇人術，分纂《山西通志》時，創籌算新法，又爲天尺球諸圖，均較舊法加精密。及是，成《星度譜》二卷、《古蹟考》八卷。

十五年己丑，成進士，群以魁選翰苑相期許，先生亦自視不隨俗委蛇。殿試日，大抒夙抱，策文特鴻博翔實。時恭忠親王監試，見先王凝思擱筆，促之。先生瞠目，上試，不之理。觸王怒，須臾，飭撤卷。先生時尚有數行未畢，徑交卷，急趨出。實則卷未交者尚夥也。榜發，寘先生於末。先生向供職刑部，及是陳明，以原職用。未幾，補郎中，尋授山東道監察御史。

光緒二十四年，俄人脅割旅順、大連灣。先生首疏即極言地球大勢，請聯英日以拒俄，詞甚切直。疏出，都下明達之士相與傳鈔。

其夏，先生復抗疏請更文體。時清德宗鋭意維新，覽奏，交部議行。先生又以國家變法之初，非示有定程，徒滋紛擾。於是，疏請定國是，徐侍讀致靖亦有陳請於是。四月二十三日，國是詔下，而志士之稱變法策新政者遂争鳴所見焉。先去既喜抱負之得行，而陝西宋御史伯魯尤同年同志，合疏言事爲最多。時滿御史文悌者，頗好言事，其疏稿多請康工部有爲爲屬草，又目擊孝欽后專横狀，竊憤憤。知先生所交有大俠王五，其徒數千人，皆北方豪士。於是乘侍祠時，頗以内事語先生，且求助，語頗激。先生感其誠且恐其事難成也，嘗言諸康有爲。康旋詰文，文慮先生之洩而召禍，遂露章劾先生及宋伯魯且連康有爲，當奉嚴旨詰責，不問彈劾事。先生於是深感主知，益務進言，如設譯書局、請派親王貝勒宗室遊歷各國、遣學生留學外國、輪日面試京官、擇用通才、罷不職者，均經采納施行。

湖南巡撫陳寶箴力行新政，爲鄉紳所訐。先生獨抗疏力辯，實則

先生與陳非素交也。時以新政故,一切舊臣多失職,怨望者潛搆於孝欽后。先生門下多有爲先生危者,勸先生且斂抑,毋觸禍。先生慨謝之。八月初六,孝欽后復垂簾聽政,且嚴捕康有爲及其黨。先生更抗疏詰問其故,並稱皇帝健康,請太后歸政。於是逮捕下獄,及十二日命刑部翌日訊鞫,十三日則亟命毋庸訊鞫,縛赴市曹處斬。先王時年五十歲。與先生同死者爲湖南譚嗣同,四川楊鋭、劉光第,福建林旭,廣東康廣仁。先生赴義時,仰天微笑點首。又獄中作七律三章,詞極温厚和平,且愴懷聖君,惓念外患,論者擬以明方正學、楊椒山云。

先生治經主今文,最嗜公羊學。書法遒厚,得李北海法。畫山水,有王麓臺意,且畫馬。詩蒼莽,自喜論者比諸袁京卿昶。然自成進士後,家日落。鄉人在京雖多巨商,先生但年節一往以敦鄉誼。衣食或不繼,無絲毫乞貸,惟鬻詩文書畫以自給。敝車羸馬,惡衣菲食,有寒士所難堪者,先生則處之泰然。所著説經、考史及演算諸草均散佚,惟《雪虛聲堂詩》三卷付刻。先生自以爲少作不甚可存,然幸存者惟此也。身後槀葬京中。宣統二年,詔先朝黨事被禍諸臣聽歸葬,於是故人太平劉觀察篤敬厚賻歸葬於鄉。民國三年,令山西省長官具先生事狀付史舘,且優卹同鄉,更議爲先生建祠事,未舉,先奉其主於聞喜會館焉。

山西獻徵 卷五

儒 行

孝廉王惟肖先生事略姪含光、子含真附

先生諱巖楨，字惟肖，猗氏縣人。父國瑚，明萬曆壬辰進士，官至光禄寺少卿。先生幼從父學，與兄春楨皆以文學鳴。兄以萬曆丁未成進士，官行人。先生以天啟丁卯副貢，崇禎庚午舉於鄉，慨時政日非，不樂仕進，以倡明聖道爲己任。庚辰，歲大祲，先生大出家粟賑貸。自是年四十，因長謝公車，與諸生講學，諄諄不倦。甲申，闖賊亂，所過迫脅縉紳，授僞職，擄先生。會姪含真以辛未進士官吏部員外郎，丁母憂歸，並在擄中。鄉民數千人赴賊軍，保先生家世清白，爲鄉望，請放歸。

清兵入關，闖賊敗遁。復過猗氏，擄先生及含光西行，將授僞職。先生與含光以毒藥敷面，示不堪用，伺賊防範稍疏，遂偕逃歸。清室定鼎，含光以原官起用。先生仍家居教授，從遊者日衆，闢觀生書院爲講學地。己丑，流賊來犯，擾鄉間，難民麕集城下。時夜雪城閉，衆環城號泣，先生察知中無賊諜，力請於邑令，得開城納之。尋賊陷城，令遁至陝西乞援，先生約紳民以計全令眷。尋令率援師至，擊賊潰退，將爲屠城之舉。先生單騎迎令，聲明猗人無反者並令眷得全狀，令偵旋返，報如先生言，遂戢兵。先生又説令出軍中子女悉

還其家，猗人益感。先生以亂後民食爲急請於官，得興涑水水利開渠灌田。又重修學宫。前此兵燹中力持父遺著，造次顛沛未嘗或遺，嘗曰："家可破，四書窮抄不可失。"至順治辛卯，始勒爲定本付刊，刊竣，泣告父主云。

先生讀書講學老而益篤，爲及門講説，終日不見惰容，秦晋人士從遊者至數百人。康熙己未，卒，年七十九歲，及門衛伯嚴既齊等私謚曰文敬。先生從祀鄉賢祠，遺著有《〈四書〉〈周易〉便蒙抄翼》十六卷，《〈四書〉人物匯考》《〈周易〉圖説性理》增删四十卷。

含光，字表樸，字似鶴，明崇禎庚午舉於鄉，辛未成進士，官行人。清順治乙酉，以原官起用，尋授禮部員外郎，遷吏部郎中。故精繪事，世祖賞之，嘗賜以御筆山水，晋光禄太僕少卿。丙申，遷河南按察使。康熙初，乞休歸，與叔巖楨講學鄉里，修宗譜，定宗法。樂王官谷風景，築園曰"似園"，取山巨源似仕非仕、似隱非隱意，潛居讀《易》。辛酉，卒。年七十六歲，遺著有《〈易〉學三述》《〈易〉圖直解》。作畫而外兼好詩，工七言近體，有《谷口集》。又詳辨詩體，成《吟壇辨體》。含真，字樸齋，號寅若，幼從父巖楨讀，以孝聞，讀書爲文能承家學。康熙丙午，舉於鄉。丙辰，成進士，乞休不仕。嘗以博學鴻詞舉，不試。戊辰，卒，鄉人私謚曰文恭。先生闔學聯名請祀於邑鄉賢祠焉。

明經陶視菴先生事略

先生諱世徵，字肖忠，號視菴。少負異才，名傾流輩。陶氏自明季以文學科名顯。先生既爲名諸生，旋以崇禎間充拔貢，好施予，獎勸寒畯，資給膏火，族人貧者多賴之。會闖賊入晋搜刮資財，先生以宦族被擄。同里數千人數日内集千餘金詣闖，求釋先生。先生歸，閤户讀書，不預外事，造次必衷於禮。每月朔望，集生徒及里中後學謁先聖，即所居廳事爲講學。又李先生生光、党先生成皆同學同志，

相與講明正學。

家故藏書數萬卷，於儒先語録搜輯殆盡。先生嘗著《活孔子》一書，稱："一部《論語》皆孔子精神所流露，至無行不與之。"語及諸弟子，極意描摹贊揚之語，較尋常問答尤爲親切。從此想像其精神命脈之所存，久之，覺夫子之真面目躍然欲出，恍若親承提命者。然又著《唯唱篇》推本顔子領博約，而唱曾子聞一貫而唯以爲希聖司南。又著《陶子語録》，語皆警切，提問以啟發學者。又曰："吾夫子每提君子小人並論，蓋欲人觀君子而思法，觀小人而知戒也。法君子則立人極，踵小人則墮鬼趣，生死聖凡，轉盼分途。學者不可不慎所趨，不然向背一乖，人鬼異境，品地污下，終身莫贖矣。自造哲命，日進高明，是大有望於吾儕云。"殁祀絳鄉賢祠。

文學李闇章先生事略

先生諱生光，字闇章，絳州人。幼端方，不與群兒伍。十歲，讀《尚書》，知大義。十四，父殁，家日窘。絳爲晋南繁盛之區，人民多業商，或憫先生，勸改業。先生曰："悦堂上之慈，慰地下之嚴，惟此青燈殘帙耳。"自是益自奮，求進於聖賢之學。旋入邑庠，聞辛聘君元講學，負笈以從，質疑問難，至爲勤懇。聘君又知先生重躬行，事母孝，尤加引重。未幾，聘君卒。

明崇禎甲申，闖賊亂京師，帝殉國。先生北面痛哭，焚青衿，自號"汾曲逸民"，搆草堂於汾河濱，讀書其中，諸弟子皆往從之，談經課藝而外，訓以二南大義、程朱微言，成就甚衆。爲文詩直寫胸臆，以淺近語寓覺世牖民意，著有"崇正""黜邪"《彙編》二書，力闡聖道，凡萬餘言。又著《友于集》以訓子，上卷輯古今嘉言，下卷採所見聞及戚族間孝友事。又著《述言警世》以明人人可爲聖賢。又著《正氣猶存》《西山閣筆》則痛言鼎革以來事者。又著《儒教辯正録》，歷叙帝王、聖賢、復性、敬天之學，忠孝倫常之大，先後約四十節，闢俗

儒以天性諸説附會耶教惑世之謬。又著《三善集》《迂談》等。又著《唤群夢》推明善惡之報,準之天理,以破世俗之迷。嘗論:"作文事頗得自修道理,以初起稿之思考似存養、省察,繕而請教,則疵之改之,期爲全美,似聞過遷善矣。修身當作如是觀。"又曰:"今之士人爲學却不曾爲學,讀書却未嘗讀書。試思聖賢之學,果口耳章句之學乎? 當思其學之所在,我亦從而學之,章章句句皆能如是,纔謂之讀書,纔算做爲學。"又曰:"寒微之家,忠孝節義未達之士,文章著述二者多不能傳世,尚義富貴之人表彰之勝似齋僧造像。"又曰:"人處世上,日用應酬須自内叩,小人爲惡有竟敢對天知者,如暗地做虧心事,默向鬼神祈禳是也。"又曰:"人之患在惡聞過,在强飾非;人之憂在濫交遊,在多攬事;人之賤在攀富貴,在效諂媚;人之禍在不謹言,在少容忍;人之益在喜規勸,在急遷善;人之樂在遠俗情,在廣讀書;人之品在惜廉耻,在安貧賤;人之福在存好心,在積陰德。"以上皆粹語,爲時所傳者,至其《處子吟》一章則自明其束身自愛,不稍貶節之概云。卒,絳人士請從祀鄉賢祠。

名儒党冰壑先生事略

先生諱成,字憲公,絳州人。幼功舉業,明崇禎壬午、癸未間尚應童試,及國變,嘆曰:"困耶? 亨耶? 繫於外耶? 噫! 吾求其在我者。"遂絶意仕進,專志於聖賢爲己之學。初習《尚書》,繼研究《周易》,博觀宋元明以來諸儒語録而折衷,以求其當。時學者尚沉溺科舉之學,志多在榮利,一聞"理學"二字,或譏高遠,或謂迂闊,或則視爲奇異怪誕。先生獨不爲動,而率及門二三子相與講明切究之。又孝事孀母,侍疾恒衣不解帶者數月。性復狷潔,嚴取予,安分忍辱,鄉居謙讓而不阿俗。

順治初,州單刺史惺知先生才行,匾旌其門。戊戌,紳衿鄉民合詞請予旌表於朝,未果行。康熙丁未,先生已六十矣,猶固守編氓,

循分服役。閤學公舉耆德醇儒有功聖門,乞依例蠲役,爲世風勸,劉刺史涵核准。癸丑,有傳先生所著《日知澹言》《辨朱陸書》等至京師,蔚州魏敏果象樞讀而異之,因寄書平陽守索先生著述,有"接文清之淵源,續考亭之正派"諸語。時平陽袁太守爲敏果門下士,即檄下絳州,齎聘幣請先生就晋山書院講學,並索著述。先生期以來歲。尋三藩變起,兵事方亟,袁守以罣誤去職,敏果猶寄書先生並質疑,凡四至。先生甫答兩函而敏果又卒。時洪洞范進士鄗鼎方以理學名於時,曾揚先生於河東張觀察、平陽梁太守,先生皆遜謝,意甚不懌,時以古狷者推之。

先生即所居之北崖闢明善齋,與二三子講論。嘗稱:"今日急務在收拾有志之士而成就之,上爲朝庭培賢才,下爲草野厚風俗,前爲往聖續絶學,後爲萬世開太平實取諸此。"顧時以帖括爲取士階梯,從先生學者又未得遂躋顯秩,然皆習聞儒先緒餘,無緬規越矩者。先生嘗云:"論者以金谿尊德性,考亭道問學,此言殊未然。蓋朱子之道問學實以尊德性,陸氏則自錮其德性矣,何尊之足云?陸子嘗曰'不求本根,弛心外物,理豈在於外物乎?'此告子義外之學也。朱子曰'本心物理,原無内外,以外物爲外者是告子義外之學也。'即此數語可以見二家異同矣。若粗論其同,是二家皆欲扶世教,欲存天理、去私欲,其秉心似無大異者。而實究其學宗,則博文約禮者,孔、顔之家法屢見於《論語》,朱子得其正矣。陸氏乃言'六經皆我註脚',又言'不識一字,管取堂堂作大丈夫'豈不偏哉!"時稱爲篤論。先生學多由苦思力索來,故未及四十,鬚髮斑白,而持身素謹,誨人特殷,至七十餘不改其度。

壬申,病歿之前,與門人云:"人鬼分關,知行得力,天德王道,緊要祇在慎獨,小子識之哉。"卒年七十八歲。以所居西南土阜相屬,其間有明藩藏冰地,嘗自號冰壑居士,學者稱冰壑先生云。先生資禀勁特,而不示人以圭角。口稍吶,甫接談,多未能遽領其意,聽之久,而更覺其親切可味。中年不爲干世而憂時,論世多見微知著。

於朱陸之辨既詳，而釋老邪正之途尤明辨不惑。與人交，不矯不拂，不爲翕翕熱，亦不爲崖岸詭異之行。爲學大旨以朱子爲宗，用力之要有三：一曰明理在平時，二曰去私在臨事，三曰小心照察。嘗謂："聖賢精蘊盡在四子書而已。"於《大學》《中庸》尤惓惓三致意。所著有《日知録》《仰思録》《學〈庸〉澹言》《學〈庸〉學思録》《儒者十知略》《致知階略》《三訓俚説》《天德王道説》《辨陸書》《朱陸異同書》。康熙乙卯，弟子段謙齋璿時官主事，彙而刻之，末附雜著及詩四首，署"党先生全書"。道光辛丑，州人喬仙舫佐舟再刻之。光緒乙酉，三刻成，存城之東雍書院焉。

貳尹李子潛先生事略

先生諱毓秀，字子潛，絳州人。少從党先生成學，篤守師説。党先生精研四書，於《學》《庸》尤摯，嘗稱由初學入德之門，以至聖神功化之極，下學上達，尤學者所宜盡心。先生尤抱持遺編，旁参或間《語類》等，尋味不已，迭經點勘，愈益精專。嘗稱："《西銘》《太極》相爲表裏，《西銘》言其當然，《太極》言其所以然。《西銘》猶《大學》，《太極》猶《中庸》。"党先生恒稱："吾門沈毅攻苦無如子潛，將來主持斯事，不忝師席者獨此人而已。"先生亦從党先生至二十年，志不稍易。

初治舉子業，爲文皆發明聖諦，不入場屋之時，格持以示太平王待御奐曽。侍御笑謂曰："子當入山獨求其志可！"先生笑應曰："弟恐山中未必皆可居耳，因念絳俗靡麗輕逸，尤不近道，而以講求斯事，又乏夾持並進之人，且恐因以壅吾進取之路也。"時同邑有王子郁樸、曲沃賈荆生鳴璽、大寧曹陶菴續祖與先生並爲切磋，以勉爲醇儒。而曹惕齋仁以康熙乙西舉於鄉，雅慕謝上蔡爲"克己從性偏處克將去"之學，以爲教。嘗語人曰："吾絳自党冰壑後，惟李子潛倡明絶學。"先生亦雅重曹，贈詩有"孝行真堪師，百世廉名不愧著千秋"

之句，時推定評。

又党先生門下有郝公甫增漢者，嘗著《廣小兒語》以教鄉里。而先生講《易》敦復齋，從學之盛，時無與比，門下如姚德、常吉士以孝名。手抄儒先語録，擷其精純者以自勵。著《〈四書〉質疑》《温故録》《論性理》《解疑録》《一樂録》《愛日録》《自治録》《〈周易〉尊聞録》《日記要言》《自策篇》《知行綱要》《葬禮便行》，《洗心》《謹言》《治躁》三銘等。閻恒齋廷玠以雍正壬子舉於鄉，官寧武教諭，著有《蓮峰集》，皆稱得先生精義。先生以例監生注選縣丞，於雍正己酉卒，年八十三歲。

先生嘗於官中有不得已事而質諸父。一日，父登厠，先生左右。其間忽聞太息聲，遂中止，既事言之，猶至泣下。視異母弟撫愛恐有傷，與故交子弟論學，語滔滔不竭，一接世俗則默然。既而覺其所詢或在希世，則翻然決去，去而返復，諄戒以不可曠業。時人尤服其諄篤云。遺著有《弟子規》風行於世。外有《四書正僞》《四書字類釋義》《〈學〉〈庸〉發明》《讀〈大學〉偶記》《宋儒大文約》《水仙百詠》諸書。

選曹馬止齋先生事略

先生諱光裕，字繩貽，號玉筍，别號止齋，安邑縣人。父之偉，積學不顯，學者稱高隱先生。先生幼嗜學，故多藏書，盡讀之。弟光啟，亦與先生以兄弟爲師友。年十七歲，爲諸生。順治乙酉，舉於鄉。丁亥，成進士。戊子，授工部都水司主事。明年，命管衛河事。先生至任，親歷諸要口，率郡廳力督疏濬，又爲圖及説，益悉河務利弊，河不爲害。

先生公餘，耽玩理學諸書，自念平日私淑曹先生真予，未窺道妙。時孫徵君奇逢隱蘇門，先生公暇趨謁問學，相砥勵者凡二年，學日大進。壬辰，差竣復命，轉吏部主事，由文選晋考功、稽勳、驗封諸

司副郎,至考功司郎中,遣人迎母京寓奉養。旋得報,書云:"兒當學吾邑劉吏部清正,勿以我爲念也。"先生益矢志勤職,會推大臣,則正言於朝,不少屈。任考功,核議某功某過日至數十條,悉數不誤,平心處理,選政以清,吏不能欺隱。及任稽勳官,事頗簡,先生詳考案牘,成《稽勳日抄》一卷。又思國家初定,元氣宜培。嘗草《晋民三大苦》一疏擬奏上,格於成例。然遇地方大吏之任採及地方利弊,先生懇懇言之,再四不倦,大吏因以奏行者亦數事焉。

丙申,上以先生勤慎,命掌計典,時屬創舉。先生勤心詳核,不遑寢食者凡七晝夜,逐人逐事剖斷明確,然後登册。又别録實蹟册自隨,同事皆笑其煩擾,及上面詢"降級多寡之數",先生悉對不遺,在廷多奇之。嘗兩奉嚴旨,先生凝神定慮,據事直陳。會弟光啟以乙未進士授職湖南,先生慨然曰:"古人不以三公易一日之養,况吾弟遠離膝下,吾能獨安京師乎?"因請終養,一時名公卿皆以先生爲純孝,人無異詞。抵家,日依母致敬致養。又營家祠,每祭必誠必潔。嘗語諸子曰:"吾身所享皆先人遺澤,敢或忘乎!"於事親之餘纂《家鐸四則》,區孝弟、和敬、勤儉、寬忍,每款以諺語作歌,婦孺皆喻。朔望爲家人講解,且使歌而慰母。

又創設育德書院,以課後進。曰:"爲人品真乃有真學問。"又曰:"天地之大,在無物不有,無物不容。若計較心一生,便生間隔,與天地生物之心不似矣。"先生居鄉,一以誠敬自處,喜怒德怨不作成心。嘗語人從善之樂,曰:"善人可爲,聖人可至,衹在一念,悚惕便是,人定勝天。"先生爲學大要在主敬,工夫在躬行實踐。邑人慕其德,如建學宫之尊經閣及補正先賢先儒位次,均奉先生爲指歸。先生生辰不受家賀,母誕日則集賓友,舉酒盡歡,□□疾,爲母壽,作依依態。及疾甚,猶使子姪扶掖定省,不少懈。至彌留,惓養孝養未終,泣下不止,年□□□歲。遺著《稽勳日抄》《家鐸》外,有《止齋集》《庭訓録》各若干卷。子三:祚錫、載錫、禹錫,皆能傳先生學。

徵君范彪西先生事略

先生諱鎬鼎，字彪西，洪洞縣人。祖弘嗣，明崇禎戊辰貢士，見天下亂，不仕，嘗與修《山西通志》。歸即閉户讀書，究心薛文清、曹月川之學。成《唾語》《做人鏡》二書，又爲《雜箴銘》，皆以修身善俗。又成《師岡雜組》爲博習之資。父芸茂，明諸生，能承父業，纂晋名臣碩彦文及語録，名"晋國垂棘"。

先生生而明敏，承祖父之訓，通五經，博覽儒先書，益究心性理之學。順治丙戌，副貢生。辛卯，舉於鄉。戊戌，明通。辛丑，中貢士。康熙丁未，成進士。甲寅截取，因母老乞養歸，教授於家，以孝友著聞，河汾人士多從學者。己未，以博學鴻儒薦，不出。聖祖既温旨慰諭，復賜"山林雲鶴"御書額，學者榮之。

先生以從學日衆，立希賢書院，並置學田，以贍貧士之從學者。癸未，上西巡。先生迎駕，進所纂《明儒理學備考》及《廣理學備考》，其大旨採辛氏全、孫氏奇逢、張氏夏、黄氏宗羲諸家論，列附以己意，論議醇正。上特留覽，時陳文貞廷敬扈蹕，賦詩有"歸來屬車上，猶指少微星"，指先生也。先生因輯上語及大臣贈章爲《天顔有喜録》，復承父志作《續垂棘編》至再三、四編。又輯《三晋語録》，起薛文清及近世師友，均附己意爲説。於末又輯《三晋詩選》，所取多見道語，並刊以傳。自著有《五經堂文集》五卷，《語録》一卷。

先生爲學由辛復元上探薛文清，遠紹朱子之緒，顧深病明代疏陋之習。嘗曰："今日學者魯魚莫辨，舍根弗識，猶謂博聞强識，不屑爲也。皆由誤認古聖多學而識，誤認前賢教人'静坐'及'静中養出端倪'諸語，彼古聖前賢豈使人廢《詩》《書》耶？"又曰："辛先生謂多學而識，是學問歇足不可，非學問從入處亦不可。"又曰："後人見前輩有《語録》，亦欲尤而效之，强捏幾件舊公案，强邀幾個孟浪漢，强拾幾個殘唾餘，借維那刊述之假名，爲欺世盗名之大計。雖云賢愚

不可一概抹煞，然古人不飾語言而語言傳，今人有志古人者，吾急起而望之，吾讀《語録》不以人廢言，取其語。如薛文清猶讀《文清語録》之心，安知他人爲《語録》者，不翻然勃然鼓舞踴躍，以期於身爲文清乎？”又曰：“論學歸宗，不可不嚴；與人爲善，不可不廣。”

又曰：“吾輩雖不可以君子自居，不可不以君子自勉。”同時陸清獻隴其與先生書稱：“夙聞山右辛復元之名，而未見其書。承乏恒陽幸與山右接壤，則又聞先生出處不苟，守禮謹嚴，蓋今之辛復元也！且盡刊行辛書，大有功於世道，辱以見示，不敢私於篋。衍將携以南歸，徧告鄉後進，俾知太行之西、龍門之東，復有大儒出其間。王仲淹、薛敬軒之遺風未墜，相與討論而傳習之，爲惠不亦多乎？”其推重如此。

子翼，字孝前，能傳先生學。丙辰，奉省檄，赴修《通志》。從傅徵君山遊，通《内經》《難經》諸書，歸以醫名，奉先生命施藥以濟貧苦，終身無間。姪翃，字羽豐，與受業。范一偉字个臣，范爾梅字梅臣，任重任字莘叟，均能助先生，著書尤得先生之傳。光緒壬午，張文襄之洞撫晋，立令德堂，建四徵君祠，以先生與傅青主山、閻百詩若璩、吴天章雯同祀云。

名儒王任庵先生事略

先生諱端，字子方，號任庵，翼城縣人。幼端厚，不隨群兒戲。八歲，讀書即志向儒先之學。十二，能爲文。十六，篤志聖道，益讀先儒諸《語録》。二十四，已得大略，嗣以身勞思苦卧病二年。家又貧，無良醫診視，遂失明。乃益厲於學，耳聞口誦，所詣日趨精密。諸生問學者，諄諄勸誘，使勉爲君子。

又每讀書有得，則命子録之，積而成編，名《學思録》。先生論“爲學大端，首在乎敬”，嘗稱：“心宰乎身，理與氣合，則爲心以理，御氣則爲敬。敬則中靈，靈則外邪不能擾；敬則中實，實則天理無不

達。"復推論"敬與不敬成敗之殊",至稱"不敬者流於邪僻,無異禽獸",尤爲提警學者之要語。又稱:"《大學》言學,《中庸》言道。《大學》而歸於《中庸》,便是君子。學以致其道,學所以養此心,心所以體此道。"又稱:"《大學》言心,未嘗詳言心體。言所以養此心之方曰至善,曰天之明命,非全不言性,未嘗詳言性體。蓋言爲學次第,未遽及心性精微。《中庸》言性,明道之大原,而心實爲其總滙。况曰'道不可離,直指心體'。曰'不睹不聞心之静'。曰'獨心之動'。曰'中和人心,本然之妙'。曰'誠則以實心'。而言'近儒謂《大學》言心不言性,《中庸》言性不言心'非確論也。"

康熙癸酉,作《定性齋倡學序》,略謂:"人生兩間,既以爲人矣,豈可甘於禽獸?既已爲士矣,豈可安於下愚?既已有志於學矣,豈可或作或輟、半迷半悟?而不以大成自期哉!雖然自立亦甚難耳。教衰學廢,求師而不得可尊之人,擇友而終鮮方正之侣。質薄氣弱,欲自附於先儒之徒,吾知其妄也。抑余有大不得已者,功名可以成敗論,學問不必以成敗計。少年之中,天資明敏,習俗未侵,年富力强,烏知其不欲深造於斯道耶?獨親師取友,終不可得,先賢不復作矣。其誰有以倡之?苟有以倡之,雖質薄而氣弱,吾知其必奮也。請自今無牽於聲利,無惑於流俗,孜孜矻矻,死而後已。庶幾聞風而來者,咸知聖學之可復,聖道之可求云。"時同縣有李先生懷裕、劉先生昌祚從先生學,又能助先生講明性道,爲後學倡。至道光時,唐慎確鑑纂《學案小識》稱先生:"學以思得之,養其心以合乎理,定其性以全其天。以一盲者不敢自廢,成己而即以成人。斯何如其志願!何如其識量哉!"推服至於如斯云。

學使邵子昆先生事略

先生諱嗣堯,字子昆,猗氏人。少績學,以昔賢自期許。持氣節,立身不稍玷。爲諸生,時稱真理學。康熙癸卯,舉於鄉。庚戌,

成進士，選山東臨淄縣令。先生蒞任，一以息民爲本，不苛察、不縱馳。嘗著《勸民續言》以教導百姓，會以憂去職。

庚申，服闋，補直隸柏鄉令。至則興水利、減火耗、禁差擾，民甚安之。魏文毅裔介，故先生座師。其家人罹法，先生治如律，不少貸。魏公聞而賢之。又旗丁毒毆子錢家，入縣庭猶恃强揮拳。先生怒，繫旗丁獄，即移文都統訊主者，主者不敢承具，論旗丁如法。會歲饑，或有言勒積粟家出粟者。先生曰："人惟不積粟，故歲饑輒束手。吾方蕲令積粟者獲厚利，何勒爲？"民聞之，相勸勉。他日有捐粟五十石者，自是捐漸衆，歲不爲災。又有言宜開滏陽河通舟者。巡撫于清端成龍使先生相度水勢，先生爲持不可，云："河旱潦不常，未可通舟楫。即通，恐舟楫之利歸商，挑濬之害均在窮民矣。"事乃寢。

會盗殺人於縣境，先生捕得之。盗以疾斃於獄，忌者嗾大吏劾先生以酷刑，奪職候訊。士民赴上官辯枉者數百十衆，盗子亦認父以病死於獄。時上命魏敏果象樞巡視畿輔，得士民訟狀，事得白，先生竟罷歸。尋以于公薦，補青苑縣令。先生益盡心官事，砥礪廉明。又屢斷疑獄，不畏豪勢，民皆以包孝肅比之。庚午，户部王尚書隲薦先生清廉慈惠，行取授江南道監察御史。值歲歉，先生疏請平糶倉穀，又請罪止流徙者准贖，又疏飢民多賣子女祈准贖還，均議行。辛未，擢直隸守道。先生一以正己率屬，衙署肅然，所屬州縣亦無違法者。嘗以協理運米，單車走秦楚數千里，見佛總制倫，力陳水陸皆不便狀，事得寢。

甲戌，江南學政缺出，上曰："學政關係人才，甚屬緊要，朕觀原任御史陸隴其、直隸守道邵嗣堯操守學問俱優，作學道定不賣秀才。"時陸公卒，遂特命先生以參議督江南學政。先生蒞事，虚衷衡校，杜絶苞苴。論文宗尚簡質，著《〈四書〉講義》傳示學者。甫試三郡，遂以積癆病卒。官署自製斂衣，朝服用帛外，餘均以布，經同官資賻，乃得歸葬於鄉。士民思念不衰，爲立祠，肖像祀於試院之左焉。

中翰賈荆生先生事略

先生諱鳴璽，初字爾玉，又字荆生。屢以病乞休，别署曲沃。疾，夫又築樵嵐山房講學，學者稱樵嵐先生。先生晚年恒扶杖娑羅陰中，以娑羅中空慨已讀書一生無實功實學，自號“娑羅樹下病叟”。曲沃縣人。少家貧無書，祖課之讀《四書》，録廢卷背，與之講讀，多通其意。順治庚寅，應童試，日未午納卷。學使閱試，又面試一藝，如限交，遂取入邑庠。以貧故，父佩徵教授臨汾，先生教授鄉里以自贍。丁酉、庚子鄉試，皆未售，遂斥去制舉文，究心經史性理諸學。會學師課試，先生爲文不守俗格，同社目爲怪秀才。學師曰：“賈生非俗士也。”

康熙癸卯，與父同舉於鄉，先生擢第一。遂啟撫軍，以子不先父辭宴。撫軍以大典不允。宴期，先生謁座主訖，急趨出。時以爲知禮。先生身弱多病。丙午，遊秦，謁王山史弘撰。丁未，會試中式，故人某頗接識權要，遣急足至京，導先生謁要路爲館選地。先生謝之。甲寅，應内閣中書考，取得，以疾作辭。己未，赴官，觀海於天津。庚申，授撰文。辛酉，上東巡，先生隨蹕喜峯。所作塞上詩五古三、七律一，被選入《扈蹕草》中。歸，名列典試，數中。及順天房考，數中。追引見，皆不與。有同鄉賈某願假以金錢佐軍需爲遷擢計，先生力辭之。

壬戌，以病乞歸。侍親之暇，與同里人士爲文酒之會，諸生推先生爲祭酒。丁卯，再入都。尋以資不給，乞歸。己巳，父選太原縣教諭，先生隨之行。明年，父以士習囂競、義利莫辨自劾訓迪無道，歸。先生隨之。辛未，遊河南杞縣，謁劉文忠理順祠，依張巡按潤民幕。甲戌，再南遊，依邵學道嗣堯，獲交張秋紹夏，以道義相切磋。戊寅，歸，父母相繼卒。

癸未，上西巡，先生迎駕，紀召對諸語爲《清問録》。又夙擅文

學，平陽府修志延先生纂輯，曲沃修志亦延之。

先生平居里巷，優遊不入城市。邑令多就謁詢事，先生禮節坦率，不簡不亢。爲學篤於倫紀，以程、朱、薛、胡爲歸。嘗論“寡過之要，大而爲進爲退，小而一言一動，入而家庭，出而鄉黨，朝廷、郡邑因時因事而思，衷之以道，裁之以義。或信諸己，不能信諸人，或人信之而己不堪自信”諸語，尤刻勵切。至庚子，卒於家，年八十三歲。先生既以文學名於時，洪洞范彪西鎬鼎、同邑衛爾錫既齊，皆禮重之。與大寧曹子成續祖，並稱爲時醇儒。遺著刊定爲《存悔堂詩古文集》若干卷。

徵君閻百詩先生事略

先生諱若璩，字百詩，别署潛邱居士，大原縣人。明代有諱居闇者，以業淮監遂僑江蘇山陽縣。父修齡，明季諸生，號牛叟，以撰述詞章名，好客喜士。先生生，祖世科極愛之，云：“是兒疏眉秀目，酷似鄭康成畫像，其爲一代儒者以光吾宗乎？”先生六歲，猶口吃，身且弱，讀書亦鈍。

及十五，冬夜讀書憤極，堅坐沉思，忽覺開朗，自是穎悟異常。明年，順治辛卯，入山陽縣學。一時遺老名輩，如李太虚明睿、方爾止文、梁公狄以樟、王於一猷定、杜于皇濬、閻古古爾梅、李小有叔則皆折節下交先生，相爲引重，且勗以經史有用之學。先生亦集陶氏弘景、皇甫氏謐語自儆，題柱云：“一物不知，以爲深耻。遭人而問，少有寧口。”二十歲，治《尚書》，疑古文二十五篇不類於是，博考群籍，兼參用曆算，盡得其癥結，積三十餘年，卒成《〈古文尚書〉考證》。同學皆服其精敏，詢其指要。先生曰：“不過以虚證實，以實證虚而已。”

先生家雖數世僑江南，然鄉試必歸原籍，示不忘本。康熙壬寅，回籍鄉試未捷，遊京師，以世誼謁龔端毅鼎孳。龔時官禮部侍郎，往

來皆碩學，大爲延譽，先生名遂噪。明年，復回晋試，謁傅青主山於松莊村，討論古今，相與歡甚。歸，益篤志經籍，爲考證益力。手一書，旁羅數十書相證，侍側者頭目爲眩。先生神識湛然，一義未析，反復窮思，至忘寒暑、衣食、寢處。四方朋故質疑問難，函投輒答。

己酉，再回籍鄉試。卷爲趙恒夫吉士所薦。有尼之者，卒未售。闈後，先生感知遇，執弟子禮，終其身。壬子，再回。值顧寧人炎武遊晋，出所撰《日知録》質先生。先生爲改定數條，顧從之。鄉試，又罷。因西遊秦隴，東出函谷而歸。未幾，母卒。先生疏食三年，依父寢，不忍去。戊午，詔中外臣工各舉博學弘詞人物以應試。先生在舉中，回籍鄉試報罷，乃如京。與日下名流揚榷學術，訂訛匡謬，率首服先生。及試又罷，遂留京。時汪太史琬著《五服考異》，先生摘其謬數四。太史雖改正，猶護前失，云："百詩有親在而喋諜言'喪禮'可乎？"先生聞之，曰："夏侯勝善説'禮服'，蕭望之以'禮服'授皇太子，是漢不以'喪服'爲諱也。唐姦臣輩始去國卹，以媚人主，講經家顧拾其唾餘耶？"

徐尚書乾學因請先生以經徵之。先生曰："《雜記》曾申問曾子以哭父母；《檀弓》子張死，曾子母喪往哭；孔子殁時，子張尚存《曾子問》一篇，正親在時問也。"尚書嘆服，即邀至邸，延爲上客。每詩文成，屬先生裁定，曰："閻先生學有師法，非時賢所及也。"李文定天馥亦云："詩文不經百詩勘定，不可輕易示人。"先生旋遊福建。

癸亥，甫歸，徐尚書力邀之如京。凡先生考辨經史諸説，尚書輯而録之成帙，署曰《碎金〈尚書〉》。旋充《一統志》《會典》《明史》三館總裁，引先生與商榷。及尚書罷歸，命隨書局即家，編輯仍請先生南行任分纂事。丁卯，父卒。先生喪葬中禮，鄉里傳以爲法。先生仍主徐公家，與胡朏明渭、顧景范祖禹、姜西溟宸英、黄子鴻儀相與討論古今地理。胡、顧、黄諸先生均地理專家，皆服先生精核。先生嘗論《一統志》例，主杜君卿辨區域、徵因革、察風土，而斥張南軒"修志不可不載人物"之言，爲點綴郡邑則可入《一統志》，則書生之見。

又徐公輯《通鑑後編》出，先生及萬季野斯同、胡朏明渭手訂，而訂譌補正則專屬之先生。旋遊浙江，時姚立方際恒頗攻《古文尚書》之僞，以後輩禮見先生，與語大契。因訂其書數條。又交王需人復禮。

徐公卒，先生遂歸淮安，閉門著述。大吏及南北學人益爲推重。成《四書釋地》《再續》《三續》及《餘論》。謂四書爲幼學首習，而地理經古注、疏、集注以後，簡略蒙訛尚多，故特加考騭，爲經學始基。又依《孟子》及《史記》諸書成《孟子生卒年月考》。嘗論孔門從祀，顔、曾而外當廣爲十二哲。德行三人：閔子，冉伯牛，仲弓。言語三人：宰我，子貢，有若。政事三人：冉有，子路，公西華。文學三人：子夏，子遊，子張。

而精力所注，則在《〈古文尚書〉疏證》。如論篇數不合，曰："漢魯共王壞孔子宅，得《古文尚書》，孔安國以考，二十九篇得多十六篇，《楚元王傳》云逸書十六篇。天漢後，孔安國獻之。而梅賾所上乃增多至二十五篇。"

論篇名不合，曰："鄭康成傳古文者，其説增多者，《舜典》《汩作》《九共》《大禹謨》《益稷》《五子之歌》《嗣徵》《典寶》《湯誥》《咸有一德》《伊訓》《肆命》《原命》《武成》《旅獒》《冏命》十六篇，而《九共》有九篇，故亦稱二十四篇。今晚出書，則無《汩作》《九共》《典寶》等篇。"又曰："鄭康成注書，序於《仲虺之誥》《太甲説命》《微子之命》《蔡仲之命》《周官》《君陳》《畢命》《君牙》皆注曰'止'，而於《汩作》《九共》《典寶》《肆命》諸篇皆注曰'逸'，逸者即孔壁書。康成雖受書張恭祖，然其書贊曰'先師棘下生子安國，亦好此學。'則其淵源於安國明矣。今晚出書與鄭名目互異，其果安國之舊耶？"又曰："古文傳自孔氏，惟鄭注得真。今文傳自伏生，惟蔡邕石經所勒爲正。今晚出書'宅嵎夷'鄭作'嵎鐵'，'昧谷'鄭作'柳谷'，'心腹腎腸'鄭作'憂腎陽'，'劓刵椓黥'鄭作'臏宫劓割頭'，庶剠與真古文既不同矣。石經殘碑遺字見於洪适《隸釋》者五百四十七字，以今孔書校之而不同者甚多。碑云'高宗饗國百年'，與今書'五十有九

年'異。孔叙三宗以年多少爲先後，碑則以傳叙爲先後，與今文又不同。此晚出之書蓋不古不今，非伏非孔，别爲一家之學者也。"又曰："班孟堅言司馬遷從安國問故，故《堯典》《禹貢》《洪範》《微子》《金縢》諸篇多爲古文説。許叔重《説文解字》稱書，孔氏今以馬、許書與晚出書相校，又甚不合。安國注《論語》'予小子履'，以爲墨子引《湯誓》，其詞若此。不云此出《湯誥》，亦不云與《湯誥》少異。然則'予小子履云云'非古文。《湯誥》蓋斷斷也，其注雖有'周親不如仁人'句，於《論語》則云'親而不賢不忠則誅之，管蔡是也。仁人謂微子箕子來則用之'。於《尚書》則云'周至也，言紂至親雖多，不如周家之少仁人'。其詮釋相懸絶如此，豈一人之手筆乎？"

又曰："古無夷族之刑，有之，自秦文公始。僞作古文者，因《荀子》亂世'以族論罪，以世舉賢'語，遂竄之。《泰誓》無論紂惡，不如是甚，而輕加三代以上以慘酷之刑，何其不仁也？荀卿曰：'《誥誓》不及五帝'，《司馬法》言：'有虞氏戒於國中，夏后氏戒於軍中，殷誓於軍門之外，周將交刃而誓之。'虞舜在上，禹征有苗，安得有會后誓師之事。此亦不足信也。"

至指其書出於魏晋之謬，則曰："《司馬法》曰'入罪人之地，見其老弱奉歸無傷。雖遇壯者，不校。勿敵，敵若傷之，藥醫歸之。'三代之用兵以仁爲本，如此安得有火炎崑岡、玉石俱焚之事？讀陳琳《檄吴文》云'大兵一放，玉石俱碎'。鍾會《檄蜀文》云'大兵一發，玉石俱碎'，乃知其時自有此等語。"

又曰："《武成》先書一月壬辰，次癸巳，又次戊午，已是月之二十八日復繼以癸亥。甲子是爲二月之四五日，而不冠以二月。非今文書法也。《洛誥》稱乙卯，《費誓》兩稱甲戌。此周公伯禽口中之詞。指此日有此事，豈史家紀事之例乎？"

又云："《書序》益稷本名棄稷，馬、鄭、王三家本皆然。蓋别是一篇中，多載后稷與契之言。揚子云《法言·孝至篇》言合稷契之謂忠謨，合皋陶之謂嘉子云親見古文，故有此言。晚出《書》析《皋陶謨》

之半爲《益稷》，則稷與契初無一言。”

其辨《孔傳》之僞，則曰：“三江入海，未嘗入震澤。孔謂：‘江自彭蠡分而爲三，共入震澤。’謬也。金城郡，昭帝所置，安國卒於武帝時，而傳稱積石山在金城西南，豈非後人作僞之證？傳義多與王肅注同，乃孔竊王，非先有孔説而王取之也。漢儒説六宗者，人人各異。王肅對魏明帝乃取《家語》孔子曰‘所宗者六’之語，肅以前未聞也。而僞傳已有之，非孔竊王而何？諸論均信而有徵者。”

又著《孔廟從祀末議》十一事，一曰孔廟祀典，宜復八佾十二籩豆於太學；二曰十哲而外，宜進有若公西華於廟廷；三曰秦冉、顔何宜從祀，縣亶宜補入；四曰公明儀宜從祀，樂正克宜進於兩廡；五曰曾申、申詳均宜從祀；六曰河間獻王劉德宜入從祀；七曰諸葛孔明宜入從祀；八曰范仲淹宜入從祀；九曰蔡元定宜入進於兩廡；十曰黄幹請援蔡沈之例以進；十一曰兩廡先儒位次多陵躐，宜請釐正。後乾隆、嘉慶、道光以來至光緒初，次第如其議以行。

先生嘗得王伯厚《困學紀聞》，深嗜之，曰：“續古人之慧命，啟來學之博聞，其在斯乎。”駁正箋釋，勒爲定本二十卷。壬午，遊杭州，與毛西河奇齡、金素公德純、沈昭嗣佳俔、魯玉璠、顧俠君嗣立等論學談藝。明年，上巡河至山陽，問學人。李學士鎧時扈從，以先生對。宋中丞犖撫蘇，亦稱先生長於考據，最爲精核。有旨召見，以舟行未果。時世宗知先生，邀相見，語盡歡，稱先生而不名。甲申春，以書幣延先生入都如府，世宗命止跪拜，迎送執手賜坐，每進所著書，無不稱善。

未幾，先生病，命太醫診視。先生神明不衰，恒夢讀非素見書，及與人即榻論《三禮》《爾雅》，猶娓娓不倦。屢請移外，世宗固留不可，乃以大牀上施紗帳，命二十人舁之移城外。及彌留，猶語子咏：“諸著述未成者，不可妄改一字，以待傳者。”又曰：“我家風本儉素，取其稱可耳，勿有絲毫過。”語畢，卒，年六十九歲。世宗經紀其喪，且爲輓詩及祭文焉。

先生篤於師友，凡有論學及稱述諸語，必筆於所著而不没其名。又以《〈古文尚書〉疏證》質黄梨洲宗羲，黄先生稱："一生疑團，見此盡破。"因爲作序。及黄先生卒，先生依聶雙江追師陽明事，追稱弟子，爲位而哭。少，家故饒，比長，家漸落，客遊四方，不稍擾其志。有餘，則周人急，無少吝。嘗論："李天生因篤爲杜撰故事，汪苕文琬爲私造典禮，毛西河奇齡爲割裂經文，皆貽誤後學匪淺。詞科中獨許吴志伊任臣之博覽，徐勝力嘉炎之强記。"所服膺者三人，一爲錢受之謙益，然亦曰"此老春秋不足作准"；二爲黄梨洲宗羲，亦曰"太沖之徒粗"，於《明夷待訪録》中指其訛謬，不假借；三爲顧寧人炎武，則於所著《日知録》爲之補正，亦可謂不爲苟同矣。

所著有《〈古文尚書〉疏證》八卷，《〈四書〉釋地》一卷，《續釋》一卷，《再續》二卷，《三續》二卷，《毛朱詩説》一卷，《朱子古文書疑》一卷，《箋校〈困學紀聞〉》二十卷，《孟子生卒年月考》一卷，《孔廟從祀末議》《吉服翼注》《博湖掌録》。又輯宋劉攽、李燾、王應麟、馬端臨四家逸事，皆未刊稿。先生殁後，彙入《潛邱劄記》，共爲六卷。又輯詩文雜作爲《眷西堂集》。

先生身後雖毁譽不一，然世宗祭文中稱"讀書等身，一字無假，孔思周情，旨深言大"爲得其真云。長子咏，字復申，初名詒樸，字元木，亦字梓勤，號左汾。康熙甲子，舉山西鄉試，出趙秋谷執信門。己丑，成進士，官至中書舍人。能文詩，著有《左汾近稿》。又以小學之餘工鐵筆摹印，成《左汾印譜》。次子訓慤，字穀仲，亦號右晋，以貢生官廬州府訓導。光緒壬午，張文襄之洞撫晋，與王學使仁堪於省垣令德堂四徵君祠，以先生與傅青主、范彪西、吴蓮洋合祀焉。

方伯宋湘颿先生事略

先生諱其沅，字湘颿，號玉溪，一號芷洲，汾陽人。生五歲，解誦詩，愛護書籍，迥異常兒。乾隆癸丑，入邑庠。時學使以先生年最

稚,命默寫五經,竟卷不誤一字。舉戊午鄉試。己未,成進士,年才二十歲,以主事用,分禮部。

嘉慶戊寅,主陝甘鄉試副考官,歸,補御史。壬午,主雲南鄉試副考官,旋署兵科給事中。會丁母憂歸,主講陝西同州之豐登書院,則同年盧敏肅坤方撫陝聘之也。先生至,即爲諸生嚴訂課程,號稱得士。服闋,入都,尋補兵科掌印給事中。三年期滿,授浙江都糧道。時浙漕自乙酉水手滋事後,旗丁日疲累,水手愈抗横。先生履任後,細核册籍,分别扣款,嚴諭旗丁水手毋得滋事。至四運之久,毫無滋事,咸謂漕運以來所僅見者也。

壬辰,補浙江鹽運使。先生故習浙鹽之弊:一在積引不銷,正課不旺;一在浮支濫領,正雜不分。於是,分别款目,綜核領墊,清釐積引。初庫存銀尚缺十二萬餘兩,至三年中,庫存銀七十餘萬兩。詔陞廣西按察使。浙撫烏以鹽務款目糾纏、綱引積滯,留先生署浙臬,且藉以造具一切清册,以資稽核及遵守。先生先後條列,悉中肯綮。如劃出外銷歸商用款十餘萬兩,抵完内銷諸項,以清向來運庫墊解諸積弊。内帑無延宕,商力亦稍紓。事上,邀准,浙運司遂循其例以爲制。

明年,赴廣西任,旋晋布政使,與巡撫梁章鉅整飭書院,添籌經費,以培士氣。尋調浙江布政使,值英人内犯。浙撫赴定海防勦,先生代行撫署事兼軍需局軍書奏銷,日至晝夜不解帶者月餘,倦則閉目危坐而息,少時仍剪燭據案,爲稽核及裁覆。八月,學使季芝昌丁艱去。先生兼代以監臨文闈十六日。場事甫畢,十八日即出闈,馳赴寧波,會同軍營籌辦。

自是,而先生以勞瘁感風寒,疾作矣。甫抵寧波,即奉欽差大臣伊里布傳諭英人船至天津,呈詞恭順,朝派琦善查辦。又上諭稱:"不可與海上接戰,務須鎮静防守,應聽候廣東查辦信息,再議勦撫事宜云云。"先生奉札大駭愕,謂:"行軍先勦後撫,先戰後守,一定之理。未聞不戰可守,不勦可撫者。"遂力疾爲書以致伊公,大略有四

不可:定海爲國邑,現被佔據,彼夷未損一毫,未折一矢,不議勦而先議撫,屈天朝之尊,近城下之盟,一不可也;彼夷於通商之外本無他求,議撫必仍准通商而後已,不可以威愓而以恩制,彼必即生驕侈,視中國不足畏,照常夾帶煙土,不數年間中華之銀盡歸外夷,其滋弊不可設想,二不可也;我朝版圖一統,輿地寬廣歷代無逾,薄海内外悉主悉臣朝貢悦服,固由懷德,非不畏威,忽被英夷入寇,喪師失地,國之耻也,如不以威服畔,爲國雪耻,恐諸夷皆存輕視中國之心,從此邊畔迭乘,外患無已,三不可也;浙省軍興,寧紹素稱富庶好義之區,目覩英夷猖獗,官民士庶均懷除逆報國之心,奮敵愾同仇之志,趁此用兵,衹須賞罰必信,獎勵從優,當必向義,群思報效,即軍需不繼,亦不難設法捐輸,倘再曠日持久,待至粤東不能查辦了事,仍求通商定海,而再議攻勦,軍需之用款更多,士卒均各存懈志,官軍疲累,策勵不前,其如之何,四不可也。通前徹後,深思遠慮,竊謂制敵之道,可戰而後可守,用勦而後用撫。浙省既失城邑,非他省情形可比。如不明申天討,大加懲創,僅解目前之急,必貽養癰之憂,所以堅議請勦實爲國家大局起見,不敢畏難苟安,如蒙采擇,據情入告,幸甚。書既上,先生以病餘加以憤懣,飲食鋭減,卒於軍營,時年六十一歲。

先生於學究心程朱之説,然於《朱子語類》中論《論語》,左邱明耻之,謂《左傳》必非其所作。先生稱:“必字下得太勇,於理不可通。自係門人誤記,斷宜從何氏《集解》爲正。”又稱:“人必能實心爲學,然後能虚心求理。能實心任事,然後能虚心訪善。處事遊移,總是見理不明理。看得透澈,是非二字自辨得清。”又云:“人但知聲色貨利是欲,不知書籍、字畫、詩文、詞賦,但情一溺即欲矣。所以養心莫善於寡欲。”又云:“薛文清稱道之不明,科舉之學害之。竊謂是人害科舉之學耳。人以聖賢之學爲利禄之階,作文而肯實心探討義理即科舉之學,先已壞了。然取士用四書,文人才尚有模範,不然孔孟之書盡束之高閣矣。其時世道人心尚如何耶?”又云:“兩浙學術之醇,

人但知爲陸清獻，不知張楊園之篤實醇正亦未可及也。”又云：“李二曲於立身行己最有切要功夫，其《〈四書〉反身録》可見大略。”又於真文忠、薛文清諸文集尤有篤嗜。所著有《求己筆記》一卷，《梅花書屋文鈔》《詩集》各一卷，文不純爲講學氣，詩則小詩，頗饒風趣云。

學博李惺村先生事略

先生諱奇觀，字子庸，號惺村，太平縣人。幼好學，家貧不能給。每冬月，隨村童入塾讀小書。先生於每所受書，默識筆畫，以指畫地。父晟嘗給錢數文，使赴市集。先生購《三字經》以歸，旦夕諷誦。父於是送從雷先生大有讀。先生聞講解，益自奮。嗣以貧，學費不時給，將使先生業商。雷先生期以五年可成，且不如期責款。先生學益勤益進，仍以貧故不能卒業。

先生辭歸，助父耕種外，不廢學。尋應童試第一，爲諸生。時王孝廉肇封重先生，聘課諸子姪。先生以學業未成辭。父曰：“吾以貧故，使爾不能竟業。今王先生品學皆堪爲汝師，且修資所入亦助我勞，何必耕種耶？”先生乃應聘，閒且請業於孝廉。旋試，得優等食餼。鄉先生中如王侍御奂曾、臧太史爾心、李明經瑍皆以大器相期許。先生屢秋試未捷，遂棄舉子業，以講學著書爲志。塾中祀至聖先賢外，兼祀薛文清、陸清獻。時清獻尚官於朝，人詰之，先生曰：“吾讀其書，重其人，寄吾尚友之思耳。”平日教人爲學，六經四子外，小學尤逐日講誦，曰：“稼書先生勸人讀小學，吾亦欲同學一以稼書先生之心爲心，以身體力行爲主。若書爲書，我自我，縱饒講解貫串，行文絢爛，終難免優孟衣冠之誚也。”外如《近思録》，薛文清公《讀書録》，胡静齋《居業録》及清獻之《〈四書〉大全》《困勉録》《松陽講義》等，皆按日程課。

父卒，先生哀慟之餘，取平日父訓，輯録小册。每爲子弟輩講説，聲淚俱下。事母亦能孝敬，母年九十，先生年六十，聚首呼應，趨

承猶如嬰孺。與諸弟愛尤篤，因貧不能皆讀書，以故鄉鄰有所忤。先生常用引咎，曰："他原未講明道理，此自吾爲兄者之過也。"又篤於師門。雷先生殁，先生顧卹其家，年節且親詣主前躬謁焉。又對親鄰故舊有貧乏者，每於束脩所餘，量爲分潤。與村人設立義學，以教貧寒子弟。家居訓諸子姪，令學吃虧，自奉勤儉。所居左右皆儒先著述，終日講解輯録，數十年無倦容。

乾隆庚申，成歲貢，母以老疾卒。先生哀慟幾滅性，每夜有所夢，旦必陳主泣叩。乙亥，銓寧鄉縣訓導。先生年已七十，欲不往，族人以顯親揚名相督，乃就道。至任，訓飭士子，一以陸清獻爲法。其地處萬山，士民習於賭博及群毆。先生每接見諸生，諄諄誡諭，使共勉於善。又丁祭，一切向來科派，行户責贏餘。先生則如額爲止，祭畢，即頒福胙。紳耆諸生及在城行户皆得受。又武弁某者素健訟，邑令諭本學教誨。先生使持帖請之，至教諭再四，其人悔悟，誓改行爲善。歲時親以野味饋先生，談竟夕，執禮甚恭。人皆曰："此人能如此尊師，吾輩向來未見也。"會府試，先生送考至汾州府，太守聞斯事，大加奬慰。

先生在官年餘，以年老不耐風寒告歸。瀕行，邑紳衿士庶等贈以扁額及名傘，其詞則以抵任後，實心課士，一洗賭博群毆習及不累行户爲説。先生慨然曰："天下何嘗難治，民心何嘗難感，祇依朝廷定制，實力奉行，便自有沐膏詠勤之獲。惜余衰邁不及此矣。"行時，紳庶以酒盒相送者絡繹不絶。先生歸後，日課諸孫讀書講解，手輯前哲時賢嘉言懿行，共分十卷，名《古今坊表録》。又有《〈四書〉補綴》《家訓》凡易稿十餘次。又《詩書經補綴》《〈小學〉補綴》《閲古瑣鈔》皆具稿，惟《學〈庸〉衍文》《〈三字經〉補綴》二種付刻。甲申，卒前一日，猶閲《張南軒集》，年八十歲。殁後，子諸生印濂、印洛裒集所爲文詩，名《惺村雜草》云。

教授劉稼莊先生事略

先生諱贄，字士輿，號雉野，號稼莊，太平縣人。父純第，官廣東沿海分司。先生往省之，嘗登廣州城樓望南海三山，悠然作世外想，歸途遊蘇杭虎邱、西湖之勝，翛然别有賞心。既歸，文境益進，迭受知於學使者，與曲沃張畹九肅、垣曲安雪湖清翰並以文鳴，稱國士。乾隆壬申，中副貢。明年，舉順天鄉試。甲戌，成進士，以知縣即用。

先生體固羸弱，不耐吏事，請假歸。益肆力於學，窮經術，務身體力行。癸巳，謁選入都。會安先生亦以會士至。一夕，赴友宴，有曲沃蘇慕堂，與張先生齊名，酒酣豪論，目無餘子。先生微笑曰："蘇子目空一世，我實不敢。我惟目空蘇子耳。"蘇先生大笑，衆亦大笑，盡歡散。既而，安先生下第。先生過爲慰藉，且曰："吾志必矣，不爲縣令矣。嘗筮易得泰之遯泰爲道長之，時遯有自守之義，吾其爲中隱乎。"遂請改教職，尋選太原府教授。當道重先生，行檄充晋陽書院監院。院建三立閣，循明季蔡忠襄懋德之遺，而名宦鄉賢繼續入祀。先生公餘，搜輯補叙成《三立祠傳》。又傅徵君山《遺集》，經張思孝耀先刻於宜興，以恐觸時忌燬。先生獨得《冰燈詩》一卷及《詩序》二篇。遂與上海蘇薇谷爾詒同蒐集爲《霜紅龕詩鈔》。吴徵君詩刻於京師，晋中未數見，乃選訂之，合傅徵君詩，並以付刻，風行於時。先生復發潛闡幽，凡奇節苦孝尤亟與表章。丁亥，父卒，歸。

服闋，攝沁水教諭。其地北山古刹有巨石横出半壁，若獸吻、若鳥翼，松柏蟠拏，烟雲縹緲，人目爲仙境。先生每杖策獨往，俯仰於松陰石罅間，長身秀立，儼然陶淵明之流也。旋受代歸，主講介休書院，談經抉理，必以得諸心，體諸身者，示諸生法守。所爲文入以刻苦，出以樂易。其稼莊制蓺，士争誦習。己亥，補寧武教授。先生以其地僻遠且風高，遂以疾辭。庚子，卒。病革時，猶長吟曰："吾其遊北山乎？"得年五十九歲。先生貌癯而清，骨氣矯然，風神散朗。與

人談，吶吶如不能言，而談言微中，冷然而善，尤具雅人深致云。

州佐梁廣菴先生事略

先生諱萬方，字統一，號廣菴，絳州人。祖溱父，體壯並好善樂施，家亦豐富。先生幼而嗜學，不以華衣美食易其志，博極六經，旁通諸史。年十五，試於有司，以首選入庠，擅文譽。先生獨有志聖學，從党冰壑先生遊，潛究濂洛關閩之旨，訂道統淵源，録以見志。會汾水暴漲，壞城郭，屋舍有漂没，家人盡高徙。母陳氏妊及月，不能從。先生不肯離母，既而水益上。先生始奉母從樓窗中出，調護甚至，得無虞。

既壯，乃北遊京師，肄業太學。月課恒優等，期滿，試於吏部，以州同註選。先生遂歸家。值母病，侍奉湯藥，衣不解帶者凡六年，無一日懈。父年高，恒與故人結社聯飲。先生敬順其意，無違忤。父爲舟於汾以濟涉。先生踵行之，復增修橋梁。及親先後卒，極哀慕。十餘歲後，夢寐猶慟哭也。

康熙壬申、辛丑歲饑，先生出粟以賑之，全活甚衆。醫藥之施歲以爲常。又敬祖贍族，無使流離失所。尤篤於士類，同里馮明經永嘗爲壽陽教諭，以孝友著稱。先生與之共立義塾，集窮家子弟，講學其中，多所成就。又雍正甲辰，絳改直隸州。學使按臨，值冬季，先生特空屋宇、備薪燭以寓寒士之無舍館者。明年，卒，年八十五歲。

先生學淹博，澹於榮利，嘗稱："吾二十後即用心於内，一義不解，必積日思之，以求其當。"所著《道統淵源録》，上自二帝三王，下及宋明諸儒，各爲一傳，俾有志正學者毋迷其途。又朱子爲《〈儀禮〉經傳通解》以喪祭二門屬門人黄氏榦，草甫屬，而黄殁，其間注疏與經義繆戾罣漏者不一。先生博考群書，爲之增訂，同里張文學景哲邃於儒先注疏，學有疑難，相與商訂。積數十年，凡三脱稿，書乃成。乾隆間，修《〈三禮〉義疏》，開館特檄取其書以備參考。

子開宗，例貢生，候補兵馬司指揮，在京報供未歸。會先生卒，州人士即公請從祀鄉賢。王御史奂曾爲墓誌，稱“隱者”。方侍郎苞爲墓表，孫文定嘉淦爲作潛德之碑，則首稱“刻意命儒”，末復推論先生從事修身養性之功，著書開益來學，使不泛濫諸家，篤行體道，褎然以儒自命云。

明府安翼聖先生事略

先生諱清翹，字翼聖，號寬夫，垣曲人。父受祺，乾隆辛未進士，浙江金華縣知縣。先生四歲，孤，兄清翰教之讀。兄以乾隆丙戌進士官安徽潛山，携先生往。學益進，顧嗜談天家言，旁及諸子百家，而折衷於宋五子。年甫冠，補諸生，膺鄉舉。

乾隆庚戌，成進士，授陝西三水縣知縣。先生以其地爲古豳，公劉遺風未沫也。至則以簡恬爲治，幾二十年，民依之而忘其治。嘉慶初，教匪犯終南，聲將北竄。先生夙修戒備，防禦嚴密，匪不能進。甲子鄉試，先生充同考官。同事蒲城令曹先生之升爲時名士，公餘雄辯高談，先生獨默默如不勝任。及榜發，先生得才獨多，其評騭尤允洽。主試大驚異，徐叩所學，先生曰：“略究天人，喜言數不空言理而已。”主試者同嗟賞之。庚午，乞休。三水人同聲慨息，如失慈母。至省垣，大吏欽先生學，特留纂《長安志》。

癸酉，志成，始歸。閉户授徒，潛心纂述。著有《數學五書》，其目爲《矩線原本》四卷，《一線表用》六卷，《推步惟是》四卷，《學算存略》三卷，《樂律心得》二卷，均付刻。未刻者有《數學指南》《〈周易〉比例》《矩堂語録》《歷代帝王年表》《〈幾何原本〉補正》。其文若詩則身後裒集成帙者也。先生算術之精在推步，惟是其論黄極斜轉左旋，若舟運棹，而虚指所繞之一點爲赤極，則左右旋争論息，無疑於一時兩動矣。論恒星爲天體，隨黄極左旋，遲速微不相應，以生歲差；七政遲速又各不相應，以各成其轉，合交若江湖上七舟並行，較

舟各不同，水與舟又不同，則天體燦然，無用相切相割及天有重數之説矣。又論太陽有春行，如月五行之交行，太陽所行之黄道，非即動天腰圍之黄道，以明黄赤大距古今不同之故。又剖晰視行差明本論及不同心天之理自行差明，均論及橢圓之理論，皆精當。其他論古疏今密，論中西同異，論平歲實有消長，論定氣礙實閏類，皆平心易氣，實事求是，語録言矩不言理，總之言實不言虚，篇末述空同子語，謂："矩爲方，削角則圓，即圓生於方内，弦外切之術，矩爲平直，尾則平，即幾何中平面之確。解辭旨攸殊，道衹一貫云。"道光十年卒，年七十二歲。

刺史張蓀圃先生事略

先王諱佩芳，字蓀圃，號卜山，平定州人。幼聰穎，家貧，力農。祖父詔嘗以一筐盛飯、一筐盛先生，荷至田，置之，使讀書田畔，自力作。少長，就傅先生，晚恒燃秫稭照讀。十五歲，以背誦諸經入學，肆業省垣晋陽書院。院故有藏書，先生盡讀之。同學皆服其淹博。時牛真谷先生運震主講席，深器先生。乾隆乙亥，蒲州喬太守光烈憫其地士風淹陋，遂特聘牛先生主書院講席，且以書招先生爲蒲士式。至未幾，牛先生以老辭歸。當道改聘胡稚威先生天遊，胡先生於時賢多目笑，獨呼先生爲小友。丙子，以策問淹通舉於鄉。丁丑，成進士，以知縣用。遂歸教授，初讀史，爲文慕陸宣公、顧公文，皆駢儷典碩。先生於是即課徒讀書之餘，爲之箋疏，卒成《翰苑集注》二十四卷。

丙戌，選授安徽歙縣知縣。縣有斗山亭，爲明湛甘泉講學處，先生即其地課士子。尋以歙向無書院，前此遷徙不常，其在紫陽山上者爲闔郡學。於是有邑人程光國等捐地於問政山下。先生特闢書院，聘劉海峰先生大櫆主講席，以課歙士。又其地多淫祀，宏山土地廟外有巨石，每祀必割鷄瀝血，張目演劇，衆如狂瞽。先生特碎其

石，廢其祠，與他淫祀皆令禁制。每杖民，有呼父母者，減其數。遇死獄，必求生活。又分倉四鄉，詳定規條，以免窮民如縣領糧之奔逐。設惠濟堂，以贍孤貧。理廢豐堨，以復腴田。立四柱徵收册，以清租税。復捐廉設粥廠，冬日給老弱。富民訟而不直者，罰令爲棉衣給孤貧。邑豪猾里居姓氏常默識之，遇案摘發，强暴斂戢。又公餘考悉歙故，纂成《歙縣誌》。庚寅，充江南鄉試同考官，得曹侍郎城等。

壬辰，調合肥。甲午，擢壽州知州，再充江南鄉試同考官。壽州俗刁悍，先生重建循理書院，延梁聞山先生巘主講席以課士。又修裕備倉，買米穀。己亥，署泗州。鳳泗民習種稻薄，水旱即成災。先生於是相高下土宜，勸民廣樹藝，並募平定農民教之。一年大獲，民大稱便。遂請大吏下其法於江北各州縣，並乞變通泗關税，開天然閘。壬寅，以親年逾七十，請終養。大吏以卓薦尼之，先生執不可，遂歸。奉父母居陽泉山莊，課諸子讀書。又佐金刺史源明修《平定州志》。父母先後以老壽卒。先生於癸丑亦卒，年六十二歲。

先生貌温厚，鬚眉開朗，閎博疏達，以學術自植，不甚喜理學家言。嘗作《循理書院記》，略稱："所貴乎循理者，非冥悟虚寂之謂，其要以讀書爲主。苟期有得於聖賢之理，則必求諸六經子史，究其精微之蕴性命、學問、事功之理，然後本之中者有餘，應乎外者無窮。自心學興，而學者厭棄先儒，競趨於簡便，無復通經學古思，爲有用之學，以副當世任使，此世道人心所繫，不可以不辨云。"與人交，寬和樂易，御下無疾言遽色。鄉居蓄書數萬卷，尤喜史籍。嘗語諸子以"汝輩能讀書，吾雖貧亦樂也"。子五人，四敦頤，嘉慶辛酉科拔貢舉人，辛未翰林，官編修，記名御史，簡戊寅福建正考官，卒於途。先生遺著有《希音堂集》六卷及《陸宣公翰苑集注》二十四卷皆付刻，外《公餘雜録》三十卷，《社倉考》一卷，《〈平定州志〉考誤》一卷，又《〈春秋〉世系》《三場百問》未分卷，在官輯有《歙縣誌》二十卷，《黄山志》二卷。

郡丞徐廣軒先生事略

先生諱潤第，字德夫，號廣軒，五臺人。幼能文，爲諸生，每試爲代州闔屬冠。值王制軍秉韜令五臺，好講學。先生從之遊，學益進。乾隆戊申，鄉試中式。乙卯，成進士，授内閣中書舍人，轉典籍中書，在京曹爲閒官。先生退直後，閉户讀書，益精求易理，旁及儒先語録及經世之略。至趨權貴、事徵逐，從無少易其志也。嘉慶戊辰，充儲濟倉監督，匝月之間積弊盡湔，吏役無以肆其欺。

己巳，梭米霉變之案發，朝廷旨嚴加督責。各倉監督皆革職分賠。先生所督儲濟倉米獨乾潔，得無處分。既而，通州中西兩倉白米案又發，官吏以侵虧故至伏法。倉場稔先生廉明，檄兼署中倉事。先生蒞事甫三日，深燭諸弊，於是條上七事，皆中窾。會戴侍郎聯奎督倉務，大重先生，因奏調海運倉。先生旋引疾歸。

辛未，選施南府同知，其官向駐利川縣。吏役豪横，率挂名充役，每唆人控訴，藉以分肥。先生蒞任，閱卯簿胥役逾八百人，大異之，徐詗，得其情。慨然曰："蓄虎狼數百而啖，其搏噬之餘，是盜賊變相耳，何官之云?"於是擇留其樸願者數十以供役，餘者汰去。遇有架控諸案，重法嚴懲，條教簡重，風聲肅然。譚太守光祥守施南，雅重先生，亟請於大府調先生歸郡幫審積案。先生原情比例，剖決端平，不數月而已結三百餘案。民大稱服。施南三面毗鄰四川，川匪有名紅錢客者，時結隊入境剽掠。先生與太守定方略，頒之民間。鄉擇一人公正者爲社長，授以防捕機宜，遠近相聯，如古守望相助意。匪來無所得，遂漸裹足，施境以安。

癸酉，子繼畬舉於鄉。庚辰，先生入都，繼畬會試報罷。先生亦告歸，遂授徒自給。時陽曲張太守廷銓與弟廷鑑方蒐輯傅青主先生遺著，且欲以實學爲鄉里倡，遂延先生於省垣。一時同志如崞縣張學博震，壽陽劉明經霦，均以蒐討青主遺著爲職志，恒就先生相商

榷，先生間爲引伸，識語率能得青主言外旨。劉先生所刻《霜紅龕備存録》，先生所論獨多云。居數年，館於崞縣，館於介休。丙戌，繼畬成進士，選庶吉士。丁亥，先生卒，年六十七歲。

先生生而穎異，雙眸炯炯，清光射人，性質剛毅。遇事持大節，必思有所樹立。與人交，則簡易通達，不汲汲沽名，守己廉正。服官二十餘年，衣不盈兩篋。中年讀《易》，悟入淵微，先儒理學諸書博覽殆徧，旁及道釋百家，壹以易象折衷。其神解湛然，尤近姚江。所作書清挺雅健，不逐時趨。道光初，道州何太史紹基，以書自負，少所許可。見先生書聯，詫曰："是具率更風神兼少師骨韻者也。"因作書以志欽仰，且書聯貽之，以結墨緣焉。生平未嘗著書，惟及門凡有質疑，隨問條答，或讀書有得，隨手劄記。先生卒後，丁未，子繼畬巡撫福建，彙而刻之爲《敦艮齋遺書》十八卷行世。

明經張伯喬先生事略

先生諱子特，字伯喬，曲沃人。少孤貧，悦學，從垣曲安翼聖先生遊，以古大儒自許。言行不二，並通天算諸術。弱冠，應童試，時周學使系英深致激賞，特拔之，以冠平陽各屬。旋檄調晋陽書院肄業，與諸高才生角藝。雜試以經史百家言、各體文字，先生皆第一。周先生欣賞，稱爲國士焉。時學使幕中有邵陽魏先生源，力學而近狷，陽城張先生晋與其弟子李毅，擅詩才而近狂，均與時人少許可，顧獨重先生。先生亦切磋漸漬，學日以富而日精。道光戊子，中副貢第一，屢試不售，遂隱居教授以終，年六十八歲，時咸豐戊午也。

先生性狷介，非友不友，獎掖後進如不及。與洪洞商先生昌，趙城張先生于鑄尤平生交。洪洞王先生軒嘗治天算，先生授以開方術。及閲王先生所作，大奇之，謝弗及，且以銘墓爲屬。曲沃衛先生天鵬少跅跳才氣，不可一世，先生獨深賞之。值王先生筠由鄉寧令署曲沃，與先生談藝特洽，遂爲衛延譽，俾壹志古學。先生爲文法

《尚書》《春秋》經傳及《史記》、韓、柳，閎深奇崛，往往得其神致。詩則溯源風雅，漢唐諸大家外，獨賞晋陶淵明，諸家不屑也。顧自珍貴，非意所欲爲，雖持金踵門，謝輒斥去。學則説經恥摭拾，融合漢宋並研熟唐人義疏，一掃門户及空疏諸習，兼通古韻、曆算。嘗謂："《晋》《隋》二書《天文志》，諸史不及遠甚。"《周髀算經》外，若鄭世子《樂書》《天元曆理》研究發明，尤數十年精力專注者。讀史精熟，表志鈎稽疏决，務匯其通。詢及歷代地理、官制、年號、世系、諱謚、姓氏、爵里者，皆隨口答覆，無少誤。

家貧甚，嘗稷食三年，黍食五年，夷然不以累其志。父喪，族戚有所贈賻。葬畢，悉以其餘予族戚之貧者。授徒歲以三十金爲限。嘗遊京師，壽陽相國祁文端極爲延譽，與平定張先生穆稱"山右二張"。顧平定張先生志經世，傳亭林、潛邱學，漢宋學門户分別極嚴。先生久之無所合，乃復歸。所著文詩率叢殘未輯。諸稿中有可輯理者爲《易》《書》《詩》《周官》《論語》《孟子》《大學》《中庸》諸經《拾遺》，計七册，均博觀約取，極持漢宋學之平。外《讀史考證》一册，於諸史中疑義均評，詳加剖析，且歷志讀某史某年月，畢於其册。又《〈楚辭〉定本》則僅存後半册，均訂正文字及詁訓、音韻者。餘説經稿則傳聞由衛先生天鵬所得，衛死後，輾轉散失而不可究詰矣。

學博張鐵生先生事略

先生諱于鑄，字紫庭，號鐵生，趙城人。初名于宁，以避清文宗御名，改音近字，字子鋋焉。先生幼穎異善悟，尤喜强記。十歲，作文已可觀。應童試時，縣令爲楊照節公延亮，特奇賞，拔第一。遂招入署，伴諸子讀，且授以詩古文詞諸學。先生旋從張先生子特受，讀史及九數、天官諸家學。道光乙未歲試，先生以高等受學使杜文正知。還家，方呈試藝於昭節，返侍祖膳，而獄囚曹順之變作，昭節闔門殉。先生家屬僅免於難。秋，登鄉舉。時先生業師平定

許先生長庚爲霍州教官。每赴都會試，先生與偕，遂得從張先生穆問業。先習《説文解字》，通群經門徑，治顧、閻諸家學。壽陽相國祁文端亦見器重。既試未第，以貧故歸。張先生爲書以介諸鄉寧令王先生筠，使竟所學。先生歸，與洪洞邢先生萬秀、商先生昌、景先生山、李先生敏、王先生軒先後訂交，益以文行相砥礪，造詣益進。

咸豐壬子，會試後，客山東寧陽館王氏。與王先生軒理董張先生穆、王先生筠二家學説，乃通錢氏大昕、嚴氏可均、段氏玉裁、桂氏馥四家之治《説文》及《詩》今古今韻、《尚書》今古文，皆得其要領。凡留東二年歸，登泰山，觀日出，訪秦碑，末謁孔林，意猶歉然。與王先生軒倡和之作已咄咄驚人矣。癸丑，大挑以教職用。值粵匪擾山西，勝閣學保督剿。先生陳大計，勝奇之，邀偕行，先生謝不往。尋署絳縣教諭，授訓導。同治丙寅，以知縣截取，未就。光緒乙亥，推陞蒲州府教授。丁丑、戊寅，晋大饑。閻文介敬銘稽查賑務，聘先生掌書記。事畢，省垣修《山西通志》，先生以副纂應聘。又值王學使仁堪與巡撫張文襄合奏，立令德堂，拔閤屬高才生肄業其中。檄先生住堂，充襄教事。先生爲諸生折疑辨難，意懇懇，諸生亦樂就先生討論。甲申，卒，年七十一歲。

先生少豪宕，好談論史事，每論事，往往數更端而未已。又論學不合，必反復折辯，以伸其説。其善者旋即改從。嘗言："氣質非學所能化，而改善服善，則平生所可自信。"人亦以是多先生。及晚年，襄令德堂教，與諸生相處熙熙如家人也。壬午，太原府文廟落成，禮樂諸器亦畢具。值演禮，先生與楊先生篤、楊先生深秀同觀之。兩楊先生時稱鴻博。論禮樂某事時，先生年已耄矣，獨從容背誦《樂記》，不訛一字，是尤徵先生所學之篤摯云。

駕部王顧齋先生事略

先生諱軒,字霞舉,號顧齋,晚或署壺翁,洪洞人。家故豐有藏書,先生幼孤,家復落,隨以母喪,遂依世父居,專心學業。九歲,能文,知聲韻。嘗從張學博恢受"三禮學"。十七爲諸生,時學博官潞城。先生遂與李勉亭敏、景雲章山、李享山時升、張仲亨嘉會諸先生約讀書玉峰山寺,而王雪堂椅、商抑之昌、邢秋丞萬秀、張鐵生于鑄皆來訂交,並以詩倡和。先生則約抑之、鐵生二先生共治許氏《説文》,兼究古韻,屢以古學爲先後學使所特賞。道光丙午,得鄉舉。

明年,入都,謁張石舟先生穆。時張先生方撰《蒙古遊牧記》,先生得讀諸圖籍,遂究地理學。又謁張伯喬先生子特,受曆算。因石舟先生謁王菉友筠、苗仙露夔及何子貞紹基諸先生,於是由《説文》、聲韻諸學兼及金石考訂焉。先生既不得志於有司,值同宗贊勳寓山東寧陽,以先生兄子爲嗣,先生遂留居,教授三年。暇則遊齊魯諸勝,均紀以詩。登泰山歸,詩益奇肆。錢塘符南樵保森方選《國朝正雅集》,得先生作,大奇之,刊入《續集》。

咸豐戊午,假資報捐部曹,藉以留京事學業,遂以主事分兵部學習。時張先生石舟歿,祁文端方慨晋士學風之不振。至是,讀先生所作,嘆曰:"石舟後起有人,道不孤矣。"董研秋檢討文涣嘗從先生問詩法,與兄蓉舫麟、弟芸龕文燦同寓,以師禮延先生主之。老輩中如朱伯韓琦、桂德山林、楊鐵臣寶臣、葉潤臣名澧、孔繡山憲彝、楊汀鷺傳第,同官中如許海秋宗衡、馮魯川志沂、王少鶴拯、李子衡汝鈞、何顧船秋濤、黄緗芸雲鵠、林穎叔壽圖、沈仲復秉成、卞頌臣寶第、潘文勤祖蔭、孫萊山毓汶、李若農文田、張文襄之洞、趙元青樹吉、孫琴西衣言、樊文卿彬、范鳴龢鶴生、秦誼亭炳文諸先生,均風流文采,照耀一時。先後與先生定交,傳箋倡酬無虚日。仲復先生刻《詠樓盍簪集》,録先生詩至二卷。後琴西先生復刻《篤舊集》《消寒録》,會

同人諸作，先生則刻《十八疊山房倡和草》，與同人用"聚星堂集體韻"倡和者。朝鮮貢使每至，亦景慕先生，文酒往復，稱極盛。先是石舟先生嘗輯《顧亭林年譜》，寓報國寺，以寺旁隙地爲亭林祠。春秋約諸文士致祭，迭相主會，詩歌倡和，歲以爲常。先生以是歲主會，與馮魯川先生同祭石舟先生於顧祠，作長歌以紀其事，於是海内文士往往有寄書，乞附名圖中者。無何，先生兄昂卒於家。

癸丑歲，捻匪竄寧陽，贊勳家復被掠。同治壬戌，先生會試中式。先有詔貢士對策，不拘成式，務求實用。先生自是發紓藴蓄，語多切直，觸要人忌，抑置三甲，以知縣用，由兵部奏改歸本班。旋祁文端以先生經學與楊鐵臣寶臣、閻夢巖汝弼兩先生同，薦得記名軍機。文端嘗欲輯漢儒訓詁中涉義理者爲一書，以稿屬先生。同時研究古義者，皆以成書相贊。先生遜謝之，謂："不能持漢宋之平，徒取釁争也。"會文端卒，楊鐵臣方宦河東道，以書招先生主宏運書院講席。先生遂歸，楊先生旋告歸。遺先生所演《天元一術稿》，先生講授之下，藉以遣日，居五年，盡得其秘妙。

光緒丁丑、戊寅，晋大荒，閻文介敬銘奉命查賑，請先生襄辦賑務，爲畫平糶、勸捐諸事宜。己卯，事竣。省大吏議修《通志》，文介首舉先生，乃與晋撫曾忠襄國荃奏請開局省垣，聘先生總纂，兼主晋陽書院講席。先是張文襄之洞督四川學，建尊經書院，以課川之高才生，聘先生主講席，先生辭之。至是，赴省志局，分纂爲楊秋湄篤、張鐵生于鑄、楊儀村深秀、周康、侯晋諸先生，均負文學重望。先生日與商榷體例大旨，擬定凡六：曰圖以辨方、譜以序世、考以稽古、略以紀今、記以述事，録以存人。圖之外皆用史法，而不襲其名，且謂傳以釋經，《史記》惟有紀，乃有傳，身非史官，志又非史，奚傳爲？遂定以録名。

辛巳，王學使仁堪督晋學，嘗拔高才生五十人，調取書院肄業，治古學。會張文襄撫晋，合議晋陽書院地稍隘，别闢精廬曰"令德堂"。先生總校事，楊秋湄篤、張鐵生于鑄、楊儀村深秀協講，五日一

會講，聽者翕然。癸未，特召先生供職。時先生以不良於行，辭不赴。丙戌，先生始徙居令德堂，專其事。諸生類能知經史門徑、文章軌轍，不爲俗學所溷。先生欣然謂："《通志》告成，當選諸生所作爲一集，依浙詁經精舍、粵學海堂例刊行之。"冬，先生卒，年六十五歲。其後則僅取前列諸文辭，録副爲選，終未版行，且士徒騖聲氣，文學亦無前此之盛也。

先生豐頤廣顙，玉色揚聲，藹然儒者。目短於視，晚歲猶能作細字。健談善飲，雖老嬰痺痿而神致不衰。篤風義，好學深思，遇書難讀，必百遍精熟乃已。於《儀禮》《爾雅》及《説文解字》，歲必再覆。文不主八家，而根柢盤深，莊婉合度。詩則源本《小雅》，廣以漢晋，浸淫盛唐間及韓孟近體，不下王右丞、李東川，並遒錬之餘，出以雋逸，又嚴於格律，蔚然爲山右大宗，時無間言。自訂所作爲《耨經廬詩集前集》八卷，《續集》十二卷，均付刻。又《山西疆域沿革圖譜》共五卷，極精核，由《通志》中别行，文集、筆記、輯録未梓。書法顔柳，行草宗右軍，間爲傅青主八分，仿《百石卒史》《韓仁銘》，篆則《石鼓》《嶧山》，均得其恉。

先生初欲以經濟顯，咸豐軍興，嘗擬《萬言書》陳戰守略。又著《錢法九論》備詳大錢、鈔票、鐵錢之用，銅價、銀制及搭配，禁私之宜，後多如所料。惟浮沈郎署，以經術文章自晦，然同官於政事、軍事諸有所詢訪，或代削稿，亦不自襮也。説經主疏通古義，不爲空言。

於《書》據《國語》姜伯夷之後及《史記》伯夷之後封齊，謂："伯夷爲四岳之一。《書》惟伯夷、伯禹、伯益三人稱伯，即二伯之伯也。禹以司空兼之，夷以四岳兼之。益，皋陶之子，洎禹爲天子，改命作伯也。垂益皆司空之屬咨而舉，即咨禹也焉。鄭王本作'禹曰益哉'可證。則僉曰垂哉，亦是禹曰。古文禹作𠕒，與僉相似，所以相亂。謂僞古文爲王肅作，古無祀，及七世者惟魏景初元年預定三祖四親之制。故子雍僞造七世之廟以阿世耳。"

於《詩》爲風、雅、頌皆樂章，《生民》爲后稷郊天之詩，《文王》爲宗祀明堂之詩。詩中且字韻凡十見"既、亟、祇"，且乃見狂，且匪我思，且士曰既且，諸字皆實字，非語詞。即苟且義，苟籀文作茍，《説文》自急敕也，與亟字同。凡經典，苟字皆此解，不從艸。苟且即遽且也，亦曰亟，且訓兼美惡意，今並作虚字，又無美意非也。

其於"三禮"，自少研究《儀禮》，世苦難讀，唐以後尠習者。經文傳寫多訛，久無諟正。國朝濟陽張氏始開其先，乾隆諸老乃多精此學者。先生主講令德，舉以課士，所校如《士冠禮》醴賓以一獻之禮，醴當作饗。鄉飲飲酒不拜，卒觶當作卒觶不拜。《鄉射禮》挾弓矢而後下射，"弓"字當衍，賓序西主人序東釋弓，説決拾襲反位升及階揖，"反位升"三字衍。司馬決袒執弓升命取矢如初，"決"字衍。降袒執弓反位"袒執弓"亦衍文也。《燕禮》升酌膳酒以降，"膳酒"字衍，請徹俎降公許告於賓，"降"字當在句末。《大射禮》遂適堂西改取一个挾之堂西，乃當次之訛。司馬正升自西階東楹之東，本司正而誤衍也。以經文互證，皆稿不可易，而尤精於《喪服》。

凡經傳省文便詞，注意未達者皆推明而詳著之，作《降服考》曰服之見於經傳記注者，有從服、有報服、有名服、有加服、有降服，從服見於傳者九，報服見於經者十一，見於記者一，見於傳者五，名服見於傳者四，加服見於傳者三。外祖父母以尊加，從母以名加，庶母以慈己加，傳有明文。惟姑姊妹適人無主者，以矜加。雖傳注不言，亦加服也。記言加一等者二，亦加也。注言降有四品，君大夫以尊降，公子大夫之子以厭降，公之昆弟以旁尊降，女子爲人後者以出降，又父在爲母以屈降，殤以未成人降，是有《六降記》。又言降一等者二。又有四不降：祖不降、宗不降、適不降、尊同不降。尊長報卑幼降一等，報諸婦降其夫二等，旁親報服皆不降，婦人正親旁親從服皆降一等，報服皆不降也。四品之降，尊降有二，國君絶，大夫降。厭降亦二，公子絶，大夫之子降，是其異者。公之昆弟本親厭，旁親惟昆弟降，尊同不降，尊長卑幼雖尊同亦絶也。出降者，女子成人則

降尊，不同亦不降。姑姪姊妹相爲祇一出降，兩出不兩降也。爲人後者據經意本親降旁親，絶與公之昆弟略似，記則否也。殤降則皆有之，斯有二降矣。屈降者，父卒則得伸也。不降者三人，爲人後者不敢降，祖女子子不敢降祖，與宗大大不敢降宗，與祖及其適與尊者。其大夫之適子爲妻，大夫之庶子爲適昆弟，適孫，適婦，適孫婦，皆適不降也。

孫厚莽刑部殁，封翁在堂，其子毓琇官工部，疑於主喪，以詢先生，答："以禮父不主庶子之喪，則孫以杖即位；又士之子爲大夫，則其父母弗爲主也。使其子主之，無子則爲之置後。復疑庶子爲妾子，答以喪服不杖，期章爲衆子注，衆子長子，母弟與妾子女子子也。士謂之衆子，大夫謂之庶子，是衆子庶子之别。大夫士異詞，實兼母弟。妾子言若庶孽，古人直謂之妾子，經曰妾子，無母者是也。《史記》謂之孽子，《孟子》亦然。復疑父在，不稱正寢，答以禮。由命士以上，則父子異宫無嫌也。"

先生嘗云："漢人習禮，故議定陶南頓事無大差謬。宋濮議則兩造立矣。明興，獻事更無足論。士大夫不通《三禮》，又未能淹貫《三傳》，徒以私意輕重，遂至蔑禮干紀，貽笑後世，可不畏哉。"

其於六書，好安邱王氏之學。王氏所疑不能決者，多所補正。最精者謂："帝王君臣皆特製之字，皇從王聲，則古祇有王字，後音轉乃加自爲皇。今南人尚有皇王不分者可證也。"《易》稱："黄帝、堯、舜垂衣裳而治。"帝蓋象南面而立，中從巿亦象形，左右端拱之象，中巿下垂也，衣裳不可象，惟巿爲衣之貴，且易見之物，故象之，以爲從朿省則無義矣。君亦象端拱之形，古文上體猶广。又相連從口，則下問之意广，又字則分君爲二，有輔弼義。古者右史記言，故從口；左史記事，故從工。工事也，後司亦分君字而改從人者，避左右也。古諸侯曰后，東后、群后是也。卿大夫曰司，司空、司徒是也。《説文》禿下云："倉頡出，見禿人伏禾中，因以制字。"王氏謂校者妄加。然本書引王育説，象禾粟，形已不可通。據《玉篇》，籀文作秃，篆當從

倒毛如尾字例。隸體不便，故仍作毛。倒毛者，無毛也。與長從倒亡，七從倒人同意。熒下云屋下燈燭之光，當以《爾雅》熒火即炤，爲正義，與燐同形不一，故從三，火多在郊坰，故從冂，冂亦聲也。若膋則與膫同，《詩》《禮》説爲腸間脂，字當從月，合蕭焫之故，從二火字，書犖勞，皆從膋，省聲。榮瑩則從熒，省聲也。他如祘象布籌之形，非從二示，矢上象鏃形，非從入。矦上象舉旌之形，非從人。高從亯省，其下爲會意字，籀文𠂆旁加二，二即上下，爲指事字。此類不勝枚舉也。苗先路作《説文聲訂》以《春秋》敬嬴《公羊》作頃熊，爲東冬江合庚耕青蒸之證。先生據《詛楚文》及《許子簠銘》謂嬴字上本從目，與能相似，故訛嬴爲熊，未可定爲同聲相假。

祁文端公督學江南，嘗以"祁大夫字黄羊説"試士。一時經師多有考證，文端彙爲一書。先生獨主諧聲，據《爾雅》羳羊黄腹以番與奚古韻可相通。又神羊一名鮭鯱，其切音爲奚，證以古人雙聲叠韻，取名之義箸説二篇。

於算則習宣城梅氏之學，探賾索隱及二十年，於中西法得其會通，而不爲西學所眩。以古法莫備於句股，梅氏書有積與各數相求例。其孫文穆公又增積與句弦、股弦、和較四例，而無術。李氏九香嘗爲細草，而仍未備，乃即周髀四數依立，天元一備，求之一正術，舊二十五術也。二廣術積與諸數求也，三變術句股容諸數求也。三事之外，仿句股積例，增以綴術、成句、股備術、細草四卷，以西法莫精於幾何。梅氏求各面體，皆依中末綫爲率，而不能以句股通之，不知立法，各有本源，捷法多由截數中末綫，乃諸書之截數也。本術不外四分益一開方，與五分取一開方，各相增減，乃依所列各等面等邊諸面體。員内員外諸數悉本句股，一一綴之以術，成《幾何補術》一卷。

古法開方置實方廉隅，先借一籌定位，所借之籌即天元一也。天元一言立，則以古籌一縱十，横百立千，僵單位必竪西法，借根之名亦出於此開方廉隅。舊圖至七乘而止，梅氏演至十二乘，方而謂三乘方以上不可爲圖，乃仿孔氏少廣正員術例，以立天元一求正員平

立各方遞演至十二乘方，各立細草，而附以圖，成《開方圖説備術細草》一卷。

割圜之術古法用弧矢，西法用八綫，皆出於句股。句股以直綫求直綫，爲同類相求。八綫以直綫求曲綫爲異類，異類不能相求，非假律無以相通。其法在《九章》之粟米，古曰今有西法謂之四率，俗謂異乘同除也。梅氏《弧三角舉要》《環中黍尺》《塹堵測量》三書皆以闡明割圜之理，惟三角求邊一舉其例，他皆無草，乃撮《舉要》《黍尺》二書之指，成《弧矢備述》一卷。

又以塹堵之形皆有實數可紀，弧矢、八綫皆由此生。舉其一例，正弧、斜弧諸例一一可得，成《塹堵備術細草》一卷。

八綫表列在《數理精藴》，初學得書不易，又卷帙浩繁，讀者望洋，並昧其源。先生因以意合弦矢二術爲一，尤爲直捷，法以設度，若分若杪，弧綫爲第一，數列數十二位，而以弧綫遞增、遞乘爲初表，遞除至末位。多位亦遞增，如前爲表根。又閒一以取，而各半之得弦數、矢數、正弦、正矢，又以正弦、正矢減半徑爲餘弦、餘矢，半徑乘餘弦、正弦，除之爲餘切，乘正弦、餘弦，除之爲正切，半徑自之正弦除之爲餘割，餘弦除之爲正割。又正餘互易，而得各度實數，故一綫可備八綫之用，爲圖並算式，以代細草，成《一綫表術》一卷。

於地理最熟班《志》，凡經典地名皆能詳徵所在。謂《爾雅》之幽州即《職方》之并州，《職方》之幽州又即《爾雅》之營州。殷周九州異制也，《爾雅》燕曰幽州，又《十藪》燕有昭餘祁，古人便文相蒙耳。鄭康成謂："舜以冀州南北太遠，分衛爲并。實據《禹貢》恒衛既從之文。恒即漚夷，出恒山，衛即滹沱。亦以《職方》并州其山鎮曰恒山，其川滹沱、漚夷而知之也。世儒泥於《漢志》，以滱水當漚夷，無及桑乾者，因著《恒衛考》。以爲河自大陸以後，東夾碣石，右入於海，入海之先，二水從之，實冀州之大川，與南境之衡漳即洚水者相埒。《周官》沿十二州之制，分冀之北境爲并，而兼營州之地。故冀川漳而并以恒衛，時易名，改恒爲漚夷，衛爲滹沱，其實一也。至春秋時，

并北之地，胥爲狄有，洎趙拓境，乃入中土。其地初闢，沿革莫詳。而幽燕則久峙七雄，郡縣早置，川瀆之名多可考見，故先秦諸儒釋《禹貢》《職方》但據目驗，所指二水及淶、易皆近在幽州，而絶不知并州之上源。《漢志》雖詳二水始末，而舊説相承，亦存其文而不敢辨也云云。其説爲胡氏朏明所未備論。

太華爲周中嶽，霍山爲唐虞中嶽，以爲《爾雅·釋山》河南華河西嶽，河東岱，河北恒，江南衡，辨方以河，燎如指掌，獨衡以遠在江南，是以南有二山，可證華之爲中矣。《職方》豫州山鎮曰華山，雍州山鎮曰汧山，汧即吴嶽也，則周制華屬豫境，非雍境也。至漢武帝以太室爲中，立縣曰嵩高，尚無嵩高之名，《釋詁》喬崧崇高也，不知何時訛嵩爲崇，又訛崇爲嵩，後人不解《爾雅》之文，妄意《釋山》不得遺五嶽，遂羼附泰山爲東嶽，五語於末。又於嵩高爲中岳，文贅之曰崇高太室也，與通篇文義不類。考《堯典》衹有四岳，雖不詳何山，大抵與周制不遠，獨無中嶽之名，蓋太嶽即唐虞中嶽。冀州，帝畿故變言太，尊之也。華於周爲東都畿内，故易爲中嶽，而霍山别爲冀州鎮山，自漢相承，以華爲西岳，後世遂因之，不改其説，亦閻氏百詩所不及。

自亭林顧氏辨大夏在平、絳、吉、隰間，叔虞所封之唐在翼城西二十里，晋都故絳在大平南二十五里，新田在曲沃南二里，迄今奉爲定論。先生更補其説所未備，而正其舛誤。謂《史記》齊桓公西伐大夏，涉流沙，流沙乃汾沁之訛。隸書流作[illegible]，汾作汵，字相似。沁之隸體又與沙之或體[illegible]相似，因而並《左傳》沁水書爲少水。《漢志》清河郡莎題本書尚作烿題，亦互訛也，遂爲大夏在平陽之稿。據其辨故絳新絳，謂魏晋之絳縣，並今曲沃、冀城二縣地。春秋晋之四都皆在其境，唐及翼在翼城，絳、新田在曲沃，故杜注《左傳》統目爲平陽、絳邑縣也。《前漢志》稱絳武公自曲沃徙此，引應仲遠語。道元特辨爲指故絳，杜注故絳乃指新田，據當時絳邑縣而言也，再證以《水經注》所稱之絳縣故城則在澮絳合流之西，汾南澮北之地爲今曲

沃，西三十里之侯馬驛無疑當是晉之新田，爲秦縣，漢初以封周勃爲絳侯國者，實景公所徙之新絳也。至道元所注之絳陽，與經不同。蓋漢初因新絳爲縣，至後漢改名絳邑。魏晉以來不改前漢，又别爲絳陽，故同時封華無害爲侯國，即《元和志》曲沃南二里之絳邑故城，實晉穆公初徙及武公再徙之絳都也。是故絳在今治新絳即新田，在侯馬，皆今曲沃境，並不在翼境也。若翼城南之北絳村，則後魏之北絳縣治也。絳縣之車箱城，則後魏之南絳縣治也，與晉都無與。至唐翼二都之在翼，且分爲兩地者，《元和志》明言唐城在縣西二十里，翼城在縣東南二十五里，是唐自唐、翼自翼，不名絳也。至遷徙之世，《史記》言叔虞封唐，唐在河汾之東，方百里，未明其地，據注言則在汾西矣。當以《元和志》爲合。惟都翼無正文。昭侯元年下稱翼，晉都邑也。故《正義》言昭侯以下都翼也，後云曲沃武公始都晉國，又云獻公九年，城聚都之命曰絳，始都絳。是雖合聚與絳爲一，而翼絳自爲二也。《詩譜》晉穆侯居於絳，餘不復及，故《正義》引《漢志》云武公徙絳。又檃括之曰："穆侯以下居絳，昭侯以下恒居翼，武公既并晉國，又居絳也。"前後叙次甚明。獨《水經注》引《詩譜》穆今徙於絳下。

又云及孫孝侯改絳曰翼，後獻公又北廣其城，方二里，命之曰絳。《元和志》同今考，《詩譜》無以下數語，未知道元自增之歟，抑原文道元時猶存，至唐作《正義》時已佚之歟。單文孤證，姑備一説可耳。若太平縣南二十五里之古晉城，乃漢臨汾縣治。顧氏據《通典》指爲武公所遷之絳，明與《漢志》不合，且絳在汾西，經傳無徵，未敢據以爲然。

又著《晉都遷徙考》，以唐、晉、曲沃、絳、新田爲五都，燮父徙晉，成侯徙曲沃，穆侯徙絳，武公再徙絳，景公徙新田，爲五遷。中不數翼，以翼本非都，孝侯窮蹙避地，三世偏安，其稱翼侯，與鄂侯同，不成爲遷也。翼城之號故絳，乃酈氏之誤，據左氏書法正變證，以《春秋義例》反覆推闡，皆前人所未論及者也。

先生少頗以才氣自負，晚則愛才服善，常若不及，於菉友、石舟二先生既追稱弟子。後進一技之長亦樂爲揚詡，嘗云："人生讀書作文，必有一副假聰明最不可恃。須閱歷久，深造以學，而後真聰明方出，其境愈苦亦愈樂。"均先生自道，以教人之切云。先生卒，晋陽、令德兩院士子既爲之刊石懸匾頌德教，復奉主於晋陽書院三立閣。又以曾蒙特召，與張石舟先生附祀令德堂之四徵君祠。四徵君者，爲傅青主山、閻百詩若璩、范彪西鄗鼎、吴天章雯，均晋先民，學行文章冠時流，奉旨徵試，祀以爲諸生楷式者也。

明府杜芳坪先生事略

先生諱受全，字仲容，號芳坪，太谷人。幼端凝，比讀書，好爲沈潛之學。先正尤契吕叔簡、陸桴亭二家。十八，爲諸生。咸豐辛酉，以拔貢登鄉舉。辛未，大挑一等，分直隸。先生雖任外官，不廢讀書及著述。嘗督西征軍餉赴陝、赴晋，成《西征轉餉記》《太原轉餉記》各一卷。又督辦保定粥廠，成《保定粥廠記》。又辦東陵修道差，成《定東陵》《修道章程》各一卷。嘗署邯鄲縣，補西寧，調獲鹿，調邢臺，均勤政愛民，民爲之勒石奉牌，獻衣傘、樹匾額，歷任皆是。及光緒丁亥，先生惓念先人祠墓，乞假歸。西寧人猶爲匾"青天白日"額於家云。

先生故謙謹，於後進之一材一藝，恒津津樂道。鄉居課子姪必以正道。遠近執經請業者數百人，鄉之人又群欽先生品學醇正，公舉鄉正。先生深慨末世敝俗，約合同志，成《鄉約》一卷，以求實行。中於奢侈及吸鴉片、荒正業尤爲厲戒。顧積習相安，匪伊朝夕，僅有少數實行者。先生嫉之，復以俚語爲《竹枝詞》，期人易曉易誦，以革其弊，非尋常爲詞章家言也。尋主講清源梗陽書院，以篤實修學爲諸生倡，士論翕然歸之。光緒二十年，卒，年七十歲。

先生貌端厚，與人交，恒抑然自下。於詞章、性理、考據、經濟諸

學，均研積而一以理學爲歸。嘗自壯年講學即録日記，至殁前七日始絶筆。持身矜慎，臨事小心，爲學則誠敬爲本，以體仁爲要，以日用倫常爲實際。居鄉時，值先生族叔瑞聯中丞亦罷歸。中丞家門鼎盛，子弟及豪僕見先生恒自抑不敢肆。即中丞亦常語人云："余名位固遠過芳坪，若學行則深愧不及也。"先生恒語學者云："學當學孔子。"及易簀，慨然謂子姪曰："顔子三十二而卒，人生在世，以德不以年。我不敢比顔子，倘亦原憲之流亞歟。"先生書學顔魯公，兼習分篆，索書者多恒以行草應之。雖非專家業，然端厚如其人。著有《文集》十四卷，《詩集》十六卷，《圍爐家話》二卷，《家譜》二卷，《集外棄餘草》二卷，《邯鄲消寒草》《西域消夏草》《消寒草》各一卷，《時文》六卷，《試帖》四卷，稿均藏於家。繼室員氏則於先生逝後三日，部署一切就緒，從容吞金殉節。鄉人同聲稱道先生型家篤倫之實踐爲尤不可及云。

徵君秦旭堂先生事略

先生諱東來，字旭堂，一字紫函，號梅溪，又號蝠南居士，壽陽人。幼聰穎，家苦貧，日恒就村塾竊聽，能解書理。塾師傅先生乾元大奇之，願資以讀。先生感而受業。其作苦，無異曩昔也。父卒，哀毁幾殆，事母益孝謹。十六，入邑庠。十七，以優等食餼，文譽遂著。時鐘大令、汪杰宰壽陽，課書院，得先生卷，大激賞。延授諸子讀，先生請受業，學益大進，以道光丁酉優貢生中己亥鄉舉。

明年會試，一行以母老不復出，遂授徒於榆次、太谷諸巨室，及門親炙或以文藝請業者無虚日。先生亦樂爲説解經旨，且規以讀儒先書，勿惑溺於坊行講章、時墨選本。又深爲祁文端以品學兼優見許，一時士論翕服，無間言。先生持身素謹，每日讀書均有定程。館太谷孫氏，時孫家巨富且多藏書，先生日夜讀之，凡數年，盡畢其卷。顧嗜理學家言，雅不以文學博洽爲矜炫，嘗謂："學焉而有得於身心，

一己之身心治，推其身心，天下之身心治，斯爲有體有用之學。"母疾，與兄侍，衣不解帶者逾月。母卒後，以家生齒日繁，爲析箸。先生推誠讓兄，而自取儉薄。館穀所入，除自給外，如親族師友量予賙卹。而兄疾至卒，凡醫藥喪葬諸費，均先生任之。

傅先生官陝西商州州同，殁於任。先生以館穀所入助其子偉，使歸喪，復助資於其少子汝霖，由陝迎母歸。先生自督汝霖讀，以紹先志，報師德。鍾公殁於朔州任所，諸子亦相繼卒。其少子流落省垣，每歲訪先生，先生留住旬日，並給以資，終其身如一日。旋主邑受川書院講席，榆次、太谷諸生多負笈從學者。同治初元，祁文端以循吏舉先生。朝命下，先生以衰憊力辭。庚午，部委辦鄉團，以清逃兵及餘匪。先生詳訂條規，復力勸通邑起數十團，地方藉以安貼。會銀洞溝土匪聚嘯。先生率官兵二十名，佐以團丁，獲匪首王因才及其黨羽，並焚砦以絶匪源。

光緒丁丑，晋大饑。其冬，委員勘災至壽陽，所報失實。先生時襄辦賑務，聞之大憤，隨以實情稟晋撫，得直，邑人大稱快。戊寅，卒，年六十六歲。己卯，邑人請祀忠義祠。甲午，先生門人張進士鑑衡主省崇修書院講席，聯同學孫大守頤年、王觀察啟恩等請祀先生於晋陽書院之三立閣。

先生貌清古，背傴僂，性和易，喜隱惡揚善。與人交，以誠懇相待，無疾言遽色，遇有義舉，則奮然直任。爲學博覽强識，而務以實踐力行爲先。嘗題座右云："跬步之間皆學問，道德以外無功名。人生至樂孝與悌，天下大防理及情。"時稱名言。從學者類不以俗學自囿，而温廣文晋昌者從先生遊，且聯子女姻戚，嘗誌先生墓，稱先生："學術云博，不流於雜，精不入於僻。無門户之見、時尚之趨，黜華崇實，一歸踐履。所著述皆體驗於身心，而出之名言正論，極有關於世教。"時稱知言。先生遺著有《〈論語〉贅解》二卷，《〈易象〉致用説》一卷，《復初齋文集》二卷，均付刻，《詩集》則輯録而存於家云。

明經薛仁齋先生事略

先生諱于瑛，字貴之，號仁齋，芮城人。幼喪母，父娶繼妻，於先生頗苛虐，先生惟長跪請罪，居常齊慄。父卒時，遺言："須補讀小學書。"先生謹遵之。旋讀《薛文清公讀書録》，尤覺於理昭晰，遂致力爲己之學。雖入邑庠，試高等，食廪餼，蔑如也。惟認定主敬爲入道之要，手録《朱子全書・存養條》一卷爲《日玩》。既又删，復補缺爲《日日必有事編》，朝夕玩味。而《大學》《中庸》《〈太極〉圖説》《〈西銘〉定性書》《顔子所好何學論》及小學，日必復之。以爲看此等文字透，即看《論》《孟》及五經，亦以此法看之，無不貫通矣。

又於元許文正，明薛文清、胡文敬，清陸清獻諸家遺集尤喜瀏覽。而同志中陜西三原有賀復齋先生瑞麟，朝邑有楊損齋先生樹椿，並講明心性，恪守程朱家法。先生既得以古爲師，兼得良友，於是益有志於聖人之學，言動必依禮法。教授生徒不計修脯，惟必待幣聘而始就。迭主永濟敬敷書院講席及河南靈寶靈峡書院講席，所定學規均秩然有序，諸生從學亦循循有規矩。先生又恒與同志及諸生習鄉飲酒、冠禮諸儀節及宋《吕氏鄉約》。

居家孝以事母，又率婦子及寡嫂一以孝敬，身與家人食糠籺，而以豐腆奉母，終身不替。所居院宇整潔，窗几肅净，壁不張先哲格言以自炫，入其室固雍然肅然矣。先生又終日長服外加大褂，冬夏如恒。習射時偶御馬褂，燕居如見賓承祭。居常讀書，整衣跪坐榻上，容儀睟然，終日無倦容。訓諸生晨午晚，六時集長幼，六番聽訓，均有訓詞，爲晨訓、旦飯訓、午飯訓、飯後通訓、昏訓，殿以糾師箴。使諸生集講堂諷誦以爲常，務使爲己之學、明倫敬身之義，日饜飫薰陶而不覺教。幼童則爲十習吟，分習禮、習坐、習行、習禮、習言、習拜、習誦、習書、習灑、習掃諸儀。又立五糾，爲糾衣、糾言、糾潔、糾業、糾雜。設四直，爲直月、直日、直夜、直厠。其詞則取於方言，使童子

朝夕吟諷易記，以端德行。

咸豐初，邑人以孝廉方正舉。同治初，黄學使鈺以賢才薦，先生均不往，試以食餼，年滿充恩貢生。己巳，髮匪擾河南。邑令請先生督辦防務。先生布畫一切，目不交睫者七晝夜。匪連欲渡河北擾，皆以防備周密不得渡。光緒丙子，謝學使維藩雅重先生，造廬禮見，奏給國子監學正銜。復與鮑中丞源深議，定於省垣設勉學堂，延先生講學。時士習於帖括，見先生教法之嚴，又不以科名爲説，諸生頗有輕侮，或造流言者，先生遂返。然聞風興起，知正學之切、悟俗學之非者亦有人。如榆次趙先生津爲教官，大同整頓書院，取先生之法爲本。祁縣程先生學曾居家教授，躬行實踐。大同李先生毓林操履端謹，皆以先生爲私淑者也。

丁丑，晋大饑。晋撫曾忠襄國荃委先生襄辦解州四縣賑務。先生與諸官和衷共濟，人民安居，得全活，無一作盗賊者。又所居數十里諸塾師，雖未受業先生，皆跪坐整襟，莊誦讀書記徧數，送客必遠，皆染先生遺風。農夫野老相與樂近，一如邵堯夫之在洛時，咸目先生以聖人云。乙卯，卒，年七十二歲。門人輩爲祠以祀，閻文介更資百金爲先生置祭田焉。先生講友如閻文介敬銘、李菊圃方伯用清、馬玉山中丞丕瑶、謝麟伯學使維藩，均以巨公長德傾身結納。又賀復齋先生、楊損齋先生講學著書，與先生尤契。三家及諸弟子行禮諸事，三先生必互爲觀禮，時秦晋豫之交有"三先生"之稱。

先生爲學，以立志、居敬、窮理反身爲目，以濟世、倡道爲反身大端。嘗謂:"天下急務有三:曰樹穀，培養民氣爲邦本;曰樹人，培養士風爲仕本;曰樹德，培養聖修爲皇極之本。"擬立聖學局，慎選師保及講官，爲人君涵養氣質，薰陶德性。立正學局，以首正師道爲教士之本，以經義、性行、材能三物取士。立重農局，使農夫皆知生衆食寡，爲疾用舒，以治生理財。又上邑宰書，請復義社兩倉，洋洋萬餘言，附以章程，爲選倉人、重倉禮、建倉地、審倉實、廣倉儲、敬倉事、嚴倉守、杜倉弊、推倉惠、成倉效，凡十條。又與賀復齋書，盛稱程明

道《取士劄子》,欲復三代之治,必遵此法。又本胡敬齋申公之論輯《告君録》一書,每篇諷以萬徧以備他日召對或經筵之用。所著有《〈論〉〈孟〉章旨》《〈家禮〉括旨》《〈儀禮〉經傳》《章指歌語録》等書,皆藏於家。其刻行者爲《遺集》八卷,《〈小學〉淺解》《豫養編》《養正俚吟》數種。宣統辛亥,大吏奏請從祀芮城鄉賢祠。

明經成坦齋先生事略

先生諱樹綱,字振三,一字坦齋,霍州人。先世業農,曾祖父並以慈惠敦樸著稱。先生生三日,目瞑不啟,鄰媪稱異人。稍長,即孝親,性復端重。五歲,讀書即知尊聖,不時以筆作先師堂敬祀之。又於所讀書中事實原委,每詢輒舉,不少遺。十二,解作文,讀《易》,復時畫八卦而潛玩之。又同學有謗師嫉友者,恒以正言救之,或默不置一語。二十一歲,爲諸生。居恒慨然曰:“雕蟲小技,不足以通至道也。”遂勤求晦庵、陽明二家書,爲格物學,每日端坐攝心,且爲自省功過,格於世俗所嗜諸非禮,屏之極嚴。未幾,以微疾恐貽親憂,更行導引法,調氣煉神,作養生十二法、十二戒。每夜,息燈端坐,至夜分乃寢。清晨,誦《孝經》一過,自謂:“吉祥滿室也。”

先生設館家祠,以課族子弟及鄉之子弟。值祠中公事,恒持正論,忌者爲異言,迨歲終,積錢數百千,衆無異詞,咸大服。先生既篤行儒素,父故農家者,流歆於世之以科第爲顯揚也,促使課州書院。先生課輒冠首。林學使天齡考試霍屬觀風,以先生正取第一名,且録其文示諸生,曰:“先正遺軌也。”旋食餼。父喪,哀哭特甚,又不御内、不飲酒食肉、不聽樂、不親吉事、不入公門,惟奉母課弟。弟樹人,業農歸,必課讀書,嘗曰:“讀書明理,不在求聞達,如狀元三年必一出,理學則數百年來幾人哉?”每在塾爲諸生講説,聽者皆欣就之。歸乃課弟,畢,瞑目端坐,夜分始寢。既母歿,哀感如昔,自謂:“先賢謂學不固之固,爲固陋,爲膠固。”於是取天文、地理、醫卜諸書,或時

究之，並明其故而致諸用。弟樹人，以五十歲爲諸生，先生猶津津爲綜先儒理欲之辨，成《反身訓》以示之弟。旋患痔甚劇，先生憂之，潛玩《金剛經》，得其無爲之旨，謂："孔、孟、程、朱諸説無爲，推諸天賦，佛之此經何以異乎？"又推諸心虚明知常照，以益其旨，成《〈金剛經〉解》一卷。弟疾旋愈。

先生於光緒十四年戊子成恩貢生。十八歲，弟樹人卒，先生傷之。尋感疾，十餘日亦卒。卒之日，猶整衣冠，危坐如平時，語子以"道心養之如是云"，年六十五歲。先生性純篤謹厚，於倫常尤摯。與人交，不稱人惡。祭祀不疏不瀆，每節必齋戒三日，物必其潔，衣必其整。學以參無極、太極之妙通，一本萬殊之原爲宗旨。

所著説經之書有《〈孝經〉解》一卷，略云："孝者，天經地義。民行天地無此不能立；日月無此不能明；四時無此不能序；鬼神無此不能行；身無此不能修；家無此不能齊；國與天下無此不能治平。是伏羲畫卦之原，堯、舜、禹、湯、文、武、周公傳心之要，而孔子結群聖而集大成者以此也。朱子未肯深信，豈平生精力在《大學》而與此有所不暇歟？抑以斯道之廣大，非一二名賢所能盡傳歟？"又云："不敢毁傷，'不敢'二字是一部《孝經》真血脈。其喫緊處尤在，不在於善而皆在於'兇德'二語，異常持不敢之心而不失，則心常在於善，而至敬至樂可言矣。"《説詩暫稿》三卷，略云："《詩》與《春秋》相表裏，與《易理》相會通，《書》存典謨、訓誥，但記言語，行事。《詩》則並能傳景象、寫聲氣、繪志意及精神與氣澤。"

又云："《朱子集傳》本不甚慊心，使朱再爲修飾，則今本必不免有所改易矣。"《大學本義解》一卷，爲先生歿前數日所定本，略云："《大學本義》衹在修身，而修身本義則在致知，格物以誠意正心，而最急之義則在本末不乖，先後不紊。以經文釋經義，則自然之義自出，無爲之義自見。故釋'明德'曰'皆自明'，釋'新民'曰'日新又新，至用其極於家國天下'。不言齊治平均，但經傳文修身爲本之意而已。其不言齊治均平之法，與功則記者，誠知齊治平均在此。身

功即在此身法，即在此身，是即經修身爲本，本義也。”

《讀書引正稿》一卷，授徒時所録，大要在應存心以讀書，急讀書以存心，其歸重則耐艱苦、惜精神。《一善録》三卷，大要在有恒，而中於《太極圖説》闡明外，復原其恉，廣以《孝圖》《友悌圖》《傳家圖》《永戒圖》《讀書圖》《讀書大壞圖》《讀書行道圖》《讀書小壞圖》《讀書微悟圖》《讀書半悟圖》《讀書不悟圖》《破迷圖》《知恥圖》《理欲消長身家盛衰循環圖》。末卷則重在誠身，尤要在密云居家有《紹庭記》一卷，記先生言行以自警。而爲《後世法警己記》一卷，則推善之意以爲劄記，而録其尤警切者存之。《反身訓》一卷，則首論心斂身强，次孝親恭兄、讀書、治生、治家、處世，語均簡要，取以訓弟樹人。《先人言》一卷，用四言韻語訓子汝强，以立品求學爲讀書根本，勿溺志科第。《治生單方金丹》共一卷，則詳慎安命守分之旨。居鄉有《鄉約規勸格》一卷，分善綱七，過綱八。又《善格十條》與同邑同志李棲鳳、段雄、高步瀛共爲遵守，以倡率鄉人者。又《金剛經解》一卷，則發程朱與佛老道異而趣同，同歸於自然，即合於《易》與《中庸》無爲之旨。《陰符經解》一卷，略云其大旨，在使人不自消耗，而還其神聖之域，又親切指示使人自反自知、自入其域、自還其座，而匯其通於四書及老子《道德經》。《坦齋詩稿》一卷，則率肊成吟，亦康節《擊壤集》《朱子性理詩》之流也。子汝强，諸生，能守其家學。

學博賈子杰先生事略

先生諱蔭皋，字子杰，崞縣人。家故豐，先生生，值驟落，不以貧廢學。讀十三經，兼記其注疏要語。尤邃於《左傳》，至老猶琅琅上口。年十三，父患狂疾。先生晝夜服事，數年如一日，父尋小愈。爲諸生，有文譽，如省晋陽書院肄業。

一夕心動，急歸，父殁已二日矣。先生哀毁特甚，既葬父，爲廬墓側，擬終喪。母以貧故泣諭，乃止。咸豐乙卯，舉於鄉。屢會試未

第，教授鄉里，究心性道，尤以利人濟物爲志。嘗爲村人籌建義學，補葺宗祠，修橋梁。諸生有貧乏者，給飲食及紙筆，不責修脯。冬月出，見寒者，至解衣履以贈。雪後，憫鳥雀哀鳴，必撒米穀以飼之，鄉人稱善士者，皆首先生。

嗣張侍讀登瀛爲邑士起育英文社，及邑令創設育嬰堂，先生皆始終其事。又捐資修石匣口棧道。光緒庚辰，會試後赴大挑，以知縣用。先生性不諧俗，請改教職，選授襄垣縣訓導。襄垣學向有陋規名鋪墊安置，約二百金。先生履任，峻却之，以沿習不能遽革，遂盡捐入上黨書院資生徒膏火。襄垣士子多不應鄉試。先生特爲捐給川資，以示鼓勵。在任八年，布衣食淡，節縮所得約二千金，盡捐給諸生鄉試需，及武鄉書院亦捐百金，使增加一課。

光緒戊子，卒於官，年六十一歲。貧無以歸葬，會高學使燮曾科試潞安府，獨與劉太守鼎新聞之，厚賻資，得歸喪。諸生且爲立教思碑於明倫堂，以爲表德焉。先生爲文敏贍，好士卹貧，於鄉里及襄垣、武鄉諸寒士多得其資助，使成名。遺著有《椒香館雜文詩》稿藏於家。

教授劉選之先生事略

先生諱子秀，字選之，猗氏人。幼讀書，聰穎，言笑不苟。家故貧，就外傅於西留村。父執劉翁助以資，得卒讀。十五，入邑庠。二十四，舉於鄉，爲咸豐辛酉。既會試未捷，而家境未豐，三弟均幼，教育之資均先生力任，遂授讀鄉里。以經史古文爲先，不沾沾於講章、時文，又善於講解，以故遠近學者争樂就先生。

同治辛未，大挑二等，以教職用，尋授芮城縣訓導。值光緒丁丑、戊寅，晋奇荒。閻文介敬銘以欽差辦賑，知先生賢，檄調往河南督運輸。迄事竣，不言功。閻公亦不縻以虚榮，喟然曰："如劉君，信可風當世矣！"未幾，以丁憂去官，芮城官紳敦請先生主書院講席。

尋觀察鑾煒方備兵潼關，請先生兼攝鳳山書院事。曲沃書院復力聘先生以去，先生升堂講説，聲徹四壁，聽者恒滿座。又娓娓陳古誼，附時事，顔色和易。諸生益悦服，無閒言。

丙戌，選寧武縣教諭。先生挈嗣子盥訓、猶子縣訓同往，授之讀。諸生執經請業者，亦勤爲講解，無歧視。會以事謁陳太守澤霖，故武人，語際色不遜。先生拂衣曰："嘻休矣！教官雖微，設自朝廷。劾可也，胡可侮？"守愧謝而挽之。嗣吴太守鴻恩至雅重先生逾常例。盥訓、縣訓亦以學行聞於時。寧武屬書院多聘先生主講席，凡十四年，所奬拔者均能以學行顯。庚子，請假歸曲沃。官紳堅請先生主書院講席。時拳匪勢力方熾，先生大戚曰："禍至無日矣。古寧有邪術而建功者乎？"無何乘輿出京津，燬人以是益重。

先生曾推陞平陽府學教授，士心群向，一如在寧武。壬寅，朝旨廢書院，設學堂。乙巳，楊太守士燮守平陽，重訂向時章程，廣招生徒，壹以朝旨所頒者爲準。明年，聘先生爲主校事，諸生益進。戊申，告病歸，而河東官紳又聘先生充師範學堂教員，旋充河東實業學堂監督。宣統庚戌，卒，年七十三歲。

先生貌清癯，鬚眉疏秀，家居敦孝友和鄉黨。父母忌日及展墓，恒哀惻，言及父母遺事，或觸手澤，輒涕不止，生辰不賀，但設親位泣祭之。以講授所得資諸弟成立。晚境稍裕，凡相識中困苦者量爲佽助。其子弟貧而惰業者嚴訓誨而助以資，使毋自棄。後進有文學長者，稱譽不去口。講學以宋儒爲宗，而於經史典志各書，皆手自校録，勘訛補缺，終卷無誤筆及草書。嘗曰："漢儒近誣，宋儒近腐，明儒近枯，取精華，棄糟粕。道在是乎。"又論風氣變遷，曰："風氣不純，學説誤之也。不正學説，恐十年後無復知有孔孟矣。"與及門講學，遇不得已輟講，必約期補授。至補授不暇，引爲深憂曰："吾負諸生！"爲文以昌黎爲宗，能以醇正之思運縱橫之氣。遺著有筆記若干册，文詩若干册，家書若干册，均稿藏於家。

明經田孟行先生事略

先生諱岱訓，字孟行，號明軒，晚號恭静山人，萬泉人。幼孝友，性端謹，讀書强記逾常兒。家故貧，不以易其志。雖不喜爲應試文，詩偶一爲之，恒不落俗解。弱冠，爲諸生，旋以高等餼於庠，厭士習之逐末而反本，遂屏去帖括，潛心性命之學。嘗訪薛仁齋先生於芮城，謁楊損齋先生於朝邑，跋涉於烈日、嚴霜、疾風、驟雨中，不自覺其苦。

光緒丁戊奇荒，閻文介敬銘奉命查賑，李菊圃先生亦以查賑親行各屬。得先生所敷陳，雅重之，欲特薦，先生力辭。惟讀儒先書，課後進，恪遵鹿洞遺規，而參以時宜。每講説經史，聲徹户外，雖夜分不倦。至於撫時感事，悲天憫人，則誠意流露於辭氣間，聞者咸感動。既以歲額入貢例，選教職，先生漠然不少顧。年近六十，聞三原賀角生先生講學清麓，負笈走六百里遊其門。所交如郃陽謝季成、薛厚菴均、賀先生高弟，朝邑楊玉清則損齋先生子，相與朝夕切磋，善相勸，過相規。賀先生所刊諸書，先生皆預校正，由是學益進、造益深。

年過八十，猶終日正襟危坐，談古今政學遷變，侃侃而陳，皆得要領。平日作字甚敬，雖友朋往來簡札，均端楷，至老不易。嘗謂學者："吾受氣甚薄，年二十餘，猶未免疾病，壯乃如人，從此益自奮於前賢存養。今老矣，日猶能行八九十里，蓋皆寡欲之效也。"榮河李先生臺香主邑講十年，門弟子稱盛，有疑問必待正於先生。又每送諸生入省或河東學堂，必請先生至，爲之講論數日，示後進所矜式。時先生年老重聽，至則兩人對案筆談，晨夕無間。清季，河東談躬行實踐者必以薛仁齋先生爲巨擘。薛先生歿，諸弟子猶奉其遺教以誨後進。先生在榮河、萬泉學行爲學者稱首。即未受學者亦莫不以博洽目之也。民國三年，卒，年八十五歲。

先生讀書耕稼而外，尤以教訓正俗爲素志。遇農言農，遇商言商，遇蒙師教蒙師，遇學生教學生。事有疑難，質之孔孟，理有是非，准之程朱，高則取之經訓，卑則導以俗情，總望人遷善去惡爲宗旨。平日不干邑宰，惟救荒治民必條陳無隱。嘗輯有《道德書目》《經濟書目》以示學者所趨向。又凡所見及或閱歷有得諸端，積之成帙，曰《稷西集》《管窺記》《自强策》，共三十六册。所學以程朱爲依歸，闢百家之駁雜，二氏之悠謬。朱子以後所宗仰者，明則薛文清、胡敬齋，清則陸清獻，至於陽明之功業，李二曲之操持，亦深愛重，然常謂其陽儒陰釋等處不敢苟同云。

山西獻徵　卷六

文　學

方伯馮秋水先生事略

先生諱如京,字修隱,號秋水,别號紫乙,代州人。幼頎秀,穎悟絶人。九歲,父明期卒,母王氏年甫廿七,訓先生特嚴,使以敦品修學繼父志。先生父以明萬曆庚子鄉舉第二,居喪廬墓,又讓産二弟者也。先生學務博綜,文不屑爲恒語。年弱冠,爲諸生,以高等餼於庠。明崇禎丁卯,先生應拔貢試,立成七藝,日未晡,擢第一。再赴鄉試,中副榜。先生曰:"吾母在,承歡色養,孝友亦足爲政,奚仕爲?"益勵志儒先。

庚辰,詔海内求人才。先生以賢良方正辟,廷對多切陳時政。授灤州知州,至則懲黠吏,飭驛傳,厚士風。公餘,與諸生問道講肄。癸未,遷永平府同知。明年,闖賊寇京師。先生奉母避於昌黎之書院。山豪右皆依之,奉先生指揮,守山砦,寇不能擾,且屢以奇計殺其衆。未幾,清兵追剿至,宣大義,爲明復仇。父老萬餘遮道乞先生爲守,睿親王檄徵先生任原官。永平父老隨以詣山,環泣門外者兩日,先生始受命。

清順治乙酉,擢永平知府。秋以迎駕治橋功,賜袍帽,遷按察副使。又遷陝西榆林兵備副使,有悍匪黄色俊者擁衆萬人逼靖邊。先

生以奇兵擊色俊軍，且銃傷色俊，三日追擒之，秦邊以定。再遷參政，駐西寧。河西回叛，殺院鎮。先生甫涖任，率兵士固守月餘，兵罷弊，回勢不稍熄，先生爲死守計。會秦督率兵至，回衆敗走。先生出兵助剿之，合圍甘肅凡八月。寇平，遷先生浙江金衢嚴道參政。衢屬九仙山，故多匪據。其首翁大洋尤悍，且與閩海諸盜通。先生至，率兵剿之，擒其首，焚其巢。以軍功上，擢江南右布政使。乙未，詔求直言。先生以四事陳，曰：崇理學，謹兵權，實京倉，慎邊守。上嘉納之。先生既以知兵著。乃寇平，則刻《先正遺著》，與浙人士爲詩歌唱和，以修學稽古是尚。

尋調廣東左布政使。時粤屬初定，以二親王駐之，餉項不時給，官皆洶懼。先生則潔己率屬，官署除公牘及隨身衣服外，惟一硯及《曲江集》一部。老屋塵榻，刻苦如寒素，而軍餉隨時應發。至剿餘匪，赦脅徒，拯難民，粤人大服，且完積逋至八十餘萬。上官以卓異聞。己亥，入覲疏廣東四事：别荒税以足徵輸，禁雜派以供惟正，嚴委署以肅官方，移重鎮以靖海氛。上嘉之。時母春秋高，不耐炎溼，先率諸孫曾歸里。先生覲畢回任，經壽州，怔忡大作，遂由直指請於朝，乞致仕歸。母子相聚，孫曾繞膝，先生宅偏築小園，教子孫讀書其中。不以非時謁守令，凡七年，母以壽終。先生大慟，齒髮衰憊，精力亦大減。

服闋，年餘，疾大作。康熙庚戌，卒，年六十八歲。先生内行淳備，歷官數十年，未嘗留意聲色玩好。嘗課子若孫曰："生平得力在《孝經》《小學》《近思録》。"又曰："讀書以修詞立誠爲本，則無書肆説鈴也。"少多病，及壯，究養生家言。母年漸高，病不時發。先生又究心醫家。諸籍均通其要領，六十外若四五十許人。母殁後，大衰憊以至於死，而神明尚湛湛也。所著有《秋水集》《粤槎日記》《北征記略》《宫詞春秋》《大成聖賢正諦》《古今雁字詩選》均行世，其《一統志略》《歷代詩録》《道學鈔》《史疑》等書則藏稿家塾云。

刺史程崑崙先生事略

先生諱康莊,字坦如,號崑崙,武鄉縣人。父嘉績,明季官刑部,以伉直著。先生幼隨父京師讀書,文名動公卿間,如陳大士際泰、羅文正萬藻、倪鴻寶元璐、錢牧齋謙益皆引爲小友。弱冠,爲諸生,考高等食廩餼。崇禎甲戌,受知於袁學使繼咸。乙亥,考選拔貢。丙子,袁公爲巡按張孫振所誣,逮京。晋士傅青主山、薛如京宗周等伏闕上書,先生與焉。袁公事解。旋丁父艱,歸。蔡中丞懋德講學三立書院,徵先生,辭不就。

甲申之變,闖賊破晋,逼晋士從逆,檄取先生。先生匿山谷以免。旋賊敗走。潛入省,哭蔡公柩,並與經紀其喪。復歸,教授諸弟及子姪。清順治甲午,詔舉隱逸。撫軍以先生應試高等,用通判。乙亥,補江南鎮江。時局甫定,其地爲水陸要衝。駐將軍以爲鎮撫,兵民雜處。先生佐幕府定策截江,上下巡徼。又允鄉人告軍士舍鄉不法狀,嚴禁誣告及株連。水陸無驚,將軍亦才先生。先生既了公事,日與諸文士詩篇相唱酬,且泛舟焦山麓,摩《瘞鶴銘》,並摹刻别石以供拓取。庚子,王文簡士楨司李揚州,因公渡江,與先生縱遊名勝,皆爲詩以紀之。

康熙丁未,擢安慶府同知。平反疑獄,復定防江策,嚴保甲以清盜源,造快船以追逋逸,盜風以息。巡撫下先生法於沿江州縣,民皆得寧。尋以前任宿獄未清,坐先生違限,以知州降補。辛亥,授陝西耀州。甫抵任,有慶陽叛卒萬數餘猝至圍城。城故圮壞,先生率衆且築且爲守計。伺匪隙,礮擊之,匪多死傷,遁去,城得全。未幾,防兵至,供頓浩繁,資用不給。先生傾家資,繼以稱貸,民不擾,事亦無廢。既而大吏議復裁道缺,以先生才且深得州人心,將以先生陞任,事不果。丁巳,乞休歸。時州民爲立碑紀德政。先生既歸,載書連騎,庋藏於家。邑人士借觀者不絶,皆曰:“是崑崙先生宦囊也。”己未,卒於家,年六十七歲。耀州人聞先生之歿且皆爲祠以祀焉。

先生少即以文學著稱，及仕，簿書戎馬間，不廢吟咏。又篤於友誼，先後所交名德如吴梅村偉業、王西樵士禄、孫豹人枝蔚、沈繹堂荃、宋荔裳琬、施愚山閏章、程周量可則、徐電發釚、陳伯璣見衡、林古度茂之諸公，皆有詩往復。又在鎮江時與王文簡詩筒往來，時有"上下江詩伯"之稱。及任耀州知州，入都，尤爲龔端毅鼎孳、魏文毅裔介所賞識。遺著有《自課堂文詩詞集》。先是，陳其年維崧嘗合選歸震川有光、王于一猷定、侯朝宗方域，合先生文爲《四大家文》，刊以行世。三家有文無詩，惟先生文、詩、詞兼採。蔣虎臣超評先生文以"禰韓祖馬兒，視樊元孫劉"云。

學博戴楓仲先生事略

先生諱廷栻，字楓仲，一字維吉，一字補巖，號符公，祁縣人。明户部員外郎運昌次子，少無他嗜，喜讀書，目十行下，尤好《左氏春秋傳》《國語》《史記》《漢書》。爲文峭健有氣力，而折衷於儒家言。嘗受文法於艾南英，南英進以古作者之學，而李尚書維禎、趙太保彦、張少保鳳翼、白尚書所知，並以兩世通家，時恒獎掖，學因日進。及應童子試，三試皆第一。時袁學道繼咸有人倫鑒，以氣節文章名世，許先生當補博士弟子員，旋以高等食廩餼。崇禎癸未冬，有旨薦舉地方人才，給諫廖國遴以先生首薦。

明年，闖賊寇京師。先生在圍城左右就養。城破，先生卒以奇計脱難，奉户部歸里焉。先生自以衣冠世胄生值鼎革，遂絶意仕進，一以著述自娱。又樂道古今忠臣、義士、孝子、烈婦行敦而名不彰者，時爲文以表揚之。訂刻古書數百種外，凡畸人、高士詩文之不能自梓者，時蒐輯以刊刻之。築丹楓閣，以收藏書畫圖册，並四方耆宿之過從者恒爲假館。時宇内名士於南則多主於如皋冒巢民襄水繪園，於北則先生丹楓閣尤爲稱盛。王文簡士禛嘗題其廬曰"山右龍門"，其風采亦可想矣。時遺逸中如顧寧人炎武、閻古古爾梅、申鳧盟涵

光、傅青主山、白居實孕采、胡季子庭、李鳳石中馥、傅壽毛眉、閻百詩若璩、范彪西鄗鼎，仕宦中如汪苕文琬、王貽上士禛、施愚山閏章、宋牧仲犖、田兼三六善、朱小晋裴、李子德因篤、魏環溪象樞、陳説巖廷敬、張敦復英、畢亮四振姬皆與先生文詩倡酬如平生懽，中如傅青主父子、白居實、胡季子、李鳳石、畢亮四，則尤先生性命之契云。

康熙己未，舉鴻博，應試赴京，文譽益重。歸來，以歲貢選聞喜訓導，首捐貲修學宫，並募建尊經閣，廣藏圖籍，期便寒畯。與諸生講學，復嚴定條教，一時士風蔚變。學使楊公以禮學淵源見推。兼署曲沃教諭，修學愛士，一如在聞喜時。四方探奇問字者至座無虚席。先生殷殷教誨，無少倦。門下得先生誘掖以成名者殆以千數。又好探奇攬勝、白鬚朱履徜徉於長松古石間，望之如天際真人也。

康熙辛未夏，卒於官舍，年七十四歲。娶文氏，通詩書，識大體。嘗課子讀，並作箴言以勗之。先生凡有著述，恆與商略，稱閨中益友。及是，先生歿，文護柩歸里。以首觸棺，絶而復蘇，謂家人曰："爲我留空壙，待未亡。"越五月，卒，年亦七十四歲云。

先生既以文鳴，魏環溪、顧寧人亦謂先生古文直接震川歸氏而無愧。顧先生深自撝挹，手訂文詩各集，署曰《半可》，取惠子論伐齊荆，自謂其草爲半可之意。今刻本廑有存焉者。又選輯杜工部詩，經傅青主評點者，曰《杜遇》。修訂《祁縣志》，時稱名著。餘校刊諸書今無從問矣。先生家素封，往來復多勝國逸民，恒降志以求全。而居鄉則簡樸如寒士，喜排難解紛，勇於任事，識與不識咸欽慕之。舉鴻博時，有句云："讀書甚愛陶宏景，人事殊悲庾子山。"殆隱有身世之感歟，而先生之文學則卓然以傳矣。

觀察馮訥生先生事略弟雲驌附

先生諱雲驤，號訥生，代州人，方伯諱如京長子。幼而穎異，父授之經術詞章。六歲，能詩。稍長，喜涉佛典。順治辛卯，舉於鄉。

乙未，成進士，選授大同府教授。尋轉國子監博士，擢户部主事。康熙己酉，充順天鄉闈房考。庚戌，以父憂歸。服闋，復任，改刑部，嗣旨派通州坐糧廳。有石姓武弁向任代州，與先生爲難。至是運糧至，爲旗丁訐其弊，先生平反之。未幾，擢郎中。戊午，簡福建正主考。己未，詔舉博學鴻詞。魏敏果象樞雅重先生，目爲畏友，與湯文正斌、畢亮四振姬同薦與試。壬戌，提督四川學政。時蜀難初定，民生凋瘵，士氣不振。先生試士，温諭諄諄。有張獻忠時試士卷尚存署，先生於試士日焚於庭，士皆感悦。

又夔州譚姓以通匪故，部檄凡其族諸生皆褫革。先生詳督咨部抗争，以查明具結，非一宗者免解送，保全不下數千。及秩滿瀕行，士民泣送三百餘里，奉主祀文翁祠。尋乞假歸里，奉母楊甘旨，與弟雲驌以詩相唱和，課子孫學。丁卯，授陝西驛鹽糧道，時都司陳某冤獄積年莫白，先生爲平反，得昭雪。整飭公務，釐剔弊端，吏胥畏服。己巳，轉福建督糧道，下車懲姦蠹，雪民冤。公餘，不廢講學。旋署藩篆，革除火耗病民者，約束胥吏。尋以事降布政使參議，先生亦勞嗽成疾，遂乞休歸。吏民塑先生像，配享朱子祠，復以彩旗金鼓導送至六十里，感泣而去，曰："非我公，吾曹於喪亂復得生僅矣？"

先生既歸，與弟奉母如曩時，周邺族戚，自奉儉約如寒素。賦詩講學，子孫相聚，終日怡怡，不以一紙入公門。人皆高之。乙亥，母卒，先生以感傷觸舊疾。戊寅冬，卒，猶手一卷未釋也，年七十一歲。先生居官不爲依違，喜汲引後進。詩學尤家傳。殁後，祀鄉賢祠。遺著有《〈春秋〉説約》《約齋文集》《飛霞樓詩》《雲中集》《國雍》《草沱園偶輯》《瞻華稿》《涉霞吟》《青苔篇》《蜀遊篇》《松花石雜著》十餘卷行於世。弟雲驌，以負文名與先生並稱。

雲驌，字懿生，代州人。方伯諱如京次子。先生幼好學，沈默寡言。年十五歲，入州庠。康熙己酉，舉於鄉。丙辰，成進士，入館選。己未，授編修。辛酉，江南鄉試主考，榜出，多知名士，如陸肯堂、胡

宗興、黄夢麟、梅庚等二十餘人，先後皆以文學顯，世高其鑒識。差歸，尋擢日講起居注官，以母年高乞養。家居，與兄雲驤奉母之餘，講學談藝，課子姪輩讀。同鄉劉愫、張嶼、劉宅揆輩得先生指授，均以文學著稱。又周卹戚族數十百人。乙亥，母卒。服闋，入都補原職。庚辰，選翰林，爲臺諫官。先生被選任禮科給事中。先生謂子壅曰："今乃可以言責，得行吾志矣。"先生親厚，諸同志亦以先生學識淳厚，當有慷慨建白於時者。其夏疾，卒，年五十三歲。

先生性孝友，尤謹飭。會試，道聞父疾，星夜馳歸。先後居喪哀感，鄉人皆稱其孝。平居與人無忤，每晨起讀書，有定程。其精要者，必手鈔之，積數百卷。官翰林，每日必至館，爲諸人先，被命纂修《春秋講義》《大清會典》《一統志》諸書，所有疑義，必鈎考商榷再四，不敢稍忽。先後同館如徐健菴乾學、果亭秉義、立齋文元兄弟，胡朏明渭，閻百詩若璩等皆爲引重。魏敏果象樞亦稱先生兄弟："制行醇篤，文詩有法度。"王文簡士禛、陳文貞廷敬並稱先生詩爲作家，且相唱和。遺著有《翠滴樓詩集》梓行於世。

徵君吴天章先生事略

先生諱雯，字天章，蒲州永濟人。父允升，籍遼東，順治乙未進士，嘗由舉人官蒲州學正，遂占籍焉。先生幼孤，母朱氏有節操，撫先生及弟霞皆成立。先生幼奉祖母及母，以孝稱。性嗜書，薄帖括。爲諸生，日瀏覽經史及秦漢以來六朝、唐、宋、元、明諸子集，旁涉釋老諸書，均得其妙理。所居中條山南之永樂鎮，地饒中條之勝。唐李商隱卜居玉溪，與吕巖仙蹟俱在其地。先生徜徉其間，雖繩牀土銼、破屋漏日，而嘯歌自得，不易志向。顧以家貧，數遊京師，謁父執，初未知其詩之工也。王文簡士禛方以詩名，日下遊其門者聲名蔚起。嘗見先生詩於同年滎工部處，讀而大異之。會先生再入都，遂訂交，談藝日夜不倦，嗣文簡在朝房誦其詩於葉文敏方靄，亦異

之。退朝，往訪論詩甚樂，於是詩名以大噪。

康熙戊午、己未間，詔徵博學鴻儒，先生亦在舉中。顧京居不謁權要，惟與同鄉陳文貞廷敬及父執梁曰緝熙、劉公勇體仁、汪苕文琬詩酒唱酬相往還。馮文毅溥嘗大宴諸文士於城東之萬柳堂别業，飲次以扇乞先生書。先生爲大書二絶句，目無餘子，卒以未遇，先生亦不悔也。自是橐筆豪遊，北歷燕趙，東出山海關，遊齊魯，南下吴越及梁楚，西抵秦，周遊所及，恒與名流結納。如洪昉思昇、馮定遠班、陳其年維崧、趙秋谷執信、王秋史苹均有唱和之作。洪、趙二先生尤稱先生不去口。至是歸，買圃於鄭谷之口，有竹數百挺，黄梅數百株，橘三株，中作草堂，面雷首，肘太華，署金鵝館，怡然有終老之志。辛巳，訪舊天津，復如京謁王文簡，論詩唱和如曩昔，尋辭歸。未幾，母卒，先生亦以毁卒，時甲申秋，年六十一歲。

先生面目粗醜，虬髯于于，衣冠垢敝，或經時不易，人笑其迂。顧胸中涇渭，不隨世俗毁譽涼燠以爲親疏，故人亦樂就之。好仙釋説，有空諸所有、仰青雪、覩白日之意。得資奉母外，亦賙卹朋友。與人交，尚坦率，飲不數升輒醉，醉則左手持餺飥，右手持冷炙，且啖且爲諧笑。及詩成，同座多擱筆，先生不以自多也。所爲詩，峻潔微遠，自露天真，不使才，不逞博，不尚聲華，不求媚好，鬱葱秀拔而滀泫澄深，渺乎莫造其涯涘也。文簡嘗稱："漢魏以來二千年間，詩家號爲仙才者，曹子建、李太白、蘇子瞻三人耳。本朝作者如林，可稱仙才者，獨蒲坂吴生。"又語人云："與海内談詩幾五十年，雅才固不乏，然得髓者終屬吴生云。"趙秋谷稱先生詩，謂："千頃之波，不可清濁，天姿國色，亂頭粗服皆佳。其鄉自元遺山後一人而已。"爲名流所推重者如此。書法服膺馮氏班之説，行草書皆得王大令風格。同時陳子文燮禧以書名，於先生尤引爲同調。先生嘗得古銅章鐫"河聲嶠色"四字，大喜，謂："己所卜居，合當勝處，侈爲神畀。"遺詩經王文簡點定，名《蓮洋集》。因《名山記》"華岳下有蓮洋村"，先生居與華岳隔河相望，即取以名集云。弟霞，字天綺，與先生相友愛，亦工

詩，以歲貢生官馬邑訓導，年七十餘卒，有《青蓮閣》《半氈廬》等詩集。光緒壬午，張文襄之洞撫晋，建四徵君祠於令德堂，以先生與傅青主、閻百詩、范彪西三先生合祀，爲晋士式焉。

都丞馮敬南先生事略弟鑒附

先生諱壅，字敬南，代州人。父雲驌，幼讀書聰穎，祖如京劇愛之。康熙丁卯，舉於鄉。戊辰，成進士，用内閣中書。先生時年甫冠，謁魏敏果象樞，與語，深器之。

乙亥，擢廣西梧州府同知。梧界粤桂之交，盗匪窟穴，兩地官互爲推諉。先生至，親勘交界，招其老人，示以國法不可犯。及嚴行保甲，禁挾械，置循環簿，盗無所容。上官有疑獄，多委先生審理。丁丑，調南寧。其地近左江，與土司接壤。自吴三桂叛亂後，寇匪潛伏，守土者率以苟免咎戾爲隱諱。先生下車，值諸生宋鴻父及家口七人爲盗殺。宋控之官，官壓止之。宋屢控，官怒，反誣宋，將繫之。先生悉其冤，釋之，擒盗李黄等，立斃杖下。又詗知盗魁，訊治之，盡得黨。於是懲治尤者，餘察其才可任署爲鄉役。率士兵伺盗，盗多解散，爲良民。有李亞四者，聚數百人，謀夜舉火，乘官救踣而大掠之。先生偵知群盗皆出伏，亞四尚匿城中，急掩捕之，群盗駭散。自是盗蹤遂熄。南寧向以竹構屋，不戒於火，延燒最易，或因之行劫掠。先生令民門置水缸，又飭立保甲，遇災人各挧水一擔，運至給籤。翌日，按籤行刑賞，察缸無水者罰之。又火時，使役察非運水者，執而懲之。由是民無火患。

戊寅，湖南茶陵州有警且散僞劄，人心洶洶。鎮將計無所出，與先生計。先生曰："予明日五鼓當有以報命，君但歸署，示鎮静可耳。"夜召所釋盗，諭以效力，乃令各招其徒入質。明，土兵集，匪不敢發。先生飭按名捕治，置如法，犒土兵。鎮將幕有楊某者，潛應匪，自是密斃於署，亂遂定。或請據實以白，上臺必美擢。先生曰：

"一報則審讞株連，喪身亡家者相望矣。吾不忍爲。"因不言功。

己卯，歲祲。先生捐俸賑濟，又設養濟院以收䘏孤貧，表揚節孝，以維風化。庚辰，署府篆，剔寧關税弊。設義學，公暇爲諸生講解經訓，籌膏火以獎勵之，士自是知向學。會彭中丞鵬撫廣西，尚嚴明，不輕標許屬吏。至是稱先生無書生習，遇事有擔荷，威行服人，人稱清白吏。入告，會聞父憂，士民弔奠者踵至。比歸，哭送者至潯州猶相望。辛巳，先生既葬父，寓京中，與萬季野斯同、李剛主塨、孔東塘尚任、王崑繩源講學。因徧究禮樂經濟，通曆算，精騎射，嘗依法制刻漏諸儀，試以測驗，不稍爽。又欲推春秋以來日月薄蝕、五星行度等，辨諸儒異同得失，及農田、水利、軍械、火器等，各勒成書。有秦中之行，歲暮，病歸家。甲辰春，卒，年三十八歲。

先生性通敏，當官所至多樹聲績。及與諸儒講學，遂慨然以力行自矢，研窮搜討，與四弟及子深夜無休息，務爲通知。遺著有《諸分指掌測量方程》，又制簡平儀、大銅黄道儀、小時日晷、銅矩度器、銅渾儀、皮水砲等。四弟鑒，號疆齋，亦以循聲顯。

疆齋先生諱鑒，字樞南。九歲，父雲驌卒，因從諸兄學。爲諸生，有文譽，且以高等餼於庠。秋試，屢不利，遂報捐通判職，謁選分福建，除福州糧捕通判兼督竹崎關税。旋攝府事。時康熙辛丑，臺灣變，制軍督師駐厦門，司道官皆赴軍，以先生總餽餉，兼攝臬司糧道篆。先生晝理軍餉，夜鞫囚徒，諸事皆辦，人心得不惶擾。會杭州駐防旗兵調閩鎮守，煩苦居民。先生禁制之，主者怒，先生曰："兵以衛民，今擾之，豈朝廷意乎？吾拼此一官，必爲民請命也。"遂争於主者，圜廨觀者以數千衆。先生侃侃答辯，主者色沮，遂下令約束兵丁不得肆行，觀者至感泣。旋臺灣平，檄先生攝永定令。其民往往以事争訟。先生即訊即結，懲其强梗，衆皆服。凡半年，比受代，民猶争判求事者不絶。

雍正癸卯，福清場鹽丁譁噪，罷晒，毆官。檄先生赴勘，先生廉得其渠至，置於法，餘省釋，場竈如故。明年，擢厦門同知，亂機甫

定，又值歲歉。先生申請上官賑撫，即親歷鄉市開倉散賑，又預給各營兵餉，軍民貼然無變。制府以劾澎湖副將貪婪事誤入先生失察，解任。瀕行，軍民泣送者萬餘人，至擁輿不能前。既而悉澎湖、厦門不相轄，知先生枉，乃以廉静薦。

甲寅，擢浙江台州府知府。先生蒞官，見城垣久廢，急籌修復。有以風水説進者，先生曰："人生修短，命也。即不利在官，民利實多。設官爲民，詎以一己利害置朝廷保障於不問也耶？"首先捐廉爲各縣倡，於是城工以興。又臺瀕海，多漲塗且久曠。先生按部度建塘壩，勸民開墾，得田十一萬畝有奇。又整理鹽場商竈，皆便士人貧苦者。先生葺近聖書院，拔其尤者八十餘人，督以課，按節籌給膏火資，且爲周急，會擇紳士之端謹者總其事。凡貧難婚喪，隨事佽助。又捐資賑卹孤貧逾百名。有議上聞者，先生止之，曰："此吾先世事，吾踵行耳。聞之，不爲要譽乎？"衆服。乾隆辛酉，以卓異引見，歸本任。丙寅，入省，感微寒，大吏遽以疾聞，解先生官，别委署。庚午，後撫至，白先生枉，且送部引見。北行至鎮江，感疾，以祖如京有舊居在江寧，因寓焉。辛未春，卒，年六十歲。

先生性孝友，讀書究心經濟，且通《九章算術》。當官切直，不唯阿上官。旨所至，延攬人才，如齊宗伯召南、侯明經嘉績皆先生近聖書院所賞拔者。斷獄不恃刑威，嘗曰："庭鞫以静氣臨之，其情自出。若躁心刑求，損人膚體，供我消忿，使民飲恨終身，安用此官耶？"時稱名言。爲詩淵樸真至，不屑屑以辭采勝。多不存稿，惟選輯漢魏唐人詩數帙授諸子，曰："是傳自祖父，信詩家正宗云。"

文學牛瀚洋先生事略

先生諱兆鼎，字瀚洋，一字耳黄，高平縣人。少從兄兆捷讀，爲文喜奇特深摯，下筆恆千百言。兄稱曰："吾弟曠世才，惜知音不數覯也。"康熙辛酉，父卒。丙寅，母卒。先生居喪讀《禮》，一切皆准之

古人。間讀《西江五子文》,大好之。服闋,會己巳歲試,先生未午畢,乘餘興作《古風》二篇,書卷尾,拂袖出。學使讀而奇之,以違制未録。

庚午,遂以第一入邑庠。嘗十赴鄉闈,不遇。有勸以趨時者,先生曰:“余不遇,命也。奚脂韋徇俗爲?”遂歸隱鄉里。時家人生齒日繁,與兄析産。先生絀於治生,婦常氏勉力酌劑,先生得無室家累,且購書册,宴朋友,春秋流覽風景。有鄉人賈姓者,先生於應試憐其才,嗣以貧廢讀。先生招與共讀,且資食宿。凡二年,爲邑名諸生,先生不以自得。

常氏尋卒,先生家漸落。晚益窘然,終日手一卷,丹黄不輟。對人從不言資産事及世俗語,惟論文輒意氣勃發。於周秦漢魏唐宋諸子百家文,均探賾索隱,言之娓娓,竟日夜不倦。尤好詩,苦吟至佳勝處,恒以掌振几,曰:“吾兄及胡季子下世,孰知我者乎?”復慟戚。生平於文重《莊子》,尤嗜《左氏春秋》,嘗踵兄未竟志,成《十國左傳紀事本末》□□卷,中以周分見於魯、齊、晋、鄭、衛諸國,陳、蔡、許分見於齊、晋、楚、曹、滕、杞、薛,邾、莒與小邾見於魯,故僅存十國。餘則事不見本國者歸霸主,不係霸主會盟戰伐者仍歸本國。又每國約以一論,十國合以總論,並附録《公羊》《穀梁》異文以備參考。雍正戊申,卒,年七十五歲。卒之前二日,猶讀書如平時也。遺著有《南園詩草》。其評輯古文辭最多,不可收拾成篇者有《〈莊子〉評》《〈文選〉評》《李義山詩評》等。

徵君王世甫先生事略

先生諱系,字世甫,榆次人。父介石,字豫二,邃於文學,兼通釋道二藏精意,顧意落落不諧俗。傅徵君山獨契之,嘗有詩:“榆次頗諳有孫盛,昭餘不信産温嶠。”即指豫二先生及戴學博廷栻也。先生生,值豫二先生爲平遥教諭,將生先生之夕,署中忽有光,如火發。

及生三四歲時，識字外兼識三垣二十八舍諸星，人呼"聖小兒"。十四，學爲詩，嘗夢登旂山、臨涑水，得"水洗山根石骨冷"句。醒而告父，父笑曰："兒殆將以詩窮乎?"十五歲，爲諸生，頗立氣岸，自號否否居士。父呵之，更以雌黑居士，示自儆。會父遷桐柏令，未之任，卒。先生即家宛山精舍，閉户讀書，不問外事。自經疏史籍、諸子百家之説，皆研習瀏覽。尤嗜《春秋左氏傳》，爲文亦大進。

高文良其倬督晋學，得先生文，奇賞之，尤賞其詩。會邑富人子辱先生仲兄，訴諸令。先生直之，觸令怒，將中以法。乃夜走省垣，叩學轅，求白之。文良曰："少年不謹耳，月課詩文殊佳，行檄爾衡文矣。"比歸，檄至，邑事以解。先生遂從文良遊，得交省中人士。學益邃。

康熙辛卯，下第。文良以詩惜之，有"獨有孫陽仍好事，晋南名士苦推君"句。文良以憂去，先生亦丁母憂。哀慟之餘，遂成癇疾，乃携姪吕識及張明經星樞赴鄉間授徒。而所講習者，一以根抵儒先，囊括文史爲宗旨。

雍正癸卯，取拔貢。明年，廷試第二，補正藍旗教習。時孫文定嘉淦督江南學政，聘先生校文藝。丙午，舉於鄉。丁未，成進士，以知縣用。旋揀發山東辦賑東昌得力，遂署昌樂縣事。值大水後民食方殷，例拘以倉粟存七糶三猶不給。民頗蠢動。先生撫慰至涕泣，遂以溢額多糶請，得允，民以安。

又準噶爾軍興，軍需日迫，如解部闊布，送甘馬匹，送甘騾頭，白蠟槍杆出口，種地農民，隨營壯士，事事均需費。先生至，竭廉俸、質衣裝，曰："寧身瘠而百姓肥也。"邑有趙明經以索租急，佃户自斷其幼子右臂，誣以威脅。先生勘視，旋得情，釋趙而坐佃，邑頌神明。既而以質直觸大官忌，遂投檄歸，僅主僕四騎，白蠟桿槍一枝，襆被四束而已。抵家，日以著書講學自娛。

癸丑，補大同府教授，以實學勵諸生，守令諸子均就先生問業。又崇奬孝弟。如魏生紹熹有孝行，會以難廕送部引見，讓其弟。先

生特舉紹熹優行，士争奮於篤行。會乾隆乙卯，詔舉博學鴻詞科，大吏以先生應徵。明年，廷試不第，歸本任。乙丑，詔修文廟祭器、樂器。先生繪圖詳，請領帑修置，完整精緻，爲晋北第一。先生年漸高，邊城苦寒，又喪次子，慨然曰："古者七十致仕，吾今年六十九，可以歸矣。"遂請致仕。歸，邑令錢明府之青開二賢書院，請先生主講席，修縣志亦請先生任編輯。未幾，以痿疾辭書院事。錢明府公餘恒屏車騎往訪之門下，執經問業者亦不減爾時在書院云。庚午，詔舉經學，大吏首薦先生，先生以末疾辭。辛未，卒，年七十三歲。

先生偉幹修髯，粹然儒者，讀書好沈思且强記。少壯慷慨，好氣節。晚末疾家居，視聽不衰，神思恬静。四方以文事請者，援筆立就。門人子姪輩問業者，恒舉原文，不爽一字。六經而外，《史》《漢》《莊》《騷》、李杜詩均能上口。遺著有《雌黑居士集》，晚訂爲《桃蟲集》四卷，《〈左傳〉説》三十一卷，《〈南華〉從好》四卷，《〈楚辭〉章句》八卷，《時文》五卷，詩二卷，均繕净本，藏於家。

徵君喬休齋先生事略

先生諱于泂，字飭度，號休齋，别署松崖樗園、條山酒隱，猗氏人。父壯受，以康熙己卯舉人官山東陽信知縣，没祀名宦，生子七人，先生居第六。少讀書，才氣敻絶。九歲，能屬文。十二三，即作雜文古詩，均有致。十四，如父任，嘗讀《正續〈通鑑綱目〉》，以五晝夜畢一，周其大事，均琅琅上口。於是益務博觀，及攻古文辭詩等。既而丁父憂。服闋，入邑庠，旋食廩餼。每試輒高等，五試秋闈不售。遂讀書奉母，期以終身。先後爲諸學使取高才生送晋陽書院，資膏火肄業，悉謝不往。

雍正庚戌，聘修省通志。時以儲六雅大文領局事，妙選一時文學之士。先生至局，任事三月，一夕心動，辭歸。儲先生知之，語藩司云："局中人無如喬生勤敏者，勿令去也。"先生力辭，迄不允，及泣告

以母老故，始允行。且屬薦暫代者三人，乃歸。及家半月餘，母卒。先生引爲大慟，時兄弟輩久析箸，喪葬諸事先生力任其多。讀書每至孝弟諸事，恒滿飲哀歌，從學者皆感動。七弟病，先生共榻，視湯藥，殁營葬具，收卹孤嫠。五兄家計艱窮，恒輟食之半以食之。館穀不給，質當衣物以濟之以爲常。二兄殁於萬載任，喪歸，群以其婦蓄囊資逞謡諑，先生一切不之省，且請旌節孝以慰之。堂兄某臨殁，以二子屬先生，先生飲食教誨，皆得爲名諸生，得以自養。

先生既以文學爲邑祭酒，於是立文會以勉士流。訂本家條約，以祛惡習。復爲諺歌以教鄉人毋爲賭廢事，遠近皆服。而邑令及解州刺史，凡童試閲卷諸事，恒延聘先生。鄰邑其他文事咸以得先生爲重。乾隆丙寅，以歲貢銓沁水縣訓導，爲諸生講解，殷殷如鄉居時，諸生城鄉請業者紛至。沁俗有鬧喪之習，新遭喪者，親友餉酒饌相飲啜爲慰勞。先生動以至情，飭以明法，習以熄。

又學使按澤州府，太守以沁水生張德槩喜事面揭，先生力稱其安分。次日，太守又稱，先生又力争。三日，太守知誤記，謝先生。先生曰："教官自盡吾分耳。"有山東張小范者，年七十，踵門求見先生，曰："讀《中條山》一賦，不遠二千里，特來欲識一面耳。"留年餘，泣别去。庚午，告歸，合學爲之稱觴制錦，農商亦相隨坿名。瀕行，送者屬途延二十餘里。鄉居負重望，州縣官歲時存問或贈匾及文詩爲褒揚，或且造廬求言。周太守景柱修《蒲州志》，以乘輿迎先生於家與商訂，以示尊禮。丙辰，舉鴻博，省試以詩賦爲第一。由是，言行文章屹然爲河東冠，隻字寸札争爲寶重。乙酉，卒，年八十八歲。

先生精力素健，聲如洪鐘。七十後，猶能作細書。性不喜華膴，獨好書，所居書連屋盈牀。常云："購得意書，不惜典當。書雖殘破，不忍損其值也。"又詩云："憑他殘破須修補，有字皆堪裕智囊。"爲學不喜理學習氣，常云："培植心田是上達階級。"又云："聖賢自有盡性至命，實落工夫，不在口舌及外飾也。"又其曾祖應甲，在明季著直聲，遺訓有"存實心、行實事、説實話"三言，先生尤奉持終身。論文

分理氣意詞爲主輔，雖博採爲雄，要有清真宗主在。論字云："拳虚指實，鋒入紙中，采溢筆外，技藝末節，其妙境正無窮，不學，烏知之？"所著有《思居堂集》已刻，外如《家譜》《詩學儲》《晋篆文考要》等。官書則《山西通志》《蒲州府志》均預纂修、參訂之役，手鈔有《通鑑》《文選》《古樂苑》《杜詩》《羅昭諫詩》《唐人七律》《文中子》《本草》，均節取精要。鈔補評點者《史記》《漢書》《香山詩》共若干册。書法則鍾王而外，唐則顏、柳、虞、褚、徐、李、張、素，宋則蘇、黄、米、蔡，元則趙，明則文、邢、董、米，均臨摹，得其意。晚年，手顫，醉後作書，尤極蒼古之致云。

明府牛澱洋先生事略曾孫宗文附

先生諱兆捷，字月三，號澱洋，别號博韓，高平縣人。父位坤，字調均，明代諸生，崇禎癸酉赴省鄉試，聞有賊警，馳歸，亟扶父避於南山。遇賊幾死，卒脱去。明亡，遂涸迹博徒酒人以自晦。先生生有異徵，年六歲，受講讀諸書，均心解其意。會父他出，先生竊讀文篋中文，擇而輯之，悉雄奇可喜者。父歸，怒撻之，及閲先生所擇輯，乃謂曰："孺子可教也。"順治丁酉，入邑庠。庚子，畢堅毅先生振姬致仕歸，先生執贄請業。畢先生閲其文，喜曰："是可刺舟而去也。"康熙庚戌，患寒疾，幾殆，伏枕讀宋諸儒書，皆通其旨，疾亦大愈。

甲寅，歲試擢第一，考闔屬優行生亦第一。乙卯，舉於鄉。因畢先生介紹，受業傅徵君山，徵君與人云："牛生爲文有孔將軍居左、費將軍居右之勢。"又曰："刮刮老眼，覺非常人云。"遂日與胡季子庭輩辯質箋疏未罄經義。己未，成貢士，出魏敏果象樞門。聞父疾，不對策，馳歸，父旋愈。魏公重先生品學，因聘，授諸子及姻戚讀。先出間歸省父，辛酉，父卒，葬如禮。至乙丑，始應殿試，成進士，以知縣用，不謁選，歸，教授於鄉。嘗述父誡曰："勿躁進失遠志。躁進則氣矜，問學不真則才妄，閲歷少則人情誠僞不練，養薄臨利害得失則

搖，皆爲國家害至鉅也。”丙寅，母卒。時冀南鹽商病民，民不能堪，訴之官。官指以訴鹽司，遂群懇先生出，同赴省，極陳鹽商病民諸狀。商衆恐，將以計傾先生。同行者或潛去，先生不爲動。魏公聞之，遣人白其情於大吏，卒直先生白。是歲，省民費巨萬計，會荒患，先生爲文虔禱。復約里人，用兵法部勒驅蝗付火，秋不爲害。

辛未，謁選，授廣西灌陽縣知縣。明年，抵任，灌邑向無錢穀丁册，率用里胥包辦，官摠其成，而不計民苦。先生諭創立丁户、田畝諸簿册，納糧依簿名。其包攬者，痛懲之。衙署向無官房，吏恒即家辦公，因緣爲姦利。先生捐俸修房，吏悉有專掌。又爲諸生講解文學，而獎其尤，諸生争自勉於文行，相繼得科名。暇則勸農桑，農時恒戴笠田間，周村落詢疾苦。年餘，事大治。癸酉，全州員缺，其地爲西粤門户，吴藩亂，簿書盡失。又各司院胥役多其州人任者，每數月即調去，稱極難治。撫藩皆曰：“無過灌陽令者。”遂檄先生署之。先生至，先斥蠹役，即設規、置簿、編户、均徭、畫田、理訟，諸事悉理。又前此刺史有權令殺盗無問之諭，民間至以嫌怨投人於江，誣以盗。先生立革之，諭令犯者議抵。時刁民唐惠萬梗法殺人，使其黨伏要路，有申告者要而踣之。民無復如何。先生得其故，猝執唐，訊明，置之法。遠近驚憚，無敢更犯。會秋試，檄先生入簾校士，拔三人，皆知名士。闈後，歸灌陽本任。

明年，暑疾觸發，卒於官。彌留時，猶曰：“死無他恨，恨畢先生《西北文集》選刻未竟，後誰繼予者？”呼筆至，草一絶而逝，年五十二歲。

先生性嚴重剛果，喜讀書，經史諸子外，兼通星占醫卜諸術。見人樸質少辭讓，不能爲邊幅形迹語。不事家人生産，而於古今得失成敗，及當世利弊、邊塞要言、兵略奇正等，恒言之琅琅，且多奇中。嘗於暑月，南赴會試房考陳先生介眉喪於寧波，過錢塘、餘姚且謁禹陵，北謁魏公蔚州，衝風雪出雁門、居庸，覽邊塞形勢，故所爲文閎肆，稱是論。時賢惟許侯朝宗方域，論古人以經世爲重，嗜永嘉陳氏

説，及朱晦庵、吕伯恭各書翰。詩擬杜，骨韻嶄然。遺著有《陶史草》十卷，《博韓制藝》。陳文貞廷敬嘗稱：“爲濩澤第一才。”儲六雅大文嘗受業於先生，亦稱其文能薈明王陽明、唐荆川、茅鹿門諸家之長。

子道宏、道肅、道遠，皆能嗣先生家學，而曾孫宗文尤能以政事文學繼聲云。宗文，字吉人，幼承家學，爲名諸生，乾隆甲子舉於鄉，乙丑成進士，以知縣用，分山東，任臨朐縣。先生迎養二親。父如龍，諸生，以孝友著，且尚敦行，隨事訓誨，先生一以實心任職，嘗築瀰河堤爲民禦水患，民大稱感。上官亦獎其勤勩，記大功，傅中丞且贈聯爲同僚勸。旋以父憂解職歸。服闋，補堂邑。會歲荒，先生力請賑撫，親督散放，飢民得全活者甚衆。丙子，以賢能調郯城。明年，高宗南巡，經其地，當建行宫。先生親督工役，計工發資，一切無擾於民。及駕至，大稱賞，謂：“爲他處所不及。”特賜大緞，宫扇等。

辛巳，以母老乞休，得允。歸途乏資，民爲醵而餞之，送者相屬，且爲位以祀之。歸里後，家無餘蓄，授徒自給，曰：“吾雖奉母，不克於仕盡所學。然教育人材，亦儒者事也。”鄉居不干謁有司，然遇公事及急難，率爲鄉人倡。次年，卒，年五十五歲。

明經王再來先生事略

先生諱吕識，字再來，榆次人。幼患痘，目偏盲。叔世甫徵君系獨深賞之，曰：“此醜兒有奇氣也。”遂取吕虔識王祥意以爲名。先生讀書聰穎倍常兒，尤喜博覽。爲古文詞詩，千言立就。五經歲讀必周，尤邃於《易》。

雍正己酉，中副貢。時家苦貧，父又殁，二弟錫書、錫蕃方數歲。先生携二弟手，請於母曰：“今欲農無田，欲賈無資，而在世俗場中免凍餓不可得也。若忍凍餓向詩書求生活，母許之乎？”母曰：“可。”遂去城之鄉，自以小車輦母及兩弟，旁懸紡車一、釜一、囊一、布裙一，遇友人，或止之，先生笑不答。遂北之沙溝村，開蒙館授讀自給，且

課兩弟，不中程，輒楚之。日者弟以逃學匿空墟，先生竟日覓不得。泣白母，母亦泣。傍晚，樵者挈弟俱歸。弟懼，牽母衣泣求兄恕。母凄然謂先生曰："姑稍緩，不念煢煢者無父耶？"先生跪而大戚，曰："兒正因無父也。兒教之，代父教之也。與其不讀書而凍餓死，寧不讀書而箠楚死。况箠楚不至死，終於凍餓必至死，不楚不讀，不讀終不免凍餓，母所知也。"母亦泣而諾，曰："然哉。"遂補責兩弟。兩弟由是學益力。冬月，有社友至門，值大風雪，聞讀書聲不少間。呼先生，先生請友自入，則先生身無敗絮，猶擁書於几，與二弟共讀。微火温粥，俟熟，將供母。友惻然曰："君憊矣。"先生曰："余方以天地爲室廬，室廬爲衣裳也，夫何憊？"

乾隆戊午，兩弟學能自立，均爲諸生，有文譽，先生督課不稍寬。秋試寓省，先生猶督兩弟按課作文。一日錫書文成，同寓咸稱善。先生自外至，閱畢，擊以掌。衆勸之，且曰："文豈不高耶？"先生曰："應試文但投時足矣。有此心何不用於讀書作人耶？余正爲其高而擊之，不願其徒作高文也。"再作，先生閱之，喜曰："可售矣。"秋，錫書果捷。明年，成進士。錫蕃，旋於甲子舉於鄉。家亦漸裕。錫書部選四川知縣，賀客畢至。母出，謂兩弟曰："是皆汝伯兄之賜也。"先生長跪垂涕，曰："兒何功？兒痛責二弟，時不知者將謂兒手足之忍，豈知兒心之痛耶？且兒非不知兄弟怡怡者也。今幸兩弟能自立成功名，兄何功哉？"賀客均賢之。先生曾服新衣出，遇社友，振其襟，曰："子從今可資兩弟力，毋再以室廬爲衣裳矣。"

先生既以文行名，生徒均樂就之，多爲名諸生，及領鄉薦者，先生顧不自矜。年逾六十，猶槖筆應試，興不少減。或勸之，先生曰："不第，命也。不應舉，非命也。幸天假吾筋力不衰，吾順天以安命，夫何害？"爲孝義縣教諭，多士翕服。於辛巳卒，年六十三歲。

宗正曹慕堂先生事略子錫齡、祝齡附

先生諱學閔，字孝如，一字慕堂，汾陽人。幼孤，勤苦自力。爲諸生，著文譽。乾隆癸酉，舉於鄉。會試罷，遂縱遊江浙名山水，歸而設教里中，勵志講學。甲戌，成進士，入詞館。明年，改官檢討，與紀文達昀、朱竹君筠、朱文正珪、翁覃溪方綱、錢竹汀大昕先後同館，尤有性命之契。

辛巳，翰林有八九輩爭名相軋，同中蜚語將被劾，相與周章無計。先生奮起拍案，聲明其故，遂邀衆同詣院長，婉言問故，且叩被劾者姓名。院長沈吟意解，事旋止。甲申，授河南道御史。時準噶爾回部初入版圖，先生奏請增修《一統志》，以昭畏懷之盛，詔允行。擢給事中，由刑科轉吏科，分校己丑會試。值歲旱，先生奏請清理刑獄，將朝審三次緩決人犯減等發落，即日詔施行。又同年陳侍御□□老無子，先生爲鳩資買妾，且舉子矣。陳病歿，婿謀踞陳資，多爲媒蘖。先生憤然約同年逐陳婿以安其母子。

在諫垣八年，陳奏率關於朝廷掌故及民生吏治有裨益者，故受高宗知，多報可，擢鴻臚、光禄各少卿，通政參議、太僕寺少卿。初先生在諫垣言會試舉人宜徑由州縣出結送部，以防輾轉需索，事下禮部議格。及是申前説，上以卿寺無言責近明季爭辯陋習下部議，降三級調用。頃之，復補鴻臚少卿，扈蹕熱河，遷内閣侍讀學士，分校甲辰會試。會上創建辟雍成，將行臨雍禮，憶及先生官御史時，曾以此事入告，下禮部議格，至是特旨嘉獎。

乙巳正月，於乾清宫賜千叟宴。先生時年六十七歲，得與宴，賜御製詩刻及鳩杖、文綺等。丙午，擢宗人府府丞，復命稽察右翼覺羅學。先生體素弱，中歲得導引術，神氣完固。及是頗患寒嗽，請解任，詔以原官致仕。

先生性恬静，與人交，言吶吶如不出。獨見義勇爲，同志中恒嘆

爲不可及。蒞官亦清慎，負時重望。又表彰前賢，提倡風雅，如重修宣武門外山右三忠祠、楊椒山故宅、三晋會館及南新門外義園、永定門外掩骼會，皆躬親襄舉，擘畫章程，可垂久遠。嘗自校刊《河汾諸老詩集》，蒲州吴徵君雯《蓮洋集》真本。浮山張確齋體乾謀重刊，先生介紹翁覃溪爲校訂，且補年譜，成精本。汾州府修志，先生介紹戴東原震爲總纂，書成，亦爲時名志。

先生性耽山水，官京師公暇恒遊賞於西山潭柘、戒壇諸寺，約三四同志，或驅車、或策蹇，流連信宿，觴咏相競。京中如報國寺、陶然亭諸處，先生亦喜其地遠塵市，恒遊息焉。治家質素，無金玉玩好。所居書連架，午後退直，焚香掃地，觀心調息，翛然有塵外想。又不臧否人物，而胸中自判涇渭。嘗曰："人各有所偏，但當棄短取長。否則，無一人可交矣。"課子讀書，尤以浮華馳逐爲戒。晚益專究性命之學，泊然窅默。故人至，恒蔬食清談。然論地方利病，口辨指畫，井井有條，目可措置，固無異壯歲也。丁未，卒，年六十九歲。所著有《紫雲山房文集》□卷，詩集□卷，均攄寫性情，不事藻飾。詩體在香山、放翁間，饒超逸之致。子錫齡、祝齡，均能承先生家學，世其家云。

錫齡，字受之，號定軒，少受業朱文正珪、錢竹汀大昕門，以乾隆乙酉舉於鄉，乙未進士，入館選。明年，授編修，嘗典庚子四川鄉試，督雲南學政，歷監察御史，擢户科給事中，轉吏科。嘉慶壬申，以目疾乞歸，得旨允，卒年八十一歲。所著有《〈周易〉集粹》四卷，外有《〈四書〉集粹》及《翠微山房詩文集》《〈金剛經〉條辨》等。先生在臺諫著直聲，所陳數事如請祈雨日停止人犯勾册，增設京師粥廠及散給棲流所棉衣，修國子監南學，慎重軍機關防諸折，尤爲時稱誦。餘亦以培元氣，崇治體爲多云。子汝淵，字春浦，嘉慶己未進士，由館職改刑部主事，出爲涇州知州卒。

祝齡，字申之，號鏡源，幼與兄同學，並有文譽。乾隆庚寅，舉北闈。己酉，成進士，歷官至户部郎中，有幹才，饒膽識。壬戌，五十六

歲,乞歸。南遊吴越名山水,東登泰山。歸築生雲精舍,讀書觴詠以終。嘉慶乙亥,卒,年六十九歲。著有《生雲精舍文鈔》刊行。

户曹曹鏡源先生事略

先生諱祝齡,字申之,一字鏡源,初名夢齡,汾陽縣人。父學閔,官至宗人府府丞,世稱慕堂先生者。先生幼與伯兄錫齡受業朱文正珪、紀文達昀、錢辛楣大昕、翁覃溪方綱之門,通經術、掌故、詞章諸學。

乾隆庚寅,舉順天鄉試,充四庫全書館校録,以年老叙知縣,不就。己酉,成進士,用主事,分户部。嘉慶初,成哲親王總理部務,喜親吏事,頗涉苛細。先生進言曰:"大臣爲綱,小臣爲紀。王領度支重任,宜務大者遠者。至錢穀出納之數,司官輩職耳,請爲國體惜。"王嘉納之。一管捐納房,再充則例館纂修,陞員外郎,兼理八旗現審處。辛酉,充順天鄉試同考官。會永定河決,本部官屬捐集萬金施賑,屬先生董其事。先生悉心稽核,吏不能爲姦,飢民多得養贍。

明年,擢郎中,先生既負幹濟才,尤饒膽識,歷届上官多爲倚重。先生亦勤慎,從公無誤,嘗稱:"居官在盡職,盡職在盡心,刑部殺人止殺其身,户部殺人並及其家以逮子孫,思及此,能無懼乎?"是時,年五十六歲。以父卒京師,不能享家居之樂。伯兄時官給事中,諸姪復先後得科名,任官内外。己既爲間曹,且子弟之教督、家學之流衍,尤宜引爲己任,遂請假歸。因南遊蘇杭諸勝,東登泰山觀日出,載書數萬卷以歸,築生雲精舍,養魚種竹,課讀諸子及孫。春秋佳日,或與同志北遊卜山,南遊介山,登臨賦詩。或竹杖戴笠,徜徉野外,與田夫野老閒話。十四年中,足蹟不履城市。嘗誡諸子孫云:"余自歸里,積俸金,置田畝,粗給子孫衣食。昔人詩云'清白家聲無我愧,詩書世業要人擔。'爾曹共勉哉。"又云:"日中則昃,月盈則蝕,吾家鼎盛於今六十年矣。持盈保泰,其可忽乎?"

辛亥,卒,年六十九歲。臨殁,遺訓有立品端基、謙和處世、多言必失、數動則咎諸語。先生講學以性情爲根柢,以忠孝爲歸宿,以敦行不怠、立志無欺爲進學之階、作人之鵠。晚邃於性命之理,旁通釋老,胸次翛然。嘗論著書云:"先儒撰述大備,後學僅可循途守轍,若别生肌解,非庸即妄。先師所謂不知而作,正爲此輩説法也。"遺著有《生雲精舍文鈔》《詩鈔》等。孫樹穀,以《文鈔》刊行焉。

子汝瀾,諸生,工詩善琴,早卒。汝洵,嘉慶庚午舉人。汝涵,道光壬午舉人,江西知縣,嘗署德化縣事。尋求改教職,官至渾源州學正,皆能傳先生家學云。

孝廉胡柳渠先生事略

先生諱豹變,字蔚文,號柳渠,晚以文學無真契,號浣花逸者。又年老、無子、多病,復號不鉢維摩。榆次人,少聰穎,從師讀受課,恆未期而畢,以學書餘紙作畫,亦栩栩有致。應童試,擢第一,以才名擅。於是考高等,食廪餼,有名士之目。先生獨鄙時文空疏,乃往遊太谷任先生琚門,任固以名進士從杭先生世駿問學者也。得先生文,大奇之,指家藏書,縱先生讀,並致書杭先生,稱後進得人。有所作,悉命先生代之,曰:"馳驟縱横,余不及若也。"

乾隆丁酉,舉於鄉。主試褚太史廷璋,激賞先生文。明年會試,赴京有褚公友曹某者,尤契先生,勗之曰:"科名,生自有之,正須尚友,古人以追不朽之業,勿屑屑行墨爲也。"自是報罷,先生亦無志就有司試,遂治經史,尤喜《易經》。壁張《先天四圖》,曰:"萬理萬象此圖中,愈看愈有,即《參同契》《火珠林》等書豈外是哉?真開闢大荒之文也。"又兼讀《莊子》及釋藏,以博其趣。

所爲文益詼詭奇肆,或徑效佛經作偈者。時儒讀之,率舌撟不能下。先生授徒家塾,從學者多以時文相質。先生但授以讀書法,曰:"果精熟此,可望售也。"門下如趙解元謙尊、胡副貢體仁、胡歲貢孟

康、王孝廉會圖均號能傳先生學，爲邑名士。而鄰邑稱名士者，亦首先生。嘗有以先生所撰碑文赴省者，有試用縣某爲江南名士，讀之心折，深以不得交先生爲憾。先生亦屏居鄉里，不入城市。接要人至公門有令某者公出，故枉駕訪先生鄉塾。先生觴之。令返，曰："今日柳渠爲我破戒矣。"先生雖不喜涉時事，任事者多樂與先生談，謂："譬之風狂雨疾時，得先生一言可爲著蔡云。"

先生嘗有意古作者，於文字無輕許可。嘗論："爲文章者，理有可安則爲之，無可安則謝之。何必始而拘泥固執，終而宛轉遷就哉？"又謂："自古迄今，時有治亂，而文無治亂，惟其不敢悖於理也。"又謂："少年精血盛，氣亦盛，爲文揚之勃然，抑之索然，驟視軒然，熟視而奄然。言中無物故也。無物是謂客氣，是庸人之氣，非奇士之氣也。奇士之氣，必因其精者而養之，磅礴鬱積數十年，觸而發之，則爲精氣，爲清氣，爲和氣、静氣、奇氣、勁氣，爲天地元氣。六經文章精血，心思文章生氣，培養精血生氣，必窮數十年而始得。此老年之氣，盛若少年，何氣之盛之有。"時傳爲名言。

有所著，多藏其稿。勸付梓者，先生笑謝之。嘗語姪體仁云："余爲文純任真氣，畏約束而惡粉飾，此自其性天使然，不可以人力矯也。若使以二十餘年之精力，任其真性以探討於本原之地，今成就宜何所得。十餘年來精力就衰，然讀書作文必探本原、濬真性，務令絶去修飾，自樂其樂，精神薈萃，不望人知，亦不欲人知也。"又自謂："壯歲恃才浮浪，故學術功業皆不就。生平未嘗與人争，惟學業不甘讓人。與人交，未嘗苟取，惟讀書貪得無厭。五歲受書，至老不厭，常有書味在胸，故門内始終無間言。"

道光丁亥卒，年八十二歲，病未二日，談笑而逝。鄉人以爲屍解云。先生狀貌秀偉，天姿曠達。所居書史筆墨外，惟嗜花木，瓶花常滿。作畫蕭寥數筆，皆有意致。間用硃筆作蘭竹，亦有别裁，得者多寶之。遇鄉里後進，和易可親，然極嚴邪正之辨。有過者，恆羞見先生。遺著有《柳渠文集》六卷、《詩集》六卷梓行於世。

明府馮百史先生事略子壽榕附

先生諱宬，字百史，號勗齋，代州人。幼通脱，好騎射。父廷丞，官京師，挈先生往。乾隆庚子，舉順天鄉試。一時名德如紀文達昀、朱竹君筠、朱文正珪、王蘭泉昶、姚姬傳鼐、蔣心餘士銓多器重，先生名以日噪。以繕寫四庫書籤得刑部司務，忌者執先生前婦翁故爲謗言。先生乃投牒吏部，歸，大挑以知縣分發浙江，除麗水縣。其地號稱巖邑，佘民爲處州一種山氓，因墾荒谷争界鬭甚劇，且訟久未決。先生至，親爲履勘，畫地誌石，杖首犯，餘飭安其業，訟立解。終先生任，無争田者。

尋調江山，地近閩，民習剛悍。有樵人入山伐薪，殺人而棄其刀思遁。望見者號於衆，急檢得樵人所棄刀，追之，將及，樵人悔禍自首，讞實，以母老得末減。會道光辛巳恩赦，歸，率其婦拜先生堂下，爲善人。乙酉，徐倪氏謀殺夫姪妻蔡氏，獄起，鬻獄買直，莫得主名。王廉訪維詢至，懼嚴旨，自經。朝命祁恭恪墳覆訊之。祁公昔官刑部，知先生才，特委研鞫。先生僞爲小販，卒得徐倪氏與姪徐敦誠姦、蔡氏斥誚、倪氏謀殺諸實證，平反其獄，時以爲神明。

再調建德。戊子，大水。先生備漁船拯之，水落給賑，及子種不給，出家貲賑之，民得蘇息。大吏委員勘災者先後過境，先生供頓儉薄，歸，因爲蜚語。藩司某行縣止先生治，目擊災民得所狀，報最考，始得免吏議。建德寶賢書院者，久廢不治。先生既新之，復拔諸生之優者給餼，使講肄，躬督課之，人争務學。復行鄉勸民種樹，遠近一望成陰。己丑，先生以積勞得疾，試生童，猶循例扃門校藝，卒於署，年七十三歲。明日，喪出，所試諸童往弔，見所居蕭然，惟積書盈架，相率哭失聲。

先生承家學，尤好爲詩歌，與陳曼生鴻壽、洪稚存亮吉、黄勤敏鉞、張船山問陶、唐陶山仲冕、姚春木椿先後迭主壇坫。著有詩集，

以“涉江”、“寄巢”、“人海”分訂之，藏於家。嘉慶庚午、癸丑，兩充同考，稱得士。歷署於潛、長興、西安、龍泉、慈谿、桐廬諸縣，峽口同知，以伉直不爲詭隨故終於一縣云。

次子壽榕，字仲翔，有至性。幼喪母，哀毁特甚，篤志於學，究經術。先生殁，遂絶意仕進。孫焯，官安徽灊山縣丞，醇篤好文雅。咸豐丁巳，捻匪擾霍邱、壽州間，破灊山，擄焯子福基。行時年十四，嘗竊得利刃，藏於身，欲刺匪首，苦無間。會匪目宴飲，福基潛置毒鴆之。匪目既死，福基恐不免，亦飲鴆，卒。馮魯川志沂嘗作《雁門童子行》以哀之。

郡守何蘭士先生事略

先生諱道生，字立之，一字蘭士，靈石人。父恩鈞，乾隆乙未進士，官翰林檢討，以文字爲後進倡，時稱雙溪先生。先生幼隨父京師，從顧進士九苞問經學。又與兄道沖以文學互爲師友，一時文譽大起。先生於乾隆丙午舉於鄉。丁未，與兄並成進士。兄改名元烺，入翰林。先生以主事用，分工部。

時法梧門祭酒式善方以詩學倡京師，所居在地安門積水潭，爲明李西涯相國别業，有亭館水木之盛。夏時，文士讌集，恆赴詩龕如洪稚存亮吉、孫淵如星衍、李石農鑾宣、王鐵夫芑孫、王葑亭友亮、張瘦銅塤、張水屋道渥、翁宜泉樹培、張船山問陶、秦小峴瀛，均負文學重望。先生亦周旋其間，每新詩一出，人争傳誦。先生尋遷御史，巡漕山東。公事之外，覽勝訪古，時輒爲詩。又漕帥爲鐵冶亭保，而黄小松易爲濟寧通判。於是，裁牋倡和，頗極一時文酒之盛。旋授九江府知府，其地當衝繁，上司責備特苛。先生抵任未幾，不耐勞劇，因引病乞休。歸京，仍優遊文酒，歷覽香山、戒壇、潭柘諸山寺，至則爲詩，與曹定軒錫齡、王儕嶠蘇、馬秋藥履泰迭相賡和，而法祭酒仍爲壇坫主盟焉。未幾，丁父艱。

嘉慶九年，服闋，授寧夏府知府。先生於引見時呈請改内用，温諭弗許，先生乃西行。至任未一月，以駐防軍使誤劾，與縣令某解職聽勘。逾年，事白，得還任。先生特於某令之歿，意殊惓惓也。十一年，改守鳳翔。先生故嗜酒，兄元烺及王鐵夫恆誡之，弗聽。至是，疾發，卒於寧夏官署，年四十一歲。時妻子猶在京中衙齋闃寂，同官殮之，群嘆其清苦云。

先生年少，貌皙而頎。三十後一變魁梧，方頤廣顙，意度恢然，以詩名。試帖一體尤擅其長，嘗合吴祭酒錫麒等有九家詩之刻，先生及兄元烺居其二。至古體，多近昌黎。近體出入於香山、渭南二家，然大較則多近宋作者。所著詩集十二卷，曰《雙藤書屋》，從其讀書之齋也。書法故修整，兼工畫，在能品逸品間。性復機巧，官工部時，校核營繕計畫，用材恆以精密稱於時。又館王鐵夫於其家，欲界墻庭中，以足蹴積甎，略加審視。翌日，召匠示方法，墻成而甎適盡，是小事亦可覘其警敏之一斑云。

兄元烺，字硯農，以翰林改御史，授太平府知府，終於任，有《硯農集》。子熙績，字春民，能詩。道光壬午，與弟耿繩同鄉舉，官肅寧知縣。九年己丑，卒於官，年四十五歲，著《月波舫遺稿》一卷，則附先生詩以傳焉。

郡守靳緑溪先生事略

先生諱榮藩，字价人，號緑溪，黎城人。父尚端，雍正甲辰舉人，官浦江令，請改忻州學正。先生生而左手第四指歧。生性穎敏，嗜學，博覽强記，尤邃於史事，爲文詩有先正矩度。年十七，童試縣府俱第一，爲諸生。十九，舉乾隆甲子科。乙丑，會試，中明通榜。戊辰，成進士，用知縣。

辛未，父卒。丁丑，選廣東瓊山，以母老請改近，授河南新蔡。先生抵任，值歲祲，聽治之暇，究心荒政諸書。凡便民者，無不興舉，

賑貸必躬親監視，民得全活甚衆。己卯，充河南鄉試房考，校藝詳慎，即黜落者終卷點勘評隲悉允。時朱文正珪典試事，稱："先生學優，心下始終不苟。"明年，又充恩科房考，先後有得士名。尋母卒，歸。喪葬准古禮，又置祭田以祠其宗。

服闋。乙酉，選授直隸龍門縣。未幾，調遷安。時車徭失均，訟久未結。先生援舊案旗三民七之制，明著爲令，民乃協服，官事均治。己丑，擢蔚州知州。先生首建文蔚書院以教士，繼興水利，引西來晋域諸水以溉田若干頃。州西有暖泉堡者，南多灘磧。夏秋山水漲，注匯廣靈之嘔夷川，往往漂蕩田廬，居民患苦，向築土壩時有坍裂之虞。先生親行相度，督民鑿近山石塊，築之當衝處，廣三百一十丈，高九尺有奇，左右仍聯綴土壩以省事便民。功竣，民美之，曰："是靳公隄也。"先生辭不居，署石"保障"二字。戊戌，擢知遵化、直隸州，均有聲績。癸卯，授大名府知府。甲辰，卒，年五十九歲。

先生性樸訥，持身儉素，美鬚眉，道氣充溢。幼績學，居官無間，能以經術文教佐吏治，不汲汲於聽斷沽名，一以悃愊培元氣。遇先賢故蹟、宅墓等，無不表彰。士女之奇節異行者，或請於大府聞之朝，或爲詩歌及文以爲揚詡。服官二十餘年，皆能得民心，遺去思。又熟於明季清初事，注吴祭酒偉業詩四十卷，名《吴詩集覽》，别摘異聞别解，爲《談藪》二卷，海内稱梅村功臣，爲讀吴詩之最精本。自著有《緑溪語》六種及《緑溪詩》、古文雜著，均版行於世。

通守宋半塘先生事略子葆淳附

先生諱鑒，字元衡，號半塘，安邑縣人。生而穎悟，長讀書即深契潛邱學説。乾隆甲子，舉於鄉。戊辰，成進士，選授浙江長山縣知縣。三年，調鄞縣。在鄞凡七年，以廉能擢廣東南雄府通判，署連州，又署澳門同知，又署潮陽縣，所至有政聲。去任，士民爲立生祠以頌遺愛，嗣以親老告歸。囊無長物，惟携書數千卷而已。

歸田後，潛心著述，嘗病潛邱《〈古文尚書〉疏證》文詞曼衍而不爾雅，因重輯爲《〈尚書〉考辨》，凡四卷。又窮究小學，曰："經義不明，小學不講也。小學不講，則形聲莫辨，而訓詁無據矣。《說文解字》爲小學之祖，取而疏之，治經者其有津逮乎。"遂博採經史、《方言》《釋名》《玉篇》《廣韻》《水經注》諸書，爲《〈說文解字〉疏》，詳贍辨博，又益以附借備三門爲宋氏一家之學。弟□爲河南確山令，馳書招先生往，先生至確，尋以疾卒於官署。先生湛深經術，著有《〈易〉見》及《〈尚書〉彙鈔》《〈漢書〉地理考》，又《詩文集》均稿藏於家。子葆淳，能傳先生家學。

葆淳，字師初，號芝山，又號隆㞬。幼承家學，極淹博，且好金石文字，性傲岸不羈。乾隆甲午，優貢生。癸卯，舉於鄉，銓隰州學正。到官未逾年，即告歸，遨遊四方。每一興思，襆被便行，如翁覃溪方綱、阮文達元、錢獻之坫、吴侃叔東發、張叔未廷濟、申鐵蟾兆定、趙白山鶴均相與辨訂金石，互爲引重。又工詩。行、楷、篆、隸諸書均入能品。畫山水，緜遠處雅近迂倪，乘興潑墨，亦具沈石田風格，翁覃溪尤加歎賞。顧不輕作，得者多寶之。生平所得金石諸品，皆貽之朋好。詩文亦不存稿。張古愚敦仁僑寓揚州，先生恒依之，嘗自評："畫爲上，詩次之，文次之，字又次之。"人以爲允。客京師時，每值坡翁生日，輒於蘇齋設祀。嘉慶丁丑，遊蘇州，年七十矣，興致不衰，在虎邱與吴玉松雲、張船山問陶等倡和成集。後遊浙江，病歿於旅次，喪厝西湖寺中。湯貞愍貽汾官中軍參將，合先生及妾柩，助幼子資，送之歸，得安葬，復與王幼海觀察卹其孤，使讀書，繼先生家聲云。

郎中祁鶴皋先生事略

先生諱韻士，字諧庭，一字鶴皋，壽陽人。幼讀書，喜治史事。於歷代山川形勝沿革，古人爵里姓氏，無不熟悉。年十九歲，爲諸

生,擅文譽。館於静樂李氏,李富藏書,先生課餘涉覽,凡樓十楹皆藏書,五年而覽畢,至是學益博洽。乾隆丁酉,充拔貢生,秋舉於鄉。

明年,成進士,得館選,散館,改編修。會奉旨立《蒙古王公表傳》,嵇文恭璜爲總裁,屬先生任其事。先生核立傳體例,計内札薩克凡四十九旗,外札薩克若喀爾喀土謝圖汗、車臣汗、札薩克圖汗、賽音諾顔,若青海、若阿拉善、若土爾扈特、杜爾伯特,多至二百餘旗,及西藏及回部,均應立總傳、分傳,而苦於無徵,館送旗册亦雜亂無緒,即人名重累,驟不可句讀,乃議悉發大庫清字紅本分檢之。有涉外藩事蹟者,擇要詳譯作底册,每有所得,均較旗册詳備。於是按部落條析之,人立一傳,必以實録紅本所見者爲確。復據《皇輿圖西北陲疆域》爲綱領,理藩院《世譜》則據以訂王公等派系,凡八年,成書一百二十卷。先生固勤編纂之役,而郭檢討在逵尤始終佐理檢校,得成其事云。

乙巳,大考翰詹,得二等。戊申,又京察一等,以道府記名,旋晋右中允。辛亥大考,降户部主事。嘉慶己未,擢員外郎。明年,補郎中,且充順天鄉試同考官、寶泉局監督。甲子,局庫虧銅案發,歷任監督皆逮問下獄。故事:交代但憑册籍,不盤,盤别有期。先生不及盤期,故無自檢覆。在獄課子寯藻、孫世弇讀,閲書陽陽如平時。值冬至,上讞當勾決。先夕,子孫惶泣不自勝。先生就燭削改詩文,草畢,引枕酣寢,不稍異。明年,有同繫者五,靈泰遣子申訴,得末減。先生亦遂得遣戍伊犂,出獄就道。夫人劉氏挈諸子回壽陽,攻苦食淡,以針黹佐修資,使諸子讀書圖上進,有過失,斥責不稍貸。先生至戍所,松文清筠時爲都統辦事大臣,雅重先生,斷大事必引與諮議。先生既佐松公纂《伊犂總統事略》十二卷。復摘其山川疆理爲《西域釋地》,摭其事實爲《西陲要略》《皇朝藩部要略》等書,爲談西北掌故地之淵海。又以行經所及爲《萬里行程記》。裒集在户部時所擬諸奏稿,計己未、庚申二年,爲《己庚編》。戊辰,遇赦,歸。己巳,抵家。會那文毅彦成督甘肅,聘先生主書院講席。旋移督直隸,

聘先生主保定蓮池書院講席。乙亥，卒。卒年六十五歲。

先生性峭直，不逐時爲俯仰，又力殫苦，不圖食報。師友皆一時名德，如朱文正珪、王文端杰、阿文成桂、紀文達昀、嵇文恭璜、曹侍御錫寶、金殿撰榜，皆重先生學，樂爲汲引。戴文端衢亨及松、那二公並服先生才識，而時以大政問者也。先生學術以精熟西北地掌故爲專家，又深史學，究經世略。西北地理諸書外，有《袖爽軒文集》《覆瓿詩集》《濛池行稿》《西陲百韻詩》《〈書史〉輯要》《珥筆集》《訪山隨筆》等。先生邑有方山，爲唐李長者翻譯《華嚴》道場，饒松石之勝。先生樂其幽邃，擬訪奇攬勝，卜宅終隱，至形之夢寐，作爲詩歌。以人事牽率，不得遂其志，因有"訪山"之名云。

刺史張水屋先生事略

先生諱道渥，字水屋，又字楓紫，浮山人。幼聰慧，八歲爲《菊牀詩》，一時鄉先生咸驚異之，呼爲小友。又究心畫理，所作風林霧樹，妙有遠神。間作漢分，亦饒磅礴古勁之致，時有"三絶"之稱。性嗜静，嘗作道士冠服，每晚服之，静坐夜分以爲常。頗鄙舉子業，遂以貢生捐知州，初選廣西河池州，會丁艱，未赴任。

服闋，借挑兩淮運判。揚州，故繁華地。先生至，一無所好，惟公餘與詩人汪片石及諸文學士分題唱和無虛日。袁簡齋枚方以文學爲一時巨擘，寓江寧，輯《隨園詩話》，得先生作，採入之。以爲揚州自漁洋、雅雨提倡風雅外，先生以末秩爲兩賢繼聲，從可知其意概也。尋調通州運判。先生故清廉，性復簡傲，以屬吏交代延遲，鐫級調用，乃北入京師。日跨一驢，隨一秃頭奴子，登臨訪古，乘興成吟。時法時帆式善、吴穀人錫麒並負海内重望，時帆故有别業在積水潭，稱勝境，且築詩龕以讌四方名士。先生預焉，遂與畢秋帆沅、阮文達元、孫季述星衍、洪稚存亮吉、王封亭友亮、張古愚敦仁先後訂交，相與賞奇析疑。又羅兩峰聘、桂未谷馥，均以畫爲海内重。見先生作，

大服之,尤相親近。即朝鮮使臣來都者,得先生畫,深重之,且以得見顔色爲幸。乾隆五十三年,選四川簡州州判。先生以一僕隨,跨驢往,羅兩峰取陸放翁"細雨騎驢入劍門"詩意爲作《張風子騎驢圖》,取先生號以爲戲,一時文士咸張以詩。吴穀人至,作一賦以示矜異。

先生至,則簡州以教匪猖獗,由通州河入金堂,薄州城,州牧毛海客以身殉,衆營弁亦多被傷死。先生單騎衝陣,匪衆聞聲,曰:"是廉吏張公也!不可犯。"旋引去。先生入城,葬遺骸,招流亡,民漸安輯。時制軍孫文靖士毅雅重先生,調署蓬州,兼代儀隴縣事。值匪亂之餘,諸務待理,先生爲之,不避艱險,而作詩飲酒自若也。旋委管大金川、崇化屯務。先生至,則與民番同甘共苦,生與籌養,死與辦葬,番人尤德之。及先生大病,訴於大府,乞代去。瀕行,番人泣送,競舉巵酒爲壽。先生亦且飲且泣,且爲詩以紀其事。

返省,以勞績保陞知州。嘉慶元年,選直隸霸州知州。霸舊有旗餉陋規,民苦久之。先生至,立革之,又省徭役,絶苞苴。辦道督工諸役,先生均身率夫役,無少廢事。那文毅彦成爲直隸總督,以廉能薦先生於朝,調蔚州知州。蔚僻在西北,向稱樸陋。先生下車,即修關梁,裕倉儲,復捐俸修魏敏果公祠,增文蔚書院膏火。考試生童,取前列者爲之親講解,餉以酒食,温温如家人,文化日進。州人爲製"霖雨仁風"額以頌德,復奉長生禄位焉。調天津府海防同知,先生以年老不耐海濱潮溼,涖事月餘,致仕歸,築庵於浮山北門外,奉老子、莊子像,顔曰"德華先生",即自號德華庵道士。其地饒幽勝,以自娱悦。時復栽花木,讌朋故,吟詩作畫。論者謂:"白香山醉吟,先生之清福。"先生亦不多讓云。

道光九年,先生卒,年七十三歲。先生詩率性而成,所作多隨手散去,身後輯成《水屋賸稿》二卷刻之。行書饒遒秀之態。畫山水法黄大癡,得其意。間作人物、竹石、雜卉,亦生動饒别趣。或以指濡墨畫之,尤見淋漓之致焉。

文學趙白山先生事略

先生諱鶴，字鳴皋，號白山，或署南老，榆次人。幼醇篤，居鄉里，恂恂退讓。讀諸經，邃於《易》。所爲制舉文，不染時流諂媚習。家故有藏帖，先生嗜之，復博求漢唐碑刻臨摹，能得其意，遂以書名噪於時。爲諸生，制行精潔，士林引重。所交如折太史遇蘭、宋學博藻淳、岳布衣皞尤爲莫逆。同邑則王南宫連第、郝丕顯耿光等同以工書名於時，而先生獨爲深博。

中歲失偶，不娶。子麟國，先生課之讀，愛特甚，省試亦携之。先生寓省，恒在大南街阮氏。會秋試，阮氏室新堊，將娶婦。先生至，特讓居之。先生外出，麟國爪其油飾，效先生作字及畫。主人以其幼稚，不叱止。先生歸，見之，鍵户痛抶麟國。主人代乞緩，於户外至再，使啟而延入，曰："先生止此子且幼，吾輩素交，何遽乃爾瞋責？"先生謝之，曰："余正惟此子，始嚴督耳。且幼，而即任其暴殄，將來何爲？非僅爲君新屋惜也。"主人歎服："先生之愛子不弛。"

先生有妹適同里北社李氏，孀居，食苦，常爲市間穿紙鏹及紡織以自養，且供子束脩資。歲時，以餘錢購錫箔焚之先墓，而收其灰，積久澄濾，以其錫爲香鼎、燭臺等。先生恒扶杖往訪，示妹家人，曰："此吾妹心血换來者，須珍之。"先生作書，不擇紙筆。居鄰闤闠有索書者，隨手揮灑，不之却。即常出與廟僧野老閒話，猶以右手食指畫其膝，作書勢，恒穿破不自知。一日，赴妹家，妹新織布成，謂先生曰："將以是爲子娶婦作堂簾，能爲我一書乎？"先生笑而領之，爲書畫上下段，尤生平杰作。凡作畫，一以草法行之。蘭竹尤勁健有神，或作梅荷及他花木、山水，沈勁淋漓，稱逸品。喜道人，善遇鄉里，潛德闡揚，不遺餘力。乾隆乙巳，詔各省徵壽民至京舉千叟宴。其能詩及書畫者，引御前面試之，大吏以先生首薦。至京，慎郡王特喜先生書畫，頗引重，及賜宴殿庭。先生固以能書稱，特作大幅狂草獻。

上大笑，曰："是龜蛇體，宜乎壽也。"立賞壽官及鳩杖、袍、圭等。先生歸，遂以破筆草法作"狂蛇"二字，相聯如成都刻石之吴道子畫格，人皆寶重。

麟國，字東郊，爲諸生，有名，能繼先生志。嘉慶庚申，舉於鄉。嘗助鳳臺李學博錫麟輯《山右詩存》。先生晚年畫《讀〈易〉小照》，徧徵知交題詠，折太史推獎尤至。詩中述"晉書家傳徵君山外，惟先生能得法髓"，時稱允當。又記先生夢與唐僧懷素、宋米待制芾接席傾談云。先生以耆年碩德，三膺恩榮，髦猶好學不衰。後進有至行文譽者，恒折節下交。所居筆墨縑素外，有書連架，瓦盆木几，均雅潔無塵，與先生疏髯鶴立相稱。癸酉，卒，年八十歲，有家稿藏於家。麟國後官定襄訓導，作字饒勁挺。道光壬辰，卒，年六十八歲。榆次與先生同賜宴者，有齊文學正倫。後乾隆乙卯賜宴者，有李鍾才、鍾瑞兄弟，許大德，李昭。嘉慶甲辰，賜宴皇極殿，有陳大翰、王來福諸人云。

學博李東木先生事略李義民先生附

先生諱素，字東木，臨縣人。父工心計，善治生，晚家資巨萬，八子成立，且半遊庠校。先生窺父有析箸意，恐以多寡籌計勞父心，遂託言訪友，赴省肄業晉陽書院，攻苦如寒畯。歲時歸家定省外，與諸兄弟怡怡如也。未幾，父卒。先生奔喪歸，哀毁特甚，而盡心葬具，督工作不稍息。比葬父，擬縱意遨遊。家人婦子不斤斤置懷。

寓省凡八年，制舉文出，人多傳誦。先生亦精敏，下筆恒千言。以秋試連不捷，遂報捐教職。晉陽書院監院李學博錫麟嘗選輯《山右詩存》，先生與陽曲王桂巖攀、朔州張念先書紳、榆次趙東郊麟國三先生共爲徵詩，且預參訂。先生於本邑文獻亟亟表彰，不敢遺失。汲引後進，尤具虚心。論者謂："臨縣乾隆、嘉慶百餘年風雅不墜，均先生力云。"銓授榮河、汾西諸教官，均能舉職守，士多有造就。尋謝

職家居，布衣草笠，嘗乘涼憩路石，有持扇者詢先生："見李某乎?"先生曰："何爲?"曰："索書耳。"曰："筆來，爲若書。"因假諸腐肆署帳者，先生據石爲書之，殊古勁。觀者方歎絶詣，先生掀髯舒眺，一嘯而行矣。日或動粤遊興，友人以卜不吉尼之。先生斥其妄，浩然行，遂卒於途，年五十五歲，時乃嘉慶丙寅也。

先生胸懷高朗，與人交，不設城府。静樂李觀察鑾宣頗傲岸，於時文人少許可，獨契先生，贈詩有"淵默静者流，相對如飲醇"之句。又嗜書法，攻唐賢歐陽，外浸淫於宋之蘇、黄、米、蔡及元明諸大家。所作行書，其遒秀者雅具陳香泉、查仲韋風槩。詩無存稿，流傳諸篇均典雅工煉。讀書務博涉，經史而外，如道釋兩藏及天文、地理、兵律、醫卜、奇門、壬遁諸術，均究其旨歸。卒無子，同時爲兄弟交者有李先生羲民，亦以書法及高曠稱。

李先生樹嘉，字玉柯，號羲民，臨縣人。父錫嘏，以乾隆乙丑進士官河南，爲杞縣令。先生隨侍，時母殁，父卒於任，庶母某頗苛待先生。冬月至，衣葛，先生不敢懟，惟閉户日讀書。

未冠，入邑庠。旋以優等食餼。刻苦爲文，致患健忘病，泣然曰："無能繼先人之事矣，可繼者先人志而已。"遂遊燕蜀數年，翻然歸。發篋讀醫家書數十年，通其旨。有販鬻至臨縣者，患疫殆殭矣。先生過寓，聞歎聲，詢其故，曰："疫非他症比，即殭，或可救也。"肆人慫恿先生入診，亟合藥以鐵箸啟齒灌之，頃刻，心微熱，息轉呻矣。連進數劑，病大愈。遠近傳先生神醫，先生意顧不在是也。

喜作書，曰："家學何可廢耶?"所居碑帖充左右，興到即作，不分雅俗。非興發，累月不一點筆。尋以歲貢銓静樂教官，先生挈眷之任，饋遺宴請槩從謝絶。諸生謁見者，娓娓訓迪，不少倦。嘗娶妾，生二子，皆以痘夭。自後屢不育，遂無子，取《陰符》《道德》諸經及《參同契・悟真篇》參究批點以會其趣。閒置道服、僧笠、蒲團、禪杖等物以自娱。人勸買妾者，云："可冀有子。"先生曉之曰："人欲有子，將爲承先乎？啟後乎？抑奉養自身乎？承先計，我雖不才亦非

下流，時覺有愧先人，今即有子，能必其勝於我乎？爲啟後計，我雖不德亦非敗德，尚不能庇蔭後人，今即有子，能保其不敗德乎？爲奉養自身計，哀哀父母，百身難贖，七十老人更復何求？且孝子順孫，萬難一得，勢必反作牛馬，自討苦吃，愚孰甚焉？”勸者謝去。先生尋卒，爲嘉慶丙寅年，竟無後。先生一女，適秦太守麗東，夫卒，以苦節課子。論者謂其孤峭，有先生風云。

學博楊定軒先生事略

先生諱國泰，字定軒，號治寰，寧鄉縣人。幼孤，母李氏撫之成立。稍長，好讀書，事母孝謹，元日猶不輟。母憫其孤且勞，嘗勸稍息，先生曰：“開卷有益，不覺其勞，母氏無慮也。”長以文行名，家貧，躬耕爲養。弱冠入學，旋以高等食餼。嘉慶戊午，舉於鄉，侍母疾，寢食俱廢。母歿，饘粥三年。

會試屢不售，遂就教職，補太原縣教諭。先生抵任，實心課士，士皆喜附之。經先生指授，多登科第者。會修邑志，延先生編纂。志成，大吏雅重之，旋遷聞喜教諭。以年資推陞朔平府教授，擢福建永春州州同，先生辭不赴，改授長治縣教諭。歷任教官，好汲引人才，不屈於顯貴。本邑受業及所任教官諸縣，士子多獲科名，稱佳士。束脩所入，恒捐以贈貧者。道光壬辰，上官裁減冗員，擬以寧鄉山僻小邑，併入永寧州。官民皆不便，無敢爲説者。先生獨與及門王大令畲極力斡旋，事得寢。

先生爲學，博綜無涯，尤深於《春秋》，著有《〈春秋〉合璧》四卷，《十三經大義》若干卷，所爲古文，名《豹斑集》，四卷。又旁通醫卜星相諸説，晚歲積書至萬餘卷。舉所藏醫卜星相諸書數十部悉儲於廟社，曰：“是可資寒士謀生，且循而習之，皆不至入歧途誤人也。”教及門諸子學，以性理、經濟爲要，躬行爲先。嘗舉李二曲《反身録》及《于清端政書》爲準，曰：“能守定此二書，出處俱無不可也。”既屬子

增生佃備録所藏書名，先生將别擇排類，編成目録，以便稽求。甫竣而卒，年七十二歲，時爲道光甲辰也。後邑及門諸子呈懇大吏，祀先生鄉賢祠。同治庚午，經何中丞璟奏，准入祀焉。

明府蘇雨亭先生事略弟於淦、姪始大附

先生諱於沛，字雨亭，徐溝縣人。父作聖，官廣東鎮平縣知縣。先生幼好學，耽詩，迭以古學受知學使者。嘉慶辛酉，充選拔貢生，朝攷未售。娶太谷温氏，婦家方鼎盛，官京官外皆有人。先生性嗜風雅，遂裹糧遊江淮諸區，皆與各地詩人相唱和。返，又過鄒縣，謁孟子廟。至是，詩益進而益工，五言得王、孟、韋、柳風，七言亦駸駸乎有中唐風格云。

庚午，學使黄勤敏鉞檄行各屬保送舉貢生監試，其尤送晋陽書院。時上將以辛未幸五臺，舉召試大典爲預備。先生既在選中，黄公尤加契重。明年，出忻口，謁元遺山墓，歷五臺諸勝，並從觀雁門、勾注諸邊防。試畢，列一等，賜局緞袍褂，以教官用。先生遂再入都。歸來，遊晋祠及清源之東湖、平泉，或省垣小寓，所至均以詩紀之。

丙子，署河津教諭，於是西南謁郭有道祠，過韓侯嶺，又攬龍門、禹廟、太史公、文中子、薛文清諸故蹟，且官紳輩重先生文名，分題鬭韻以爲常。未幾，選授孝義縣教諭，其地近汾陽，脯脩亦贍。先生爲諸生講藝外，購書連屋。又闢署西爲小園，有栩栩亭、悠然臺、戎葵塢、鳴蛙徑、待月廊等，春秋佳日，與邑人士觴詠其間。且在官凡十餘年，距近緜山諸勝，無不有先生詩蹟。道光甲午，以積資推陞蒲州府教授。其地山連華嶽，路接潼關、中條，王官、涑水相距未遠。又同年楊百帆向順尤與先生契。於是探吴蓮洋金鵝館梅竹，觀萬古寺紅葉，登風陵，望潼華，益增詩興。又畢中丞沅方撫陝，以蘇文忠生日設祭，爲詩徵和，先生遥和之。遊華山及中條、王

官，亦均有詩，詩名益盛。先生又葺新宇曰小棲巖，曰一枝山房，時爲文酒之會。及戊申，以母憂歸，箱橐纍纍，鄉人猶謂先生歷任繁區致然。及喪葬後，先生日用漸凋薄，且頻出藏書求售易米。至是，始知向之充箱與橐者皆書云。服闋，以年老家貧赴省驗看，授朔平府教授。其學宫在威遠堡，塊然亂山窮漠中。先生至，署屋曰小陋居樓，曰見山樓。雖意興未衰，然所作諸詩猶拳拳蒲州諸勝云。咸豐乙卯，以資除江西東鄉縣知縣，先生以年老辭。未幾，告歸，卒於家，年七十四歲。

先生詩取法唐則王、孟、韋、柳，宋則梅宛陵，清則王漁洋，五言七絶諸作均得其意。所著詩曰《賜綺堂集》以誌恩幸，《分匏萍吟草》，在孝義有《吐京集》，蒲州有《蒲坡集》，鄉居有《得歸茅屋小稿》，在朔平有《紫塞集》，告歸有《慊樂軒小稿》，共十卷。雜、駢、散文二卷，詞一卷，試律及賦共一卷。惟在蒲刻有《賜綺堂詩》二卷，《續詩》二卷。居鄉時，與甥喬勤恪松年通函，選録詩文二卷，與諸稿均未付刻。

弟於淦，字秋浦，爲諸生，亦有詩名。以《遊晋祠詩》受周學使系英知，嘗採以入《山西攷卷》，爲時傳誦。嘉慶癸酉，舉於鄉，年甫十九。鄉老輩以年少望輕，未甚重視。遂授徒太谷，益自勤讀，業大進。丁丑，卒，年二十二歲。

姪始大，字蔭遠。先生憂歸時，嘗從問詩學，且好書畫，亦有翛然致。先生在朔平，問業書函間日不絶，爲徐溝名諸生。同治甲子，黄學使鈺刻《山西攷卷》，采其數律入之。屢秋試不第，成歲貢生，邑之稱文學者皆推重焉。光緒戊戌，劉學使廷琛耳先生詩名，徵取其稿，且爲唱和。未幾，卒，密大令昌墀時宰徐溝，挽以聯，有"仰看奎宿哭東坡"之句。遺著有《道南詩稿》藏於家。

明府常晴川先生事略

先生諱煜，字經垣，號晴川，長治人。父德明，乾隆癸卯舉人。先生少穎異，父課之讀，一日，爲講朱柏廬《治家格言》，先生至"讀書志在聖賢，爲官心存君國"二語，諷之再四。父撫其頂，曰："孺子時念此二語，得之矣。"未幾，父卒。先生撫三弟，養而兼教，有過，督責不少貸。先生應童試，爲周學使系英所激賞，刻其詩於試牘。爲諸生，以文行著。嘉慶庚申，舉於鄉，時先生年甫弱冠也。七試會闈，不第。丁丑，大挑一等，以知縣用，分發廣西，歷署灌陽、武宣、昭平、平樂諸縣，署平樂府同知，思恩府通判，補永淳縣。道光丙戌，乞致仕，時年甫五十餘也。

先生任平樂縣時，爲知府唐鏡海先生鑑賞拔。遇歲旱，每捐廉倡賑，全活甚衆。憫平樂士習樸陋，恒公餘如書院察諸生勤惰。遇課復擬文，爲多士程，且置書千百卷，儲一堂，任諸生觀覽。及署武宣，值久旱，開倉平糶。任永淳，亦多善政，如鋤豪强、決疑獄、起沈冤、清積案、培養學校、保護善良，承審大案十數起，均明允，民心悏服。以故去平樂，時值制軍阮文達元巡邊，士民合呈保留。礙於例，阮公令將所舉所行繪圖上報，以爲各屬式，時論榮之。而平樂人則於書院側建生祠，以誌遺愛焉。先生既解職，由粵買舟北還，歷覽江南諸名勝，成《桂林紀遊詩草》。歸裝衣服長物外，惟圖書、詩卷、茶竈、酒鐺，飄然一老諸生也。

潞屬文學共推先生爲巨擘，執經請業者無虚日。先生一一爲説解，不計脩金。其極貧者，且貸之金，使應試。門下以文名者五十餘人。先生二弟煌，得優貢。三弟焜，爲名諸生。四弟爔，得拔貢，均承先生教者。先生復令諸子姪於樓上課讀，非呼召不得輒下。自爲及門談藝論學，時或纂述。性嗜菊，植數十百種，每於春秋佳日，飲酒賦詩，足不履城市。而每届冬時，出家粟賑鄰里貧乏以爲常。又

有人倫鑒,遇佳士於寒門商賈者,或賙卹,或拔賞,皆得有所成就。於道光辛丑卒於家,年六十七歲。潞守贈額曰"望重鄉邦",長治令贈額曰"古之遺愛",鄉人既爲碑以記德澤,復哀集輓詩成《寡過未能齋輓詩》二卷。府屬紳耆率請從祀鄉賢祠,得旨。

先生性剛毅,治身特嚴。然士有特長,每稱道如不及。所爲詩文雄毅有魄力,成《寡過未能齋集》若干卷,《增補理學宗傳》若干卷。先是康熙丙午,邑人程二漳明經之玿輯《有明潞安詩鈔》,甫寫定,先生踵其業,爲之删繁補闕,成《潞安詩鈔前編》四卷,又輯自清順治至道光,成《潞安詩鈔續編》十二卷,並以付刻,二編人名下識以小傳,使讀詩者兼知其人,談潞文獻者莫之先也。

明經閻天池先生事略甯述俞、王之鑑、趙祥錫、常守質附

先生諱南圖,字天池,一字天放,號蘗菴,别號蒓鳧,榆次縣人。父偉,以武生官福建,任南平縣知縣,有政績,好爲詩,著《蘆灣逸人稿》。先生幼受詩學於父,喜凌駕排奡,近初唐四傑風格。又縱覽閩中名勝,皆發爲詩。父以年高告歸,先生年十四歲。歸途所經如西湖、洞庭、彭蠡等,皆攬其勝,踰黄河、登太行以歸。爲諸生,尋以優等食餼,才名冠一時。更取法大曆十子,既而厭其平易,力鑿幽僻,乃近永嘉四靈派。又能爲歌詞,詞成,以紫竹簫自度。每月夜,携簫依水石林木間吹之,激烈咽婉,木葉蕭槭,群鳥悲鳴,人目爲狂士。先生夷然也。又工畫,風林霧岫,漁舍樵莊與烟雲相映,楚楚有致,稱能品。

嘉慶辛酉,鳳臺李牧坪錫麟成《山右詩存》,先生充採訪兼助刊行。連科試,未售,以甲子中副榜貢生。遂盡棄舉子業,肆志遠遊名山大川,往蹟勝境,無不有歌詩。與陽曲折佩湘遇蘭、申鐵蟾兆定,介休茹容齋綸常及李牧坪稱詩友,尤莫逆。同邑王嘯岩訢者,恃才不羈,能詩畫,工製香及度曲、鎸印,由諸生捐典史,河南候補。先生

嘗從學，及遊江、浙、皖、贛，歸，僦居濟南，卒於旅次，先生哭之以詩。又王數峰峻者，以畫名。嘗登華山絶頂，繪《太華全圖》，華陰令爲勒之石，且廣召文士，賦詩以張之。先生爲執後輩禮，侯静軒戴清者志高遇窮，抑塞之氣託於駡世，善吹笛，於時人無當意者，獨昵就先生，過輒尊酒，議論上下千古。其卒也，先生皆以詩記之，且各述其行略及撰著，以存邑文獻。

先生嗜醫家言，明其理，遊覽所至，以術自給。常館太谷孫氏，主賓尤契。孫氏刻先生詩，曰《留影龕餘稿》，附以詞，凡二卷。先生晚無子，因僑居太谷之東莊村。婦卒，買妾，行醫之暇，於蘆簾紙帳間，彈琴詠詩，詩境亦變，而入劍南一派云。道光辛卯，卒於僑寓，歸葬李牧坪，署其墓碑稱"詩人閻南圖先生墓"，並爲小傳刻之。先生遺著有《南村詩草》《留影龕集》《林雨嘶蛩集》等名，詞名《柳蟬吟雨詞鈔》，傳録不一，本刻者惟《留影龕餘稿》，附詞。又著《脈決無雙》《脈法正宗》《傷寒定規》《外科囊括》《眼科金篦》諸書，皆稿藏於家。又刻印有圓秀蒼潤態，彙集爲《蒓鳧印譜》。先生身後，妾抱遺琴居塋側小屋，非故不入城市，及病，以先生琴遺邑諸生甯古愚述俞，且屬身後事。古愚於其卒，附葬先生之壙，以成其志云。

甯先生，諱述俞，字古愚，爲諸生，縱任不羈，好爲詩詞。時榆次講古學者以閻天池南圖、胡柳渠豹變爲巨擘。先生獨深契天池，得其遺琴並葬其遺妾。既秋試不售，遂棄諸生，習醫術。館太谷孫氏，工着棋，稱時名手。又重然諾，工心計，爲孫氏經紀商業，得南遊，所過名勝，悉寓於詩。孫氏待先生爲上客，先生亦盡心孫氏家計，無虧折。所居源渦鎮有元徵士趙彬講學所建源池書院，明代重葺，闢院之西爲聖廟。至道光甲辰，廟圮。先生募資興復聖廟並書院屋宇十餘間，以便諸生誦讀焉。後卒於家。光緒中，刻其遺詩曰《榆石山樵詩草》，凡四卷。

後榆次之以詩聞者，如王孝廉之鑑，字寶三。光緒辛卯，舉於鄉，著《讀萬署盧詩集》，後以不檢，受侮邑令閽人，悒悒不自聊。丁

末,卒。又趙茂才祥錫,字訒齋,究目録學,不沾沾時文,有《蟫吟詩草》,光緒末,卒。常茂才守質,字素亭,與弟守實友誼最篤。光緒中,嘗遊塞北,經營商業,與赤城老儒李應時詩篇唱和,有《知我録》一卷。庚子,拳匪難作,邑令飭鄉民演練,與同事常大令運元、趙耆賓成業議,以拳必無成,閉置公宇,不令出。未幾,群兒自解散,拳焰亦熄。壬寅,再遊塞北及京師,有《北遊雜詩》。歸,境日窘,民國二年,卒於家。

參軍曹書農先生事略

先生諱樹穀,字藝五,號書農,汾陽縣人。祖祝齡,官京師,先生生於京寓。幼,父汝瀾卒,祖母及母撫之,授以書,能解其意。嘉慶壬戌,祖致仕歸,先生即家課讀,經籍而外,兼嗜詞章。年十七,爲諸生,督學黄勤敏鉞大加激賞。家故多藏書,先生課餘恒涉覽,節要舉凡,纍纍成册。夜半猶誦聲不輟,祖常謂諸叔云:“是子年幼好學,異日應以文學著名當世。顧性不愛時藝,如科名何?”先生遂盡力時藝以期繼祖風。至是,科歲諸試均列優等,鄉試輒擯。

道光丙戌,母賈節孝合年例,呈請,得旌表。又值母六十壽期,預捐布政使理問職,請得六品封典,且廣徵詞章以爲闡揚。先生仍每科必試,冀以科名顯親。嗣年逾五十,母春秋亦高,始棄去帖括,究心著述。先生祖嘗從錢竹汀、翁覃溪、紀文達受業,學有家法。先生幼即深喜宋王伯厚、明楊升庵學,慨慕其人,於是纂輯向時考辨群書及闡幽表微,間及時事,成《潛廬葉掃録》二卷,《晴佳亭筆記》二卷,《尋夢吟屋叢録》四卷。又仿宋晁公武《讀書志》、陳振孫《書録解題》,爲《潛廬讀書記》以述所讀書。陽曲張静生廷鑑嘗輯《傅青主年譜》,先生爲之詳加訂補,成《公之他年譜》一卷,附録異聞佚事二卷,曰《傅氏談苑》。

《汾州府志》曾由先生曾祖學閔介紹,聘戴東原震纂輯,成一代名

作。先生爲之補遺訂誤,成《〈汾州府志〉考謬》二卷。又縣誌修於乾隆辛卯,至道光庚戌,幾百十載矣。周大令貽纓重修,禮聘先生,使總志事,成《汾陽縣志》十四卷。輯唐宋迄今汾陽人詩,成《汾陽詩鈔》二十卷。先生以先賢卜子夏設教西河,其祠洞遺蹟確然可考,於是纂爲《卜子年譜》《卜子傳經考》《卜子言行録》《卜子弟子考》,凡五卷。又紀録雜事,仿紀文達筆記者,名《侑尊鎖語》二卷,皆寫定成編。又綜集金元雜别史、文、詩、碑記,爲《〈中州集〉考異》。擬仿《全閩詩話》爲《山右詩話》,晚爲筆記,曰《拜石居客談》,皆稿本,未寫定。

先生既無心仕進,又恐後學務於科名,以空疏荒棄正學,遂約同志先後有任桂堂廣文、李樂山、曹石史夢巖、賈香庭繼芸、吴哲士峻德輩,研求古學,互爲師友,曰"汲古社"。後進求讀書知古者,皆宗仰焉。

先生家居,孝母篤族,且多義舉。道光壬辰,霜災。先生倡捐賑以活鄉里,親族及近村皆得食,一境亦安。又痛宗祠頹廢,率族人重繕且定廟祠章程,依禮訂合食法。又重刻曾祖學閔《紫雲山房文鈔》,校刻祖祝齡《生雲精舍文鈔》,重定《家譜》二卷,合刻家世諸志傳,文字與譜並行。又選汾陽《曹氏詩鈔》,凡六卷。先生少壯時,以跌宕自喜,流連聲伎,嘗作《萬花供養圖》以寄語。晚歲家境漸落,布衣疏食,興致翛然,所居值花木,羅圖書。春秋佳日,與友朋爲文酒會,里閈罕覩其面,命曰"潛廬"。然遇邑公事,則不避勞怨,以便國便民爲圖,不能干以私。咸豐辛亥、同治壬戌,例舉孝廉方正。邑人皆合詞舉先生,邑令敦請,先生力辭。

壬戌,先生年七十,同志多以詩文爲祝。先生則自述悔不可追者五事:爲時文不諧俗,家事不能理,不能揚名顯親,不能副師友所望,不能大周貧乏。又述可自信者二:一則私淑錢竹汀學術,識其淵源;一則無志用世,故能坦坦幽棲。曹石史則稱先生以文苑、儒林兼隱逸云。未幾,先生卒。子元善,以醫自贍。

先生性醇厚,篤内行。與人交,精白一心,不知機巧變詐爲何

事，以抗爽自喜。論學以顧亭林、朱竹垞爲宗，文亦近竹垞。其峭潔兼取魏叔子。詩初宗翁覃溪，晚年恬淡，近王孟。詞則取法玉田、白石，不爲粗廣纖靡語。文詩集爲《閑山堂詩文鈔》六卷，《晴佳亭詩草》二卷，《倚劍詞》一卷，合著作諸稿初藏弟樹柏家，嗣均散佚。邑王法學士振烈裒集叢殘，得文八篇，詩四十七首，詞七闋，統名《潛廬遺稿》，並《石史孝廉詩》刊以行世焉。

石史先生，諱夢巖，字石史，號介谷，又號雪蕉，於書農先生爲族叔，年差少。讀書不溺没於俗學，爲名諸生，好詩兼善彈琴、篆刻，與書農先生爲汲古社同志。嘗得明劉文成蕉葉琴，深爲寶重，所行必隨。

咸豐庚申，客遊張家口，值繆鴻初冠瀛官吏部，以譴謫軍臺，詩酒往來，志益契，先生尋以同志。壬戌，舉於鄉。明年，會試未售。冬歸，境日困。甲子冬，應平陽府署記室之聘，途次感寒疾，歸，尋卒於家，年三十七歲。先生素以詩名，所作詩不經書農先生繩削，意終不愜。嘗遊緜山及近邑諸勝，率紀以詩。又信宿潛廬，玩月賞花，亦無不有詩，所謂新樂府詩，尤具"言者無罪，聞者足戒"恉。五古歷擬漢魏以來至初唐。與書農先生合選《汾陽詩鈔》。先生自著則有《録雲書舍遺稿》。民國六年，外孫王法學士振烈蒐集叢殘，得先生古近體詩九十二首，詞十一闋，文一則，皆書農先生評點者，薈而刊行。

明經程介山先生事略趙昌業附

先生諱林宗，字泰卿，一字介山，武鄉縣人。幼讀書，警敏好深思，不規規於制舉文。博覽經史百家言，以傳人自期許。或且迂笑之，不顧也。爲諸生，每考輒高選。嘉慶庚午，黄勤敏鉞督晋學，將取先生優貢，未果。癸酉，周學使系英攷選拔貢生。

先生身素弱，病中不廢讀書。至道光辛卯，病暈，遂絶志進取，益以文學自娛。獎勵後學，不遺餘力。談鋒甚健，聽者多忘倦。性

不喜爲人師，嘗曰："吾生平知無不言，言無不盡，解人可索即此當授受也。"鄉人皆重先生，有文事皆屬之。先生亦篤孝友，尚風節。其先刺史康莊塋傾頽已久，祭田且分裂。先生合族衆爲修墓，以祭田按籍歸公，備祭掃，立宗會，族人大服。又從姪某没，而子幼，家且落。先生代爲經理，撫幼子，了債券，子能成立，悉以歸之，無稍私。邑人築城，先生董工作，尤著勤慎。岳大令維城稱之，曰："君之文爲於舉世不爲信，特立不群之士。君之才，即南面郡縣，循吏亦可立致也。"先生卒優遊鄉里以終。咸豐壬子，卒，年八十歲。

遺著甚富，其成帙者爲《〈孟子〉醒批》《〈史記〉文津》《〈左傳〉瓊林》《崑崙年譜》《司空家乘》，《介山文編》三卷，《鷩鄰詩草》二卷。先生爲諸生時，值雲南王樂山崧宰武鄉，激賞其文。王公富藏書，先生得盡讀之。文中稱《論語》云："孔子弟子見者二十九人，尚醇疵參半，瑕瑜不掩，則三千七十又何論乎？蓋天以生物爲道，聖人以體道爲教，後儒嚴以衛道，其弊至鄉愿之徒亦得依傍其間，而聖道反晦。"

又據《憲問》牢曰："定《論語》即此二十九人所記，其徒之門人傳之。"復援《中庸》《公羊》《穀梁》尚遜於《論語》，而不傳姓氏，不見載籍之曾子，有門人反勝於子思，《公羊》《穀梁》信其爲親炙聖人之久者所作。又稱講書之作足以亂經而廢注，《論語》"鯉退而學《詩》，學《禮》"二句，文注均明白。講者改孔子勉之之言爲"伯魚自言則涉自矜於未異聞有間"是尤不通之論。

又論《中庸》云："宋儒之學由《中庸》起，遂目其書爲傳道之書。若以孔氏之教，無不原於此書，爲千古不傳之秘。不知其書出自六經，其事則唐虞三代禮、樂、兵、農，無所謂獨得與奇異，是《中庸》之爲書也捨事業而高談性命，《中庸》豈有是教哉？苟不至以《中庸》爲專言性與天道之書，則《中庸》與宋五子之書兩得矣。尊孔子教愈精，而愈失德行。言語、政事、文學代不乏人，稍有聖人之一節，則一才一藝皆能不見絶於聖人。聖人之道常行，而《中庸》之統以立，而必曰'名臣良將不得爲《中庸》，文人學士無與於《中庸》，吾見鄉愿

之無非無刺已接蹟而來矣。’”

又論《史記》爲言事，非繹理爲文，非續經，反復數百言，皆中肯綮。又論《莊子》荒誕之説即矯弊之心，其矯弊之心即明道之心，莊子蓋以爲彼知吾説之過，當其心已明。而先王之道具在，初不必俟吾言，故其教人之言不爲正，而爲反，心亦可謂曲而苦矣。論《管子》逆知王道難以猝行，其道必及於天下後世，是以《山高》《乘馬》諸篇言之不足，而又長言孔子之稱爲救時起見，姑取之以待王者之來，是匪風下泉之思。孟子之卑爲後世立法，王霸之辨在於誠僞，率天下而害仁義，皆假之一念啟之。孟子以衛道自任，恐其行於後世，安得不卑云云，皆持論之精者。與先生同時同名者有趙先生昌業。

趙先生，諱昌業，字敬哉，一字肄園，武鄉縣人。父擴，以乾隆乙酉舉人，嘗任滎城令。先生少耽詩，長而博涉群書。嘉慶辛巳，王樂山崧宰武鄉，課士首取程介山、林宗繼，復拔先生。庚午鄉試，甫出首場，聞父病，急馳歸。主司得卷，擬中第三，以不得二三場卷，擯。先生家故貧，教授自給，不苟取予。爲文爲學日益邃，嘗謂：“文以凝鍊，設色爲工，粗疏淺陋，果有當於古人耶?”其文由《文選》入，晚愛《陸宣公奏議》，圓暢流走，能得其意。詩則學西崑體，兼温飛卿、韓致堯，晚化於陸放翁。道光癸未，爲恩貢生。甲申，卒，年五十八歲。遺著成卷者曰《潛居瑣記》《課餘草》。己酉，邑文學范桓一士熊輯刻《南亭詩鈔》，選先生詩一卷，程先生詩二卷焉。

明經張月齋先生事略

先生諱穆，字誦風，譜名瀛暹，平定州人，嘗自署其地曰石艾，曰石州。阮文達稱碩洲，世遂稱石洲，復取同聲稱石舟，晚號月齋居士。父敦頤，嘉慶辛未翰林。戊寅，簡福建正考官，卒於途。次母李繼配甫十月餘，聞訃慟絶，欲身殉。時先生十餘歲，撫之而泣曰：“汝父去時以兒屬我：‘我死，兒幼弱，將雖屬耶?’我姑俟之。”遂絶葷酒，

携先生依莫侍郎晋於通州倉場官署。先生故好學敏鋭,至是益矢志樸學,尤好深湛之思,辯難析疑,精確皆出人意表,又以餘事爲詞賦。程侍郎恩澤激賞之,曰:“是得漢學淵源者。其文章努力爲之,東京崔蔡之匹也。”道光癸未,歸授室,母卒,遂與兄補菴晋暹、叔正麗暹同讀,兄弟友愛,戚黨皆稱之。

服闋,爲諸生,負文譽。戊子,科試擢第一,與兄麗暹同以高等食餼。辛卯,取優貢,入京復考,取正白旗官學教習。時祁文端寯藻官京師,雅重先生,先生亦以姻戚故依之。一時名下如俞理初正燮、魏默深源、趙伯厚振祚均精史學,陳頌南慶鏞、許印林瀚、王菉友筠均精小學,羅茗香士琳、鄭浣薌復光、徐莊愍有壬均精算術,徐星伯松、沈子敦垚均精地理。先生先後訂交,皆能取其精,去其疵,爲學日精進。丁酉,祁公督江蘇學,邀先生佐校閲。阮文達元時家居,見先生所著,歎曰:“二百年無此作矣。碩洲乎,碩儒也!”由是學日邃,譽日起,顧性剛負氣,不隨時習熟軟。

己亥,應順天鄉試,携瓶酒入監,搜者使去酒,先生飲盡而揮其餘。監者怒,命悉索之,破衣被,毁筆硯,無所得。先生捫腹曰:“是中便便,若輩豈能搜耶?”監者益怒,僅得筆囊中篆書一行,曰:“是懷挾也。”送刑部,比白,竟不得赴試。先生雖以年勞得知縣候選,絶志進取,益講求經世之學,兵制、農政、水利、海運、錢法等皆究極源委。僑居宣武門南,閉户著書,不謁權貴。一時名卿巨儒以著述文辭求正者,先生不問其位望,必指頮索瘢,無稍隱。遇嗜學迂僻士,雖素出己下,輒節折推之。吕文節賢基嘗言:“爲文不經石州訶斥訂正,未可示人。”又推先生“研經似賈長頭,攷史似劉子玄,談地理似酈善長、王伯厚,論治體似陸敬輿、白樂天,行誼卓絶、文辭瑰偉則似蕭穎士、徐仲車”,時以爲公論。與何子貞紹基、苗先路夔爲優貢同年,交尤摯。嘗共爲圖,曰“烟雨歸耕”,名流多爲題詠以張之。時陳頌南以御史官給事中,尚風節,敢直諫,深服先生,曰:“令斯人服獬豸冠樹立,過吾輩當遠甚。”

先生嘗遺陳公書，略謂：古今無徼幸之名臣循吏，願斂徵逐之蹟，發架上書，擇其切於實用者，窮原竟委，單心研貫，一事畢，更治一事。然後於朋友中明白事理者，相與討論。他日出而宰世，不至有言行不相顧之疑也云云。時稱先生合直諒多聞，爲友道中能行古誼者。丙午，陳公果以劾權貴被斥歸，直聲震一時。

徐中丞繼畬嘗摭東西諸國事，爲《瀛環志略》，以稿示先生。先生既遺書辨析，復稱：《春秋》之例最嚴内外之辭，不妨以彼國信史姑作共和存疑之論，進退抑揚之際，尤宜慎權語助以示區别云云。後徐公果以《志略》中"西方王氣鍾於日耳曼"一語爲忌者所摭，抹其"西方"二字並疏防官犯事揗之落職。

祁公以尚書官軍機，先生遺書稱："應詔陳言之人類擁腫曲拳，可笑若逆科。人才不過如是，來即揮之，揮不數人，不才者不來，才者亦竟不來矣。以求始以揮終，天下士何堪如此敗壞？國之大臣不當以此責天下士也。惟獻策者宜詳其然否，究其蹤蹟，明發綸音，分别處置，俾人知聖天子求才既切，旌别又嚴，庶幾真才漸出，出亦有爲世用之望。"

癸卯，遺書直隸方伯，稱：水害去即水利，宜通飭沿驛州縣，於道旁逼近民田者浚溝補樹，移土培途有五利，所謂"未快胸膈，先利咽喉"云云。

又推論楚敗於吴，亡於秦，爲諂諛用事，不肯爲國任患。又論海疆善後，宜重守令。守令賢則民坿，而親民肅而畏，既親且畏，則法立令行，其善有十。督撫所保率趨走便習之人，若海疆則視爲畏途。其願往者必多悃愊無華之吏，再寬處分，授便宜，久任超擢，體以誠意，則百廢並興，百利並舉云云。他若爲公卿志狀，於莫侍郎，則詳具其倉政始末；栗恭勤毓美，則詳叙其治河用塼壩之故；祁恭恪𡊮，則特詳其變通考試遴選人才之疏。皆不苟屬文，其他述骨肉之痛、友朋之雅，則又字字血淚也。

嘗校刻祖佩芳《希音堂集》及《元遺山全集》。又取師友遺草未

傳者，編次付刻。爲靈石楊氏校刻《連筠簃叢書》，尤稱精審。而先生則館穀所入以贍亡兄之孤，或戚友緩急，晨炊乏米，意恬如也。

丁未、戊申，迭遭伯兄開暹、三兄麗暹婦趙諸喪，子孝蘭亦慧而早夭，先生益侘傺不自聊，署所居曰“月齋”，曰“洊雷室”。己酉冬，以寒嗽卒，年四十五歲。

先生眉目疏秀，性尤岸兀，磊落嵚崎，不可一世。所著書，其付刻者爲《顧亭林年譜》《閻潛邱年譜》。《蒙古遊牧記》屬稿未竟，爲何願船秋濤踵成之。《延昌地形志》則糾魏收貢諛東魏，補晋隋《地志》失詳，通讀《水經注》之徑術。先生嘗爲祁鶴皋韻士校刊《藩部西陲諸要略》及《西域釋地》《萬里行程記》。又得校讀《元秘史》《元聖武親征録》《蒙古源流》《邱長春西遊記》諸書，故二書爲言西北地理，至精核本。《〈説文〉屬》與《靖陽亭劄記》均草稿，未寫定。其《月齋文集》八卷、《詩集》四卷，則先生殁後，門生吴子肅履敬、子迪式訓兄弟所裒輯，祁公爲醵金付刻者。

書法草隸遒逸，能取章草，合以漢石北碑之神，而出以河南魯公神韻。於蠅頭細字，尤見精峭，世多寶貴。畫間爲之，亦雅潔有致。嘗考得顧亭林先生寓京師慈仁寺即今報國寺，於道光癸卯與何子貞醵金建祠寺西，徧集名流，爲亭林生日之祭，爲詩及文以記之。先生卒，同人爲位，陪祀祠中，又以祀平定州之崇賢堂及省垣晋陽書院三立閣，並配享令德堂之傅青主、閻百詩、范彪西、吴蓮洋四徵君祠云。

明經劉雪崖先生事略

先生諱霦，字雪崖，號寒玉，別號龍泉山人，壽陽人。父元一，乾隆庚子舉人，教授鄉里，著有《帝王年系》《都邑便覽》。兄霨，嘉慶辛酉拔貢，丙子解元。先生幼承父兄之教，行事作人一以古人自厲，不沾沾於舉子業。父早卒，兄旋病，先生事湯藥，不離左右者數月。及母殁，先生臨食每泣下，取母遺服，每日焚香泣叩，哀動鄰里。三年

後，乃焚之墓側。未幾，兄亦逝。先生以顯親揚名，不僅在科名。遂棄去諸生時文，益發篋讀儒先書，尤慕傅青主先生之爲人，所得片語單詞如獲至寶，行坐必携。

初乾隆中，陽曲張思孝先生耀先嘗輯青主先生著作，成《霜紅龕集》十二卷，刻於宜興。甫竣，以四庫館所徵書籍中凡涉禁忌者悉得罪，於是懼而焚其版。及乾隆末，太平劉稼莊先生贊爲太原府教官，輯青主遺作於燼餘，僅刻詩二卷，《冰鐙詩》一卷。道光初，陽曲張古愚先生廷銓得《霜紅龕集》十二卷原刻本。又值五臺徐廣軒先生潤第、崞縣張東墅先生震先後館張氏，均以蒐輯青主遺著及勘定編校爲職志，又得青主六世孫履巽所録者尤夥。先生既喜同志之多，又以青主遁跡黄冠，時從壽陽五峰山道士還陽真人郭静中學道術，遂裒輯遺聞軼事。張先生廷銓共輯得《仙儒外紀》十卷，取青主詩"頓悟有仙儒"句，分載還陽、青主事實也。晚輯刻《霜紅龕備存》四十卷，凡張、徐諸先生有所勘訂，悉載之。先生尤於真僞之辨持之絶嚴。又輯傅壽髦《我詩集》十二卷，附《霜紅龕集》後。相國祁文端、明經張石舟先生穆均敬禮先生，稱爲青主功臣云。

先生勇於爲善，勤於任事，嚴於取予。壽陽縣如修城、修書院及方山昭化院、五峰山龍池院等，均推先生督役，事畢，無絲毫染指，至出家粟以貸飢民。又禀除豺狼，請禁空盤，尤連次呈請，必如所請而後已。人或笑先生爲迂，先生不卹也。時晋中樸學風稍衰替，如祁公官於朝，張石舟、閻夢巖諸先生亦遠在京中。先生所學既不諧俗，惟蒐討青主遺著外，與石工李其芳爲摯交，或赴省交張古愚諸先生，或赴太谷交員月樵先生生榮，孫近居先生阜昌，劉蔚文先生天繡，以爲講學及蒐討青主遺著計。迨《霜紅》《我詩》諸集先後刻竣，先生欣然曰："山右之寶，當與全省共之，非予一人所私有也。"遂悉送書版於省城晋陽書院庋之。又選澤州陳文貞、高平畢亮四先生振姬、祁縣戴楓仲先生廷栻及青主先生四家文，爲《山右四家文略》，序云："文貞文得春氣，亮四文得夏氣，楓仲文得秋氣，青主文得冬氣。"又

曰:“文至得冬氣,則刊去粉華,大美内韞,其境無以復加矣。”當時學人群以先生爲知言。先生以咸豐壬子充恩貢生州判職。戊午,卒,年六十九歲。

子嵩峙,字岳秀,諸生,能繼先生志,善摹青主書。先生嘗爲太谷員氏摹刻青主《百泉帖》二卷,《尊頡堂帖》四卷,爲劉氏摹刻《冷雲齋帖》,均與嵩峙合摹,李其芳鎸字者。又先生集青主字爲詩,名《龍池帖》,刻於五峰山。别爲明趙忠毅南星及戴楓仲、傅壽髦諸先生位,祀於五峰山郭雨師祠。復蒐得唐李長者遺蹟,及唐宋元明以來諸殘碑經幢,於方山葺亭覆之。嘗自言曰:“吾一生所爲,惟刻傅字,輯傅書與一切名人著述,設以富貴予我,使我不得親其業,則大不樂,寧舍富貴而成此耳。”又曰:“富貴功名看得淡,方可立品。”又曰:“作事衹是思量合理與否,不必畏人譏議。”又曰:“人最不可着意求人愛,一有求人愛之意,則在朝諂媚,在友爲善柔,在鄉爲鄉願。”觀於諸説,可略見其爲人矣。著有《童子吟》六卷,選輯漢迄清詩爲課蒙作草書,宕逸有奇氣,雅近青主。分書亦遒古。詩文一以青主爲歸,諸小詩尤有淡逸恬適之趣。訓子嚴肅,嘗謂:“壽髦、壽元,何如人耶?青主先生課讀尚予杖,况我輩不及壽髦昆弟遠遠也,敢縱逸乎?宜乎祁文端迭爲詩張之,恒取青主相擬也。”

學博王印川先生事略

先生諱錫綸,字印川,初名勇智,忻州人。幼極孱弱,六歲,母即家授以《四書》及《詩經》。十歲,知四聲,能屬文。十四,應童試,爲王刺史利亨所首拔。二十一歲,始入學,迭以試優等,擅文譽,肄業省垣晋陽書院。時定襄李太守鎔經以居憂主講席,先生遂得盡讀書院所藏書,且獲交洪洞尉餐霞光霞,黎城王薇階煥辰二先生,共究詩、古文詞學。道光丁酉選拔應試者,皆擬先生,及報罷,裒前此所作詩近千首,悉火之。更求唐杜工部、金元遺山、清查初白諸家之堅

光切響、氣槩激昂者肆之，自是而詩境一變矣。

戊申，龍學使元僖歲試忻屬，考經古，先生以經解五律賦一、試帖一、七古一、七律二，午正交卷。學使訝其速，且詢平日所讀書及所著詩、古文詞，大器之。自是科試，以每場第一充己酉拔貢生。遊代州，得謁馮氏、李氏諸故家，讀其藏書。明年，廷試不利，歸，乃設帳教授於清源、文水、徐溝、榆次、壽陽諸縣。復因事如解州，謁關壯繆祠，始訂所作詩詞爲《怡青堂集》。而設帳所至，必聯同志爲文詩之會，於是得交壽陽泰旭堂東來、崞縣張小袁曾二先生。又得讀太谷孫氏、壽陽閻氏諸藏書，始裒集筆記爲《香南雜記》《王氏談苑》《在勤堂雜考》《閔堂録》等名，始報捐教職。咸豐辛酉，選臨汾訓導。抵任，以振文教、革薄俗爲己責。時假閱府學藏書。明年，以奉委送諸生鄉試，過平遥，謁徐京卿繼畬，且呈所作詩，乞點定。

同治壬戌，舉於鄉。明年，會試如京師，未售，因回任。值黄學使鈺科平陽闔屬，索讀先生詩，特取《晋陽懷古》七律八首付刻，爲多士式，曰："遺山、初白之亞也。"時李廉訪廷樟知平陽府事，雅重先生。重要文諭均假先生手，嘗代作《防冰議》，爲髮匪擾陝以策防河事，上河東楊觀察寶臣，大受激賞。又輯史鑑中言孝事得百數人，刻爲二編以授蒙塾，太守署名爲"孝史"，一時風行各屬。於是太守及臨汾令均重先生。文學相與，詩篇倡和，風氣爲之一變。而先生又輯《喜聞吾過室隨筆》八卷成，屬曲沃衛學博天鵬爲訂正。丁卯，髮匪由陝渡河，擾鄉寧等縣，薄平陽。時龔太守嘉儁集同官議防守策，定分時分段巡綽，並時登城瞭望。人民觸咸豐癸丑髮匪之痛，大兇懼，紛紛寄財物匿鄉村者不絶。先生巡守者爲西城，晝則察街巷，慰人民，夜則登陴瞭望，凡月餘，成《巡城日記》一卷。事定，太守上大府保先生勞績，請加光禄寺署正銜，未報。時城人云："官中始終不爲逃避，不改軍人鄉人裝，冀得幸免者，止五人，一爲龔太守，一李遊擊暉，一賀府教官泰來，一先生，一袁經歷友麟也。"

先生既以文學見重當道，至此，復有留心治道之獎，膺保薦得以

知縣，或教授國子監典籍，翰林院待詔陞用。先生淡於仕宦，學署多隙地，藝菊連畦，秋日花盛開，與同人爲詠菊會。詩篇往來，無虚夕。官若紳凡三十餘人，他縣及河東官屬且有以函緘詩入會者。庚午，鄉試，先生又以送考如省。甫至次晨，張廉訪樹聲即邀先生至署談文詩，且致傾慕意。自是，晋南教官中論文學者皆推先生爲巨擘，而歲時爲詩酒之會，不隨俗飲博爲娱者亦以臨汾爲稱首焉。光緒戊寅，卒於家，年七十歲。

先生幼嗜學，致患忡怔疾，尋愈。尤嗜詩娶婦，即選魏晋至清凡清麗芊緜諸作及事實香豔而規於正者，得四卷，分古、近體，以課讀，名《清閨日課》，常以諷詩談笑爲閨中樂。性樂士好文，在臨汾時，諸生隨到隨見，嚴禁門役之留難。諸生以文請業者，評改不越宿，有公事則夜繼之，凡所嘉獎者多得鄉舉考優等。又報舉孝義貞節有奇行，輒爲文以傳之，士益服。所著書付刻者有《怡青堂詩三刻》凡八卷，文四卷，《孝史》二卷，時文四卷，試策及試帖詩各一卷。未刻者有《〈禹貢〉山水録》《〈詩〉草木鳥獸分録》各一卷，《〈春秋左傳〉全文事實》十二卷，《讀〈孟〉》一卷，《聖師行蹤》《亞聖行蹤》《〈大學〉古本讀法》《讀〈孟〉分章》各一卷，《〈四書〉觸談》八卷，《歷代年紀》一卷，《香南雜記》八卷，《隨筆》八卷，《悦澄堂雜録》六卷，《雜考》四卷，《談苑》四卷，《丁卯巡城日記及文略》四卷，《古文》六卷，《駢文散文》三十二卷，《癸酉炊臼雜存》一卷，《壬戌以下詩》十二卷，《詞》一卷，《菊花窗雜誌》一卷，均稿藏於家。弟錫疇，諸生，亦有文名。殁後，先後輯其詩及文，凡六卷，刻於臨汾，附先生諸集以傳。

徵君范桓一先生事略魏守經附

先生諱士熊，字桓一，號悦山，晚號瘦寒吟叟，武鄉縣人。年十一，父母俱殁，育於仲兄妾徐氏。先生事諸兄嫂均敬，禮無間。爲諸生，循謹自守。仲兄卒，無後，先生以子嗣之，妾徐死，使子持三年

喪。諸兄繼卒,先生哀慟備至,有《哭兄詩》,讀者哀之。先生嘗訓諸子姪曰:"貪污致富不如清白以安貧也。"有友卒,子幼,先生代爲經紀遺産十餘年,卒還某氏。與交皆端人正士,平居無疾言遽色。道光末,修學宫,諸賢儒牌後屏上字漫漶,先生援據史籍,一一繕寫無誤。又慮孝子、節婦年久將泯没,集同志采訪申報。嘗登太行、渡黄河、遊懷慶及蘇門百泉,流覽名勝,各紀以詩。在懷慶,代人選刻《介眉吟稿》《沁浦詩草》《遣興樓詩》《范氏同懷詩》,又助刻邑程明經林宗文詩各集,選録武鄉人詩十二卷,曰《南亭詩鈔》。魏孝廉守經因選先生作二卷附之,署曰《瘦寒吟稿》。

先生貌故清癯,嘗雪後登山,携童擁帚,人以爲孟襄陽、陸放翁。繪圖徵詩,盈數卷。先生平居讀書作詩外,邑有公事,必再四强之而始任。歷與修城及權店、南關兩驛兵差,不辭勞瘁,不受公家一錢。咸豐辛亥,邑人公舉孝廉方正,力却之。同治壬戌,衆先以先生應舉,邑令兩學詳大府,然後敦迫入省,撫院延見二次,學使延見一次,先生以老病辭,不赴試。學使深重之,特爲書聯以爲獎異。癸亥,卒,年六十三歲。邑人悼輓者至數十,三年猶有寄悼輓詩聯至者。先生遺著《瘦寒吟稿》外,有《嚶鳴求友集》十二卷,《詩法訓蒙》,《訓蒙格言》,均稿存,未刻。同邑同志魏孝廉守經同時以文學著,且訂先生詩焉。

魏先生諱守經,字亦權,號一泉。幼讀書,聰穎勤密。十二歲,有文名。十四歲,入邑庠。岳大令維城宰武鄉,時道光丙戌試士,首擢先生,曰:"青雲立志,非池中物也!"厚獎之。壬辰,舉於鄉,會試屢未第。甲辰,擬中,亦未售。大挑亦未選,歸,教授自給。嘗主邑鞞山書院講席,士多樂就。又祁縣厚聘授徒。未幾,歸,即家講學。沁州人士仰先生風,聘主銅鞮書院講席,以疾辭,家居。與人交,不立崖岸,清修自好,嗜酒好吟。詩集有《悔不讀齋咏史詩百篇》,《古近體詩》二卷,刻入《南亭詩鈔》,《南亭竹枝詞》刻入邑志,外有《課幼緒言》《學詩初恍》及《悔不讀齋古文》,時文、試帖若干册,均稿

藏。同治壬戌，卒，年六十一歲。

觀察白蘭岩先生事略

先生諱恩佑，字啟南，號藹人，一號蘭岩，介休人。父士珍，以嘉慶庚申舉人官户部郎中，篤志儒先書，著《允齋日課僅存》。先生次行三，幼讀書京師，父舉宋明儒語録，殷殷講授，先生即通其恉。十六歲，入邑庠，旋以父憂抵家。時徐松龕先生以翰林居憂，白氏故素封，迎館於家。先生從受業，於是究文法文境及博攷古今政學源流，仍沈潛於宋明諸儒家言，旁涉釋老，藉以爲養性焉。

道光甲午，優貢生。丁酉，舉於鄉。丁未，成進士，選庶吉士，散館，改工部主事，旋入爲軍機章京。時曾文正克復湖北，有旨署巡撫，臺諫沮之。軍機會議，先生進曰："巡撫職在守土，不能專出剿賊。江忠烈一事可爲前鑒也。"恭王大韙之，遂改曾兵部侍郎，專任剿匪。又勝保以攻克髮匪北竄，功甚著，而位望尚輕。先生謂："任將不專，恐師不用命。"軍機大臣遂奏請神雀刀之賜。旋補禮部主事，陞郎中。會考御史，先生念父故有不獲登第、未得爲言官之憾，遂亟報名。朋輩或以御史清苦爲言，先生笑謝之。尋補江南道監察御史，轉福建道。

會英法軍入都和議，時人心未定。先生奉旨幫辦五城團防，請設募團丁，議不行。先生晝了公事，夜復躬督舖户，出丁巡街，不避勞怨。先後封事數十上，皆關軍政吏治之大，顧草極秘密，僅見於邸鈔者一二耳。咸豐辛酉，督湖南學政。湖南時爲人材淵藪，而士習頗有聚衆滋事諸端。先生特於發落時諄諭，以革其習。旋奉旨回都供職，轉刑科給事中。會李文正鴻藻丁艱，朝議奪情，李公力辭。先生特作《奪情私議》一篇達之，以堅其意。同治戊辰，簡授湖南長寶鹽法道，至則請稍寬緝私，以防遊民散勇之急而致變，上官意未洽。旋送部引見，然在湘所陳重省防、留宿將、寬從會之誅以預杜亂萌諸

事,湘撫又稱爲“深達治體也”。癸酉,先生至京,以脚疾請解組,閉門却掃,文字自娱。復間從海内名流遊讌,以詩篇相倡和。然於朝政有所聞見,輒關心籌策,轉達當時鉅公,冀效裨益云。於光緒六年卒,年七十有三歲。

先生偉鬚眉,貌充實。生平衣食儉素,最嚴取予。嘗爲子報捐部秩,資不足,或請助於曾文正、左文襄,先生矍然曰:“二公子弟入泮,乃學政分内事,豈可以此干之耶?”請者太息,退。少學詩,慕香山、東坡,得詩四卷,合督湘學者四卷,爲《學語集》。又官給事中時,詩爲《寄傴草》《小五嶽山房詩》凡二卷。再官湖南,爲詩二卷,名《重遊小草歸都詩》一卷,爲《歸舟小草解組後詩》一卷,爲《蟄存室偶吟》,合刻之,曰《進修堂詩集》,凡十四卷。又《進修堂古文學制》一卷,尺牘三卷,雜著一卷,均未寫定。《進修堂奏議》二卷,則先生身後次子冠瀛録諸故紙者。書法歐陽率更、董香光,分書饒史晨校官碑筆意。畫山水擬李營邱,而具恬静氣,然不恒作。尋常酬應但作蘭、竹、菊及小品,花卉蔬果爲多,亦饒蘊藉氣,稱逸品焉。

教授楊鳳岡先生事略

先生諱恩樹,字汝桐,號鳳岡,別署迂溪散人,鄉寧縣人。生二歲,喪母,依父。稍長,嗜學。年十六,爲諸生,旋以高等食餼。常恨山居局於見聞,每省試或府試聞名宿必謁見請益,意懇懇。嘗應科試,學使特取先生冠平陽、絳、霍諸屬,列一榜,時以爲榮。會王菉友筠宰鄉寧,深契先生。先生亦從問訓詁諸學。王公治《説文解字》爲專門,嘗謂:“通經必由訓詁,精訓詁必由小學,而講小學又當由童蒙始。”擬就縣之鄂水書院擇幼童,課以《爾雅》及《説文解字》學,先生主之。尋爲忌者所阻,先生曰:“吾力不能行於鄉里,獨不能行於吾子弟乎?”遂即所居之東開講舍,招幼童,不責脩脯。王公時爲指授焉。會公刻《説文釋例》《文字蒙求》成,先生乞得其校稿,鄭重

藏之。

道光丙午，舉於鄉，闈藝出，一時稱名作。與解首楊丹林中桂有"二楊"之目。明年，會試未售。歸，主講邑書院。尋謝去，設帳絳州、稷山間。時髮匪亂東南，先生竊憂之，欲斥賣田宅爲汗漫遊。訪張伯翹子特於曲沃，縱論時局。先生決東南必糜爛及兵不足恃，宜練鄉兵，張先生稱是。子篤以縣府試擢首，且留府署讀書。先生亟以書招之，曰："危邦也。"未幾，匪犯，平陽大受蹂躪。咸豐癸丑，大挑二等，用教職。丙辰，署解州訓導，與延學正棠論詩，意甚得，相倡和，且使子篤從學詩。

丁巳，補天鎮訓導，盡室以行，語人曰："吾曉夜思關陝當有變，秦晋脣齒，鄉里其危哉。"後果有同治丁卯之難。先生抵任，時書院久廢。先生力爲興復，且捐資充膏火。又縣東門爲河漲所侵，先生籌開渠築隄，皆親督其役。爲諸生立文社，月再會，風氣一變。邑烈婦侯四姑拒姦被戕，邑令憫生者，使革烈婦翁衣頂認殺媳罪，而誣婦不孝。先生抗争再四，卒不獲平反。同治甲戌，推陞潞安府教授。先生赴省投驗，以揭文隨試卷呈進。撫軍傳見，且屬詢潞守，以明此案真相焉。先生至潞，與守語得案究竟，而婦未得旌典。先生憤然，將自揭，同官力勸之，乃止。會歲豐，先生盡括積俸以儲麥，家人勸阻，不聽。旋有光緒丁丑、戊寅大饑，家人及親黨來依者賴以濟。母疾，卒。潞後守重先生，延修《長治縣志》，而長子、屯留、壺關、潞城、黎城並以志稿屬之。既成，子篤以檄調修《通志》，署陽曲訓導，迎養先生於署中。乙酉春，卒，年七十四歲。

先生長身微傴，性澹泊，喜聚書作字。常謂："一書有一書之益，兼收並蓄，能讀爲貴。"又收書不計全否，曰："價廉易得，希世秘笈往往而在，信手丹黄不足珍惜，寒士借觀，無難慨贈，有是四善，何必斤斤求全、侈富藏、飾美觀乎？"以故隨讀隨校改評隲，取文之佳者，名《移山堂文選》，詩名《移山堂詩選》，顔於各書之眉。餘所記録皆隨録隨棄，無意以著述自矜云。

户部宋履齋先生事略

先生諱中泰，字履齋，號南溪，樂平鄉人。幼讀書敏慧，年十四，補諸生。時賀學使長齡以古學倡多士，先生以策論擢第一。自是爲博覽詞章之學，旋以高等食餼。先生家故豐，父從龍於道光辛巳嘗倡捐巨資爲鄉立少山書院。又家有藏書，先生日加讀覽，不爲華膴習。十應鄉試不售，遂捐廩貢教職，任絳州訓導。己亥，鄉試，初擬首列，嗣以小疵抑第十。

會試不售，乃捐資官京秩。庚子，用郎中，分户部。在官未久，乞休歸，親旋歿。先生無意出仕，即鄉塾教授，以正學倡後進，不沾沾時藝。士之才而貧者至給以膏火，假以書籍，不計束脩，如李梧岡鳴鳳，先生許爲奇才之一也。樂平多山，其東山尤擅松泉之勝，明喬莊簡宇屢遊覽，且有詩刻。先生家既接近，於春秋佳日載酒賦詩，與同志徜徉其間，詩成，門下輒傳鈔。時人多比之喬公云，顔所居堂曰“鑑古齋”，曰“静觀”。又作《課子圖》，廣徵題詠。所居左右圖書，無日不涉讀。所爲詩多率性語，間近放翁文，亦以性情爲主。其雄放者有萬馬奔騰概，不沾沾前民格律諸説。書法兼習漢隸，李梧岡固親炙先生，其文學尤稱得先生真傳焉。先生晚主和順縣書院講席。同治壬戌，疾，卒於家，年五十八歲。

先生身長廣顙，儀觀偉然。文學稱樂平師儒，遺著惟《讀書要旨》一卷，爲輯録先賢論學格言者，付之梓。外有《静觀齋文集》八卷，《静觀齋詩集》八卷，《鑑古堂史論》四卷，《名賢異蹟偶評》一卷，《詠史詩》一卷，《警世詩編》一卷，《拱翠軒稿》八卷，《卧雲樓賦》一卷，與兄中信合爲《棣華書屋帖》一卷，皆稿藏於家。

教授李梧岡先生事略

先生諱鳴鳳，字梧岡，别號一凡，樂平鄉人。幼穎異，好讀書。未冠，親歿，孤立，苦讀不稍懈。時宋履齋中泰教授鄉里，奇先生才，出藏書授之讀。於是益騖淵博，作《十苦詩》以自勵。入學校，旋高等食餼，肄業省垣晉陽書院，與李菊圃用清、李亦青希蓮互相勵學，課試迭前列，時稱"樂平三李"。

先生於咸豐乙未舉於鄉。庚申，成進士，以知縣即用，資不給，乞改教官，選授汾州府學教授。先生欣然曰："初懇懇爲諸生，既抗顔教讀，皆自苦拘束。今官雖微，禄雖薄，得買山錢足矣。"於是附近佳山水恒往遊覽，所遊必紀以詩。又欲徧覽名勝不可得，手録孫文定《南遊記》及明喬莊簡宇《南北名勝諸山記》數十篇，列而叙之，朝夕循覽，以比宗少文卧遊云。

先生於同治初主鄉書院講席，值地方不靖。鍾廉訪秀委先生督辦東山一帶團練事。及任汾州府教授，有貧生居距府較遠者，恒不能與試，致被斥革。先生至，惻然憫之，均於試期之先，預爲呈報能考與否，試時分别造册。謝學使維藩首記先生大功一次。光緒丁丑，大饑，貧士輩身領賑糧，其妻女亦往領取。先生慨然曰："是非所以待士也。"乃請大府准士子繕録經書，按名預領月賑，即作字勤惰工拙區優絀，免婦女奔走以養其廉耻，士論德之。己卯，事竣，奬先生五品銜。先生曰："滿目瘡痍，豈吾輩榮身時乎?"力辭未獲。會林太守拱樞守汾，爲侯官謚文忠則徐子，契先生學行，遂聘以授子讀數年，卒，年五十六歲。林公深致惋惜，因優予賻贈，以歸喪焉。

先生少以才名，爲文詩風發泉湧不能自休，見解務出人頭地，不拘守先民成法。遊太谷與清源王亦摩效維相倡和，遊祁縣與李揚清芬相倡和。嘗論詩曰："學使不言法而法存，言法而法亡。"又曰："立志不作詩人，立志不仿古人，隨性情而流焉。"後取以自序其詩。遺

著有《讀詩參異》一卷,《管見詩存》一卷,《紙上漫談》一卷,文集二卷,詩集八卷,統名爲《借園全集》。其刊行有《可山亭詩》一卷,《紫芝堂詩》二卷,《聽泉山館詩》二卷。

文學李享山先生事略

先生諱時升,字享山,洪洞縣人。幼受業於邑明經張充軒恢門,與王顧齋軒、姚天衢步雲、鄭東里式僑及明經子伯憲嘉績、仲亨嘉會,以學問詞章相砥礪。陳大令鼎雯宰洪洞,以古學勗多士,先生最受知。道光己未,張學使琴以古學特拔先生及王顧齋、李勉亭敏,重加獎勵。先生歸,益肆力於古學。尤好爲詩,顧家貧,性兀傲,不諧流俗,藉授讀養親。春秋佳日,遊距近山水,爲詩自適,或與友朋相唱和。

既而親歿,乃橐筆遊徐淮及山東,充邑人業鹽務者文牘,遊覽之下,不廢吟咏,詩境益進。居無所合,因辭歸。婦卒,鰥居課子,復授詩鄰村。先生既慨所如多不合同志,又官遊或没世,無可資揚榷,遂歷擷邑先哲篇詩訂録,有明王若澤溥《撚髭吟》、郭九子新《曠林詩草》、范竹溪弘嗣《劃粥山房詩草》、王用廷家璋《圃隱詩草》、清董右帷作亭《閒窗抹月集》、靳北崖之隆《無逸集詩》、王庸平經國《西堂拾遺草》、王芸浦連第《甲戌遣愁集》、王延休承先《雲樵詩稿》、王眉山揩蘇《悟堂詩集》、王再修揩歐《四筆山人詩集》、劉蕉坡琨耀《蕉雨山房詩草》、張充軒恢《雨所當軒詩》、張伯憲嘉績《德山詩稿》、張仲亨嘉會《禮門詩鈔》、姚天衢步雲《懷德堂稿》、李勉亭敏《蘭坡詩》,皆手自輯録,裒然成帙。又選輯洪洞詩家,自金喬扆迄清董文燦,共得百六十二人。又益以閨秀四人,方外二人,仿元遺山《中州集》、李牧坪《山右詩存》例,爲《楊國詩鈔》,凡八卷。復選定李厚菴質醋、子玉峰、鐘昆、孫牧旃維謙詩,爲《古楊李氏三世詩》,共一卷。又補行訂録明韓忠定文《質菴存稿》,劉中齋《應時五山詩鈔》、邢性

之《大道白雲巢詩集》、清趙于野《侗晏琴草》、范琴亭鶴年《貌雪山房詩集》、劉百詩肇興《湘帆詩草》、劉季海肇匯《虹橋詩草》、劉曉山肇疆《柳橋詩録》、鄭聲伯塤《霍麓詩鈔》、衛雲浦緒渙《筠石詩草》、申臨如衍淵《蓮舫詩草》、羅松江騰霄《南遊草》、王雪香椅《絳雪堂詩集》及删定《絳雪堂文集》。

光緒壬午，預修《洪洞縣志》成。癸未冬，王顧齋總通志局事，薦先生充《通志》總校。大吏以檄至，先生時六十五歲矣，不果行。明年，顧齋復以書招，又不果。往而纂録邑人文，志不稍衰。光緒丙戌，自定所作《石泉逸草》《東山小稿》《紫藤館吟》《箕峰吟稿》《洪厓小草》《蓮花城稿》《棲山吟》《草蘭陵小吟》《汾上舟草》《槐蔭堂稿》《堯岡吟草》《逸稿彙録》，其最得四百餘首，名《享山詩草》，未卒。先生尚有《享山文鈔》《享山詩話》《葛峰詩話》《石泉詩話》《禽昌雜俎》《箕隱偶談》《趨庭紀略》《訓子要言》《舊雨懷人集》《古楊畫家録》《畫家拾遺録》《雙峰談餘録》，時文，試帖，尺牘等，並稿藏於家。嘗恨所選《楊國詩鈔》及訂各詩家集數十年中迄未得韓經百鍊、李淡村玉樹、岳琴堂亶、劉春帆寶筏四家詩隻字。光緒壬寅，子澤生，名恩榮，卒搜得之，録册附存，以成先生之志云。

觀察董研秋先生事略

先生諱文渙，字堯章，號研秋，又號研樵，洪洞人。幼讀書，博覽强記，爲文務沈思。每塾課，恒達旦不寐。道光己酉，年十六歲，入邑庠，大爲龍學使元僖所賞。兄蓉舫，太守麟充選拔貢生，學使並携先生入署讀書。明年，復從學使入都受業，學益進。蓉舫先生以朝考二等知縣用，請改内用爲内閣中書。先生旋於咸豐壬子舉於鄉。丙辰，成進士，得館選，散館，授翰林院檢討。弟芸龕中翰文燦，以辛酉優貢鄉舉入都，朝考捐内閣中書。兄若弟，居城南阮文達故宅，饒花木，每公退，聊吟或時從文酒之會，時有“三鳳”之目。

先生於辛酉及同治壬戌，充順天鄉試同考官。癸亥，充會試同考官，稱得士。壬戌，闈中得王璞臣炳卷，大激賞，以襲用方望溪文語，復斥之。闈後，王袖所業文來見，頗傲岸。先生坦然接之，復爲剖判瑕瑜，且示以力宗易堂。王大悦服。癸亥，江西耆儒歐陽雲九燾文出先生房，力薦之，稱積學者，再得獲雋。時畿輔方解嚴，姦人往往挾嫌怨以從逆通匪，訐害平民，囹圄爲滿，人心震恐。先生充講官，得言事，遂上陳息誣陷、靖善良。得旨嚴禁誣陷，都人大安。又陳山西防河當分置要隘之數以扼冰橋，不當株守腹地。得旨，允行。又奏六部考課章程及山西丁地多未畫一及各州縣地畝隱藏，影射諸弊，皆下所司行。以修《文宗實録》成，議叙，專以道員用。丙寅，簡授甘肅甘凉兵備道。丁卯，之官爲陝撫奏留委辦山西米捐總局事。尋丁憂，歸。

服闋。壬申，簡授鞏秦階道。時回難初平，道署駐秦州。先生既之任，假寓試院，舉一切清逆産、安回民、撫流亡、練勁旅諸政，一以安静，治之年餘，悉處理。又遺産變價累鉅萬，先生創建隴南書院，延師課士。癸酉，甘隴秦屬將舉至三十人。光緒乙亥，左文襄宗棠奏請蘭州建試院，奏隴分闈，得旨允。而文闈事屬創辦，監試大員尤貴得人。遂調先生充外監試官，事悉舉。丙子，亦如之。旋委先生總辦釐金局務。是差素稱優渥，忌者或騰蜚語，大府密詗無左驗，先生力請解局務，以制行廉謹，保加二品銜。丁丑，丁母艱，以哀慟卒於任，年四十五歲。

子維楨，以丙子優貢朝考赴京。值芸龕先生卒於京，又聞先生訃，亦以哀毁卒京邸。蓉舫先生曾以河南知府奉檄河東，乞便省親。至是，丁大故，兩弟及姪連卒，遂不出。壬午，卒於家。

先生貌清癯，少好詩。入都，交馮觀察志沂，盡焚少作。以杜少陵同谷，後作爲程一變，爲蒼老瘦峭之格，於唐取韓昌黎、孟東野，於宋取黄山谷、陳后山，於元取虞道園。近體則云依中晚唐，字字不苟。方有悟入詩，語多爲悲颯，同人規之，卒不能易。然詩亦因瘦勁

名。朝鮮使臣如申誠睿、趙雲周、徐衡淳、趙徵林、李容肅、朴永輔、林致學、朴鳳彬、李尚迪、沈英慶、卞元圭、朴珪壽先後來京，率喜與先生遊爲文酒會無虚夕。而京朝中如王少鶴拯、孔繡山憲彝、林穎叔壽圖、卞頌臣寶第、沈仲復秉成、馮魯川志沂、樊文卿彬、王顧齋軒、李子衡汝鈞、桂德山林、魯甫一同、何青士兆瀛、張文襄之洞、王壬秋闓運、范鶴生鳴龢、許海秋宗衡輩，尤多文酒倡和。嘗作《秋懷詩八首》，海内外屬和，擇尤者五十五人，分刊二集。沈中復嘗輯京中朋故作，爲《詠樓盍簪集》。先生任校勘事，選先生詩附卷末，依元遺山《中州集》三知己例。先生自著付刻者《硯樵山房詩初集》八卷，《續集》四卷。又廣趙氏執信《聲調譜》，編《聲調四編》十四卷，辨析精審。復輯《集韻編雅》八卷。素喜唐孟郊詩，抉其精神所在，加以評點，分二卷，均行世，藝林重之。未刻者有日記若干册，藏於家。書法瘦健，具河東神骨。行草亦勁峭，饒名儁之概。幼精技擊，能疊幾丈餘超躍而過，所用雙劍及雙佩刀、長矛均精鐵，□□□□無匹，在秦州親教將佐戰術，左文襄尤稱賞不置云。

明經常蓮洲先生事略

□□□□□□□□□□榆次人。幼讀書，好深湛之思。比長，從秦徵君東來遊一年，曰："今而知文學固自有在，前此適見爲自隘也。"遂益發篋讀書，與兄惟一先生立德同入泮，有文譽。先生旋以高等食餼。咸豐戊午，惟一先生於榜後遺卷中爲晋撫沈文定桂芬所拔取，送晋陽書院以高才生肄業。先生益自憤。辛酉選拔，同學均以先生爲必得。及榜發，則杜中丞瑞聯方家居，先以其門人屬彭學使瑞毓矣。試畢發落，彭公連稱常生可惜者再。

先生身素弱，自是連秋試不第，遂閉户廣讀儒先書。尤嗜《李榕村藏稿》，又好詩，兼究源流，旁及九數、醫方，選擇青烏家言。鄉族有文事、婚喪、疾病者，恒就先生家質之以爲凖。先生席豐富，自甘

澹泊。應試如省，族人或娱聲伎，先生獨遊書帖諸肆。家居，族人有耽車馬、服玩、聲色者，先生獨日對圖書，或作字如寒素。遠近争以字學推重，先生甚矜重，不輕點筆。嘗於鄉社見題牓，疑兄作而神特異，佇視移時至失佩表不自覺。人或以爲笑，先生曰："余一點畫不敢以輕心出之也。"楷書由唐賢溯源羲、獻，雖多循時構，而神骨沖雅。行草則由羲、獻以泛及顔魯公、黄山谷、王覺斯、傅青主，世多謂先生善臨《擬山園》，與兄惟一先生之臨顔魯公稱之。

同邑郝明經彦聖工書法，由魯公以溯鍾元常，左文襄宗棠督師過晋，見其書，深嗟賞。明經同時如王大令希晋、張孝廉映斗均以書家名，顧獨與先生書，稱："榆次能書者，惟我兩人。"且索作聯，先生以戲詞自謝曰："郝窟狂哉！余何敢當？"書與之。光緒丁丑、戊寅，晋大祲。曾忠襄國荃撫晋，時陽曲盧紳聚五辦賑務，公恆與商榷。於盧所見先生書，極賞之。詢知先生多病且家居，嗟惜而止。先生以恩貢終。於庚辰冬卒，年五十一歲。

先生長身廣顙，道氣盎然。與人交，無疾言遽色。義所不可，則毅然止。兄好博覽，嘗於《皇清經解》及近代文記、筆記中多作勘正，或抨彈語。先生乃恂恂自視如不及，常讀諸書亦收閲維謹，從無脱綫、折角諸習。堂弟宸臣先生立屏精趙、董書，熟史故。先生卒後，亦以書名於時，以恩貢生攷取正白旗官學教習，期滿，保知縣，改教職，卒於家。

學博楊秋湄先生事略子之培、閻幹達附

先生諱篤，字稚劉，號鞏同，又號秋湄，或署虬麋道人、吕香真逸，晚稱東瀆老人，鄉寧縣人。父恩樹，道光丙午舉人。先生幼醇雅，喜讀書。時王菉友筠宰鄉寧，先生應童試，首擢之，並試《説文解字》學，尤爲激賞。府試，何公曉楓守平陽，亦首擢先生。貽書王公，云："門下當平分也。"先生故承家學，通訓詁，至是益勉爲經學。

咸豐辛酉，考取拔貢生。同治甲子，舉於鄉。乙丑，赴京覆試。潘文勤祖蔭得先生卷，極爲稱賞，置一等。潘公酷嗜金石文字，富收藏，京僚中如盛伯羲昱、張文襄之洞、王文敏懿榮、吴清卿大徵、胡石查義贊、李若農文田、鮑子年康諸公雅具同好，各有纂著。先生既受潘公知，得與諸公上下議論，學益大進。會榮河出齊鎛鐘，由尋管香鑾煒轉鬻潘公，張、王、吴、胡諸公均有攷釋。先生特據《周禮·攷工記》注鞄爲鮑字或體《説文》匋之或體爲缶，定鐘之𩍈字即鞄，即鞠爲正字，鮑爲假借，𩍈叔爲鮑叔，銘中並載其世次、錫邑諸事，及鮑叔易名爲惠，語尤精確。示潘公，潘公大稱是，且悔其已刻成《攀古廔彝器圖釋》，不及追改。因以阮文達呼張月齋“碩舟”“碩儒”例呼先生。時論稱允。

先生既連會試不得志，或依父天鎮學署，因赴京之便。時直隸西寧縣修志，先生故由潘公薦，主宏州書院講席。至是，復主志局事。先生以西寧由衛改縣以來志爲創修，其發凡起例，不爲毛西河、戴東原、章實齋諸公成規所囿，然亦怡然順理，秩序有條。其訂《水經注》之誤及人物中追述金代文獻爲邑之盛，尤見精詳。志出，都下盛稱爲名志。繼纂《蔚州志》，精核尤爲時所稱。先生既以纂述名，又以教官注選。光緒初，授繁峙教諭，父推陞潞安府教授。丁戊大祲後，曾忠襄撫晋，飭各州縣修志。先生纂得代州、繁峙、五臺諸志，父在潞修各屬縣志，如長治、長子、屯留、壺關、黎城、潞城諸志，均經先生删正或纂修。尋省志局開，聘王顧齋軒充總纂，調先生分纂，署陽曲訓導，與楊儀村深秀、張鐵生于鑄同事局中。

旋張文襄撫晋，與王學使仁堪議，仿浙詁經精舍、粤學海堂成法，設令德堂於省垣，拔高才生，使肆業其中。延王顧齋先生充總校，先生初爲襄校，旋改分校。間日爲諸生講《儀禮》《説文解字》，學者多樂先生之和易。乙酉，考選拔，及鄉試，有文能運用許氏説及史學、詞章具有根柢者，皆堂中肆業諸生也。先生父旋卒。丁亥，王先生卒，楊先生復以己丑進士供職刑部。張文襄又移督兩湖，志局幾

廢。先生毅然曰："是余責也。"遂請於當道，力任局事，得俞觀察廉三、徐太守炑左右之，事乃得行。顧志例經王先生手訂，然成書未及三分之一，先生力任其難，又值款給不時，同事多引去。先生屬甥閻茂才幹達、子之培，助檢書册，親爲校改及編纂，兼督工作。至嚴冬風雪，指腫如椎，血溢爪脱，不肯休，曰："一身之壽殀命也。倘《通志》不成，三晋文獻由我而靳，罪不更大乎？"甲午，志告成。先生願得遂。秋，以疾卒，年六十一歲。

先生長身廣額，與人交，極平易，不立崖岸，汲引後進如不及。其經學精《三禮》，訓詁尤爲專肄，嘗謂："今人斤斤文藝，盛稱馬班。然許、鄭大儒，其《三禮》《詩譜》《説文解字》前後諸序，詎文人能望其局度哉？"又見治許書者率不免穿鑿及誕蔓，獨以通其結轖、闡明經旨示後學曰："徐鼎臣校訂許氏書，雖間有訛誤，然大體矜慎，得許君意者七八，又説解簡當，便於初學。楚金本後出，世每重視，然初學猝讀，未易解，且其書亦非寒素能購也。"又兼通算術史學，精於地理，所表見散著於直隸、西寧、蔚州，本省繁峙、五臺、代州、長治、長子、屯留、黎城、潞城、壺關諸志及《通志》中，考訂金石尤爲專門。初志局初開，衛學博天鵬任金石采訪，未有成編。先生綜之，成《山右金石記》十二卷，附《通志》中，人争快覩。因與王顧齋先生《山西疆域沿革攷略》，均抽印單行。

文詩慕元遺山清澈醇雅，皆具作者義法。書法專精篆籀，以石鼓植其基，博求鐘鼎古文及秦李斯，漢諸碑額，吴皇象，唐李陽冰，清鄧石如，以廣其趣，復出其餘，爲漢人繆篆尤稱絶詣。分書，本漢人矩矱，匯合魏齊及唐人諸神理，間涉鄧石如以濟其變。楷行，遒勁之中，參以婉逸，有陳曼生、張月齋諸勝。餘事治印、彈琴、製箋、琢硯，均不背古法，不溷俗派。

當光緒壬午冬，令德堂由上官巷移太原府署後之新齋。先生書繆篆製聯，懸二門。張文襄課諸生，輿入大門，猝令停而降觀。僚屬諸生皆講堂立，俟久之，徐蒞堂點名給卷訖，顧僚屬曰："吾今日不止

閲諸生高文，並得飽觀絶蹟也。”於是以巨紙乞先生篆書《詩・魏風・伐檀》篇，分書《唐風・蟋蟀》篇，榜之廳事兩壁。及調任兩湖，又乞先生依原式臨石鼓文分刻十篋，臨《嶧山碑》以刻二橱，刻者任姓，經先生指授，亦得筆法。既成，呼工椎拓，多分以贈知好。張公語文案王大令煒，云：“是兼有錢獻之、鄧完白之長，而無其習氣，尤爲可貴。”先生則自謂篆不及分，藉詞以紿索書者。癸巳，李文忠在北洋七十壽，各省大官皆有屏聯，張文襄壽序爲各省冠。先生代晋撫製文及書，其分書亦爲各省冠云。先生遺著僅有《秋湄詩鈔》一卷，刻於西寧，《續鈔》一卷附之。民國四年，屠大令仁彬宰鄉寧，輯先生雜文二卷，日記一卷，合詩二卷印行，統名《秋湄遺集》云。

之培，字小湄，或署曉彌。母王氏，天鎮人，爲鳳岡先生侍書婢，通文墨，能小詩。秋湄先生納爲妾，能鎸印，生先生，於光緒乙卯卒。先生鞠於嫡母，讀書通訓詁，兼究算術，分書專肄漢人，篆亦婉暢。兼作小畫，山水有遠致。從父授學，及楊儀村深秀、吴賡琴錫釗肄算術，遂通中西法。爲諸生，調取令德堂肄業。未幾，出堂。辛卯，取優貢。父卒後，境日落。丙申，胡中丞聘之纂《山右石刻叢編》，延先生參與編纂事。戊戌變法，先生領晋學報事，倡樂群學會，集同志講用世學。旋太后歸政，報事、學會皆解散。湖北當道以書招先生往，至河南，逢盜劫，驚悸成疾，卒於旅舍。先生算術諸書多爲人借名刊刻行世，諸雜文詩並歸散佚，有《紅葉山房雜稿》一册，爲校釋古籀文及推夏仲康五年癸巳及雍正元年癸卯置閏及日蝕，算術爲幾何、開方、割圜、代數四元諸稿，他雜文詩亦附見焉。弟之育，字幼湄，光緒辛丑赴省，盡鬻藏書及什物爲先生返喪資，歸以瘵疾，卒於家。

閻先生幹達，字貞甫，亦字楨輔，號穉菊，鄉寧人。母爲秋湄先生妹，幼孤，母以針黹佐家計。值同治丁卯，髮匪由吉州渡河蹂躪平陽各屬縣。先生與母備嘗艱苦。稍長，乃從舅讀，通訓詁及考據諸學。詩不多作，有慷慨激昂槩。鎸印、琢硯、作篆書均有遒勁之致，爲諸生，以高等補增，調取令德堂肄業。時屠梅君仁守充院長，講理

學，不甚重先生。先生浮沉堂中，復佐舅纂《通志》，編檢各州縣志，供舅裁擇。先生以得義法，文學益進。王顧齋先生撰《山西疆域沿革攷略》成，其中分總諸圖盡屬先生繪之，仿李申耆《沿革圖例》爲諸墨版。先生悉心摹製，稱精核。既屢試不利，因留省，就授讀及書啟事，以養親。廣西何大令見揚、侯大令紹宣皆重先生品學，且從問篆法。光緒乙未，徐内南木擢守太原，見侯大令閲卷鈐章，詢知爲先生作，曰："秋湄之遺也，可代我乞二章乎？"及大令歸語先生，先生曰："閻貞甫非以鐫字受人錢如打鐘寺門外者也。"因託眼疾辭。丁酉，母殁。戊戌，隨侯大令太平縣任。會弟某罹法，先生百計經營，得輕擬。繼聞楊小湄之殁，悒鬱成疾，卒。侯大令厚賻，得歸喪。婦亦無所出，且孤苦無聊，改適。先生竟無嗣。遺著除《山西沿革圖》見於《通志》外，有《稺菊雜記》《稺菊詩稿》，均散佚。

督學張海嶠先生事略

先生諱登瀛，字仲士，號海嶠，崞縣人。幼從祖讀，講解輒領悟。稍長，父作彦令廣東，先生隨侍。時值高明城陷，父率勇乞援，匪要之。先生短衣執刀，翼父突圍出。匪目一人逐之，刃已接，先生力斫之，匪目創而退，先生亦被數創。事平，旋晋，肄業晋陽書院。課讀勤苦，温温爲書生矣。同治壬戌，舉於鄉。癸亥，考取國子監學正學録。戊辰，成進士，選庶吉士。翰林故以文字爲職任。先生按日課讀如諸生，閒日與同人作詩賦會，每構一篇，必極經營慘淡之致。書仿歐陽率更，得其遒拔風神，而益以醇雅。散館，授編修。癸酉，分校順天鄉試，閲卷不苟，即落卷亦詳加圈識。

光緒乙亥，大考翰詹，得二等第二，擢侍講。督學貴州。黔故邊地，又甫經兵燹，益凋瘵。先生獨携二子及幕友二人之官，既二友以道遠且瘠，先後辭歸，先生乃躬自閲卷，一如曩者，分校鄉闈。時並殷殷以讀書勵品訓士子，關防嚴密，請託不行，未及瓜代而試事悉

竣。先生既深得士心，大府復重先生，請兼主貴山書院講席。先生訓士益勤懇，既交卸，即疏請入粤迓親歸晋，詔許之。遂入粤，迎父作彦歸於家，乃復命留京供職。父行卒，先生星夜奔喪歸。母陳夫人又病，先生外營葬事，内侍湯藥，體日瘠，母病不起。先生遂以風痰入腠理而病矣。調養年餘，漸愈。服闋，將謀赴京，時同年陳太守啟泰官大同，故與先生爲講學舊交，便道來訪，因留宿清談，夜分甫就寢，而先生疾作，昧爽即卒，年五十歲。

先生少即以孝聞，對於家人飲食教誨尤爲加意。與人交，久而敬，聞一善，稱道弗衰。自奉極儉薄，而樂施予。館選假歸，時隆冬風雪，湘勇萬餘人過崞境，沿途頗騷擾。先生曉以大義，復解衣裝與之，勇感泣，誓不擾民。先生又爲邑人立育英文社於原平鎮，籌置膏火以勵寒畯。督黔學時，晋大饑，捐廉三千以爲賑。在黔修試院，置孝廉課，事聞，均獲優叙。著有《崞縣志輯要》《銅鼓軒詩賦鈔》若干卷藏於家，而其書蹟尤爲時所重云。

學使王念堂先生事略

先生諱文在，字念堂，號杏塢，稷山人。生而大頭豐頤，持重寡言，家人以爲鈍。六歲，受讀，殊聰穎。十二三歲，四書五經既成誦，即《周官》《儀禮》世稱難讀者，亦上口琅琅，夜則默寫數十行以爲常。咸豐辛亥，先生以古學冠童軍。入邑庠，嗣每科歲試，均高列。戊午，兄文化舉於鄉。先生學益力，於辛酉得拔貢。壬戌，朝考第一，以小京官用户部行走。同治甲子，舉於鄉，因携眷入都供職，且以求學。戊辰，以進士及第第三人入館選，授編修。旋父卒，奔喪歸。距家數十里，即趨哭而至，祭葬諸事一一親與。己巳，主講本邑文清書院。

庚午，服闋，赴都供職。癸酉，命主雲南鄉試。人或以爲難，先生怡然就道。聞貴陽驛站不完，改由川江行，至則滇地匪亂甫定，官

多武人，先生應接無忤，既撤棘，旋奉督學湖北命。湖北爲人才淵藪，每試士，一縣有至四千餘人者，關防不密，往往滋弊。先生則悉心衡校取録，不拘成見。光緒丙子，職滿，請假歸，則已齒落鬚蒼矣。丁丑，抵里。值旱荒，先生於鄉議捐賑。假滿，先生以捐賑諸多未竣，續請之。時朝命閻文介敬銘爲欽差大臣查賑務，奏調先生襄辦，先生勸捐頗力。時有誚其太認真者，至京朝官致書以戒。先生曰："此時救死不暇，豈虚與委蛇事乎？"迄事竣，將行，以母氏老，遂主河東書院講席，釐定膏火爲永額，生徒駢集，書院幾不能容。丙戌，膺省垣晋陽書院聘，爲主講。丁亥，家居養疴，尋膺令德堂總校聘。明年戊子鄉試，令德堂諸生中式十餘，時稱盛焉。己丑，曾忠襄國荃督兩江，奏辦賑務。先生感知遇，捐巨金，得奏，賞五品銜。冬，病歸，卒於家，年五十六歲。

先生體質堅樸，五十餘年無大病。性敦孝友，在翰苑，不立崖岸，不激聲氣。讀書勤，自奉儉，於七經四書外，尤好讀《漢書》《莊子》，至佳處，均能朗誦。筆削時文，多在呼吸筋節處，曰："此文章命脈也。"主試督學均有公明聲，而先生自以欲人不受屈之志未達其半。爲時文清空靈秀，善於擣虚。間爲碑志，起伏照應，具有法度。賦尤工，詩清秀。書初學歐陽率更，後臨顔魯公，晚益超逸。凡作文詩賦，稿存於家。嘗論著作則歎服同年楊先生篤爲不可及云。

太學張柳溪先生事略王燮、劉萬鍾、段珍附

先生諱道碩，字映樞，號竹溪，又號柳溪，榆次縣人。幼失怙恃，鞠於庶母章氏。先生事之如母，章苦節四十餘年，卒入邑志。先生幼讀書，聰穎倍常兒，且旁通音樂，刻印，製錫器。而尤工作畫，所爲草、蟲、金魚、小犬，均栩栩有生意，既得見吴小仙偉清、黄瘦瓢慎、閔正齋貞所作人物巨幅，嗜逾篤。以巨筆作尋丈大幅人物，並時善畫者相率斂手。於山水不多作，然所作皆清潤之氣溢於紙墨。其小品

且有名家風，間爲猿猴跳躑近張船山，爲蘆雁及潑墨角鷹竦立又儼然邊頤公也。後以家境牽，率不能卒讀，遂屏棄一切，專從事於醫。

時趙茂才鴻、常茂才炳皆以善治痘症名。先生所詣，亦能相埒，兼治男、婦、嬰諸科，延診者無虚日。先生復不立崖岸，不爲危詞，病家多喜延之。先生所居，佳書名畫羅列左右，暇仍不廢涉覽。有稱其前此多材多藝者，深避謝若不及，以納粟入監。於光緒庚寅卒，年七十三歲。先生同時同邑有王茂才夔，字贊元，又字理堂，工畫山水，嘗作《柴門臨水》《楊柳垂絲》《村翁放鴨》，雅具南中風景，人争寶愛。光緒癸未，修邑志，任繪圖事，亦庚寅卒。又劉孝廉萬鍾，字予齋，光緒乙酉舉於鄉，工畫山水。又段孝廉珍，字希菴，光緒戊子舉人，工山水兼花竹小品，光緒末年後卒。

明經仇懋侯先生事略

先生諱汝嘉，字懋侯，别號少菊，曲沃人。少讀書，有雋才，其時家門鼎盛，故有别墅，具亭臺花木之勝。先生與諸昆季誦讀其中，業師宋解元洪業爲邑名宿，深器先生。舉業外，如詩古文辭均爲啟發。先生又家富藏書，益資博覽，聚書百架，終日吟哦，其中意自得也。爲諸生，文名日熾。同治癸酉，龔學使承鈞考取拔貢生。壬戌，朝考後，就州判職。

光緒丁丑、戊寅，晋大饑。先生家亦落，遂橐筆遊省垣，名公巨卿群爲青眼。每試，晋陽書院輒高列。書法臨顔魯公，旁及魏齊諸碑，行草尤遒逸暢朗，爲時所重。省垣談文學者，稱“曲沃二侯”爲巨擘，一則先生，一則蘇康侯大令晋也。既而王顧齋先生主晋陽書院講席，益重先生。時曾忠襄國荃撫晋，以賑款餘存設通志局，請旨，諭允。檄先生任分修事，先生迭受大人長者之奬掖。又文思颕敏，書法遒美，乞詩文書法者户履恆滿。交遊之盛，頗雄一時。尋張文襄之洞任晋撫，與王學使仁堪以振興晋學爲職志，於課試晋陽書院

得先生作，激賞之。壬午，決科試書院，均拔先生第一。而爾時文字頗尚排比、鋪張一流，先生則取法高古，不逐時趨。秋闈榜發，蘇先生取前魁，先生竟報罷，士論惜之。會令德堂開，調先生肄業。先生意氣頗豪縱，雖向受知王顧齋先生，著弟子籍，然不屑隨諸生執經趨講堂，遂棄去不自惜。乙酉，奎中丞斌決科試晋陽書院，復取先生名第一。秋闈，又報罷。先生雖連不得志於有司，然晋省談文學者，即闤闠竪販亦莫不知有仇懋侯者也。

先生性孝友，早年失怙，事兄汝肇維謹。至是家境既窘，丁口復繁，生計均先生引爲己責。邑令聘主本邑從教書院講席，猶不給，兼主邑署筆札事。諸生從先生遊者，藉以知詩古文辭諸門徑，一洗前此舉業授受之習。辛卯，劉中丞瑞祺撫晋，南巡過曲沃，行館壁屏爲先生書。劉公極口稱賞，延先生至館，清談竟夕，將以返省，設一講席習文學所，聘先生主其事。旋薦之朝，乃劉公回省鄉闈後疾卒，事竟寢。甲午秋試，先生以久經侘傺，怫鬱殊深，題紙下力疾書卷，乃以曳白割截犯場規被貼。至是，益毷氉作詩，多噍殺音矣。丁酉鄉試，又被擯。歸，尋卒，年五十□歲。

先生體豐偉，貌端厚，以文學名，詩尤稱於時。然天事獨優，往往流於頹放，晚尤多不克振勵處。因處境之累，亦由友朋切磋者少。然其論詩特取陸士衡緣情綺靡之説，以矯正清道咸以來槎枒傲詭之習者，信爲特見。書楷、行而外，兼爲分隸，間作篆，亦有李少温風，所遺詩稿分……

明經何紹庭先生事略附范明府成齋

先生諱遵先，字紹庭，一字葑蒙，祁縣人。幼讀書，聰潁。祖斯盛，以增貢官大同縣教諭，親課讀，特鍾愛之。長入邑庠，以文名，屢擯鄉闈，遂棄舉子業，從事纂述。縣城東故有園十餘畝，先生乃引流種樹。藏書畫金石，日事搜討，辨證以爲娱。春秋佳日，復招携親友

尊酒流連，相與賞奇文，析疑義。嘗輯有《山右古詩》《晋宋梁魏周隋合鈔》，又《唐詩鈔》，附《北漢詩鈔》《宋金元詩鈔》，均付刻。又明季保德王二彌太史遺藁，嘗由戴先生廷栻序而刻之。先生得其殘編，覆刻之，稱精本。而精意所存，畢在金石。嘗搜討名拓舊蹟，會而集之，審年代、辨款識、録文字説而訂之爲《山右金石文鈔》。光緒初，省垣修《通志》，楊先生篤纂《金石記》。先生舉所著以貽之，記中多有采取。家存特殘稿尚可編爲二卷也。先生成童以後，連遭父母兄弟諸喪，患喀血疾。比長，經理家務，喜賙卹。嘗興蠶桑、施藥餌，姻族稱之。以光緒甲午喀血舊疾發，卒，年五十歲。祁縣自戴先生廷栻以文學鴻博鳴於時，先生所居小樓，即丹鳳閣故地。而篤志文學不求仕進，亦與戴先生爲近。先生殁後，有范先生成齋亦爲祁縣文學巨擘云。

范先生諱中信，字誠齋，一字成齋。幼貧困，喜讀書，顧脩脯無所出，遂以傭值當其半，課餘，恒執館中灑掃炊爨之役焉。稍長，明經史大義，獨嗜漢人説經諸作，口誦手録無虚日。入庠時，以文鳴。光緒癸巳，舉於鄉。甲午，會試不第，乃留學京師，益治樸學。於小學、輿地尤嗜力，嘗曰："治經不通訓詁，終爲遊談。不明輿地，經雖窮，用何致乎？"至戊戌，會試報罷，乃歸，仍劬學如在京時。

庚子拳禍，人心慌亂。又值歲饑，鄉人議施粥，推先生董其事。先生既定規章，復勤督率，事以濟。辛丑、壬寅，朝旨設立學堂。祁縣就昭餘書院改設之，推先生釐定規章，不匝月而就。迨學章頒布，與先生所訂者多吻合。時岑撫春煊頗延攬賢俊，聘先生至省，與語，大悦。未幾，撫陞川督，約先生至蜀，委銀圓局事，及派查要案，均詳密。川督旋移粤，先生辭歸。尋以謄録期滿，例保知縣，分發江蘇，改直隸，奏留順天。歷署香河、武清、三河，補平谷，旋署大興，復署宛平，兼攝大興。以禮賢鎮有殺死一家九命之案，未能緝獲首要，解任。

先生於是讀書、飲酒有如曩時。辛亥國變，乃奉母旋里。邑人以

先生手創邑校規章，至是推爲校長，兼任諸生文課事。癸丑冬，患喀血。先生故通醫術，自立方劑，時效時發。友勸服西醫藥，乃大吐，遂不起，年四十六歲。先生於聲韻之學，極推顧氏炎武之《音學五書》。於文字，極推段氏玉裁之《〈説文解字〉注》，於江氏聲之論轉注、鈕氏樹玉之校録訂段注，均取之。嘗論："段氏注《説文》雖不免武斷，然較他家爲精。江氏同意相受之説，尤直截明快也。"又云："輿地之學，必以山之脈絡、水之源流爲根據，庶無大舛。胡氏渭《〈禹貢〉錐指》，齊氏召南《水道提綱》深合此旨。"又云："講輿地，不講險要，猶博氏之賣驢卷耳。顧氏祖禹之《方輿紀要》及胡文忠林翼《讀史兵略》《皇清一統輿圖》，誠實用之書也，然胡特詳於東南，略於西北。如祁氏韻士之《藩部要略》，張氏穆之《蒙古遊牧記》，均經世之作，爲古今有數文字云。"所著有《段著説文校語》《通鑑地理韻編》均稿本，待校録。

明府張懿齋先生事略

先生諱泰純，字懿齋，一字毅齋，號亦峰，介休人。幼讀書，喜五臺徐氏學説，不溺於時藝。光緒己卯，王學使仁堪歲試汾州，先生以精熟《漢書》，擢古學第一，批"多讀綫裝書"以勗之。明年，如省，肄業晋陽書院。又以《文瀛湖竹枝詩》受知學使。壬午，張文襄之洞撫晋，創建令德書院，調先生肄業。時監院爲張鐵生學博于鑄頗重先生。先生亦不以凡庸自限，《漢書》而外，群經但就大旨，歷朝掌故亦復就之。辭章則《楚辭》《文選》《唐宋詩文醕》及《漁洋山人古詩選》《唐人萬首絶句選》《惜抱軒今體詩鈔》等，均時肄之。乙酉，充選拔貢生。秋，舉於鄉，爲主司胡太守泰福所器。明年，會試未第，遂留京。一時文酒之會、師友之樂，頗稱盛焉。光緒壬辰，教授於榆次常氏，時常氏席豐富多藏書，先生爲諸生講解，不蹈鄉里教授習，且時以目録學及文學源流派别爲説。忌者遂詆之，曰"門徑先生"。先生

亦雅不與諸人合。惟壽陽白明經遇清嘗手録《漢書》一過，且熟史事，讀《文選》；太原王孝廉汝楨喜涉覽詞章家言，究字學。先生時相往來談論。及門諸生亦多以通古學、能詞章先後受知於有司。丁酉，充選，拔領鄉舉者相繼，餘則取高等，舉優行者亦數輩。

戊戌，先生會試未第，以大挑一等，分發陝西，用知縣，爲端忠愍方所賞拔。如察勘同州各屬沙田及策水利，均不避勞瘁，言皆可行。乙巳，調補大荔知縣，瀕行，病卒於省寓，年五十歲。

先生身不逾中人，慷慨尚氣誼，有所不可，恒見於色。然有所契，率不易其志。同年中如榆次常孝廉立教、夏縣賈孝廉景仁，均與先生爲忘形交。同邑曹學博子勤與先生談藝尤契，嘗有假貸不能償，先生至，傾一年館穀以償之，終不向曹一言。初娶宋氏，能小詩，時倡和。旋殁，先生爲文及詩詞以悼之，積一卷。所著有《幽興雜俎》，裒輯傅青主軼事嘉言爲多，又徐廣軒論學諸説及道咸以來筆記中之名言，或先生讀古人文詩論議並附之。又有《補雲山房文稿》《詩稿》若干卷，文雅潔，近歸震川、儲六雅。詩多近梁陳體，惟五律則清氣貫注，有盛唐風格。論學喜徐松龕、賀耦耕，不喜漢學家言，然所作書悉範於六書。嘗謂："在令德書院聽王顧齋先生講《説文解字》，雖不甚好，然亦不爲他人之雜持時文上講堂。以故閲讀一周不敢遽企解經，然頗信不能爲俗書所誤也。"楷書臨魏齊刻石，兼習《黄庭經》。晚臨虞永興行草，間參蘇文忠，佳者均有遒逸之風云。

學博趙耦漁先生事略

先生諱佃，字耦漁，號硯農，太谷縣人。幼讀書，能通大義，不溺没於坊行講章、時藝諸陋本。讀戚价人文，雅好之。爲文時鉥心劌腎，亦與爲近。兼喜史籍，爲古文辭詩均不落恆蹊。平定黄先生汝香爲鳳山書院院長，得先生文詩，大激賞，以國士期許。光緒乙酉夏，吕學使鳳岐取拔貢生。其秋，舉於鄉，闈藝出，傳誦於時。七赴

會試,終不第。房薦諸公同致悼惜,謂其時文精深博大,充其量五臺徐氏父子不之過,第東塗西抹者未之省也。光緒甲午,大挑二等,以教職注銓。先生既不得志於有司,於是思以所學者示後進。凡問業者,誘掖獎勵無少倦。嘗論時藝云:"時文信小道,然非空疏無具,可學而能也。經史二種,一日離他不得。"口不談宋儒心性之説,然父母早亡,致孝於祖父母,内行篤至。與人交,不設城府,恆以瀟灑寓狷介。不恆言考據之學,然於經史疑難必通其結轖而後已。又中外地理尤爲究心。詩與文真氣坌涌,空所依傍,不斤斤於性靈風格之説,且不矜言桐城、陽湖諸派别。晚年,感時傷事之作每有杜少陵、白香山遺風,評點群書亦披却導窾,務爲精審。

邑人士凡好古能講根柢學、不溺志於應舉文字者,均承素位齋指授者也。光緒丙申,太原縣書院聘充院長。先生至,則爲諸生講求文史諸學,於是太原諸生始知讀《史記》《漢書》《文選》法,他鄉之從而請業者亦稍稍集,講舍爲滿。先生身素弱,加以家境日落,妻妾相繼卒,子又幼,益不自聊,遂辭去講席,設帳於太谷宗人伯禎先生家。諸從問業者,屨恆滿户外。至光緒二十七年,卒,年四十九歲。

先生長身玉立,貌特温煦。獨與徒友講述史事或時事,恆以其素所蘊蓄者發爲議論,慷慨激昂,時或泣下。蓋居恆以經世自命,志在由科第以用世,舉而措之耳。此志弗遂,胸中所蓄僅發洩於辭章,豈先生志哉?所著有《素位齋詩集》二卷,上卷自訂,下卷及門輯録,《文存》一卷,《讀〈漢書〉詩》四卷。又評選張天如《史論》及《古文辭類纂》《讀史論略詳注》《〈瀛環志略〉考證》均經寫定,自録師友諸詩略如《詩話例名代奚囊》,計一卷。又仿何義門《讀書記》例,彙集評校經史子集諸書爲《書評集録》,則及門諸子共事蒐討,尚未成卷也。

學博曹祇甫先生事略

先生諱子勤，字祇甫，號鼐簠，别署石癡，介休人。幼孤，母任氏課之讀。先生性明敏，復敦孝友。稍長，嗜博覽，家故多藏書，分目列櫃。尤嗜詩詞、古文及金石學。母工繪事，尤精畫蝶，間以花卉，鮮麗雅潔，有惲清如、馬江香諸勝。間作人物，亦能工。先生幼承指授，作花卉、草蟲，均有逸致。特擅古學，不規規於舉業文。爲名諸生，秋試不售，無怨悔。嘗裹糧入緜山深谷，尋古碑刻。至縋幽鑿險，人所不到處，乃拓得唐開元時抱腹寺摩崖，爲歷來考金石者所未見。復拓得唐人題名數十通，詳加攷訂，自矜創獲焉。

光緒丁丑、戊寅，晋大饑。先生家亦落，於是斥賣所藏書畫及經籍殆盡，猶不給。橐筆幕遊，旋以廪貢捐教職。庚寅，選授太谷縣教諭。太谷地既繁富，且多故家講收藏。十月廟會，名蹟秘册往往而見，京中估販先期恆集。先生既具精鑒，凡購得佳品，轉鬻估販，以餘資佐支用計。冷官署中，奉母及養婦與五子。弟復挈諸姪均依之，先生引爲己責。太谷書院有古課，縣令主試，多延學官分校試卷。先生每届評閲，諸生翕服，無間言。先生亦時留意於能讀書好古者，特加優獎，如孫弼予丕基、董鳳五敬修、趙雲山昌晋、武紹雲晋義、馮巨川世濟、趙鐵山昌燮等，皆先生所激賞，先後得鄉舉選拔去，餘亦擅文譽。先生並於省垣送考，留場試卷蓋章時，得他縣佳作，場後必詢知其人，或親訪之，談時雖口訥訥，久故淵雅而敷暢也。

戊戌，劉學使廷琛涖晋，值變法，督各屬教官認真月考諸生，解試卷省署，親加覆校。以芮城梁學博善濟與先生爲最優，及見先生貌清癯，疑染煙癖，因特保梁。庚子冬交卸，始知先生固毫無嗜好者，遂嘆曰："余以貌取人，失曹君矣。"先生旋以母憂，貧不能歸。諸生故舊助以棺殮資，且聘主書院講學。既而書院改設學堂，先生僑居省垣，大府聘充濬文書局編纂、勸工陳列所參考員。未幾，被譖毁

以去，益侘傺不自聊。服闋，及是且十年矣，仍布服，不循例報起復。經朋故慫恿至再，乃禀陳，尋選授隰州學正。乏資力，不能挈眷行，因棄去。間爲人作碑誌諸文，得潤筆金以自給。庚戌，及門武太守炳豐需次奉天辦鹽務，遂邀先生至營口鹽局理文牘。先生雖極窮厄，然好古之志不少減。同人故紿之以資，先生笑樂自若也。辛亥，局事解，先生回省境，益窮，遂依太谷諸生家作卒歲計。明年春，卒，年五十七歲。既卒，無以爲斂，及門房貳尹繼元、孫大令丕基謀之，同人經營兩月，始助資歸葬。

先生貌寒儉，身不逾中人，生有潔癖，健於行。介休距省幾二百里，爲諸生時，由縣一日至省垣，應書院月課以爲常。不嗜飲，而同志會飲，輒盡一石不醉。所爲文雅潔有法，詩詞亦清逸。善彈琴，承楊學博篤所指授，所攷釋石刻文字爲《山右金石記》所采録，如胡中丞聘之《山右石刻叢編》、葉學使昌熾《語石》諸書皆載其説。行書雋妙，或近黄司馬易。不作分篆，而晰其源流，談之原原本本。嘗以母所畫《百蝶圖》長卷屬胡太守延題首，署"香駒春影"。復廣徵諸文人題詠。身後諸子姪不能承家學，且前以貧窮，收藏蕩盡。文詩詞僅存於刻石及朋故投贈者，餘稿本均散佚，不可收拾云。

文學常辛楣先生事略弟第春附

先生諱望春，字東野，又字辛楣，榆次人。幼事祖父母，得歡心。讀書性樸訥，好沈思，不沾沾以記誦爲事，以故塾師不甚喜。稍長，好俠義，時家用裕饒，子弟輩恆荒正業，爲飲博及奢侈。先生獨與堂叔全甫立模、堂弟紱章麟書以讀書相砥礪。暇則博覽詩詞，於唐白香山、宋陸放翁、清黄莘田尤有深嗜。

光緒辛亥夏，約堂弟麟書及子襄贊春、杏橋第春、曉樓旭春爲詩課，以"韡華"名社，五日一集，擬題評訂無虚夕。先生嘗課婦識字，讀《隨園女弟子詩》，間能爲小詩及斷句，於是爲《芸香館夜課圖》以

徵題詠，稱韻事焉。明年，又得堂兄雨生澍春、弟瀚卿灝春、新畬肇春、叔和惠春、雨郊甸春、植生培春先後入社，且增以辭賦雜文，半月彙齊，評次甲乙，咸推先生總社事。顧爲塾師所厭，力扼之，同人輩屆期懷袖相傳送，無少間。己丑，先生應童試，府第一。院試，詩賦爲管學使廷鶚所激賞。辛卯，弟麟書以諸生，贊春、第春、旭春以童試，均古學場，爲太原、平定、遼州三屬冠。自是，先生稍直於塾師，而社課亦增以經解史論。同人肄訓詁、攷訂、義理諸學，均有程。先生於訓詁通大義，於史事熟歷代治亂之源及制度。又讀《近思録》《朱子全書》，於立身、承家、處衆尤翕然爲鄉人稱道。

戊戌，先生以古學受知劉學使廷琛，檄調令德書院肄業。時朝議變法，院長屠梅君先生仁守定功課，令諸生分任爲札記。先生任史事掌故，受特獎，不自是。顧鑒於家衆狃奢富，乏遠慮，思以法挽回。於是條列家事、商事辦法多款，呈族長請擇施。庚子，歲饑，拳難又作，先生歸里，佐族人辦理賑務及防衛諸事，均昕夕無倦。又以諸弟輩續有入社者，以齒長幼分正課、附課，讀書應課如曩時。辛丑，事定。先生以不利科舉，屠先生又僑陝西，遂家居從事醫學。家故富醫書，祖錫九先生齡尤以精醫好善爲時重，遺著如《沙症集要》《雜症萃精》《群方集驗》《從欲録》諸書，先生細加理董，爲人治病亦奏效。間爲詩，不復如前此之安雅旖旎矣。壬寅、癸卯，兩赴秦中，借闈鄉試，均俺得而復黜。時家亦併私塾，改學堂，先生總理其事，經畫井井，衆咸服。丙午，以喀血卒，年四十歲。

先生長身玉立，深目廣顙。家居順親心，無詬誶聲。友諸弟，怡怡如也。族人鄉人有事求之，無不勤爲料理。及卒，衆皆慟悼。殯日，學堂衆生特爲哀送。所著有《讀史札記》未卒業。詩則《韡華社詩四集》外，有《辛夷花館詩詞稿》《辛夷花館雜文賦稿》，均藏於家。詩境近黄莘田、袁香亭。戊戌後，所作律詩間有近杜者。古禮感慨時事，則又取香山《新樂府》者多也。文亦雅健，不沾沾桐城、陽湖諸宗派。嘗曰："詩文惟有真性者爲要，若日爲聲調格律之是求，雖工

曷貴乎？"字初學歐陽率更，有健拔之致，後肄《靈飛經》，則流於諧媚，或爲顔魯公，具有沉雄意態，均未竟學也。堂弟汝春，字蔭南，幼承先生示詩法，長亦工詩，好訓詁。學爲分篆，均有蒼勁之致。光緒壬寅，中副貢。宣統辛亥，卒，年三十三歲，有《午村遺詩》一卷。

第春，字杏橋，幼孤，與諸兄弟學。辛卯，應童試，取第一。試古學，復取第一，入邑庠。光緒丁酉，攷選拔以皆擬得。及試，以交卷逾限擯。秋，舉於鄉。明年，母卒，遂不出里巷，研習許鄭學説，尤究《爾雅》，所作經論經説均能旁通曲暢。癸卯，補應覆試，如河南一行，因遊朱仙鎮、周家口諸處，歸，所得筆記雅飭詳悉，爲時所稱。乙巳，族衆興女校，約充教授。所講説，諸生皆瞭晰，甫一年，有能爲信札及讀通俗書者，皆稱曰："是杏橋先生所賜也。"庚戌，兄贊春入京肄業大學經科，因兼任家校事。民國元年，一遊京歸，以家難作，學校停止。諸生從問文詩者，即家講解評改。嗣以腿疾，不良於行，境亦日窮。輾轉敗絮中，猶讀書不輟。五年，卒，年四十五歲。遺著於《韡華社詩四集》外，有《秋棠吟館詩鈔》二卷，《雜文賦》一卷，《遊汴紀程》一卷刊登報章，都人士亦稱其雅潔云。

山西獻徵　卷七

孝　悌

孝子趙平符先生事略

先生諱天麟，字平符，武鄉縣人。父廷抃，明諸生，嘗白鄰人張令德冤獄，鄉人稱長者。又習《尚書》，究理學。著《河貢圖》《聖狂分念圖》《五經塵談》等。先生生，五歲，父課之讀。十一歲，畢五經，爲諸生。崇禎壬午，鄉試以二十三藝冠本房。癸未，成進士，兼習五經。明代制科，北人兼通五經者，惟先生一人耳。時流寇犯河南，上特召新進士對策，詢先生少年通五經之故，又詢父年幾何，先生温對，稱上旨。所陳《戰守八策》，上意可，擬選庶吉士。先生以家貧親老乞養歸。

明年，國變。先生痛哭，奉父母匿山谷。闖賊搜物望，使僞官威逼先生行。先生長號，焚冠服，自投崖谷，樹掛衣，得不死。闖尋敗，清定鼎，直指使薦先生，先生以殘疾辭。弟三麒，順治戊子，選拔貢生。明年，廷試，銓湖南桂陽州同，旋署州事。先生母以南方三年兵未靖，三麒久無信，思甚切。先生遂隻身裹糧往訪，以信歸，母疾愈。姜瓖據潞安，脅先生從，且劫其家，終不屈。母尋卒，先生哀慟數絶，廬母側。服除，縣州再薦辟，文檄日數至。先生入都，以父春秋高、母歿數載，乞終養，辭特哀切。上允之。

先生歸，遂構小園於北山下，奉父居其中，率家人植麻種樹以爲養。數年，父卒，年九十一歲，鄉人謚曰“文備先生”。先生視父棺殮訖，悲慟不食，家人勸之，先生哽咽曰：“余向所以不死者，以兩親在也。今親殁，子職稍盡，臣心亦可白矣。”終不食，語子弟曰：“死必與父同日，葬紙衣瓦棺，使世知處士墓足矣。”卒年五十三歲。遺著有《北原山房稿》《理學真詮》《續高士傳》等書。

文學張徹侯先生事略霍夢蘭附

先生諱運通，字徹侯，榆次人。父養，字惟直，號浩菴，明萬曆丙辰進士。崇禎中，官御史，忤上，下刑部獄。先生時年八歲，隨父京師，朝夕相依獄中，不忍去。數定，援先生泣，請身代，或露祝頓首，額盡腫。凡七年，至甲申，闖賊陷京師，出御史獄中，勸降不屈。賊渠怒，欲刃之。先生大號，哭以身翼，被賊中，有義者乃止之，先生遂乘間奉御史回榆次。

未幾，清師入關，賊敗遁。先生糾合邑義勇爲防守計。賊西過榆次，破城，逼民間輸餉，荼毒縉紳，捐索御史。款甚巨，不能給。賊怒，遂執御史與霍同知俊士、左僉事應選、桑行人芸等赴陝。先生隨以行。凡經險阻，先生志益艱，神益定。或至絶食，先生拾薪芻、挹澗水、採山茹，炊以進，父無犯飢寒之苦。經商州，山中遇雨，兩虎夾路。先生抱父長號，虎盤蹕，旋馳去，得免難。清兵定陝，乃歸御史，年垂七十矣。先生尋以文學受知有司，爲諸生。御史閉户教授，不事二姓。以順治丙申卒，先生大慟幾殞。以母在堂，遂勉强進食，經營葬事，稱貸拮据，備極心苦，一時稱純孝。母亦謂：“吾兒進退有禮，米鹽衣縷無一以煩母慮，洵孝子也。”

先生更操履方嚴，不與户外事。初聘耿宗舜女，未娶。宗舜官江西，值金聲桓之難，音問隔絶。踰數年，宗舜欲改字女，女堅不可。卒俟難定，歸張氏而婿焉。未幾，姜瓖亂，鄰封多兵擾。先生爲邑人

所迫，出而爲城守計，卒無擾。事定，奏聞褒獎。先生謝絶薦擢。即家奉母，課姪讀。年三十餘，無嗣。乃納妾郝氏，甫十八。越二年，康熙己酉，先生病，及篤，召郝曰："汝方少，未有生育，我死，惟所適。"郝流涕不答。先生卒，年三十六歲。郝屏居幽室，以女工自養者五十年，人稱節孝萃於一門，無異詞。先生同時同邑有霍先生夢蘭者，並以孝著。

霍先生，諱夢蘭。父俊士，以明萬曆己酉舉於鄉，官至衛輝府同知。母周氏。先生幼承家學，弱冠爲諸生，舉動端謹。崇禎甲申，闖賊下太原，以僞官蕭恒尹榆次，追餉嚴切。縉紳匿資不出，加重拷同知，勒限五千，無所出。先生代父受榜掠，身無完膚，加以期比。尋闖敗過榆次。先生潛出，奉父母擬避之西山，爲賊搜得，欲殺之。先生伏地請代，詞慘切。賊頗憫之，因脅以西，與張御史父子及左僉事等同行。先生沿路調護父母，甚至賊來淩迫，俯首忍受或垂泣而道，飲食、薪水、衣物無一日匱乏。在難中與張先生，人皆稱孝子，無異詞。僞吏周國明者，憐而保護之。至西安，賊置同知於商州。

及清兵定陝西，先生奉父母旋里，遂由長安走鎮安以避賊鋒。母周，性剛烈，出險後，語先生曰："我早分一死，所以僕僕道路，靦顔以至今日者，期與若父子同盡也。今幸瓦全，有若父子在，吾安用生爲？"遂絶粒。百計勸之，怒益厲，尋卒。先生呼天泣血，槀葬母屍山村。奉七旬老父生還，困頓之狀鄉人見者多流涕。既抵里，遂圖歸母喪。兵焚之餘，丐貸無所。於是節衣縮食，數年卒得資如數。叩泣辭父，隻身走河西萬山中，以母喪歸，如禮營葬。父旋卒，先生哀毁益甚，營葬周詳，如葬母者。順治庚子，以歲貢任陵川訓導。旋辭歸。康熙中，勞瘁久，得羸疾，困頓休蓐，呻吟間每稱"哀哀父母，生我劬勞"，淚隨聲下，聞者悲之。未幾，卒。遺著有《天變録備》，述所歷艱苦，讀者亦嘉其苦孝而哀其志焉。

千戎常裕綸先生事略

先生諱裕綸，徐溝縣人。生四歲，孤，家且貧。母戴氏借針黹自養且撫先生。先生亦終日愉愉，不忍稍離母膝也。比長，作苦自贍，且習武事，入邑武庠。居鄉恂恂然，無暴横恣睢習。

以乾隆壬午舉於鄉，積資授鎮海衛千總。故事督漕者以風波危險，故多不敢挈眷，且多視其缺爲畏途。母謂先生："缺分雖苦，上命也。且人生死有命，何畏爲？"先生遂就職，一以謹慎將事，無稍僨。乾隆癸未，先生畢官事，還鎮。人忽見先生，欣喜異常，日詗之，始知先生迎母到任。

故先生勾當公事訖，仍朝夕依母如曩時。母子勤樸，亦如居鄉狀，終日愉愉。同官多重先生。未及一載，母以老疾卒於署。先生先固侍疾重困，至是晝夜哭，勺水不入。將大斂，攀棺號阿母不止，聲盡血涌，腸裂而卒，年五十歲。距母殁，甫三日耳。袁簡齋太史枚爲作傳以張之。

孝子宋彦賓先生事略弟嘉賓附

先生諱彦賓，高平縣人。幼讀書能文，從司静山昌齡遊，言動謹飭。屢應童試，輒高取，院試必擯。父商於外，卒，喪歸。村人習陰陽拘忌，説："外喪恒不令入宅。"先生曰："吾父也，詎外人？"毅然舁柩入。服闋，應童試，又擯。

會時疫傳染，兄妻及子先後卒。母復病，家人嘖嘖疑之。先生曰："天災也。"事母湯藥，寢食俱廢。母尋卒，先生率妻子請於叔，依禮遷母屍堂中。叔難之，先生叩泣，曰："依禮而死，吾無悔也。"遂遷之。先生慟母，晝夜長號，頓踣柩側者再，鄰里哀之。以暑雨鬱溼溙氣之逼，旋得疾，哀不少節。乾隆丙子六月，卒。嘉賓爲彦賓先生叔

宸章子，亦學於司先生。乾隆辛未冬，父疾劇，先生晝夜侍。未幾，母亦病。先生兼侍之，體勞憊致疾，昏瞀中呼"阿爹阿娘"，且切切問病狀。父漸愈，母旋卒。家人不令先生知，但以父瘥告先生。一夕，神少清，見父，喜曰："何不見母？"連呼不應，俄似聞有哭聲，意母死，飲泣不能言，遂卒。司先生爲作哀詞以傳焉。

茂才李也愿先生事略

先生諱學侗，字也愿，號定昌，别署達川、寸田、悔菴，介休人。父廷儀，字望亭，營商京師，素敦信義。母梁氏，在家遘疾。先生時年九歲，侍奉湯藥無少間。及母卒，哀慟如成人。父歸，遂不更娶。先生更身執爨爲服勞以慰親心。十五歲，父患痢甚劇，先生晝夜服侍，衣不解帶。伺父眠則潛禱中庭，乞以身代父，尋愈。道光丁酉，先生入邑庠。父抵京，以索欠赴貴州之荔波縣。再明年，己亥，有楊日泰者由貴州歸，報先生父歿於戊戌之春，且交遺屬。先生大慟幾絶，即欲奔喪，而途徑既不知，資用又未備。於是刺指血以題父主，誓必歸喪。

教授生徒，深自刻苦，節衣縮食至十二年。每語親歿，未嘗不涕洟也。庚戌，廣西匪擾河池、思恩等處，及黔邊，荔波故接境。先生聞信，大慟曰："平時無以養親，至是乃遺親骸於賊窟中，何以生爲？"亟散生徒，挾資南行，與家人留一歲資，示訣絶。時大寒沍，先生備歷諸艱，屢瀕危險，歷二月餘，抵荔波。至則以楊所報之西龍塘爲詢，不可得。先生記在城東，乃日歷叢冢，夜禱神祠。凡五日，卒得父墓於縣東門外之社稷壇，蓋楊誤記。社稷爲先農，又鄉音傳訛轉爲西龍塘耳。先生既得父冢，朝夕哭奠，遂擇日啟遺骸，負以行。歷山川戎馬間，繞行湖北之磨盤州，啟得從五叔祖遺骸，並奉以歸，以重父命。時咸豐辛亥四月十七日抵介休，距行時已半年矣。邑人大嗟異，相慰勞。先生以禮安葬訖。墓地去所居十里許，每朝必往，携盂飯上食，號泣以爲常。同治甲戌，卒，年六十三歲。光緒丁酉，胡

中丞聘之、錢學使駿祥爲請於朝，得旌表，並樹碑於漢郭有道祠前，悼輓文詩聯句裒然成集。

先生孝親之外，兼篤宗族，既由磨盤州歸從五叔祖喪，又以資歸從四叔祖櫬於河南南陽府。修家譜，凡遠代之嘉言懿行，悉訪而紀之。從弟子姪輩從學者，皆待之有恩誼。教授幾四十年，從學者百十餘人，先生一約以禮法爲講，四書五經外，《小學》《近思録》尤日定爲程。雖盛暑，衣冠必以正。又嚴於義利之辨，嘗曰："儻來物殊不慣用，生平未嘗妄取一文錢，可質鬼神也。"一時學者有古道正派之目。

先生讀書，經史而外，如陸宣公、方正學、楊忠愍、陸清獻諸家文集，每讀必焚香，曰："吾輩當自爲之也。"遺著有《寸田詩稿》一卷，《歸喪記》一卷，均付刻。未刻者有《讀詩論略》《〈春秋〉集解》《〈孟子〉略説》《讀史簡編》。又讀《易》，於《〈周易〉折中》及《來氏〈易〉注》《〈易經〉揆一》《文徵》《史證》各家圖説，手自評點，爲《〈易經〉彙批》《〈易經〉述略》，均藏於家。

太學侯良佐先生事略

先生諱秉忠，字良佐，榆次縣人。父琬埕，貢生。所居德音都村南金水河，與太谷因渠道事涉訟，歷訴諸大吏，渠得保全。又完人夫婦，全人室廬，村衆稱之。先生幼與弟秉文相友愛，讀書皆聰穎。秉文成諸生，先生遂奉父理家政。鄉鄰戚友婚嫁無力者，竭力賙卹。又施衣施棺，歲以爲常。咸豐癸丑，金水河大漲，村被災，室廬淹没。先生家高峻，壁且堅，災民皆依之，量給衣食，水退始罷，全活極多。

丙辰，秉文如直隸，經理商業。會髪捻擾亂，魯直不寧。先生念弟切，成心疾，夢寢屢呼弟名，漸加劇，嘔血卒，年六十七歲。秉文聞兄思已病，兼程歸。會兄卒，大慟，每食必詣柩哀哭。聞者慘動。咸豐戊午，以感傷過度卒，年五十八歲。先生家故豐，居鄉誼尤篤。訓

子姪以禮法,延師課讀必遴其品學優長者。尤崇禮讀書人,爲子姪及村衆法。子化成,以諸生捐貢,任榆社縣教諭。秉文子化宣,以廪生光緒乙亥舉於鄉,己丑,大挑一等,用知縣,分四川。孫維楨,以監生光緒癸卯舉於鄉。

孝子董廣和先生事略 劉醜附

先生諱廣和,徐溝縣人。父裕山,賈於新疆。道光初,先生生後,再出,遂無音耗者二十八年,先生引爲大慼。時母已歿,傭工所入,日積月累,且逢人輒詢問西營地,約資足敷,因西走尋父。所過山川,有西來者,詳詢父狀,無所得。既抵新疆,徧歷附近山川尋訪,仍不得。資盡,乞食返,曰:“再尋親不得,誓不返也。”

居數年,得資又約足敷。於咸豐庚申,遂再往,尋訪如前。冬行萬山中,逢虎狼及大水、雪傾仆,瀕死者數。渡洮河,遇同鄉估客,先生詢之,客曰:“以君狀貌,類敦煌某廟僧。其人亦同鄉,殆或然歟。”先生喜過望,詳記其地名,既至,果遇老僧。先生審知鄉音,遽往拜,呼父。時先生年逾四十矣。僧大錯愕,細詢顛末,乃相抱大慟。蓋父貧不能歸,寄身僧寺。意家已無人,且山川阻絶,音問不通,乃爲僧寺中。先生居數日,奉父同歸,抵家爲咸豐辛酉正月。邑人皆稱其苦孝。太谷馮學博瑄嘗官河津訓導,聞其事,爲作長歌焉。後數年,有交城劉孝子醜,亦以尋親黑龍江,孝名著。

劉先生,交城縣人。祖貿易於墨爾根,歿於其地。父繼往,先生時在襁褓。家故貧,父走後,無音耗。母孤苦,賴外家周卹,稍免凍餒。先生稍長,貌奇醜,因寠人子,人以“醜”呼之。先生不與辯,遂率稱“劉醜”。性似愚騃,事母極孝敬。母稍不悦,憂懼不知所措。母悦,則復初。年十二三矣,一日問母,曰:“人皆有父,兒何獨無?”母泣語之故。先生亦出涕,曰:“不尋父歸,非子也。”母止之,曰:“今衣食尚仰給汝外家,何以資汝行?汝愚且幼,乃欲奔走萬里,設有他

故，劉氏絶矣。”先生曰：“兒往不須資。兒雖愚，此身外無長物。人無所利，有何懼行也？”行也，母再泣止之。先生自是終日憂慼，至廢寢食。母無奈，姑任之。一日晨起，泣别母。出門且行且乞，越半年餘，得見父。方以生意虧折，爲别圖，頗困乏。先生曰：“兒見鄉里賣菜者，日可得錢數十文便自給。何離家萬里而受困如是，不如與兒歸也。”父不聽，先生至泣諫，父怒呵之。數月，見父無歸志，又思母甚切，遂泣辭父。

行乞歸，入門呼母，母應之。先生喜躍，備語其狀訖，母子仍對泣。越三年，人有自東歸者，云先生父殁，先生仰天長號，曰：“吾父竟不返矣！”時母方病，先生日夕奉事，不暫離。逾年餘，母忽謂先生，曰：“我病不起矣，念兩世枯骨竟不能還，汝又無所成，吾不意人生之苦乃有是耶。”一慟而絶。先生日夕哀泣不食，至淚血並下。鄰里行路皆哀之，母之殯葬，仍給於外氏。

既葬母訖，先生叩泣，曰：“兒此行，必以祖父骨歸也。”乃復東往墨爾根，以二囊盛祖、父骸骨，負以歸。同鄉商人感其孝，醵金爲行資，先生力却之，曰：“我以乞食來，仍以乞食往，且獨行無伴，持此反爲累耳。”衆皆感歎。先生行窮荒中，一日遇虎，懼甚，駐視久之。虎卧不動，乃逡巡側身却行去。聞者皆異之。及歸，鄉鄰争來慰問，且聞其事，多感慨流涕，嘉其苦孝。先生既合葬祖與父，無所歸，一夕竟去，不知所終。光緒壬午，修邑志，入《孝子傳》中，其事殆同治、光緒年者。

孝子張新芝先生事略

先生諱新芝，忻州人。家赤貧，幼孤，以股廢，手據地連尻而行。母以針指自贍，鄉里稱苦節。先生長，母目盲，無以爲生，因丐食以養。出外或數里、十餘里，昏暮必歸。偶得甘旨奉母，嬉談愉愉如也。或丐得錢，必買肉歸，則熟而進母，己仍殘羹冷啜，未異他日也。

或食有一二日之餘，輒閉户依母，不出乞。人多重先生孝行，其乞也故多給錢文，如是者十餘年。

光緒丙子，母病。先生日夜服侍，體憊甚。母病漸篤，里人憐之，議醵資以給殮費。先生叩謝，曰："此新芝事也，何敢重煩諸公？"因出歷年蓄錢共十餘千，治棺衾。母殁，先生晝夜哭，里人給食，辭之。惟日飲薄粥數口或麵湯。及葬，里人代成壙，先生乞再擴，指爲隧。母柩既下，先生號哭抱柩，請衆並掩之。衆皆泣，且挽以出。先生曰："殘廢之人，所以苟活人間者，徒以有老母在耳。今母殁，事畢矣。諸公埋我成我，正愛我也。"衆不可，强以歸。夜復出，伏墓側。明日，里人勸之歸。不聽，予食不食。數日，卒於母墓，年約三十歲。里人哀之，爲具棺殮，葬於母側。州趙培元作《張孝子傳》以表之。庚辰，州陳紳逢泰等以先生事請於官，得奏聞，旨予旌表孝子。

孝子羅坦之先生事略

先生諱履亨，字坦之，號介石，介休人。少讀書，莊重寡言，强識弗忘。父桂邑，諸生，有文名，嘗爲族人湖南武陵縣質肆董事，携先生往，時僅十歲。至則附學於邑大家趙氏，嘗讀《禮記》至"子能食食"句詢諸師，以爲："上食如字下讀去聲如嗣，古人豈無本字，何必寫作一體，苦爲分明？如皆讀如字，或皆讀去聲，於古人實字活用例合乎？否乎？"師大奇，遂語之曰："下食字本當作飤字，從人，爲會意。至字别四聲，起於周沈無當。六書諧聲，循序以進，自能通曉，勉力務之，異日漢學家也。"咸豐辛亥，由湘歸。明年，父赴湘。叔以家計窘迫，促先生改習商業於陝西漢中。

未幾，髮匪亂武陵市肆，焚掠殆盡。先生歸里省親，始知父尚羈旅湘省。家又日落，叔不相容。先生奉母及弟僑稷山，依婦家。值婦翁葛世榮由湘回稷，辦理趙城、稷山鹽務事，於是約先生爲司事。先生盡心將事，有所折閱，往往出己資以補之。又家人雖有託，而弟

尚幼，資裝難猝辦。欲赴湘者再，均不果，惟昕夕叩祝父康强以慰母，而潛蓄資裝焉。會辛酉歲試，父以三次不與試，將受褫革處分。先生亟稱貸爲父圖出貢計，學師書斗與爲難。先生擬具稟學轅，事得辦。同治甲子春，先生資裝既集，肆事亦就緒，遂别母弟，如湖南。時豫鄂之交尚多伏莽，幾經繞越，始達武陵，則父固與肆中一小使居，已十二年矣。既相見，泣述一切。友朋輩知之，相慰勞，多感動。月餘，奉父循湖北之來鳳、利川，四川之萬縣、開縣，經陝西鎮安、商州等處，備極艱辛，凡七閱月而始達稷山。先生恒語人以"生平至樂莫是若也"。

丁卯，捻亂河東，先生預匿父母家室於土窑，得不驚擾。後數年，母卒。潛返介，爲父置妾，以供奉侍。抑搔諸役，藉通鄉語以娱親心。先生則專心肆事，或在吉州，或在岳陽，或在臨汾，或在太平、絳州，或則城店，或則安關，而在安關、太平爲最久。凡鹽務弊害必力争盡祛而後已。光緒丁丑、戊寅，晋奇荒，先生以賑捐得奬府經歷，加五品銜。辛巳，父病。先生侍疾，察醫藥，謹寒燠，朝夕不離。及父卒，先生哀毁，幾不起。於是，返介休，負母骨扺稷合祔。

先生少嗜讀書，以家境故不得終其志。及晚歲，境漸裕，暇手一編，析疑勘誤，夜分不倦。在太平，值歲饑，故家藏書多出以易食。先生擇而藏之，庭幾爲滿。時朋輩笑目鹽局爲書林。壬寅，子可桓得鄉舉。甲辰，先生年七十，遂假河南之遊以却稱觴。宣統己酉，先生由太平扺省，歷覽京津，凡五十日。於辟雍及六堂石經獨寄遐慨。其冬卒，年七十五歲。稷山紳民聯名呈請以孝子旌表焉。

先生於訓詁極究心，嘗謂："三代文字燬於暴秦。幸《説文》尚存，通之，則意、形、聲可以辨。顧亭林謂：'《説文》所無字，大都出始光新造。'信爲不誣。今經傳字爲《説文》所無者，觸目皆是。舍本字而用假借者尤指不勝屈。"於是輯《經字求是略》，依錢氏大昕之《〈説文〉答問》例，復論"受舟省聲，鐘鼎文作爰不省"者，不一而足。"宫躳省聲，則華嶽碑作窮不省"，"《小雅》胡逝我陳，陳訓堂途，其

本字則石鼓之迪”,“《左傳》都城過百雉,雉訓長三丈高一丈,本字當作垁”,“《揚子》太玄有之至定驛圛之字孝,孝之形”,與證諸古傳記、周秦諸子、鐘鼎、漢碑諸文字,證《説文》所無者,猶數十條。又著《堪輿讕言》一篇,大旨本唐吕才説,凡千數百言,中有“崛起爲世家之鼻祖,式微半華胄之耳孫”二語,尤爲時傳誦。

先生方面,長身,隆準,目三角,美鬚髯。善飲酒,通音律,重然諾,嚴取予。與人談史事,嘗糾五德遞王秦爲閏位之非,闢《綱目》帝蜀之失。讀詩以叶音爲不古,作詩不事雕琢,故《説文》後決然舍去。不佞佛,亦不闢佛,臨終乃宣佛號者三,並有“三十年後再見”語,子特表爲異徵云。

文學張雅蘋先生事略

先生諱以信,字雅蘋,榆次縣人。父渭,字竹川,工舉業,爲邑名諸生。先生從父讀,爲諸生。屢試,高等食廪餼。與人交,尚氣誼,無城府。

光緒庚子,拳亂作。先生奉父避難山谷,資爲人所紿,不計也。父子教授鄉里,僅乃糊口。父年漸高,成歲貢。先生不忍父勤勞,獨任事蓄資,使父得優遊里閈。壬寅,晋士假闈陜西鄉試。先生往,僅足資斧。時改試策論,先生貧不能購書,率貸之朋故。榜發,未售。癸卯,再往,亦如之。試畢,心動,遄歸,則父病危篤。未幾,卒。先生陽陽如平時,不過甚哀慼。小斂後,將所貸書籍檢束,悉還之朋故。及大斂,長號數聲,出,傍晚未歸。家人徧索,得履於井畔,則以孝服自溺矣,年三十九歲。同學康孝廉慎徽、馬孝廉繼楨等爲醵資以贍孤寡。又屬其孤於趙孝廉鶴年,入邑校肄業。而資則托郝文學燧爲營利,後資被人干没,文學引爲大慼。宣統己酉,以應選拔入場,爲人作文,得謝資,如先生所捐,更妥爲營利,使贍家。曰:“吾可以謝雅蘋矣。”民國三年,文學亦以疾卒於家。

山西獻徵　卷七

義　行

茂才楊嗣勇先生事略孫豹章附

先生諱嗣勇，興縣人，少習弓馬，多膂力，入邑武庠。家富於資，尚義俠，器局廓如。村人有某甲遠出不歸，婦貧不能炊已累日，計改適，已成約矣。或以告先生，先生曰："有是哉？"趨詣某氏，謂其族人曰："毋冒昧爲，余知若夫數月内歸也。婦無衣食，我姑任之。"乃爲具衣食，反其婚券。比數月，某甲歸。

興縣固多山，距先生所居十里地名田家圪臺，居民十餘户，男女大小共四十九人，鑿穴居崖下。一日，夜大聲隆然，達先生所。鄉人奔過者，語曰："田家圪臺土崩矣。所居者無噍類，惟黄壚中見數黔突耳。"先生亟呼壯健數十輩，具畚钁，裹糗糧，往拯之。或止之曰："山土崩，坌壅牖户，人皆悶入，非壓爲齏粉，亦當氣閉而即死矣，救何可得乎？"先生曰："四十九人中但得一二活，亦吾志也。力能救而不救，是非死於人而何？且救而不果，又不啻死於我耳。亟往救！亟往救！"至則部署此數十人者爲三番更替食息，以挑掘崩土，凡三日夜，土中見牖户突曲，引氣入聲有呻者。先生呼壯健併力掘之，初得到一僵屍，撫之尚有微温，置於地。再掘益力，連得悶者纍纍，陳崖畔救之，足四十八人，得風漸蘇。先生喜甚，分給以米飲，趣起之。

於是父子夫婦互相抱泣，有如隔世。復輾轉向先生膜拜，連呼曰："生我輩者，楊君也，何能忘先生！"顧諸壯健者曰："事畢矣。吾豈聽若輩感恩聲耶？"遂仍持畚钁，以餘糧給難民，率以歸。於是邑之稱義俠者，皆首稱先生。子六人，有名樹功者中嘉慶庚戌武舉，餘人入庠食餼者不絶。子孫繁衍，成興之鉅族焉。後有孫先生豹章者，亦以義俠著於時。

孫先生諱豹章，字蔚南，號文程。家富饒，早失父，因納粟得給冠帶。性喜施予，尚義俠。族人戚鄙有告貸及不能婚娶者，多資給之。自奉特儉約，嘗曰："錢何取於泉乎？無障蔽壅塞，則所濟多矣。"先生又好談文藝，培植人才。邑無書院，因於家起文課，三八日延諸生會於家，給以飲食。久乃曰："學無專舍，業焉能專？"遂捐資三千金爲邑人倡，於是陸續得資。於道光癸未興工，乙酉工竣，顏稱曰"嵋山書院"。先生又以餘資置地，設肆收租，充書院師生資用。先生娶於康，爲河督基田女，名蕙蘭，工書畫，詩詞有《留夢閣詩鈔》。先生既就婚，康公欲先生與諸子姪隨官就學。先生婉謝之，尋挈眷歸邑。諸祠廟多傾圮，先生既捐資修葺，復以其資生息補助公項。邑城南繞蔚汾河，由東繞東南，而西北入黄河。夏秋雨集漲發，往往不免漂没城市。舊有石隄護城自南山石嘴起，袤西南草市口，長百數十丈，時爲水衝毁。乙未，黄大令思觀上其事，奉檄修隄，延紳耆董工，羣推先生。自夏迄秋，先生董所分工，不少避寒暑。一日，傳食，衆以飯未熟，投箸譁噪。先生聞之，遽取箸先食，甘甚，衆譁頓息。方修隄時，先生所分工每後竣。同事頗誚其迂，先生不與計。迨光緒初，水大漲，諸隄皆崩潰，獨先生所築者屹然無損，衆皆服其任事實心云。年七十，卒於家，邑人士請祀先生孝義祠，得旨允。

文學劉一菴先生事略

先生諱如蘭，字香遠，號一菴，别署湫陽，臨縣人。少嗜學，成《童解詩律》。時邑令因公出，至先生書舍小憩，與師論古今，頗博辯。先生歎曰："彼我皆人也，何不思奮？"因作《思古篇》以自警。弱冠，應童試，輒冠軍。入學有文名，歲試以古學冠汾州八屬，學使官俊批"身有仙骨"以奬之。旋舉優行。秋試屢不售，慨然曰："吾學自有真安得，但舞文墨以博富貴乎？"遂益博覽古籍，日辨色起，手一編，不問寒暑。經傳而外，如儒先語録及漢、唐、宋、明各大家文詩，每有所得，或綜大旨，或撮要誼，隨手節録，以備遺忘。又學書，初肄歐陽率更、趙承旨，均得清雅之致。繼改學顔魯公、柳少師，復博其趣於宋蘇、黄、米、蔡，臨縣稱書家以先生爲最。

會邑崔孝廉彦曜方銓四會知縣，將之任，聘先生往，先生却之，曰："余絶意功名，以親老也。覊遲異地，何爲乎？"及親殁，哀毁盡禮。又先生戚屬張殿元子雲由侍衛陞浙總兵，時咸豐初元，軍事緊急，聘先生參戎幕，先生再却之。而鄉居則立村規，敦睦婣，矯惡俗。又善醫術，時拯疾苦。暇或登山臨水，攬勝吟詩。邑令數仰其高風，就訪政事外，間以詩歌相倡和。先生亦自命閑雲野鶴，不僕僕廛市也。日讀書有心得，輒記録，成《湫陽寤語》八卷。又裒集詩歌爲《秋陽詩草》□卷。所居植樹蓺菊，具隱者風。□□□□卒，年□□□歲。

都戎張煜臣先生事略

先生諱聯輝，字耀廷，號煜臣，徐溝縣人。幼習弓馬，入邑武庠。先世在河南，爲邑王氏設商號，推先生經理其事。先生遂遊河南，習商業，有製裁，商務日盛。

咸豐癸丑，捻匪亂，皖豫大吏督兵夾勦，不得利。先生時在陳州府屬之周家口。其地爲繁盛商埠，晋人多業錢當商及皮張茶麻等。先生聚衆籌議，曰："今匪亂未已，官軍戰未得利，人心且浮動，勢危矣。吾輩資財生命全繫於斯，爲今之計，惟有興辦團練以捍禦地面，庶人心穩固，商業亦得自保乎。"衆皆諾，且舉先生充團長。於是稟知官府，各出資財募丁勇，築堡砦。先生率衆勇，按軍事部勒。時張勤果曜亦在固始督團勇，屢敗匪。知先生督練有方，時乞援，且會勦。軍中呼勤果爲"張大哥"，先生行六，衆呼"張老六"以別之。丙辰，匪衆犯陳州。戊午，犯周家口。先生以防禦得宜，先後與匪相持四十晝夜，均保全水砦，且擊匪退去。庚申，僧忠親王格林沁勦匪河南，檄勤果軍助勦。先生亦隨營轉戰，克尚店寨。王上先生功，賞藍翎，以都司用。先生曰："余練勇，原以衛商業也。儌倖得能軍名，從此建功行陣，亦非難事，奈號東付託何？奈周家口衆商屬望何？且前屢却賊，賊恨矣，設乘間襲擊，前此辦團何爲乎？"遂率衆揖辭王，返周家口，仍經營商業。

同治辛未，邑人舉先生孝廉方正，先生自若也。又子脩，爲清二品，封典换花翎，加遊擊銜。人以爲榮，先生曰："余向與張朗齋同辦團，同勦賊，同得名。今朗齋綰封疆，余爾時博一官易如反掌，顧宦海茫茫，無志仕進。余惟經理先業，無使墜壞，於願足矣，虚榮何爲乎？"晚年不恒住河南，有大事亦親往。邑人重先生，有大事常倚畀。屢任邑令亦欽重先生，如開涂水、金水諸渠，種樹，紡織各事，及書院經理諸事，皆取決於先生，事皆得理。光緒壬辰，卒，年八十歲。邑故舊皆流涕，周家口各商民以先生保砦功，皆賻遺甚厚。諸勇丁皆痛哭，野祭以誌先生遺烈云。先生體豐碩，精神亦健。與人交，尚直道，臨事有果斷。自奉儉約，貧苦親鄰多資給。晚年，遇號事商之號東者，必親往。號東齒輩均晚於先生，有事召，先生立扶杖往，不以長老自挾，時皆以爲難能云。

郡守王鈵堂先生事略

先生諱啟恩，字鈵堂，號瑞臣，徐溝縣人。父之翰，道光乙亥舉人，官兵部郎中。喜蓄漢瓦，蒐輯拓印成册。又刻有《槐蔭軒叢帖》，先生幼耽書，從秦徵君東來遊，嘗於雪中以帚戲作尋丈書。徵君大奇賞，爲詩贈之。比長，以諸生，家故豐富，咸豐間，迭助軍資，得獎員外郎，分户部。祁文端寯藻致仕京居，謂先生："宜讀書應試，以廣其才，毋逐逐爲俗吏。"先生深感之，遂歸。同治壬戌，舉於鄉。會試未第，又父卒，遂乞養，歸。丁卯，粤捻餘匪擾晋疆。祁文恪世長以丁艱歸里，與先生同奉命督辦團防事。先生整頓規制，嚴汰老弱，守衛資以無懼。事平，晋撫報聞，得旨優叙。

光緒丁丑、戊寅，晋大饑。閻文介敬銘奉命查賑。曾忠襄國荃時撫晋，奏保先生才，且檄查太、汾兩屬災狀及捐賑事。先生所至，秉公查核，遇飢民，假便宜助以糧米，或徑解囊金助之。過介休，稽知緜山僧恃勢不法狀，白之當道，逐去，一時稱快。又飢民賣女爲婢者，先生以其文詢知爲廪生女，曰："詩書之裔，安能爲人作妾媵耶?"給以錢，且代策，俾存活，其人感泣去。事竣，力辭保獎。曾公書聯贈之，曰："廉孝相承世載其德，剛柔攸濟功加於民。"先生家居，邑有大事，官紳多請與謀。又業肆在山東、河南、直隸各省，遇事皆得先生一言取決。先生亦歲時周遊，嘗東登泰山，大書刻巖壁；又南遊上海，觀製造局及中外通商各情事；遊蘇州，訪范文正遺蹟，登虎邱及諸名勝，均紀以詩。丁酉，迭以勞績保舉知府，赴部謁選。戊戌，卒於京寓，年六十二歲。

先生長身鶴立，論事侃侃有斷制，雙目眸湛湛有神，不爲世俗齷齪驕侈態。家居孝友，慷慨好施予。尤好法書、名畫，邃於書學，臨摹法帖，纍纍成巨帙。兼耽金石文字學，遺著有《芸齋金石攷》《五硯軒筆記》《泉幣集古録》《茶餘間話》等書若干卷。

明經王勉之先生事略

先生諱希聖，字勉之，榆次縣人。幼即嚴重自持，不輕嬉笑。甫冠，入邑庠。以家人生齒日增，祖若父復年暮，遂使弟希晋專心讀書，己督理家事，纖悉畢理。祖與父先後卒，希晋以同治壬戌舉孝廉方正，甲子舉於鄉。書法尤爲時所重，稱少羲先生。先生不自以爲德，少羲先生旋以揀發雲南知縣，署順寧及雲州知州，以回亂陷城謫戍。先生陽陽如平時，仍督諸子姪讀書，而爲弟籌備資斧、饘槖，無不具。所居北田鎮在榆東南，東接山。村民多頑獷，好争訟，過鎮者，先生輒曉以利害，剖其曲直，訟得息。咸豐甲寅，河東匪擾。先生奉令檄練，榆次東南一鄉均倚先生爲重。事平，群請先生董鄉事。爲立規條，明約束。有犯約者，不徇親故，悉懲之。衆肅然相戒，無敢犯約。而義學、社倉、橋梁、塗道無不修舉，其迤東各山村數十相率奉先生約束。終先生身，國課無一逋欠，恒稱先生“王大先生”。婦人孺子無不知者。

戊午歲饑，先生率鄉衆設粥廠以賑之。光緒丁丑、戊寅，大祲，亦如之。鄉衆因息事及賑濟，感先生者，迭爲匾以表德。陳大令學富奉憲飭勸賑捐，特延先生至城爲助。先生陳説飢民之苦，任卹之義，感動顔色。又食宿自給，不糜公家，邑中捐款爲通省冠。事竣，例得保舉。先生慨然曰：“邑巨室出資，而余得優舉，心安乎？”力却之，單車旋里。曾忠襄國荃時撫晋，聞其事，特贈書及聯以美之。壬午、癸未，邑修志，采訪者以孝友義行舉先生。先生曰：“余尚存，若爾，是標榜也。”力却之。

先生年漸高，子孫日繁，課讀之嚴，不稍怠。鄉中執事者一遵先生約，入其鄉、登其堂，均有一種肅雍之氣，閤榆次村鎮整肅無如北田鎮者。先生恒語人云：“余老憊，精力迥非昔比，而公事不隳，均同事諸公力也。”光緒辛卯，卒，年六十二歲。鄉人赴弔者絡繹不絶，會

葬者至逾數千人，途爲之塞。後子茂才萼董鎮事，踵先生成法，事仍治。先生體貌豐偉，鬚眉疏古，目炯炯，有威重。接後進，必以禮。居恒視戚鄙，赴他鄉村，惡少輩遥望之，輒避匿，曰："王大先生來矣。"田廉訪國俊嘗爲先生作傳，比之漢王彦。方其卒也，楊學博篤復爲篆碑額以重之云。

文學喬曉池先生事略三子景儼附

先生諱致庸，字仲登，號曉池，祁縣人。幼，父母卒，鞠於伯兄，先生敬禮周至。兄責先生讀，己任家事。先生讀書勤懇，好史鑑。長與姪孝廉超五同謁徐京卿繼畬於平遥書院，因受業焉。先生甫入邑庠，兄疾，卒。先生大慟曰："兄歿矣，家何賴焉？吾不能如兄志也。"遂任家事，而日讀《四書》《尚書》《左傳》《通鑑》，均有程。雖至忙迫，無或間。嗣迭生男子，曰："兄卒無後，可以嗣矣。"以長子岱、次子景儀、四子景侃嗣，均入邑庠。先生督課嚴，且多置書册，曰："吾受兄厚望，讀書無成，爾輩須勉成兄志。功名遲速雖云有命，能讀書揚名亦人生快事也。"

光緒丁丑、戊寅，大祲。先生既捐賑，復出家粟給貧乏，鄰村十數里及太谷境毗連諸村多往受粟。錢有差，先生無德色。賑事竣，諭旨褒奬。大吏賜匾額，且得優叙。先生曰："我盡力内事耳。德何有乎？"辛巳，修邑志。邑人舉先生悌弟。甲午後，五、次、六諸子先後卒。先生不引爲大慼，督諸孫讀，不稍懈。其讀書及起居均有定，如曩時。丁未，卒，年八十九歲。

先生體閎碩，精神矍鑠。八十餘，不杖而行。鬚髯戟張，善飲健談。生平以忠實无妄自矢。《四書》《尚書》及《左傳》《通鑑》終卷點勘在數十百，熟復喜。士流有微長，津津稱道不去口。意所不可，決然無遷就。鄉人子弟感德，兼憚其嚴云。葬時，路祭者至塞途不能行，皆曰："吾輩感曉池先生再生者也！"次子景儀，諸生，以警敏任家

政。五子景偁，有文譽，爲諸生，食餼。三子景儼，質厚，能繼先生慈善聲。

景儼，字望之，幼醇實讀書，恒代諸兄弟受過。童試，屢未售。家居頗嗜醫家言，明外科。家故有良藥，貧苦者恒乞診治，雖膿血穢垢，皆手爲施治，曰："吾業是，豈嫌其穢耶？"村人名滿子者死，婦矢守節，貧不自聊，子女復幼，將殉之。或哀以告先生，先生曰："是吾宜養也。"因月給以資，使爲針黹，卒全婦節。又出資貧人將鬻子，先生給以資，曰："善視而子大可得養也。"至施藥餌、棺殮、棉衣等復不一。民國二年，卒，年五十四歲。戚族擬私謚醇淑先生，未果行。

明經陳彙吉先生事略

先生諱逢泰，字彙吉，忻州人。幼，纖弱多病。九歲，始入塾。篤孝行，親有疾，皇皇若失，晝夜祇侍，愈而後已。值冬月課餘，師爲講《禹貢》原委。先生即默識，畫地爲圖，屢試，曲折不爽，師大奇之。弱冠，應童試，以第一入學，旋試高等食餼。舉優行，補增生。秋試五次未第，遂納粟貢太學。理家政，博覽羣籍，以立身行誼根柢不可撥爲先務。

三十一歲，父澄叔先生文溶卒，先生慟，幾滅性。母忍淚婉慰，先生始進饘粥。自是，奉母益孝謹。母喜聞史事，先生每擇先哲嘉言及近代軼事談娓娓，時或戴兒女帽以博嬉笑。有"詩人近日伊誰愛，獨愛邱爲八十歌。年來不羨三公貴，着得萊衣覺體輕。更有一般堪樂處，萱堂九十壽而康"諸句。及母卒，先生年六十三矣。慟幾絶，哭無時。於族人及諸姑親戚之貧寒者，歲時有給，婚喪有助。又爲表姑趙氏之苦節，同鄉女趙蓮之純孝請旌表。復纂述諸所知之行誼卓越者，悉入州志。

先是，先生祖誠齋先生師，曾於道光辛卯歲饑，出家粟以賑鄉里。光緒乙亥，忻牧散常平倉穀以贍民。丙子，責令運新補倉。時

值凶荒,民不堪,先生悉數代還。鄉民同感激。又同鄉之赴京省試者,有所乞貸,無不佽助。己亥,先生與族姪笏山嘗合立義塾,以教貧寒子弟。壬寅,學堂令布。先生曰:“余素志也。”遂以義塾款項悉充村校用。旋有令種樹,先生試以集資種者一千株。明年,獨種二千株爲鄉里倡。

晚見世變益亟,時取報章瀏覽。每值國家大事,或爲論列,多微中。嘗謂子愛棠、敬棠云:“近世學子,往往分公德、私德,幾成兩橛矣。吾意不必强爲分别,以私德爲體,公德爲用,庶無偏重之□。若侈談公德,不講私德,則公德未見發皇,而私德已不堪問。流弊尚可勝言哉?此不可不預爲之防也。”及宣統己酉,子敬棠舉省議員。先生訓之,曰:“吾觀各國議員責任綦重,汝素少學術,缺歷練,必以忠君愛國爲志,利人濟物爲懷,毋傲而攖侮,毋詐而售欺,成名雖重,立品爲先。常存不若人之心,無施不利矣。”會敬棠請設自治戒煙局。先生爲之核定章程若干條,稟上,未及批示,而先生卒矣,年七十六歲。以迭次輸將得同知銜,晋鹽運使司運同加三級。

先生貌清癯,鬚髯稀疏,瞻視瑩然。讀書之餘,兼工醫術。所居蒔花木,署曰“觀我齋”。先生日手一編,其間無塵市態。嘗曰:“諸子百家粹語皆一身注脚也。”時或爲遣興及酬和之詩,恬暢近香山風格,率隨手散去。諸子或收輯,先生笑曰:“奈何以笑柄貽後爲?”及先生歿,裒輯遺詩,得一卷,曰“觀我齋遺詩”,則從先生署齋之額云。

學博王貞一先生事略

先生諱善清,字養源,晚號貞一,榆社縣人。性耿直,尚忠信,嘗讀史,於忠、信、孝、節、義事,慨然以古人自奮。家境貧窘,不以廢學。未冠,爲諸生。尋以優等食餼,教授於家。課諸生,明理通經,文則舉馬、班、韓、歐爲法,不屑屑於時藝。

光緒丁丑,大祲,先生家境稍豐矣,既爲粥以賑親鄰,復爲邑衆

公舉，襄辦賑務。葛大令士達以飢民迫切，報省，得檄准開倉放賑。先生與同事均核實散給，官吏不得爲姦，深銜之。會省委員查辦賑事至，令既以紳士把持密訐，乃隨事挑駁，令復乘間傳諭諸紳，脅以省委來，須厚賮，庶可通融辦理報荒諸事。同事皆相顧，先生挺身抗答，曰："方今百姓生命朝不保夕，多留一金即多救一命。局紳皆潔己奉公，無餘金以爲賮也。"令怒，出。翌日，稱請監倉，章典史棻忽於座自裂其衣，且指罵奔訴於令，遂拘先生。鄉民大驚疑，争詢問。越五日，詳學革先生衣頂，乃釋出。及甲申，吕學使鳳岐考遼屬同學，明先生冤狀，始予開復。

甲午，先生以歲貢署洪洞教諭。未幾，代至解任時。子用霖，以乙酉拔貢，丙戌朝考一等，官山東知縣。戊子，復舉於鄉。至是，知樂安縣事。先生迎養任所，日以"不負君民，勿罹貪黷"爲戒。嘗隨差濟寧，見貧民冬月衣不周寒，遂捐給棉衣，值千金。或誚爲愚，先生聞之，曰："民不聊生，坐視其斃不仁；私利而忘物，不義；不能爲國卹民，不忠。今一舉而有三善，何樂不爲乎？"大吏聞於朝，旨允建坊。辛丑，教案賠款。先生復捐千金爲邑人倡。癸卯，卒，年七十二歲。先生居鄉，取予不苟，喜善舉，如建祠、修橋，凡有益公衆者無不舉。其辦賑一事，鄉人尤引爲德高謗興云。

明經李子和先生事略

先生諱承熙，字子和，號春臺，屯留人。幼孤，讀書務實踐，喜任俠。弱冠，入邑庠，旋食餼。秋賦屢不第，遂家居。孝親睦族，和姻戚鄉里。光緒丁丑、戊寅，晋大饑。先生家日落，方以教授自養，而族人親友之望以糊口者，仍時周卹。嘗見鬻子者，狀甚慘愴，詢之，曰："止一子，以負債十千，故鬻之。"先生慨然爲措資，如數給之，曰："勉力爲正業，毋鬻子絶嗣也。"鬻者泣謝去。大祲後，户口彫殘，公私交敝。邑令某以規復丁糧爲請，將得可。先生知之，星夜抵省，具

呈晋撫曾忠襄國荃,力言其弊,邀豁免。令特銜甚,屢欲重傷,會調任乃已。

先生少弟以痧症殤,醫家率不得病源。先生憤而廣閲醫籍,得《痧書》,極意研究,明其旨,曰:"痧宜清表,顧醫家以傷寒劑投之,其殺人庸有既乎?"於是撮取各書,成《痧症要略》一卷,普施鄉里,並施診治及藥耳,遠近德之。先生嗜讀書,而不爲講學故態,喜交接名士而不激聲氣,嘗曰:"讀書期於致用,豈徒作八股文獵科名乎?"又曰:"多購書,後世有能讀者,賢於金帛遠矣。"晚成歲貢,以耕讀訓子。所居余吾鎮,民人以先生總鄉社事,不避勞怨,一切裁制,井井有條。

庚子拳亂,全晋騷動。先生獨力保鎮中教士教民,雖拳民跳踉,居民謡諑,不少動。及事平,他邑以戕教受擾者,屯留獨否。壬寅,雨雹害稼,先生故辦鎮義倉,儲谷千餘石出以給農人,鄰村並沾餘潤,得無患。詔設學堂,鎮設初等小學,規模辦法遵定制,教員教授認真稽查。京省視學員至,皆以潞屬初等小學,余吾爲冠。平時辦事,以節浮費、戒奢靡爲宗旨。鄉人除國課正供外,槩無他鄉攤派諸弊。先生飽歷事故,嘗謂:"居今日,除變法自强、交鄰有道外,無他救時法,而鴉片之害人疲精敝神,禍烈於洪水猛獸。"因輯《戒煙説略》一卷,大旨首言受病之源,次言治之之法,説頗詳悉。宣統元年,諮議局成立。先生被舉爲議員,建議戒煙。大府韙之,並頒其所著於各屬。辛亥,卒,年六十四歲。先生慕俠義,人有過,恆面折,善則獎進不容口。又急公義,嚴取予。以故卒之日,會葬者至千餘人。門生輩復爲之樹碑頌德,私謚靖毅先生云。

山西獻徵　卷八

遺　逸

文學白居實先生事略趙士吉附

先生諱孕彩，字居實，平定州人。少事母孝，有俊才，讀書能强記。於《史記》《離騷》《杜詩》尤篤嗜，顧以工舉業文稱。明崇禎九年，袁學道繼咸得先生文，急拔之，曰："是黄貞甫一派也。"即檄取肄業三立書院。先生時最爲循謹，然意氣所觸，則奮前不少顧忌。十七年，國變，先生慟哭，焚衣冠及舉業文，盡秃其髮，曰："白秃又嗜酒，鼻齇紅，亦曰白齇。"遂日與田夫野老遊，頹然自放。於飲博間暇，仍喜誦時文，間爲之，益簡老清澈，一本嘉隆以來之正軌。

有田在七亘，先秋支租於佃者，跨驢携歸。紿者數人或散葉子於巖石，先生欣然就賭，竟其租，仍持空囊跨驢歸。又買米朝飯，逢鬻子鵝者，盡以錢買鵝及疏菜歸，號於隣曰："我有鵝有酒者，可共享也。"又博或勝，争采亂注，有竊其錢者，亦不較。惟酒後多駡人，人以其騃也，不甚怨。或授徒數人，仍疏放不耐拘束，久漸散去。

嗣清順治甲午，傅徵君山以蜚語潛通明裔下獄。先生與西河王孫字木公者伴入獄，調護甚至。事解，同出，先生得明宗室幼子，携以避居測漁村，養而課之。比稍長，痴甚，先生大慟，曰："是天不欲復興明祚者也！"益潦倒自廢。傅徵君與先生同社兼姻戚，時相往

來。外祁縣戴楓仲廷栻亦同社,雅重先生詩,於康熙壬寅刻青主及子眉詩,合先生與汾陽胡季子庭作爲《晋四人詩》。先生志不在是也。老而愈秀削,雙眸湛然,高捧饑腹,把卷朗讀。田夫輩來過,或諧談盡日。貴人來訪者,亟引避。晚病困,或竟日不語。人問之,曰:"有時文一篇,方構未就。"問其題,慨然曰:"志士不忘在溝壑。"尋卒,稿竟未屬云。

同時樂平有趙慶門先生,諱士吉,字修之。明萬曆辛卯,舉於鄉。乙未,成進士,知河南陽武縣事,調滑縣,皆有政聲。以父艱歸。服闋,補山東恩縣。天啟中,擢提督通惠河道。魏閹勢方熏灼,先生以廉直罷歸。家居讀書,課諸子耕讀,不接外事。族里皆化其風,爲禮讓,無一涉訟者。及明末清初,先生閉户不出,寢止山樓者十餘年。薙髮令嚴,先生以勝德重望,族里無一人言者,禍終不及。卒,家人夜殮,用明冠服。遺命三世勿仕,遺像仍朱衣紗帽。傅青主嘗書贊幀首,家藏甚秘。至道光時,宋户部中泰始瞻拜而爲序贊。前此修志不敢直述,即李方伯用清書焦烈女事中述先生猶隱約其詞,不及其蓄髮一字云。

孝廉李鳳石先生事略

先生諱中馥,字鳳石,太原縣人。性剛直,進退不苟。與陽曲傅青主山、忻州張中宿天斗、祁縣戴楓仲廷栻三先生爲性命至契。明天啟甲子,舉於鄉。日惟讀書養志,不一入公府。直指使者聞其名,先後推薦,辭不赴。

崇禎中葉,山西大旱,荒饑,民四出。先生力謀賑卹,不足,輒典衣以益之。又嘗以縣城壞,一旦寇至,慮無以爲備,乃捐金修之。及甲申亂作,太原一縣幸以完,人民無恐。既闖賊陷省垣,聞先生名,遣人授以僞官。先生怒駡曰:"乃公向不趨人召,今寧爲賊屈耶?"閉户堅臥以拒之。及清康熙初,姜瓖以大同叛,托名反正,省垣震動。

於是土寇蠭起應之，先生慮兵匪或連接，累此一方民。於是因縣令郜焕元之造請，慨然登陴，代畫守禦方略甚備，邑衆以安。事平，不居功，拂衣歸。恒手一編，不稍釋。而見後進一長，輒爲稱許不去口。暇則騎驢，或入西山訪傅青主，或赴祁縣訪戴楓仲以爲常。貴顯要人欲謀面而不得。時稱先生與青主、中宿三先生爲晋陽三大隱云。康熙□□年，卒，年□□歲。先生讀書晚益邃。所著有《〈四書〉膚搔》《〈詩經〉注疏》《從好集》《於陵子集》《歷考》《晋社約》《本草目録》《玄釋兩藏撮要注解》《銀杏園文集》等，稿藏於家。今行於世者僅《原李耳載》二卷，則由先生玄孫暘及均所手録校訂者也。

徵君傅青主先生事略

先生諱山，字仁仲，號青主，亦號青竹，别署公之他、石道人、嗇廬、丹崖翁、觀化翁、僑山，僑黄山。後受道法，署真山。初名鼎臣，陽曲縣人。父之謨，字檀孟，明歲貢生，博學能文，號離垢居士。母陳氏。先生生時，母夢老比丘，生後不啼。一瞽僧至門曰："既來，何必不啼？"乃啼。幼有宿慧。六歲啖黄精，不穀食，强之，乃飯。十五應童試，文學道翔鳳拔異之，入太原府學，時塾課頗嚴。兄庚字子由，爲名諸生，無挖杳恣肆習，與先生及弟止以文章道德相切磋。因小病輟課，讀《神僧傳》，慨然曰："神仙非難致事也。"自是讀書益超悟。會父大病，先生兄弟侍醫藥。先生潛禱於南關文昌祠請身代，得靈藥，飲之而愈。人嘆其孝行。既而試輒優等，以舉子業不足習，乃縱讀十三經、諸子百家言，讀史至《宋史》而止，所作文辭及各體書駸駸入古，時多稱之。

時崇禎初年，亂象迭見。先生見所謂縉紳先生多腐惡或險忮，遂堅苦持氣節，不肯稍婞婜，獨喜任俠。父尋卒，婦亦卒，遺子眉方五歲。先生誓不娶，母陳撫之。七年，袁學道繼咸與吴巡撫甡校晋士，特賞先生。袁公修復三立書院，復拔取郭九子新、曹古遺良直、薛文

伯宗周、王子堅如金、崔季通嗣達、白居實胤采、曹碩公偉、衛匪莪蒿、戴楓仲廷栻等，皆儁才。講肄其中，以先生爲首。九年，張巡按孫振以大計誣劾袁公，逮京。先生與薛文伯議伏闕訟冤，移書同學，兄庚在省爲通信。先生遂隨袁公如京，諸同學隨者數輩。至京，草揭帖，揭通政司及各衙門中官廠衛緝訪者，卒得上達。吴公亦糾孫振臟私，乃逮孫振對簿。袁公冤既白，起爲武昌道，約先生與偕。先生以母老辭。

時先生義聲動輦下，馬文忠世奇作《山右二義士傳》，比先生與文伯爲裴瑜、魏邵，楚王孫爲梓行。丁天心時學復立留社，彙時賢贈先生詩爲一册以寵之。先生歸，會桂學道一章歲試，首拔先生，旌以花紅鼓樂。又舉優行，先生苦謝乃免。遂遊覽山水，或辟穀，食柏葉，因病幾殆。郭道士静中有道術，隱壽陽五峰山，先生往受其法。十五年，兄殁。先生日夜哭，又感異夢上帝議劫，給先生一單字，不可識，末識"高尚"字，且賜黄冠衲頭。及鄉試，不中，有僧過曰："惟不中，故賀也。"先生遂冠衲如夢授者。十六年，蔡忠襄懋德撫晋，修三立書院，故事月三集，分講聖諭、經濟、時藝，聘先生充講。先生曰："迂哉蔡公，非可起而行也。"因不肯衣紳衣講學。時闖賊擾陜，晋民震動。先生與蔡公謀，使人以賊虐殺狀徧粘城鄉。又編童謡言賊當滅，民乃漸固，得議守。

甲申，國破。先生奉母避地，轉徙無常。家亦落，以醫藥自贍。雖蔬水不繼，不爲乞憐及苟得也。清順治乙酉，袁公覊燕，寄先生書，先生潛往省視。會國基初定，急求賢，當道舉先生。先生避匿武鄉魏驯家，蹟者漸稀，乃返。既而得袁公書，稱："晋士惟門下知我深，不遠蓋棺，不敢負門下，知使異日羞稱袁繼咸爲友生也。"先生得書，痛哭曰："公乎！我亦安敢負公哉？"甲午，蜚語以先生通南朝，下先生太原府獄，抗詞不屈，絶粒幾死者數。明年，門生數輩謁紀伯紫映鍾、龔尚書鼎孶，力爲營救，事白，釋歸。然先生深自咤恨不如速死，而其視天畫地，遊覽南北，志未嘗少挫也。

庚子，母卒。先生哀痛，不茹蔬者百日。及葬，親如河南，訪孫夏峰奇逢，乞作母志。至是，命子眉以賣藥周行南北，循覽形勝。先生亦至陝西，交王山史弘撰。又與顧寧人炎武計畫曲沃東山引泉溉田爲積穀計。戴楓仲廷栻尤與爲左右。康熙甲寅，謁孔林，登泰山。子眉、姪仁孫蓮蘇隨侍。自明末避地以來，造次中未嘗令子姪斷學。山村窮旅，每晚恆書聲琅琅也。

戊午，詔舉博學鴻儒，給事中李宗孔、劉沛先薦先生，先生辭不就。當事者必欲致之，於是檄有司飭役夫舁牀以行。子眉及二孫蓮蘇、蓮寶騎驢隨侍，既至京三十里，先生以死拒不入城。於是馮文毅溥、魏敏果象樞先後過訪，諸公卿畢至，先生臥床稱病篤。魏公見先生志不可奪，乃以老病聞，詔免試，以人望加中書舍人以寵之。馮公强先生入謝，先生執不可，乃令賓客輩往説，且舁先生行，至午門，淚涔涔下，使人掖之謝，竟仆地。魏公進曰："止止，謝恩矣。"遂舁先生歸。翌日即行，公卿輩皆往送。先生嘆曰："自今以還，其脱然無累哉。"既而曰："使後世或妄以劉因輩賢我，則死不瞑目矣。"聞者咋舌。

先生既歸，大吏咸請謁，先生自稱曰"民"。冬夏著布衣氈帽，或謂："君非舍人乎？"先生不應也。性厭塵市，恒往來於山村野寺間。或有疾病者乞先生診治，隨意立方，無不效。時爲人作書畫，皆驚其神。有問學來者，先生曰："老夫學《莊》《列》者也。於此間諸仁義事實羞道之，即强言之，亦不工。"或强以宋儒學問，先生曰："必不得已，吾取同甫乎？"平定張維遇際以瘵死，先生撫屍哭之，曰："今世之醇酒婦人，以求必死者有幾人哉？嗚呼，張生！是與沙場之痛等也。"又曰："彎强躍駿之骨，而以呫畢朽之，是埋吾血千年而碧不可滅者矣。"

甲子，子眉卒，先生大慟。未幾，先生亦卒，年七十八歲，遺命以朱衣黄冠斂，四方會葬者至數千百人，私謚文貞先生，入祀太原府陽曲縣學鄉賢祠及省三立祠。光緒壬午，張文襄之洞撫晉，與王學使

仁堪課晋士之高才生，建令德堂，闢其東隅爲四徵君祠。首祀先生與閻先生若璩、范先生鄗鼎、吴先生雯云。

先生貌清癯，眉鬚疏秀，性友愛。先世遺産弟蕩費强半，終身無怨色，撫諸姪如子。里黨姻戚，力賙其緩急。爲學，經史百家而外，兼讀佛道兩藏書，得其精恉。所爲文，古藻沕穆，似周秦古子。好爲詩歌，亦無一俗豔語。顧寧人極許先生識字，閻百詩極服先生金石學。工書法，自古籀、篆、隸、楷、行、狂草，無不通貫。明季，黄石齋道周已稱其書爲晋唐後當首推，又趙秋谷執信亦以本朝第一家見詡。先生嘗自論其書曰："弱冠，學晋唐人楷法，皆不能肖。及得松雪、香光墨蹟，愛其圓轉流麗。稍臨之，則遂亂真矣。已而，乃愧之曰：'是如學正人君子者，每覺其觚稜難近，降而與匪人遊，不覺其日親矣。'松雪曷嘗不學右軍，而結果淺俗至類駒王之無骨，心術壞而手隨之也，於是復學顔太師。"又語人學書之法，曰："寧拙毋巧，寧醜毋媚，寧支離毋輕滑，寧真率毋安排。"人謂先生非止言書也。

先生畫山水，皴擦不多，自饒骨韻。至墨花及小品，雖數筆，神韻亦不下徐青藤、八大山人，王文簡士禛推爲逸品。先生每遊至山水勝刹，或不入其門，度其閣廊池與花樹，無少爽。又爲人視疾，走平定山中，失足墜崩崖，僕夫驚哭曰："死矣！"先生方俯入石穴，摩挲北齊書、佛經石柱，終日而出，其嗜奇如此。嘗自謂："聞道特苦於情重云。"遺著有《〈十三經〉字區》《性史》《〈周易〉偶釋》《〈周禮〉音辨條》《〈春秋〉人名韻地名韻》《兩漢人名韻》《傅史》等。祁縣戴楓仲嘗刻先生詩，與子眉、白居實胤采、胡季子庭爲《晋四人詩》。乾隆時，陽曲張思孝耀先輯刻《霜紅龕文詩集》十二卷甫成，以懼觸時忌，火其板。至咸豐間，壽陽劉雪崖霦輯刻《霜紅龕備存》四十卷。宣統間，丁衡甫寶銓撫晋，踵劉刻四十卷，略加删訂，附以《附録》三卷、《年譜》一卷，爲定本焉。

逸民傅壽髦先生事略

先生諱眉，字壽髦，一字須男，别署麋道人，陽曲人。五歲，母張歿。祖母陳撫之。父徵君山課之讀，如成人。七歲，爲小詩小賦，有六朝哀豔風調。讀《左氏春秋》，父日試一題。十二歲，文日麗密，通經史，期以文學繼先志，益發憤讀書。自漢迄唐宋諸子百家文，無不摹擬。嘗一日成十六藝，宿儒皆遜謝不及。崇禎十七年國變，先生年十七，與父輾轉奉祖母避亂巖谷。十年無家，時或樵採，置書担上，休担輒讀。有中州吏部郎某者故名下士，訪徵君僑居。抵暮，先生負薪歸，徵君令伴客寢，與論中州文獻，滔滔不竭，吏部或不能答。明日，吏部謝徵君，曰："吾甚慙於郎君也。"

清順治甲午，徵君以蜚語下獄，先生亦羈於陽曲縣倉。歲暮，痛念祖母，魂自倉門上檽中出，歸省之，仍飛還附形，既而又夢鐵藕開花一枝。除夕，得釋出，亟奔侍。昏黑倉皇中，過固碾溝，幾踣斃。比徵君事解，先生走京師謝龔尚書鼎孳，譔《紫芝賦》。尚書收召才士，先生喜議論，與人辨駁無强敵。尚書每爲文酒會，先生在座，語客曰："須辦堅壁砦，當此生力軍也。"又一日，與客談禰正平《鸚鵡賦》，先生曰："此小兒乞憐語，漁陽撾摻氣盡索矣。"雲中王埙者，知先生才，曰："何不作《後鸚鵡賦》？"先生即席振筆，頃刻數百言，奇氣横溢，閤座大驚，歎曰："止止。"先生擲筆而罷，亦不收拾終篇也，紀伯紫映鍾讀其《紫芝賦》，曰："是不從人間得來。"先生則曰："我賦纔甫出盧次楩上耳。"

比歸，徵君出遊。先生常與弟仁共挽車及轉販藥材賣之市。嘗寓汾州，習技勇於僧續宗，握拳擊鐘，嚮立應，上下山坡如飛猱，横槊舞劍，挽勁弩左右射，一時騎射擊刺者皆推先生，以周盤龍擬之。又讀《春秋》《左傳》《管》《商》《孫》《吴》《穰苴》《尉繚子》《武侯》《藥師》諸書，均撮精語，共五六百言，曰《不多篇》。又擬《措作用》，多

出《管子》，且以賣藥，南出豫、楚、江、淮，北出塞外，東遊榆關、灤陽，所至輒詢其土風、人物、山川、扼塞、堡隄、險隘、古英豪戰守處，皆默識之。

奉祖母及代父治家外，從弟仁卒，營葬具，且嫁其二女，葬季父。昆弟輩十餘，雖家無餘財，賙人急恒恐不及。嘗與徵君論某飢寒，先生曰："此輩非飢寒累了我，正是我累了飢寒。"徵君曰："此語大可爲讀書法也。"先生年五十，見所期諸事無成，發願累劫修行，先爲王霸一了生平，然後爲佛卜，佛許之。自是遂以生死爲一體，讀釋典，自號小蘗禪。因徵君喜飲苦酒，號老蘗禪也。妻死，不娶，課子蓮蘇讀，亦如徵君之課己者。每取老莊與佛書參同，史則自《史記》以下皆爲細評，至宋而止。有《〈梁書〉新事抄》。徵君輯諸史傅氏人物爲《傅史》，先生依《漢書》爲九等表附之。抱用世志，以時不偶，恒寄心書畫。書於篆、隸、草、急就，唐賢諸家無不通貫。畫則宗北宋時放筆，爲顛險層巖萬壑、風晦雨冥、花木魚鳥，亦駸駸入逸品。又作尋丈師子，觀者咋舌。仿漢人刻銅印，深得八分璽法。徵君亦自謂不及。康熙甲子，卒，年五十七歲。病革，不能執筆，猶口授《絶命詞》，呼兩兒書之云。

先生紫面虬髯，長勁板筋，精神奕奕，議論古今治亂、人才消長、用兵成敗，言之歷歷。常以荀彧、荀攸、馬周、杜如晦、房玄齡自期，謂："經濟、材幹、機鑒、膽識、籌畫、權變、上馬草檄、握槊賦詩、決勝兩陣之間，敏捷不讓此輩，但人際會有幸不幸耳。"聞者率以爲狂。先生文詩及讀子諸作，皆不依古人，不襲時賢，題"我"字，曰："我文，我賦，我詩。"祁縣戴楓仲廷栻刻其詩，即顏以"我詩"。乾隆間，陽曲張思孝耀先輯刻先生文詩附徵君《霜紅龕集》。咸豐癸丑，壽陽劉雪崖霈重輯先生雜文詩，得十一卷，統名《我詩集》，亦附《霜紅龕備存》以行焉。

子蓮蘇，字長房，幼患痘，頗危。徵君憂之，會有門人遺蓮花數枝，半萎矣。徵君供佛前，次早花開，症變安，故以名。能承家學，徵

君稱其志高心細，嘗呼“小字爲連和尚所作”。行草、古隸深得漢魏人神。以諸生教授，父祖歿後，爲債家所迫，恆僑介休。康熙庚子，歲貢生，官靈石縣訓導。蓮寶字赤驥，徵君稱其疏快，衹向蘇問業便有進益云。

山西獻徵　卷八

實　業

程先生化鵬事略陳先生吉昌附

先生諱化鵬，忻州人。幼習商於歸化城，工心計。咸豐初，販運雜貨，取道蒙古，抵西伯利亞，轉售俄商，利益倍蓰。先生審知内貨銷場，茶爲大宗，利亦優厚。向例商人運茶出境須藉與蒙古通商名義，乃能由綏遠將軍署領票運至外蒙，輾轉私售俄人。關吏藉是爲姦利，往往扣貨或苛罰，商民視爲大慼。先生既熟察其情，籌疏通之策。赴都，上書理藩院，略陳華茶出口之利，並舉歷來弊端，病商業損國課，大非國家保商裕餉之本旨。因請明定稅則，准商民運茶直與外人貿易。既可增國貨輸出，以益徵收，又可免吏役之勒索，以減商苦。公私交便，計無有善於此者。書上，當道韙之，批准行，並給四聯信票，俾充茶商於歸化城設肆，運茶外輸，凡恰克圖、塔爾巴哈臺等處與俄人交易。由是茶商踵起，先生均給信票，一體通行，遂爲晋商辟一利源，且茶銷額數亦歲增巨，先生亦因是致富云。於光緒壬辰卒，年六十八歲。同時有陳先生吉昌，亦以得洋商信用而致富，與先生並稱商家領袖云。

陳先生諱吉昌，忻州人。幼貧乏。十四歲，徒步如歸化。時忻人業商者多在歸化，先生至，依鄉戚，初習當業，繼而入運貨店。與人

交，一依誠篤，代運屯寄，事隔數年，毫無少誤，以故各省商販皆樂就之。先生業日以起，且名於時。歸綏觀察聞先生名，延致之。舉地方要公多所詢訪。先生並指陳利弊如燭照，數計以故，凡有興革，多召先生與議。光緒初，英、俄、法、義諸國商人先後赴歸化購運羢毛皮革，悉假先生肆寓之。先生以誠相接，間起交涉，必多方解喻，使得其平。庚子，拳匪難作，旅晋外人及與外人有交際者多被害，諸洋商多自危，計無所出。先生力任保衛，卒無害，洋商感激至爲泣下。而向來購買各貨，例由肆中徵運費、代收發，及是，洋商以加倍徵運報先生德。每歲運費增進大萬，遂致富。光緒戊申，卒於家，年七十七歲。洋商知者咸悼惜，年仍主先生肆，以酬其德云。

劉采臣先生事略

先生諱汝明，字采臣，洪洞人。幼讀書，以身體力行爲貴。長業商於山東，知留意風土人情。時晋人以設鹽肆其地致富厚者若干家，多習於豪侈。泰安一屬爲銷鹽額最巨之區，額引有一萬四千三百五十三道。先生竊竊議之云："今鹽業可謂盛矣。無良法以維其後，其何以濟？"知者請先生司其事，先生第頷之，未遽許也。

無何，咸豐、同治間，粵捻各匪先後蹂躪，地方元氣大傷，閭閻凋敝，梟匪充斥。巡丁應募者往往有受賄庇匪，而商人之服御豪侈不減曩時，且於攙雜、短稱、加價以爲彌補計。於是課不如額，多致虧累。洪洞范氏號信齋者，故與先生友善，固請先生理其泰安鹽肆事。先生慨然許諾。至泰安肆，布衣蔬食，以身爲則，於是人不問親疏，崇樸幹、斥浮華，肆中積習爲之一變。先生嚴定肆章，期以力行，繼思疏通銷路。暇則與紳耆接洽，詢知不便於民諸苛細條目，一律免除。摠肆設泰安，分外爲三十八莊，畫清界址，並區地方肥瘠爲上、中、下，酌給肆友工資。預計户口多寡，派定銷數。其銷數溢出者，盡以贏餘充奬勵。不及額，或相差太甚者，核實其故，分別撤罰，并

力矯前此官派勢燄，務接洽本地正紳可深明利病。對鄉民亦出以勤慎和靄，分兩無偏畸。春，鹽務潔净，錢價遵時定收足數，招募巡丁必詳其年籍，及有切保録副狀存官署。以五人爲排，十人爲棚，二十五人爲卡，各設長一人，屬督巡指使。又分坐巡、遊巡，按四路設四卡，察佔莊之要否，駐棚或排，嚴察勤惰爲賞罰。先生時爲體察，不苛刻，亦不爲姑息。未幾，積弊盡去，銷引且盈。

時丁文誠寶楨撫山東，聞先生事，以行屬過泰安，延見先生，策復南北運之法。先生籌策多方並指陳列利病，綱條悉具，文誠大悦。檄下，行之數年後，庫儲且至百萬。文誠曰："此劉采臣策也。"擬疏薦授以官，先生固辭。自是范氏之商業日隆，先生家亦以起矣。

光緒丁丑、戊寅，晋大饑。先生憫肆友家無以贍，許暫支餘款以濟家用。又族戚有貧困積欠者近萬金不能償，先生慨任之，施賑之款先後約萬餘。居鄉復聯族譜、置祭産，經營其事，皆以舉。先生曰："事關一本，我爲之，盡我本分也。"乙酉，卒，年六十三歲。先生貌魁梧，重然諾。舉事務持重，綜理微密，不加輕心，又深以熟風土人情爲辦事之本。與人接，務誠信，而精明敏練，人不敢欺。居鄉多厚德，稱長者，無異詞云。

山西獻徵　卷八

方　技

醫者趙昱先生事略申維翰附

先生諱昱，樂平鄉人。幼嗜醫學，讀醫書不輟，雖稱時醫，勤讀如故。有客寓城，聞先生名，往訪之。值先生正讀書，客至，因談醫理甚契，留數日行。先生自是頓神悟，治疾多親驗，人皆以"老太醫"呼之。平定州判故駐樂平，妻病，群醫束手。延先生至，診之曰："促乎！姆娩也，且必女，無他病已。"果然。又有腹漲者，醫皆施熱劑，無效。延先生診之，曰："須食梨，必數斤。"衆大駭然，以其神也。試之，食梨無他，遂如教以進，腸鳴大瀉，病遂愈。又有病瘵者求診，先生故難之，病者體憊甚。先生察之曰："吾門前有新買磚，爲我盡運入，診汝。"瘵者忍病運之，大汗，甫運畢。先生診之曰："愈矣，勿藥也。"又省垣方伯子某疾，醫者莫審其故，藥無所施。有薦先生者，延之，診訖，曰："生祇七日耳，尚治乎？"方伯怒使人監先生，將俟期過而懲之。果七日歿，自是"老太醫"名大噪。會撫軍疾，延先生診之。不數劑，愈。酬以金，不受，曰："見署前有大石穴竅玲瓏似太湖來者，乞致貧家勝金帛多矣。"撫軍許之，復厚給歸。先生診疾，不拘守方藥類如此。性古僻，喜弈棋。有病求診者，故使對奕者負數子，先生乃喜而歛局。否則，終日一局，不他顧也。每立一方，索錢二百，

病愈，不受謝。有受學者，恐先生不盡授，故設問難，先生詳語，又故爲不解。先生怒以杖擊之，曰：“汝從學多年，仍憒憒如是，已矣，勿妄殺人也。”請者謝乃已。先生以嘉慶末年卒，年七十餘歲。

申先生諱維翰，字藩邦，高平縣人。少多疾，求醫診，恆與語，遂習醫家書，治疾多驗。有患喉痺者，氣壅不通，命呼吸，頃先生診之。以膽礬末調陳醋，令病者含之，頃刻嘔吐，染喉舌作青色。時醫來診者卒驚謝。先生徐爲量藥，疾得愈。又婦患腹結者，先生診之曰：“胎也。”病者不信，延他醫，且施猛藥。病家復憚之，質之先生，先生曰：“胎四十日，且女也，即積亦以四十日，再延以倍，不必遂沉痼，何不少待驗之乎？”病家悟，漸乃察知其信。胎，果生女。又有患痰壅者，心明目開而口失聲，身不能動。醫者皆束手，延先生診之，先生令取白芥子，鄉間猝不可得。衆醫曰：“可代他藥乎？”先生曰：“取效專在此也。”既乞得，合他藥以進，病者痰隨聲出，遂漸愈，時皆神之。先生居鄉和藹，鄰里有口角，或鬬狠，必譬解，使毋傷和氣，有不給者，輒賙之。牛生犢，主者不能盡養。先生聞，必出資購之。平居静養讀書，作字豐潤，因多疾食，痰面不見枯瘠。課諸子讀，使負笈遠從名師，不以幼爲姑息愛。光緒丁酉，卒，年四十六歲。

文學趙漸逵先生事略

先生諱鴻，字漸逵，榆次縣人。幼讀書有别解。弱冠，爲諸生。秋試屢不售，盡棄舉子業，曰：“縱極簡練揣摩能事，試問於人於世何益耶？吾姑爲有益者耳。”遂究心醫術，時痘疹病中嬰孩以醫藥。不投致殞者不可勝計。先生遂專攻痘科，深悉其順逆險諸故。一時同邑同志如常茂才炳、張太學道碩皆稱名手，對先生則皆遜謝曰：“漸逵神斷，往往險中求活。吾輩所不及也。”先生顧亦以是自信。

一日，診某貧家子。其父來，詞至懇切。先生至，知其貧，呼婦曰：“袒而子懷。”復呼曰：“袒而子背。”隨曰：“爾子經余視，死無恨

矣。”不顧而去，婦抱子大慟。子亦知不能生，哭至氣竭聲嘶。翌日，痘漿則纍纍矣。其人奔告先生，先生曰：“信乎？”應曰：“信。”至則略省，親與藥少許，曰：“汝子服此愈矣，毋妄服藥也。”人問之，先生曰：“是患倒靨，元氣不足以達痘苗，且貧家安得購貴藥？余以意醫之，使藉哀憤以引氣灌苗。今爾誠幸也。”聞者大服。先生又診得逆症者，雖初起，恆直言謝之曰：“吾能醫者病耳。”人多迂怪之，及後多不起。若諸險症，則群醫束手，延先生至，云：“爾亦知是非，老夫莫愈也。”其精而且率類如此。

先是嘉慶間，粵邱氏熺始傳種痘法，爲書刊行。晋距粵遠，醫生間有習其術者，矜爲神秘，且施其術，人民多惶惑，詫創見。先生輾轉乞得其《引痘略》，閲竟，歎曰：“是較宋人鼻種法精而且捷者也，有百利無一害。猶有欠者，則粵晋風土差殊，變而通之責在吾輩。”遂增訂《辨論六條》，於晋地氣候尤洽附。同治甲子，邑進士王仲坦平格、王相圃序賓重修邑志，重先生此作，屬爲付刻。於是坊間流行，貧寒之家皆得自種痘，全活嬰孩無算。先生於咸豐辛亥助餉，賞九品職。同治乙巳，又捐陝甘軍米，叙同知銜。壬申，卒於家，年六十六歲。先生性剛直，遇事盡言無隱，恆面斥人非，同輩稱畏友。所批痘科諸書藏於家，惟《增訂引痘新法》刊行於世焉。

上舍常錫九先生事略明經曜星先生附

先生諱齡，字錫九，榆次人。襁褓，母卒。事繼母，即以孝聞。讀書喜博覽，尤契范文正、司馬温公之爲人，持身敦樸，無富室豪侈習。與諸伯叔兄弟處，雍雍如也。童試連不售，兼以年長乏嗣，遂習醫家言。朝夕研玩，得其要。凡遠近鄉村延之，以疾急及貧家爲先，風夕暑雨無少間。診視後，即行以炷香自携，一飯不受，數十年如一日，故時有“一炷香”之稱。

先生既以醫名，而服膺儒先無稍替。五十後始舉二子，嚴課讀，

不爲姑息。又深慨鴉片流毒，爲《洋煙四戒》，勒於石以爲家訓。親鄰貧苦者，時加周卹，有疾爲之診視，且予以藥。雖途間所遇疾苦者，亦停而診治、施藥以爲常。同治壬申，先生年七十五，族人村衆共爲稱觴，且以“商山採芝”匾於門。其不識姓名爲屏詩以獻者至累千百，而窶人丐者且登堂叩祝歡呼，不告姓名，類稱“感先生再生恩”如一詞云。先生以咸豐、同治年迭助軍資，由監生議叙知府。光緒戊寅，卒，年八十歲。鄉人姻戚唁者逾千人，及葬，其不識姓名及窶人哭送者，一如曩昔稱祝時焉。

先生道貌頎然，鬚眉疏朗。與人交，外和内介，無疾言遽色。家門雍肅，終其身不聞詬誶聲。每正月，爲酒食，召族人兄弟子姪均集，獎賢警頑，届時恆有托疾不赴者。自先生卒，則無此舉矣。精太素脈法，不恆爲人言。嘗稱：“《靈樞》《素問》而外，《傷寒》《金匱》諸論，《本草綱目》等書，固業醫所必讀。然寒士爲謀生計，則《醫宗金鑑》不可不讀。再其次《汪訒菴醫書》雖淺近，熟此尚不至妄投方藥也。”所著有《治痘集》《要雜症萃精》二書，均先生本所閲歷而擷其精要者。爲鄉里傳鈔致遺存者，有《群方集要》一卷，則採諸成方而略爲增減及辨論者；《我欲録》一卷，則舉所見聞隨筆紀録者也。

先生堂弟諱炳，字曜星，童試以第一入邑庠，旋充附貢。素嚴正，工醫，精痘疹，嘗率族人建宗祠。體素弱，嗣習技擊，神日健，八十後猶不杖而行。作擘窠書，勁健具柳河東槩，以捐餉得鹽運司運同銜。光緒辛卯，卒，年八十四歲。

介賓丁潤堂先生事略

先生諱清溪，字潤堂，河津人。幼爲伯父母所鞠，遂嗣伯父。無幾，母卒。先生事父食寢孝敬，供奉備至，兼之櫛髮濯足，除蝨蚤，浣污垢，一一躬親。及病，則察湯藥，時寒暖，數十年如一日。先生嗜讀書，屢試不售。又以家境維艱，乃設帳授徒。來者爲講説人生、日

用、敦品、勵行諸事,學者多樂聽。先生暇復採討醫書,得其意,奇方妙理手自鈔存。鄉鄰有疑難疾延先生者,恒致效。先生又精究針灸諸術,凡湯藥不及,量爲輔助。膏丹諸劑,悉自研鍊。嘗曰:"爲醫最要在認病真切,但藥病相應,草藥亦可見功,何必珍奇貴品?且貧家又何得爾許藥資耶?"凡疾病延請者,先生無冬無夏無不應。鄉鄰求診,則方食或就寢,必以親,謝儀酌收其微者,曰:"吾初習醫,相知勸勿改業,吾弗聽。且援范文正'良醫良相'之説以爲證。今顧藉此爲致富之媒耶?"

日有延先生視疾者,距所居數里,先生步歸,天稍晚,有三人者連呼先生。先生愕,問之,則向所醫愈之窶人,固欲負先生至家。先生謝之,遂偕行,送歸里門,叩辭去。又經翟店,有壯年衣絮而拜:"先生活命恩無以報。"先生曰:"爾壯年,若努力勤業,即報我也。"又某嘗與先生有違言,及疾,延先生,先生皆爲診治致愈。或謂:"彼不皆與公修隙乎?"先生曰:"吾知治病耳。他何暇計?"違言者皆愧服。

光緒丁丑、戊寅,大祲,先生辦里中賑事,餓者皆感惠。庚辰,邑中設清徭局,並邀先生與諸邑紳釐訂規章。凡月餘,事以集。父旋卒,先生時幾六十矣,大慟毁瘠,跪起均需人扶掖。邑令擬舉孝子,令病卒,事以寢。時先生本生兩弟,大祲後,境日窘。先生既爲之置田畝,又邀與同爨。兩弟一業農,一業商。有不當,先生恒申誡,詞或厲,無愠無忤。課諸子姪嚴而有法。家用瑣屑均記小册,務均平,以餘資贍親族及里人,不責其報。

庚子,歲歉,家人以先生年高,具精膳。先生怒斥之,惟客來,一爲麵食,而精神極强。夏秋收穫,恒自持鐮刀與工人同作苦。乙巳,以傾跌致偏疾,猶即家診治,無異於昔。宣統己酉,以療診多人,神頗憊。越三日,鄉鄰問疾者紛集於家。先生一一笑頷之,尋卒,年七十三歲。

先生生平以辛苦家計,復好善利人,人皆引重。六十稱壽,邑令及縉紳賀聯相屬。七十,門人輩爲樹德教碑,以先生教鄉鄰貧苦子

弟，卒不受學資，碑陰列名者至數百人。先生晚恆與故交云："吾本貧寒，今致小康，子孫稍多，天之待我厚矣。即歿，何所繫戀，但願不疾而終，勿使子孫以侍疾生厭也。"蓋先生四十失偶，即不再娶，獨處三十年矣。先生以鄉飲介賓得五品職銜，歿後數十日內弔者日數十人，所贈聯幛、匾額亦裒然成集云。

《山西獻徵》人名索引

（按人名的漢語拼音順序排列，出處項表示該人的傳記題目所在的頁碼，名、字、號、籍貫均遵照原文，如“介休人”“介休縣人”均不作统一處理。）

A

B

C

D

F

G

H

J

K

L

M

N

Q

R

S

T

W

X

Y

Z